DIANLI QIYE DANGAN GUANLI YI BEN TONG

电力企业档案管理

一本通

陈秀菊　主编

DianLi Qiye

Dangan Guanli Yibentong

中国电力出版社
CHINA ELECTRIC POWER PRESS

内 容 提 要

本书针对电力行业档案管理工作需要，依据档案管理工作相关的最新国家、行业标准，以及法律文件等进行摘录和梳理。全书共分 11 章，具体内容包括通用法规标准、公文处理、企业档案管理、文书档案管理、科技档案管理、竣工图编制、其他载体档案管理、信息数字化建设、档案利用、档案保管保护、专业档案管理。

本书可供各类发电、供电、设计、施工企业的各级主管领导，档案专、兼职管理人员学习、参考和借鉴。

图书在版编目（CIP）数据

电力企业档案管理一本通/陈秀菊主编. —北京：中国电力出版社，2016.1（2020.1 重印）
ISBN 978-7-5123-8432-3

Ⅰ.①电… Ⅱ.①陈… Ⅲ.①电力工业-工业企业-企业档案-档案管理 Ⅳ.①G275.9

中国版本图书馆 CIP 数据核字（2015）第 243245 号

中国电力出版社出版、发行
（北京市东城区北京站西街 19 号　100005　http://www.cepp.sgcc.com.cn）
三河市航远印刷有限公司印刷
各地新华书店经售

*

2016 年 1 月第一版　　2020 年 1 月北京第四次印刷
787 毫米×1092 毫米　16 开本　27.5 印张　731 千字
印数 4501—6000 册　定价：**70.00** 元

前　言

　　随着我国电力建设事业新形势的发展与新常态的需要，作为企业基础工作之一的档案管理，其重要作用已被越来越多的人所认识、所重视。为进一步促进电力企业档案管理水平的提高，我们编写了《电力企业档案管理 一本通》。

　　本书编者根据多年来的电力档案管理实际工作经验，结合企业管理的一些具体情况，有针对性地将现行及主要的最新国家、行业的法规、标准，按照不同专业档案管理的需求，分门别类的进行了梳理、筛选、分类、整合，使之更加条理明晰。便于档案人员简捷、快速地学习并掌握、运用法规标准，从而能及时发现问题、解决问题，提高工作效率与工作质量。

　　同时，为了充分发挥档案在工程建设及企业管理中的作用，确保归档文件的完整、准确、系统性，满足档案人员扩展、延伸业务范围及各项专业管理知识与技能的需要，我们在本书中还收集了一些相关的电力建设管理标准，以供学习参考借鉴。

　　本书由陈秀菊主编，张建、张华、刘彦云、魏丽参与了部分资料的收集与整理工作。

　　由于编者水平所限，疏漏不妥之处在所难免，敬请电力行业的广大档案工作者不吝赐教。

编　者

2015 年 11 月

目 录

通用法规标准

① 中华人民共和国档案法

（1987 年 9 月 5 日第六届全国人民代表大会常务委员会第二十二次会议通过根据 1996 年 7 月 5 日第八届全国人民代表大会常务委员会第二十次会议《关于修改〈中华人民共和国档案法〉的决定》修正）

第一章 总　则

第一条 为了加强对档案的管理和收集、整理工作，有效地保护和利用档案，为社会主义现代化建设服务，制定本法。

第二条 本法所称的档案，是指过去和现在的国家机构、社会组织以及个人从事政治、军事、经济、科学、技术、文化、宗教等活动直接形成的对国家和社会有保存价值的各种文字、图表、声像等不同形式的历史记录。

第三条 一切国家机关、武装力量、政党、社会团体、企业事业单位和公民都有保护档案的义务。

第四条 各级人民政府应当加强对档案工作的领导，把档案事业的建设列入国民经济和社会发展计划。

第五条 档案工作实行统一领导、分级管理的原则，维护档案完整与安全，便于社会各方面的利用。

第二章 档案机构及其职责

第六条 国家档案行政管理部门主管全国档案事业，对全国的档案事业实行统筹规划，组织协调，统一制度，监督和指导。县级以上地方各级人民政府的档案行政管理部门主管本行政区域内的档案事业，并对本行政区域内机关、团体、企业事业单位和其他组织的档案工作实行监督和指导。乡、民族乡、镇人民政府应当指定人员负责保管本机关的档案，并对所属单位的档案工作实行监督和指导。

第七条 机关、团体、企业事业单位和其他组织的档案机构或者档案工作人员，负责保管本单位的档案，并对所属机构的档案工作实行监督和指导。

第八条 中央和县级以上地方各级各类档案馆，是集中管理档案的文化事业机构，负责接收、收集、整理、保管和提供利用各分管范围内的档案。

第九条 档案工作人员应当忠于职守，遵守纪律，具备专业知识。在档案的收集、整理、保护和提供利用等方面成绩显著的单位或者个人，由各级人民政府给予奖励。

第三章 档案的管理

第十条 对国家规定的应当立卷归档的材料，必须按照规定，定期向本单位档案机构或者档案工作人员移交，集中管理，任何个人不得据为己有。国家规定不得归档的材料，禁止擅自归档。

第十一条 机关、团体、企业事业单位和其他组织必须按照国家规定，定期向档案馆移交档案。

第十二条 博物馆、图书馆、纪念馆等单位保存的文物、图书资料同时是档案的，可以按照法律和行政法规的规定，由上述单位自行管理。档案馆与上述单位应当在档案的利用方面互相协作。

第十三条 各级各类档案馆，机关、团体、企业事业单位和其他组织的档案机构，应当建立科学的管理制度，便于对档案的利用；配置必要的设施，确保档案的安全；采用先进技术，实现档案管理的现代化。

第十四条 保密档案的管理和利用，密级的变更和解密，必须按照国家有关保密的法律和行政法规的规定办理。

第十五条 鉴定档案保存价值的原则、保管期限的标准以及销毁档案的程序和办法，由国家档案行政管理部门制定。禁止擅自销毁档案。

第十六条 集体所有的和个人所有的对国家和社会具有保存价值的或者应当保密的档案，档案所有者应当妥善保管。对于保管条件恶劣或者其他原因被认为可能导致档案严重损毁和不安全的，国家档案行政管理部门有权采取代为保管等确保档案完整和安全的措施；必要时，可以收购或者征购。前款所列档案，档案所有者可以向国家档案馆寄存或者出卖；向国家档案馆以外的任何单位或者个人出卖的，应当按照有关规定由县级以上人民政府档案行政管理部门批准。严禁倒卖牟利，严禁卖给或者赠送给外国人。向国家捐赠档案的，档案馆应当予以奖励。

第十七条 禁止出卖属于国家所有的档案。国有企业事业单位资产转让时，转让有关档案的具体办法由国家档案行政管理部门制定。档案复制件的交换、转让和出卖，按照国家规定办理。

第十八条 属于国家所有的档案和本法第十六条规定的档案以及这些档案的复制件，禁止私自携运出境。

第四章 档案的利用和公布

第十九条 国家档案馆保管的档案，一般应当自形成之日起满三十年向社会开放。经济、科学、技术、文化等类档案向社会开放的期限，可以少于三十年，涉及国家安全或者重大利益以及其他到期不宜开放的档案向社会开放的期限，可以多于三十年，具体期限由国家档案行政管理部门制订，报国务院批准施行。档案馆应当定期公布开放档案的目录，并为档案的利用创造条件，简化手续，提供方便。中华人民共和国公民和组织持有合法证明，可以利用已经开放的档案。

第二十条 机关、团体、企业事业单位和其他组织以及公民根据经济建设、国防建设、教学科研和其他各项工作的需要，可以按照有关规定，利用档案馆未开放的档案以及有关机关、团体、企业事业单位和其他组织保存的档案。利用未开放档案的办法，由国家档案行政管理部门和有关主管部门规定。

第二十一条 向档案馆移交、捐赠、寄存档案的单位和个人，对其档案享有优先利用权，并可对其档案中不宜向社会开放的部分提出限制利用的意见，档案馆应当维护他们的合法权益。

第二十二条 属于国家所有的档案，由国家授权的档案馆或者有关机关公布；未经档案馆或者有关机关同意，任何组织和个人无权公布。集体所有的和个人所有的档案，档案的所有者有权公布，但必须遵守国家有关规定，不得损害国家安全和利益，不得侵犯他人的合法权益。

第二十三条 各级各类档案馆应当配备研究人员，加强对档案的研究整理，有计划地组织编辑出版档案材料，在不同范围内发行。

第五章 法 律 责 任

第二十四条 有下列行为之一的，由县级以上人民政府档案行政管理部门、有关主管部门对直接负责的主管人员或者其他直接责任人员依法给予行政处分；构成犯罪的，依法追究刑事责任：

（一）损毁、丢失属于国家所有的档案的；

（二）擅自提供、抄录、公布、销毁属于国家所有的档案的；

（三）涂改、伪造档案的；

（四）违反本法第十六条、第十七条规定，擅自出卖或者转让档案的；

（五）倒卖档案牟利或者将档案卖给、赠送给外国人的；

（六）违反本法第十条、第十一条规定，不按规定归档或者不按期移交档案的；

（七）明知所保存的档案面临危险而不采取措施，造成档案损失的；

（八）档案工作人员玩忽职守，造成档案损失的。在利用档案馆的档案中，有前款第一项、第二项、第三项违法行为的，由县级以上人民政府档案行政管理部门给予警告，可以并处罚款；造成损失的，责令赔偿损失。企业事业组织或者个人有第一款第四项、第五项违法行为的，由县级以上人民政府档案行政管理部门给予警告，可以并处罚款；有违法所得的，没收违法所得；并可以依照本法第十六条的规定征购所出卖或者赠送的档案。

第二十五条 携运禁止出境的档案或者其复制件出境的，由海关予以没收，可以并处罚款；并将没收的档案或者其复制件移交档案行政管理部门；构成犯罪的，依法追究刑事责任。

第六章 附 则

第二十六条 本法实施办法，由国家档案行政管理部门制定，报国务院批准后施行。

第二十七条 本法自 1988 年 1 月 1 日起施行。

② 中华人民共和国档案法实施办法

（1999 年 6 月 7 日国家档案局第 5 号令重新发布）

第一章 总 则

第一条 根据《中华人民共和国档案法》（以下简称《档案法》）的规定，制定本办法。

第二条 《档案法》第二条所称对国家和社会有保存价值的档案，属于国家所有的，由国家档案局会同国家有关部门确定具体范围；属于集体所有、个人所有以及其他不属于国家所有的，由省、自治区、直辖市人民政府档案行政管理部门征得国家档案局同意后确定具体范围。

第三条 各级国家档案馆馆藏的永久保管档案分一、二、三级管理，分级的具体标准和管理办法由国家档案局制定。

第四条 国务院各部门经国家档案局同意，省、自治区、直辖市人民政府各部门经本级人民政府档案行政管理部门同意，可以制定本系统专业档案的具体管理制度和办法。

第五条 县级以上各级人民政府应当加强对档案工作的领导，把档案事业建设列入本级国民经济和社会发展计划，建立、健全档案机构，确定必要的人员编制，统筹安排发展档案事业所需经费。

机关、团体、企业事业单位和其他组织应当加强对本单位档案工作的领导，保障档案工作依法开展。

第六条 有下列事迹之一的，由人民政府、档案行政管理部门或者本单位给予奖励：

（一）对档案的收集、整理、提供利用做出显著成绩的；

（二）对档案的保护和现代化管理做出显著成绩的；

（三）对档案学研究做出重要贡献的；

（四）将重要的或者珍贵的档案捐赠给国家的；

（五）同违反档案法律、法规的行为作斗争，表现突出的。

第二章 档案机构及其职责

第七条 国家档案局依照《档案法》第六条第一款的规定，履行下列职责：

（一）根据有关法律、行政法规和国家有关方针政策，研究、制定档案工作规章制度和具体方针政策；

（二）组织协调全国档案事业的发展，制定发展档案事业的综合规划和专项计划，并组织实施；

（三）对有关法律、法规和国家有关方针政策的实施情况进行监督检查，依法查处档案违法行为；

（四）对中央和国家机关各部门、国务院直属企业事业单位以及依照国家有关规定不属于登记范围的全国性社会团体的档案工作，中央级国家档案馆的工作，以及省、自治区、直辖市人民政府档案行政管理部门的工作，实施监督、指导；

（五）组织、指导档案理论与科学技术研究、档案宣传与档案教育、档案工作人员培训；

（六）组织、开展档案工作的国际交流活动。

第八条 县级以上地方各级人民政府档案行政管理部门依照《档案法》第六条第二款的规定，履行下列职责：

（一）贯彻执行有关法律、法规和国家有关方针政策；

（二）制定本行政区域内的档案事业发展计划和档案工作规章制度，并组织实施；

（三）监督、指导本行政区域内的档案工作，依法查处档案违法行为；

（四）组织、指导本行政区域内档案理论与科学技术研究、档案宣传与档案教育、档案工作人员培训。

第九条 机关、团体、企业事业单位和其他组织的档案机构依照《档案法》第七条的规定，履行下列职责：

（一）贯彻执行有关法律、法规和国家有关方针政策，建立、健全本单位的档案工作规章制度；

（二）指导本单位文件、资料的形成、积累和归档工作；

（三）统一管理本单位的档案，并按照规定向有关档案馆移交档案；

（四）监督、指导所属机构的档案工作。

第十条 中央和地方各级国家档案馆，是集中保存、管理档案的文化事业机构，依照《档案法》第八条的规定，承担下列工作任务：

（一）收集和接收本馆保管范围内对国家和社会有保存价值的档案；

（二）对所保存的档案严格按照规定整理和保管；

（三）采取各种形式开发档案资源，为社会利用档案资料提供服务。

按照国家有关规定，经批准成立的其他各类档案馆，根据需要，可以承担前款规定的工作任务。

第十一条 全国档案馆的设置原则和布局方案，由国家档案局制定，报国务院批准后实施。

第三章 档案的管理

第十二条 按照国家档案局关于文件材料归档的规定，应当立卷归档的材料由单位的文书或者业务机构收集齐全，并进行整理、立卷，定期交本单位档案机构或者档案工作人员集中管理；任何人都不得据为己有或者拒绝归档。

第十三条 机关、团体、企业事业单位和其他组织，应当按国家档案局关于档案移交的规定，定期向有关的国家档案馆移交档案。

属于中央级和省级、设区的市级国家档案馆接收范围的档案，立档单位应当自档案形成之日起满20年即向有关的国家档案馆移交；属于县级国家档案馆接收范围的档案，立档单位应当自档案形成之日起满10年即向有关的县级国家档案馆移交。

经同级档案行政管理部门检查和同意，专业性较强或者需要保密的档案，可以延长向有关档案馆移交的期限；已撤销单位的档案或者由于保管条件恶劣可能导致不安全或者严重损毁的档案，可以提前向有关档案馆移交。

第十四条 既是文物、图书资料又是档案的，档案馆可以与博物馆、图书馆、纪念馆等单位相互交换重复件、复制件或者目录，联合举办展览，共同编辑出版有关史料或者进行史料研究。

第十五条 各级国家档案馆应当对所保管的档案采取下列管理措施：

（一）建立科学的管理制度，逐步实现保管的规范化、标准化；

（二）配置适宜安全保存档案的专门库房，配备防盗、防火、防渍、防有害生物的必要设施；

（三）根据档案的不同等级，采取有效措施，加以保护和管理；

（四）根据需要和可能，配备适应档案现代化管理需要的技术设备。

机关、团体、企业事业单位和其他组织的档案保管，根据需要，参照前款规定办理。

第十六条 《档案法》第十四条所称密档案密级的变更和解密，依照《中华人民共和国保守国家秘密法》及其实施办法的规定办理。

第十七条 属于集体所有、个人所有以及其他不属于国家所有的对国家和社会具有保存价值的或者应当保密的档案，档案所有者可以向各级国家档案馆寄存、捐赠或者出卖。向各级国家档案馆以外的任何单位或者个人出卖、转让或者赠送的，必须报经县级以上人民政府档案行政管理部门批准；严禁向外国人和外国组织出卖或者赠送。

第十八条 属于国家所有的档案，任何组织和个人都不得出卖。

国有企业事业单位因资产转让需要转让有关档案的，按照国家有关规定办理。

各级各类档案馆以及机关、团体、企业事业单位和其他组织为了收集、交换中国散失在国外的档案、进行国际文化交流，以及适应经济建设、科学研究和科技成果推广等的需要，经国家档案局或者省、自治区、直辖市人民政府档案行政管理部门依据职权审查批准，可以向国内外的单位或者个人赠送、交换、出卖档案的复制件。

第十九条 各级国家档案馆馆藏的一级档案严禁出境。

各级国家档案馆馆藏的二级档案需要出境的，必须经国家档案局审查批准。各级国家档案馆馆藏的三级档案、各级国家档案馆馆藏一、二、三级档案以外的属于国家所有的档案和属于集体所有、个人所有以及其他不属于国家所有的对国家和社会具有保存价值的或者应当保密的档案及其复制件，各级国家档案馆以及机关、团体、企业事业单位、其他组织和个人需要携带、运输或者邮寄出境的，必须经省、自治区、直辖市人民政府档案行政管理部门审查批准，海关凭批准文件查验放行。

第四章 档案的利用和公布

第二十条 各级国家档案馆保管的档案应当按照《档案法》的有关规定，分期分批地向社会开放，并同时公布开放档案的目录。档案开放的起始时间：

（一）中华人民共和国成立以前的档案（包括清代和清代以前的档案；民国时期的档案和革命历史档案），自本办法实施之日起向社会开放；

（二）中华人民共和国成立以来形成的档案，自形成之日起满30年向社会开放；

（三）经济、科学、技术、文化等类档案，可以随时向社会开放。

前款所列档案中涉及国防、外交、公安、国家安全等国家重大利益的档案，以及其他虽自形成之日起已满30年但档案馆认为到期仍不宜开放的档案，经上一级档案行政管理部门批准，可以延期向社会开放。

第二十一条 各级各类档案馆提供社会利用的档案，应当逐步实现以缩微品代替原件。档案缩微品和其他复制形式的档案载有档案收藏单位法定代表人的签名或者印章标记的，具有与档案原件同等的效力。

第二十二条 《档案法》所称档案的利用，是指对档案的阅览、复制和摘录。

中华人民共和国公民和组织，持有介绍信或者工作证、身份证等合法证明，可以利用已开放的档案。

外国人或者外国组织利用中国已开放的档案，须经中国有关主管部门介绍以及保存该档案的档案馆同意。

机关、团体、企业事业单位和其他组织以及中国公民利用档案馆保存的未开放的档案，须经保存该档案的档案馆同意，必要时还须经有关的档案行政管理部门审查同意。

机关、团体、企业事业单位和其他组织的档案机构保存的尚未向档案馆移交的档案，其他机关、团体、企业事业单位和组织以及中国公民需要利用的，须经档案保存单位同意。

各级各类档案馆应当为社会利用档案创造便利条件。提供社会利用的档案，可以按照规定收取费用。收费标准由国家档案局会同国务院价格管理部门制定。

第二十三条 《档案法》第二十二条所称档案的公布，是指通过下列形式首次向社会公开档案的全部或者部分原文，或者档案记载的特定内容：

（一）通过报纸、刊物、图书、声像、电子等出版物发表；

（二）通过电台、电视台播放；

（三）通过公众计算机信息网络传播；

（四）在公开场合宣读、播放；

（五）出版发行档案史料、资料的全文或者摘录汇编；

（六）公开出售、散发或者张贴档案复制件；

（七）展览、公开陈列档案或者其复制件。

第二十四条 公布属于国家所有的档案，按照下列规定办理：

（一）保存在档案馆的，由档案馆公布；必要时，应当征得档案形成单位同意或者报经档案形成单位的上级主管机关同意后公布；

（二）保存在各单位档案机构的，由各该单位公布；必要时，应当报经其上级主管机关同意后公布；

（三）利用属于国家所有的档案的单位和个人，未经档案馆、档案保存单位同意或者前两项所列主管机关的授权或者批准，均无权公布档案。

属于集体所有、个人所有以及其他不属于国家所有的对国家和社会具有保存价值的档案，其所有者向社会公布时，应当遵守国家有关保密的规定，不得损害国家的、社会的、集体的和其他公民的利益。

第二十五条 各级国家档案馆对寄存档案的公布和利用，应当征得档案所有者同意。

第二十六条 利用、公布档案，不得违反国家有关知识产权保护的法律规定。

第五章　罚　则

第二十七条 有下列行为之一的，由县级以上人民政府档案行政管理部门责令限期改正；情节严重的，对直接负责的主管人员或者其他直接责任人员依法给予行政处分：

（一）将公务活动中形成的应当归档的文件、资料据为己有，拒绝交档案机构、档案工作人员归档的；

（二）拒不按照国家规定向国家档案馆移交档案的；

（三）违反国家规定擅自扩大或者缩小档案接收范围的；

（四）不按照国家规定开放档案的；

（五）明知所保存的档案面临危险而不采取措施，造成档案损失的；

（六）档案工作人员、对档案工作负有领导责任的人员玩忽职守的，造成档案损失的。

第二十八条 《档案法》第二十四条第二款、第三款规定的罚款数额，根据有关档案的价值和数量，对单位为 1 万元以上 10 万元以下，对个人为 500 元以上 5000 以下。

第二十九条 违反《档案法》和本办法，造成档案损失的，由县级以上人民政府档案行政管理部门、有关主管部门根据损失档案的价值，责令赔偿损失。

③ 中华人民共和国保守国家秘密法

（2010 年 4 月 29 日第十一届全国人民代表大会常务委员会第十四次会议修订通过，
自 2010 年 10 月 1 日起施行）

第一章　总　则

第一条 为了保守国家秘密，维护国家安全和利益，保障改革开放和社会主义建设事业的顺利进行，制定本法。

第二条 国家秘密是关系国家安全和利益，依照法定程序确定，在一定时间内只限一定范围的人员知悉的事项。

第三条　国家秘密受法律保护。

一切国家机关、武装力量、政党、社会团体、企业事业单位和公民都有保守国家秘密的义务。

任何危害国家秘密安全的行为，都必须受到法律追究。

第四条　保守国家秘密的工作（以下简称保密工作），实行积极防范、突出重点、依法管理的方针，既确保国家秘密安全，又便利信息资源合理利用。

法律、行政法规规定公开的事项，应当依法公开。

第五条　国家保密行政管理部门主管全国的保密工作。县级以上地方各级保密行政管理部门主管本行政区域的保密工作。

第六条　国家机关和涉及国家秘密的单位（以下简称机关、单位）管理本机关和本单位的保密工作。

中央国家机关在其职权范围内，管理或者指导本系统的保密工作。

第七条　机关、单位应当实行保密工作责任制，健全保密管理制度，完善保密防护措施，开展保密宣传教育，加强保密检查。

第八条　国家对在保守、保护国家秘密以及改进保密技术、措施等方面成绩显著的单位或者个人给予奖励。

第二章　国家秘密的范围和密级

第九条　下列涉及国家安全和利益的事项，泄露后可能损害国家在政治、经济、国防、外交等领域的安全和利益的，应当确定为国家秘密：

（一）国家事务重大决策中的秘密事项；

（二）国防建设和武装力量活动中的秘密事项；

（三）外交和外事活动中的秘密事项以及对外承担保密义务的秘密事项；

（四）国民经济和社会发展中的秘密事项；

（五）科学技术中的秘密事项；

（六）维护国家安全活动和追查刑事犯罪中的秘密事项；

（七）经国家保密行政管理部门确定的其他秘密事项。

政党的秘密事项中符合前款规定的，属于国家秘密。

第十条　国家秘密的密级分为绝密、机密、秘密三级。

绝密级国家秘密是最重要的国家秘密，泄露会使国家安全和利益遭受特别严重的损害；机密级国家秘密是重要的国家秘密，泄露会使国家安全和利益遭受严重的损害；秘密级国家秘密是一般的国家秘密，泄露会使国家安全和利益遭受损害。

第十一条　国家秘密及其密级的具体范围，由国家保密行政管理部门分别会同外交、公安、国家安全和其他中央有关机关规定。

军事方面的国家秘密及其密级的具体范围，由中央军事委员会规定。

国家秘密及其密级的具体范围的规定，应当在有关范围内公布，并根据情况变化及时调整。

第十二条　机关、单位负责人及其指定的人员为定密责任人，负责本机关、本单位的国家秘密确定、变更和解除工作。

机关、单位确定、变更和解除本机关、本单位的国家秘密，应当由承办人提出具体意见，经定密责任人审核批准。

第十三条　确定国家秘密的密级，应当遵守定密权限。

中央国家机关、省级机关及其授权的机关、单位可以确定绝密级、机密级和秘密级国家秘密；设区的市、自治州一级的机关及其授权的机关、单位可以确定机密级和秘密级国家秘密。具体的定密权限、授权范围由国家保密行政管理部门规定。

机关、单位执行上级确定的国家秘密事项，需要定密的，根据所执行的国家秘密事项的密级确定。下级机关、单位认为本机关、本单位产生的有关定密事项属于上级机关、单位的定密权限，应当先行采取保密措施，并立即报请上级机关、单位确定；没有上级机关、单位的，应当立即提请有相应定密权限的业务主管部门或者保密行政管理部门确定。

公安、国家安全机关在其工作范围内按照规定的权限确定国家秘密的密级。

第十四条　机关、单位对所产生的国家秘密事项，应当按照国家秘密及其密级的具体范围的规定确定密级，同时确定保密期限和知悉范围。

第十五条　国家秘密的保密期限，应当根据事项的性质和特点，按照维护国家安全和利益的需要，限定在必要的期限内；不能确定期限的，应当确定解密的条件。

国家秘密的保密期限，除另有规定外，绝密级不超过三十年，机密级不超过二十年，秘密级不超过十年。

机关、单位应当根据工作需要，确定具体的保密期限、解密时间或者解密条件。

机关、单位对在决定和处理有关事项工作过程中确定需要保密的事项，根据工作需要决定公开的，正式公布时即视为解密。

第十六条　国家秘密的知悉范围，应当根据工作需要限定在最小范围。

国家秘密的知悉范围能够限定到具体人员的，限定到具体人员；不能限定到具体人员的，限定到机关、单位，由机关、单位限定到具体人员。

国家秘密的知悉范围以外的人员，因工作需要知悉国家秘密的，应当经过机关、单位负责人批准。

第十七条　机关、单位对承载国家秘密的纸介质、光介质、电磁介质等载体（以下简称国家秘密载体）以及属于国家秘密的设备、产品，应当做出国家秘密标志。

不属于国家秘密的，不应当做出国家秘密标志。

第十八条　国家秘密的密级、保密期限和知悉范围，应当根据情况变化及时变更。国家秘密的密级、保密期限和知悉范围的变更，由原定密机关、单位决定，也可以由其上级机关决定。

国家秘密的密级、保密期限和知悉范围变更的，应当及时书面通知知悉范围内的机关、单位或者人员。

第十九条　国家秘密的保密期限已满的，自行解密。

机关、单位应当定期审核所确定的国家秘密。对在保密期限内因保密事项范围调整不再作为国家秘密事项，或者公开后不会损害国家安全和利益，不需要继续保密的，应当及时解密；对需要延长保密期限的，应当在原保密期限届满前重新确定保密期限。提前解密或者延长保密期限的，由原定密机关、单位决定，也可以由其上级机关决定。

第二十条　机关、单位对是否属于国家秘密或者属于何种密级不明确或者有争议的，由国家保密行政管理部门或者省、自治区、直辖市保密行政管理部门确定。

第三章　保密制度

第二十一条　国家秘密载体的制作、收发、传递、使用、复制、保存、维修和销毁，应当符合国家保密规定。

绝密级国家秘密载体应当在符合国家保密标准的设施、设备中保存，并指定专人管理；未经原定密机关、单位或者其上级机关批准，不得复制和摘抄；收发、传递和外出携带，应当指定人员负责，并采取必要的安全措施。

第二十二条　属于国家秘密的设备、产品的研制、生产、运输、使用、保存、维修和销毁，应当符合国家保密规定。

第二十三条　存储、处理国家秘密的计算机信息系统（以下简称涉密信息系统）按照涉密程度实行分级保护。

涉密信息系统应当按照国家保密标准配备保密设施、设备。保密设施、设备应当与涉密信息系统同步规划，同步建设，同步运行。

涉密信息系统应当按照规定，经检查合格后，方可投入使用。

第二十四条　机关、单位应当加强对涉密信息系统的管理，任何组织和个人不得有下列行为：

（一）将涉密计算机、涉密存储设备接入互联网及其他公共信息网络；

（二）在未采取防护措施的情况下，在涉密信息系统与互联网及其他公共信息网络之间进行信息交换；

（三）使用非涉密计算机、非涉密存储设备存储、处理国家秘密信息；

（四）擅自卸载、修改涉密信息系统的安全技术程序、管理程序；

（五）将未经安全技术处理的退出使用的涉密计算机、涉密存储设备赠送、出售、丢弃或者改作其他用途。

第二十五条　机关、单位应当加强对国家秘密载体的管理，任何组织和个人不得有下列行为：

（一）非法获取、持有国家秘密载体；

（二）买卖、转送或者私自销毁国家秘密载体；

（三）通过普通邮政、快递等无保密措施的渠道传递国家秘密载体；

（四）邮寄、托运国家秘密载体出境；

（五）未经有关主管部门批准，携带、传递国家秘密载体出境。

第二十六条　禁止非法复制、记录、存储国家秘密。

禁止在互联网及其他公共信息网络或者未采取保密措施的有线和无线通信中传递国家秘密。

禁止在私人交往和通信中涉及国家秘密。

第二十七条　报刊、图书、音像制品、电子出版物的编辑、出版、印制、发行，广播节目、电视节目、电影的制作和播放，互联网、移动通信网等公共信息网络及其他传媒的信息编辑、发布，应当遵守有关保密规定。

第二十八条　互联网及其他公共信息网络运营商、服务商应当配合公安机关、国家安全机关、检察机关对泄密案件进行调查；发现利用互联网及其他公共信息网络发布的信息涉及泄露国家秘密的，应当立即停止传输，保存有关记录，向公安机关、国家安全机关或者保密行政管理部门报告；应当根据公安机关、国家安全机关或者保密行政管理部门的要求，删除涉及泄露国家秘密的信息。

第二十九条　机关、单位公开发布信息以及对涉及国家秘密的工程、货物、服务进行采购时，应当遵守保密规定。

第三十条　机关、单位对外交往与合作中需要提供国家秘密事项，或者任用、聘用的境外人员因工作需要知悉国家秘密的，应当报国务院有关主管部门或者省、自治区、直辖市人民政府有关主管部门批准，并与对方签订保密协议。

第三十一条　举办会议或者其他活动涉及国家秘密的，主办单位应当采取保密措施，并对参加人员进行保密教育，提出具体保密要求。

第三十二条　机关、单位应当将涉及绝密级或者较多机密级、秘密级国家秘密的机构确定为保密要害部门，将集中制作、存放、保管国家秘密载体的专门场所确定为保密要害部位，按照国家保密规定和标准配备、使用必要的技术防护设施、设备。

第三十三条　军事禁区和属于国家秘密不对外开放的其他场所、部位，应当采取保密措施，未经有关部门批准，不得擅自决定对外开放或者扩大开放范围。

第三十四条　从事国家秘密载体制作、复制、维修、销毁，涉密信息系统集成，或者武器装备科研生产等涉及国家秘密业务的企业事业单位，应当经过保密审查，具体办法由国务院规定。

机关、单位委托企业事业单位从事前款规定的业务，应当与其签订保密协议，提出保密要求，采取保密措施。

第三十五条　在涉密岗位工作的人员（以下简称涉密人员），按照涉密程度分为核心涉密人员、重要涉密人员和一般涉密人员，实行分类管理。

任用、聘用涉密人员应当按照有关规定进行审查。

涉密人员应当具有良好的政治素质和品行，具有胜任涉密岗位所要求的工作能力。

涉密人员的合法权益受法律保护。

第三十六条　涉密人员上岗应当经过保密教育培训，掌握保密知识技能，签订保密承诺书，严格遵守保密规章制度，不得以任何方式泄露国家秘密。

第三十七条　涉密人员出境应当经有关部门批准，有关机关认为涉密人员出境将对国家安全造成危害或者对国家利益造成重大损失的，不得批准出境。

第三十八条　涉密人员离岗离职实行脱密期管理。涉密人员在脱密期内，应当按照规定履行保密义务，不得违反规定就业，不得以任何方式泄露国家秘密。

第三十九条　机关、单位应当建立健全涉密人员管理制度，明确涉密人员的权利、岗位责任和要求，对涉密人员履行职责情况开展经常性的监督检查。

第四十条　国家工作人员或者其他公民发现国家秘密已经泄露或者可能泄露时，应当立即采取补救措施并及时报告有关机关、单位。机关、单位接到报告后，应当立即作出处理，并及时向保密行政管理部门报告。

第四章　监　督　管　理

第四十一条　国家保密行政管理部门依照法律、行政法规的规定，制定保密规章和国家保密标准。

第四十二条　保密行政管理部门依法组织开展保密宣传教育、保密检查、保密技术防护和泄密案件查处工作，对机关、单位的保密工作进行指导和监督。

第四十三条　保密行政管理部门发现国家秘密确定、变更或者解除不当的，应当及时通知有关机关、单位予以纠正。

第四十四条　保密行政管理部门对机关、单位遵守保密制度的情况进行检查，有关机关、单位应当配合。保密行政管理部门发现机关、单位存在泄密隐患的，应当要求其采取措施，限期整改；对存在泄密隐患的设施、设备、场所，应当责令停止使用；对严重违反保密规定的涉密人员，应当建议有关机关、单位给予处分并调离涉密岗位；发现涉嫌泄露国家秘密的，应当督促、指导有关机关、单位进行调查处理。涉嫌犯罪的，移送司法机关处理。

第四十五条　保密行政管理部门对保密检查中发现的非法获取、持有的国家秘密载体，应当予以收缴。

第四十六条　办理涉嫌泄露国家秘密案件的机关，需要对有关事项是否属于国家秘密以及属于何种密级进行鉴定的，由国家保密行政管理部门或者省、自治区、直辖市保密行政管理部门鉴定。

第四十七条　机关、单位对违反保密规定的人员不依法给予处分的，保密行政管理部门应当建议纠正，对拒不纠正的，提请其上一级机关或者监察机关对该机关、单位负有责任的领导人员和直接责任人员依法予以处理。

第五章　法　律　责　任

第四十八条　违反本法规定，有下列行为之一的，依法给予处分；构成犯罪的，依法追究刑事责任：

（一）非法获取、持有国家秘密载体的；

（二）买卖、转送或者私自销毁国家秘密载体的；

（三）通过普通邮政、快递等无保密措施的渠道传递国家秘密载体的；

（四）邮寄、托运国家秘密载体出境，或者未经有关主管部门批准，携带、传递国家秘密载体出境的；

（五）非法复制、记录、存储国家秘密的；

（六）在私人交往和通信中涉及国家秘密的；

（七）在互联网及其他公共信息网络或者未采取保密措施的有线和无线通信中传递国家秘密的；

（八）将涉密计算机、涉密存储设备接入互联网及其他公共信息网络的；

（九）在未采取防护措施的情况下，在涉密信息系统与互联网及其他公共信息网络之间进行信息交换的；

（十）使用非涉密计算机、非涉密存储设备存储、处理国家秘密信息的；

（十一）擅自卸载、修改涉密信息系统的安全技术程序、管理程序的；

（十二）将未经安全技术处理的退出使用的涉密计算机、涉密存储设备赠送、出售、丢弃或者改作其他用途的。

有前款行为尚不构成犯罪，且不适用处分的人员，由保密行政管理部门督促其所在机关、单位予以处理。

第四十九条　机关、单位违反本法规定，发生重大泄密案件的，由有关机关、单位依法对直接负责的主管人员和其他直接责任人员给予处分；不适用处分的人员，由保密行政管理部门督促其主管部门予以处理。

机关、单位违反本法规定，对应当定密的事项不定密，或者对不应当定密的事项定密，造成严重后果的，由有关机关、单位依法对直接负责的主管人员和其他直接责任人员给予处分。

第五十条　互联网及其他公共信息网络运营商、服务商违反本法第二十八条规定的，由公安机关或者国家安全机关、信息产业主管部门按照各自职责分工依法予以处罚。

第五十一条　保密行政管理部门的工作人员在履行保密管理职责中滥用职权、玩忽职守、徇私舞弊的，依法给予处分；构成犯罪的，依法追究刑事责任。

第六章　附　　则　（略）

④ 档案管理违法违纪行为处分规定

（监察部、人力资源社会和保障部、国家档案局令第 30 号）

第一条 为了预防和惩处档案管理违法违纪行为，有效保护和利用档案，根据《中华人民共和国档案法》《中华人民共和国行政监察法》《中华人民共和国公务员法》《行政机关公务员处分条例》等有关法律、行政法规，制定本规定。

第二条 有档案管理违法违纪行为的单位，其负有责任的领导人员和直接责任人员，以及有档案管理违法违纪行为的个人，应当承担纪律责任。属于下列人员的（以下统称有关责任人员），由任免机关或者监察机关按照管理权限依法给予处分：

（一）行政机关公务员；

（二）法律、法规授权的具有公共事务管理职能的组织中从事公务的人员；

（三）行政机关依法委托从事公共事务管理活动的组织中从事公务的人员；

（四）企业、社会团体中由行政机关任命的人员。

事业单位工作人员有档案管理违法违纪行为的，按照《事业单位工作人员处分暂行规定》执行。

法律、行政法规、国务院决定及国务院监察机关、国务院人力资源社会保障部门制定的规章对档案管理违法违纪行为的处分另有规定的，从其规定。

第三条 将公务活动中形成的应当归档的文件材料、资料据为己有，拒绝交档案机构、档案工作人员归档的，对有关责任人员，给予警告处分；情节较重的，给予记过或者记大过处分；情节严重的，给予降级或者撤职处分。

第四条 拒不按照国家规定向指定的国家档案馆移交档案的，对有关责任人员，给予警告或者记过处分；情节较重的，给予记大过或者降级处分；情节严重的，给予撤职处分。

第五条 出卖或者违反国家规定转让、交换以及赠送档案的，对有关责任人员，给予撤职或者开除处分。

第六条 利用职务之便，将所保管的档案据为己有的，对有关责任人员，给予记大过处分；情节较重的，给予降级或者撤职处分；情节严重的，给予开除处分。

第七条 因工作不负责任或者不遵守档案工作制度，导致档案损毁、丢失的，对有关责任人员，给予记过处分；情节较重的，给予记大过或者降级处分；情节严重的，给予撤职或者开除处分。

第八条 擅自销毁档案的，对有关责任人员，给予记过处分；情节较重的，给予记大过或者降级处分；情节严重的，给予撤职或者开除处分。

第九条 有下列行为之一的，对有关责任人员，给予记过或者记大过处分；情节较重的，给予降级或者撤职处分；情节严重的，给予开除处分：

（一）涂改、伪造档案的；

（二）擅自从档案中抽取、撤换、添加档案材料的。

第十条 携运、邮寄禁止出境的档案或者其复制件出境的，对有关责任人员，给予警告、记过或者记大过处分；情节较重的，给予降级或者撤职处分；情节严重的，给予开除处分。

第十一条 有下列行为之一的，对有关责任人员，给予警告、记过或者记大过处分；情节较重的，给予降级或者撤职处分；情节严重的，给予开除处分：

（一）擅自提供、抄录、复制档案的；

（二）擅自公布未开放档案的。

第十二条　有下列行为之一，导致档案安全事故发生的，对有关责任人员，给予记过或者记大过处分；情节较重的，给予降级或者撤职处分；情节严重的，给予开除处分：

（一）未配备安全保管档案的必要设施、设备的；

（二）未建立档案安全管理规章制度的；

（三）明知所保存的档案面临危险而不采取措施的。

第十三条　有下列行为之一的，对有关责任人员，给予记过或者记大过处分；情节较重的，给予降级或者撤职处分；情节严重的，给予开除处分：

（一）档案安全事故发生后，不及时组织抢救的；

（二）档案安全事故发生后，隐瞒不报、虚假报告或者不及时报告的；

（三）档案安全事故发生后，干扰阻挠有关部门调查的。

第十四条　在档案利用工作中违反国家规定收取费用的，对有关责任人员，给予记过或者记大过处分；情节较重的，给予降级或者撤职处分；情节严重的，给予开除处分。

第十五条　违反国家规定扩大或者缩小档案接收范围的，对有关责任人员，给予警告或者记过处分；情节较重的，给予记大过或者降级处分；情节严重的，给予撤职处分。

第十六条　拒不按照国家规定开放档案的，对有关责任人员，给予警告、记过或者记大过处分。

第十七条　因档案管理违法违纪行为受到处分的人员对处分决定不服的，依照《中华人民共和国行政监察法》、《中华人民共和国公务员法》、《行政机关公务员处分条例》等有关规定，可以申请复核或者申诉。

第十八条　任免机关、监察机关和档案行政管理部门建立案件移送制度。

任免机关、监察机关查处档案管理违法违纪案件，认为应当由档案行政管理部门给予行政处罚的，应当及时将有关案件材料移送档案行政管理部门。档案行政管理部门应当依法及时查处，并将处理结果书面告知任免机关、监察机关。

档案行政管理部门查处档案管理违法案件，认为应当由任免机关或者监察机关给予处分的，应当及时将有关案件材料移送任免机关或者监察机关。任免机关或者监察机关应当依法及时查处，并将处理结果书面告知档案行政管理部门。

第十九条　有档案管理违法违纪行为，应当给予党纪处分的，移送党的纪律检察机关处理。涉嫌犯罪的，移送司法机关依法追究刑事责任。

第二十条　本规定所称的档案，是指属于国家所有的档案和不属于国家所有但保存在各级国家档案馆的档案。

第二十一条　本规定由监察部、人力资源社会保障部、国家档案局负责解释。

第二十二条　本规定自 2013 年 3 月 1 日起施行。

⑤ 档案工作突发事件应急处置管理办法

（国家档案局　中央档案馆 2008 年 8 月 27 日发布）

第一条　为有效预防、及时处理和解决档案工作中的突发事件，确保国家档案资源的安全，根据《中华人民共和国档案法》《中华人民共和国突发事件应对法》及有关法律、规章，制定本办法。

第二条　本办法所称突发事件，是指由人为或自然因素引起的突发性危及或可能危及档案安全和严重干扰档案工作秩序，需要采取应急处置措施以应对的事件。

第三条　本办法适用于各级档案行政管理部门、各级国家档案馆、中央和国家机关档案部门应急处置其辖内突发事件。企事业单位档案部门、军队系统档案部门及其他档案机构可参照执行。

第四条　突发事件应急处置工作应贯彻统一领导、分级负责、及时反应、果断决策、合作互助的原则。

第五条　各级档案行政管理部门、各级国家档案馆、中央和国家机关档案部门应建立严格的突发事件防范和应急处置责任制，制定相关工作预案，切实履行各自职责，保证突发事件应急处置工作有序进行。

第六条　突发事件应急处置预案应包括以下内容：

（一）编制和实施预案的有关危机情况和背景；

（二）应急处置工作的目标、要求和具体措施；

（三）应急指挥机构的建立及其人员组成，应急处置工作队伍的数量、分工、联络方式、职能及调用方案；

（四）有关协调机构、咨询机构及能够提供援助的机构、人员及其联系方式；

（五）抢救档案的顺序及其具体位置，库房常用及备用钥匙、重要检索工具的位置和管理人员；

（六）档案库房所在建筑供水、供电开关及档案库区、重点部位的位置等；

（七）向当地党委和政府、有关主管机关和上级档案行政管理部门报告的联系方式；

（八）其他预防突发事件、救灾应注意事项。

第七条　突发事件应急处置预案应向当地党委和政府、有关主管机关和上级档案行政管理部门备案。

第八条　各级档案行政管理部门、各级国家档案馆、中央和国家机关档案部门应依照法律、行政法规的规定，做好档案安全保管工作，防范突发事件的发生。应定期对突发事件应急处置人员进行相关知识的培训，组织救灾演练和对所属防灾、救灾设备设施进行检查；对本单位全体工作人员开展突发事件应急知识教育，增强对档案工作突发事件的防范意识和应对能力。

第九条　各级档案行政管理部门、各级国家档案馆、中央和国家机关档案部门应指定专门机构或人员负责突发事件的日常监测工作，建立突发事件预警机制，及时收集有关政府机构、气象部门发出的预警信息。在监测过程中发现潜在隐患以及可能发生突发事件，应及时启动有关预案，采取果断措施进行处置，防止危害和事故的发生。

第十条　各级档案行政管理部门、各级国家档案馆、中央和国家机关档案部门在突发事件发生后，要采取下列应急处置措施：

（一）及时报警，在第一时间通知抢险负责人和相关人员，通知专业抢险救援部门等。在可能的情况下，采取行动消除事故。

（二）组织救援遇险人员，转移和妥善安置受威胁档案。迅速控制危险源，标明危险区域，关闭和限制使用有关设备、设施，采取防止发生次生、衍生事件的必要措施。

（三）对突发事件可能造成的危害和损失做出初步判断，启动相关应急处置预案。

（四）对灾害事故造成的受损档案，立即组织力量进行抢救。特别是对受水淹档案，要及时采取冷冻或干燥的办法稳定档案的状态，避免灾情进一步恶化。

第十一条　各级档案行政管理部门、各级国家档案馆、中央和国家机关档案部门应在突发事件发生后立即向当地党委和政府、有关主管机关和上级档案行政管理部门报告。

有下列情形之一者，县级以上档案行政管理部门和各级国家档案馆在向当地党委和政府、有关主管机关和上级档案行政管理部门报告的同时，需向国家档案局报告：

（一）因人为、自然原因或其他原因造成档案严重损坏或丢失的；

（二）因人为、自然原因或其他原因造成档案馆库房建筑损坏，危及档案安全的；

（三）国家档案馆工作秩序受到冲击，危及档案安全的；

（四）法律、法规规定的其他重大安全事故。

第十二条　突发事件报告应包括如下内容：

（一）事件发生或可能发生的地区（单位、部门）、时间、地点和现场情况；

（二）事件的简要经过和档案损失情况的初步估计；

（三）事件原因的初步分析；

（四）事件发生后已经采取的措施及效果；

（五）其他需要报告的事项。

第十三条　任何单位和个人对突发事件不得隐瞒、缓报、谎报或者授意他人隐瞒、缓报、谎报。

第十四条　接到突发事件报告的档案行政管理部门应依照本办法立即组织力量对报告事项调查核实，采取必要的控制措施，并及时向有关部门报告核查情况。

第十五条　省级以上档案行政管理部门接到突发事件报告后，应视事件严重程度，决定是否有必要组成突发事件应急处置小组对突发事件进行调查处理。突发事件应急处置小组人员构成应包括突发事件所涉及的有关部门负责人以及相关档案业务方面的专家。

第十六条　国家档案局应根据接报突发事件的情况，及时向中共中央办公厅、国务院有关部门报告。突发事件发生地的省、自治区、直辖市档案行政管理部门，应根据突发事件发生的情况，向相关单位通报。

第十七条　各级档案行政管理部门、各级国家档案馆、中央和国家机关档案部门未依照本办法规定履行相应职责的，由其上级档案行政管理部门责令改正。

第十八条　各级档案行政管理部门、各级国家档案馆、中央和国家机关应对参加突发事件应急处置工作做出贡献的机构和个人，给予表彰和奖励。

第十九条　本办法自公布之日起施行。解释权归国家档案局。

⑥ 档案工作基本术语

(DA/T 1—2000)

1. 范围

本标准运用于档案工作、文书工作及有关领域。

2. 一般概念

2.1　档案

国家机构、社会组织或个人在社会活动中直接形成的有价值的各种形式的历史记录。

2.2　档案价值

档案对国家机构、社会组织或个人的有用性。

2.3 档案工作
管理档案和档案事业的活动。

2.4 档案管理
档案的收集、整理、保管、鉴定、统计和提供利用等活动。

2.5 档案学
研究档案的形成规律、性质、特点以及档案工作方法与发展规律的科学。

2.6 公共档案
国家机构或其他公共组织在公务活动中形成的为社会所有的档案。

2.7 私人档案
私人或私人组织在社会活动中形成的为私人所有的档案。

2.8 文书档案
反映党务、行政管理等活动的档案。

2.9 科学技术档案
反映科学技术研究、生产、基本建设等活动的档案。

2.10 专业档案
反映专门领域活动的档案。

2.11 音像档案
记录声音或影像的档案，包括照片、影片、录音带、录像带等。

2.12 文件
国家机构、社会组织或个人在履行其法定职责或处理事务中形成的各种形式的信息记录。

2.13 电子文件
以数码形式记录于磁带、磁盘、光盘等载体，依赖计算机系统阅读、处理并可在通信网络上传输的文件。

2.14 原件
最初产生的区别于复制件的原始文件。

2.15 复制件
与原件内容相同的复制品。

2.16 文稿
文件起草过程中形成的历次稿子，可分为草稿和定稿两种。

2.17 文本
同一文件由于作用不同而形成不同的版本，可分为正本、副本、试行本、修订本、各种文字文本等。

2.18 正本
有规范格式和生效标志的正式文本。

2.19 副本
再现正本内容和形式特征的复本，备存查和通知有关方面之用。

2.20 手稿
由作者用手写或打字等方式制作的原稿。

2.21 文种
按性质和用途确定的文件种类的名称。

2.22 档案行政管理部门

具有政府行政管理职能的档案事业管理机构。

2.23 档案室

国家机构、企事业单位或其他社会组织内部设置的集中管理本单位档案的专门机构。

2.24 档案馆

集中管理特定范围档案的专门机构。

2.24.1 综合档案馆

按照行政区划或历史时期设置的管理规定范围内多种门类档案的具有文化事业机构性质的档案馆。

2.24.2 专业档案馆

管理特定范围专业档案的档案馆。

2.24.3 部门档案馆

专业主管部门设置的管理本部门及其直属机构档案的档案馆。

2.24.4 企业档案馆

企业设置的管理本企业档案的档案馆。

2.24.5 事业单位档案馆

事业单位设置的管理本单位档案的档案馆。

2.25 档案资料目录中心

集中管理若干档案馆、档案室特定范围档案资料目录并提供检索服务的专门机构。

2.26 文件中心

介于文件形成机构和档案馆之间的中间性或过渡性文件管理机构。

3. 档案收藏

3.1 收集

档案馆、档案室接收及征集档案和其他有关文献的活动。

3.1.1 归档

办理完毕且具有保存价值的文件经系统整理交档案室（馆）保存的过程。

3.1.2 移交

档案室（馆）等按照国家规定把档案交给接收方档案馆保存的过程。

3.1.3 接收

档案馆、档案室按照国家规定收存档案的过程。

3.1.4 征集

档案馆按照国家规定征收散存档案、散失档案和其他有关文献的活动。

3.2 寄存

档案所有者在保持其法定所有权的情况下，将档案存放在档案馆的行为。

3.3 捐赠

档案所有者将档案无偿赠送给档案馆的行为。

3.4 交换

国家（地区）之间，档案部门之间，档案部门与其他部门之间按照法规或协定互换档案和其他文献的活动。

3.5 馆藏

档案馆收藏的档案及其他藏品的总和。

3.6 散存档案

未保存在法定保管处所的档案。

3.7 散失档案

从原形成国家（地区）散失到国外的档案。

4. 档案鉴定

4.1 鉴定

判定档案真伪和价值的过程。

4.2 保管期限

对档案划定的存留年限。

4.3 保管期限表

规定档案保管期限的文件。

4.4 销毁

经过鉴定对失去价值的档案作毁灭性处置的过程。

4.5 销毁清册

登录被销毁档案题名、数量等内容并由责任人签署的文件。

5. 档案整理

5.1 整理

按照一定原则对档案实体进行系统分类、组合、排列、编号和基本编目，使之有序化的过程。

5.2 来源则

把同一机构、组织或个人形成的档案作为一个整体加以管理的原则。

5.3 档案实体分类

根据档案的来源、形成时间、内容、形式等特征对档案实体进行的分类。

5.4 立档单位

构成档案全宗的国家机构、社会组织或个人。

5.5 全宗

一个国家机构、社会组织或个人形成的具有有机联系的档案整体。

5.6 联合全宗

由两个或两个以上立档单位形成的互有联系不易区分全宗而作为一个全宗对待的档案整体。

5.7 汇集全宗

由若干个文件数量很少且具有某些共同特征或联系的小全宗组成的作为一个全宗对待的档案整体。

5.8 全宗群

由若干个具有时间、地区、性质等共同特征的全宗组成的群体。

5.9 案卷

由互有联系的若干文件组合成的档案保管单位。

5.10 立卷

将若干文件按形成规律和有机联系组成案卷的过程。

5.11 卷内备考表

卷内文件状况的记录单，排列在卷内文件之后。

5.12 档号

以字符形式赋予档案实体的用以固定和反映档案排列顺序的一组代码。

6. 档案检索

6.1 检索

存储和查找档案信息的过程。

6.2 编目

按照一定的规则进行档案著录并将条目组织成目录的过程。

6.3 档案信息分类

以国家机构、社会组织的职能分工为基础，结合档案内容所记述和反映事物的属性关系对档案信息进行的分类。

6.4 条目

反映文件或案卷内容与形式特征的著录项目的组合。

6.5 著录

对档案内容和形式特征等进行分析、选择和记录的过程。

6.6 标引

对档案内容进行主题分析，赋予检索标识的过程。

6.6.1 分类标引

对档案内容进行主题分析，赋予分类号标识的过程。

6.6.2 主题标引

对档案内容进行主题分析，赋予主题词标识的过程。

6.6.3 受控标引

依据主题词表等控制工具进行的标引。

6.6.4 自由标引

不用主题词表等控制工具而直接使用关键词等自然语言进行的标引。

6.7 关键词

在标引和检索过程中，取自文件、案卷题名或正文用以表达文献主题并具有检索意义的非规范化的词或词组。

6.8 主题词

在标引和检索中用以表达文献主题的规范化的词或词组。

6.9 档案主题词表

由表达档案内容主题的自然语言中优选出的语义相关、族性相关的科学术语所组成的规范化词典。在档案标引与检索过程中，它是用以将档案、标引人员及用户的自然语言转换为统一的主题词检索语言的一种术语控制工具。

6.10 检索工具

用于存储、查找和报道档案信息的系统化文字描述工具，是目录、索引、指南等的统称。

6.11 目录

由揭示档案特征的条目汇集而成并按照一定次序编排的档案检索工具。

6.11.1 案卷目录

以全宗为单位登录案卷的题名及其他特征并按案卷号次序编排而成的一种档案目录。

6.11.2 卷内文件目录

登录卷内文件题名和其他特征并固定文件排列次序的表格，排列在卷内文件之前。

6.11.3 案卷文件目录（全引目录）

以全宗为单位将案卷目录与卷内文件目录相结合按一定次序编排而成的一种档案目录。

6.11.4 分类目录

依据分类表按照分类标识以一定次序编排而成的一种档案目录。

6.11.5 主题目录

依据主题词表按照主题标识以一定次序编排而成的一种档案目录。

6.11.6 专题目录

按照特定专题以一定次序编排而成的一种档案目录。

6.12 索引

指明档案或目录的某种特征，以一定次序编排并注明相应出处的档案检索工具。

6.12.1 文号索引

指明文件编号及相应档号，以一定次序编排而成的一种档案索引。

6.12.2 人名索引

指明人名及相应档号，以一定次序编排而成的一种档案索引。

6.12.3 地名索引

指明地名及相应档号，以一定次序编排而成的一种档案索引。

6.13 档案馆指南

介绍和报道档案馆基本情况、馆藏档案和有关文献，指导利用者查阅利用的一种档案检察工具。

6.14 全宗指南、全宗介绍

介绍和报道立档单位及其所形成档案情况的一种档案检索工具。

6.15 专题指南、专题介绍

介绍和报道某一专题档案情况的一种档案检索工具。

7. 档案利用

7.1 利用

利用者以阅览、复制、摘录等方式使用档案的活动。

7.2 开放

档案馆将达到一定期限、无需控制使用的档案向社会公开提供利用的活动。

7.3 公布

将档案或档案的特定内容通过某种形式首次公布于众。

7.4 咨询服务

档案馆、档案室答复询问、指导和帮助利用的活动。

7.5 档案证明

依据档案的记载出具的凭证性文件。

7.6 档案展览

按一定主题展示档案的活动。

7.7　阅览室

档案馆、档案室内供利用者阅览档案的专门场所。

7.8　密级

档案文件保密程度的等级。

7.9　降密

降低档案文件的原有保密等级。

7.10　解密

解除已失去保密价值档案文件的保密限制。

7.11　编纂

按照一定的题目、体例和方法编辑档案文献的活动。

7.12　大事记

按照时间顺序简要记述一定范围内发生的重大事件、重要活动的一种档案参考资料。

7.13　组织沿革

系统记述一个机构（地区、行业）体制、职能等基本状况变迁过程的一种档案参考资料。

7.14　基础数字汇集

以数量特征反映一个地区（机构、行业）基本情况的一种档案参考资料。

7.15　专题概要

简要记述某一特定的社会事物或自然现象产生、发展、变化情况的一种档案参考资料。

7.16　档案出版物

以档案、档案工作、档案学为基本内容的出版物。

8. 档案的保管与保护

8.1　保管

维护档案完整与安全的活动。

8.2　保护

防止档案受损，延缓档案退变和抢救、修复受损档案的活动。

8.3　全宗卷

由说明全宗历史和现状的有关文件材料组成的专门案卷。

8.4　档案馆建筑

档案馆专用的内设档案库房、工作用房和利用服务场所的建筑物。

8.5　档案库房

收藏档案的专门用房。

8.6　档案装具

用于存放档案的器具，包括档案柜、档案架、档案盒等。

8.7　密集架

为节省空间而设计的可在轨道上水平移动的活动存储装置。

8.8　载体、介质

可将信息记录其上或其中的物质材料。

8.9　耐久性

档案记录材料在保存和使用情况下保持其原有物理强度和化学稳定性的程度。

8.10　退变

档案记录材料因理化或生物作用而逐步老化变质直至损毁的过程。

8.11　修复

使受损或退变档案恢复或接近原有特征，或对其进行加固的过程。

8.12　加固

将某种材料附着在档案载体上，以提高其强度和耐久性或使字迹得以保护的技术。

8.13　修裱

使用粘合剂把选定的纸张修补或托漾在已破损的档案上，以恢复或增强其强度和耐久性的技术。

8.14　适宜性原则

档案修复工作应遵循的原则之一，即所用修复材料必须有最适宜的强度和特性。

8.15　相似性原则

档案修复工作应遵循的原则之一，即所选用的修复材料必须与被修复件具有相类似的厚度、颜色和结构等。

8.16　可逆性原则

档案修复工作应遵循的原则之一，即档案在修复处理后，如有必要可通过再处理恢复到处理前的状态。

8.17　加湿

a）增加档案库房内相对湿度的方法。

b）将过于干燥和易碎文件放在蒸气室或有潮湿空气的容器内，使之逐步吸收水分以增加柔性的方法。

8.18　去湿

降低档案库房内相对湿度的方法。

8.19　脱酸

为去除或降低纸质材料中的酸，用弱碱对其进行处理的技术。

8.20　去污

清除档案上的污垢和灰尘的方法。

8.21　熏蒸

在密闭环境下，将档案置于易挥发物质或有毒化学物质产生的气体中以杀灭害虫和菌类的方法。

8.22　防灾规程

为防止或减少灾害对档案造成破坏而制订的应对方针和工作程序。

8.23　复制

利用复印、缩微摄影、磁盘拷贝、复写、印刷等手段生成内容与档案原件相同的复制品的技术和方法。

8.24　档案缩微品

含有档案缩微影像的各种载体（通常是胶片）的通称。

9.　档案统计

9.1　统计

对反映和说明档案及档案工作现象的数量特征进行搜集、整理和分析的活动。

9.2　登记

登录档案和档案管理有关数据的过程。

9.3 统计指标

反映档案或档案工作现象的指标名称及其数值。

9.4 统计报表

由档案行政管理部门下达的具有统一制式、用于档案数据统计的表册。

第2章

公 文 处 理

① 党政机关公文处理工作条例

（中办发〔2012〕14 号）

第一章 总 则

第一条 为了适应中国共产党机关和国家行政机关（以下简称党政机关）工作需要，推进党政机关公文处理工作科学化、制度化、规范化，制定本条例。

第二条 本条例适用于各级党政机关公文处理工作。

第三条 党政机关公文是党政机关实施领导、履行职能、处理公务的具有特定效力和规范体式的文书，是传达贯彻党和国家的方针政策，公布法规和规章，指导、布置和商洽工作，请示和答复问题，报告、通报和交流情况等的重要工具。

第四条 公文处理工作是指公文拟制、办理、管理等一系列相互关联、衔接有序的工作。

第五条 公文处理工作应当坚持实事求是、准确规范、精简高效、安全保密的原则。

第六条 各级党政机关应当高度重视公文处理工作，加强组织领导，强化队伍建设，设立文秘部门或者由专人负责公文处理工作。

第七条 各级党政机关办公厅（室）主管本机关的公文处理工作，并对下级机关的公文处理工作进行业务指导和督促检查。

第二章 公 文 种 类

第八条 公文种类主要有：

（一）决议。适用于会议讨论通过的重大决策事项。

（二）决定。适用于对重要事项作出决策和部署、奖惩有关单位和人员、变更或者撤销下级机关不适当的决定事项。

（三）命令（令）。适用于公布行政法规和规章、宣布施行重大强制性措施、批准授予和晋升衔级、嘉奖有关单位和人员。

（四）公报。适用于公布重要决定或者重大事项。

（五）公告。适用于向国内外宣布重要事项或者法定事项。

（六）通告。适用于在一定范围内公布应当遵守或者周知的事项。

（七）意见。适用于对重要问题提出见解和处理办法。

（八）通知。适用于发布、传达要求下级机关执行和有关单位周知或者执行的事项，批转、转发公文。

（九）通报。适用于表彰先进、批评错误、传达重要精神和告知重要情况。

（十）报告。适用于向上级机关汇报工作、反映情况，回复上级机关的询问。

（十一）请示。适用于向上级机关请求指示、批准。

（十二）批复。适用于答复下级机关请示事项。

（十三）议案。适用于各级人民政府按照法律程序向同级人民代表大会或者人民代表大会常务委员会提请审议事项。

（十四）函。适用于不相隶属机关之间商洽工作、询问和答复问题、请求批准和答复审批事项。

（十五）纪要。适用于记载会议主要情况和议定事项。

第三章 公 文 格 式

第九条 公文一般由份号、密级和保密期限、紧急程度、发文机关标志、发文字号、签发人、标题、主送机关、正文、附件说明、发文机关署名、成文日期、印章、附注、附件、抄送机关、印发机关和印发日期、页码等组成。

（一）份号。公文印制份数的顺序号。涉密公文应当标注份号。

（二）密级和保密期限。公文的秘密等级和保密的期限。涉密公文应当根据涉密程度分别标注"绝密""机密""秘密"和保密期限。

（三）紧急程度。公文送达和办理的时限要求。根据紧急程度，紧急公文应当分别标注"特急""加急"，电报应当分别标注"特提""特急""加急""平急"。

（四）发文机关标志。由发文机关全称或者规范化简称加"文件"二字组成，也可以使用发文机关全称或者规范化简称。联合行文时，发文机关标志可以并用联合发文机关名称，也可以单独用主办机关名称。

（五）发文字号。由发文机关代字、年份、发文顺序号组成。联合行文时，使用主办机关的发文字号。

（六）签发人。上行文应当标注签发人姓名。

（七）标题。由发文机关名称、事由和文种组成。

（八）主送机关。公文的主要受理机关，应当使用机关全称、规范化简称或者同类型机关统称。

（九）正文。公文的主体，用来表述公文的内容。

（十）附件说明。公文附件的顺序号和名称。

（十一）发文机关署名。署发文机关全称或者规范化简称。

（十二）成文日期。署会议通过或者发文机关负责人签发的日期。联合行文时，署最后签发机关负责人签发的日期。

（十三）印章。公文中有发文机关署名的，应当加盖发文机关印章，并与署名机关相符。有特定发文机关标志的普发性公文和电报可以不加盖印章。

（十四）附注。公文印发传达范围等需要说明的事项。

（十五）附件。公文正文的说明、补充或者参考资料。

（十六）抄送机关。除主送机关外需要执行或者知晓公文内容的其他机关，应当使用机关全称、规范化简称或者同类型机关统称。

（十七）印发机关和印发日期。公文的送印机关和送印日期。

（十八）页码。公文页数顺序号。

第十条 公文的版式按照《党政机关公文格式》国家标准执行。

第十一条 公文使用的汉字、数字、外文字符、计量单位和标点符号等，按照有关国家标准和规定执行。民族自治地方的公文，可以并用汉字和当地通用的少数民族文字。

第十二条 公文用纸幅面采用国际标准 A4 型。特殊形式的公文用纸幅面，根据实际需要确定。

第四章 行 文 规 则

第十三条 行文应当确有必要，讲求实效，注重针对性和可操作性。

第十四条 行文关系根据隶属关系和职权范围确定。一般不得越级行文，特殊情况需要越级行文的，应当同时抄送被越过的机关。

第十五条 向上级机关行文，应当遵循以下规则：

（一）原则上主送一个上级机关，根据需要同时抄送相关上级机关和同级机关，不抄送下级机关。

（二）党委、政府的部门向上级主管部门请示、报告重大事项，应当经本级党委、政府同意或者授权；属于部门职权范围内的事项应当直接报送上级主管部门。

（三）下级机关的请示事项，如需以本机关名义向上级机关请示，应当提出倾向性意见后上报，不得原文转报上级机关。

（四）请示应当一文一事。不得在报告等非请示性公文中夹带请示事项。

（五）除上级机关负责人直接交办事项外，不得以本机关名义向上级机关负责人报送公文，不得以本机关负责人名义向上级机关报送公文。

（六）受双重领导的机关向一个上级机关行文，必要时抄送另一个上级机关。

第十六条 向下级机关行文，应当遵循以下规则：

（一）主送受理机关，根据需要抄送相关机关。重要行文应当同时抄送发文机关的直接上级机关。

（二）党委、政府的办公厅（室）根据本级党委、政府授权，可以向下级党委、政府行文，其他部门和单位不得向下级党委、政府发布指令性公文或者在公文中向下级党委、政府提出指令性要求。需经政府审批的具体事项，经政府同意后可以由政府职能部门行文，文中须注明已经政府同意。

（三）党委、政府的部门在各自职权范围内可以向下级党委、政府的相关部门行文。

（四）涉及多个部门职权范围内的事务，部门之间未协商一致的，不得向下行文；擅自行文的，上级机关应当责令其纠正或者撤销。

（五）上级机关向受双重领导的下级机关行文，必要时抄送该下级机关的另一个上级机关。

第十七条 同级党政机关、党政机关与其他同级机关必要时可以联合行文。属于党委、政府各自职权范围内的工作，不得联合行文。

党委、政府的部门依据职权可以相互行文。

部门内设机构除办公厅（室）外不得对外正式行文。

第五章 公 文 拟 制

第十八条 公文拟制包括公文的起草、审核、签发等程序。

第十九条 公文起草应当做到：

（一）符合党的理论路线方针政策和国家法律法规，完整准确体现发文机关意图，并同现行有关公文相衔接。

（二）一切从实际出发，分析问题实事求是，所提政策措施和办法切实可行。

（三）内容简洁，主题突出，观点鲜明，结构严谨，表述准确，文字精练。

（四）文种正确，格式规范。

（五）深入调查研究，充分进行论证，广泛听取意见。

（六）公文涉及其他地区或者部门职权范围内的事项，起草单位必须征求相关地区或者部门意见，力求达成一致。

（七）机关负责人应当主持、指导重要公文起草工作。

第二十条　公文文稿签发前，应当由发文机关办公厅（室）进行审核。审核的重点是：

（一）行文理由是否充分，行文依据是否准确。

（二）内容是否符合党的理论路线方针政策和国家法律法规；是否完整准确体现发文机关意图；是否同现行有关公文相衔接；所提政策措施和办法是否切实可行。

（三）涉及有关地区或者部门职权范围内的事项是否经过充分协商并达成一致意见。

（四）文种是否正确，格式是否规范；人名、地名、时间、数字、段落顺序、引文等是否准确；文字、数字、计量单位和标点符号等用法是否规范。

（五）其他内容是否符合公文起草的有关要求。

需要发文机关审议的重要公文文稿，审议前由发文机关办公厅（室）进行初核。

第二十一条　经审核不宜发文的公文文稿，应当退回起草单位并说明理由；符合发文条件但内容需作进一步研究和修改的，由起草单位修改后重新报送。

第二十二条　公文应当经本机关负责人审批签发。重要公文和上行文由机关主要负责人签发。党委、政府的办公厅（室）根据党委、政府授权制发的公文，由受权机关主要负责人签发或者按照有关规定签发。签发人签发公文，应当签署意见、姓名和完整日期；圈阅或者签名的，视为同意。联合发文由所有联署机关的负责人会签。

第六章　公　文　办　理

第二十三条　公文办理包括收文办理、发文办理和整理归档。

第二十四条　收文办理主要程序是：

（一）签收。对收到的公文应当逐件清点，核对无误后签字或者盖章，并注明签收时间。

（二）登记。对公文的主要信息和办理情况应当详细记载。

（三）初审。对收到的公文应当进行初审。初审的重点是：是否应当由本机关办理，是否符合行文规则，文种、格式是否符合要求，涉及其他地区或者部门职权范围内的事项是否已经协商、会签，是否符合公文起草的其他要求。经初审不符合规定的公文，应当及时退回来文单位并说明理由。

（四）承办。阅知性公文应当根据公文内容、要求和工作需要确定范围后分送。批办性公文应当提出拟办意见报本机关负责人批示或者转有关部门办理；需要两个以上部门办理的，应当明确主办部门。紧急公文应当明确办理时限。承办部门对交办的公文应当及时办理，有明确办理时限要求的应当在规定时限内办理完毕。

（五）传阅。根据领导批示和工作需要将公文及时送传阅对象阅知或者批示。办理公文传阅应当随时掌握公文去向，不得漏传、误传、延误。

（六）催办。及时了解掌握公文的办理进展情况，督促承办部门按期办结。紧急公文或者重要公文应当由专人负责催办。

（七）答复。公文的办理结果应当及时答复来文单位，并根据需要告知相关单位。

第二十五条　发文办理主要程序是：

（一）复核。已经发文机关负责人签批的公文，印发前应当对公文的审批手续、内容、文种、格式等进行复核；需作实质性修改的，应当报原签批人复审。

（二）登记。对复核后的公文，应当确定发文字号、分送范围和印制份数并详细记载。

（三）印制。公文印制必须确保质量和时效。涉密公文应当在符合保密要求的场所印制。

（四）核发。公文印制完毕，应当对公文的文字、格式和印刷质量进行检查后分发。

第二十六条　涉密公文应当通过机要交通、邮政机要通信、城市机要文件交换站或者收发件机关机要收发人员进行传递，通过密码电报或者符合国家保密规定的计算机信息系统进行传输。

第二十七条　需要归档的公文及有关材料，应当根据有关档案法律法规以及机关档案管理规定，及时收集齐全、整理归档。两个以上机关联合办理的公文，原件由主办机关归档，相关机关保存复制件。机关负责人兼任其他机关职务的，在履行所兼职务过程中形成的公文，由其兼职机关归档。

第七章　公文管理

第二十八条　各级党政机关应当建立健全本机关公文管理制度，确保管理严格规范，充分发挥公文效用。

第二十九条　党政机关公文由文秘部门或者专人统一管理。设立党委（党组）的县级以上单位应当建立机要保密室和机要阅文室，并按照有关保密规定配备工作人员和必要的安全保密设施设备。

第三十条　公文确定密级前，应当按照拟定的密级先行采取保密措施。确定密级后，应当按照所定密级严格管理。绝密级公文应当由专人管理。

公文的密级需要变更或者解除的，由原确定密级的机关或者其上级机关决定。

第三十一条　公文的印发传达范围应当按照发文机关的要求执行；需要变更的，应当经发文机关批准。

涉密公文公开发布前应当履行解密程序。公开发布的时间、形式和渠道，由发文机关确定。

经批准公开发布的公文，同发文机关正式印发的公文具有同等效力。

第三十二条　复制、汇编机密级、秘密级公文，应当符合有关规定并经本机关负责人批准。绝密级公文一般不得复制、汇编，确有工作需要的，应当经发文机关或者其上级机关批准。复制、汇编的公文视同原件管理。

复制件应当加盖复制机关戳记。翻印件应当注明翻印的机关名称、日期。汇编本的密级按照编入公文的最高密级标注。

第三十三条　公文的撤销和废止，由发文机关、上级机关或者权力机关根据职权范围和有关法律法规决定。公文被撤销的，视为自始无效；公文被废止的，视为自废止之日起失效。

第三十四条　涉密公文应当按照发文机关的要求和有关规定进行清退或者销毁。

第三十五条　不具备归档和保存价值的公文，经批准后可以销毁。销毁涉密公文必须严格按照有关规定履行审批登记手续，确保不丢失、不漏销。个人不得私自销毁、留存涉密公文。

第三十六条　机关合并时，全部公文应当随之合并管理；机关撤销时，需要归档的公文经整理后按照有关规定移交档案管理部门。

工作人员离岗离职时，所在机关应当督促其将暂存、借用的公文按照有关规定移交、清退。

第三十七条 新设立的机关应当向本级党委、政府的办公厅（室）提出发文立户申请。经审查符合条件的，列为发文单位，机关合并或者撤销时，相应进行调整。

第八章 附 则

第三十八条 党政机关公文含电子公文。电子公文处理工作的具体办法另行制定。

第三十九条 法规、规章方面的公文，依照有关规定处理。外事方面的公文，依照外事主管部门的有关规定处理。

第四十条 其他机关和单位的公文处理工作，可以参照本条例执行。

第四十一条 本条例由中共中央办公厅、国务院办公厅负责解释。

第四十二条 本条例自 2012 年 7 月 1 日起施行。1996 年 5 月 3 日中共中央办公厅发布的《中国共产党机关公文处理条例》和 2000 年 8 月 24 日国务院发布的《国家行政机关公文处理办法》停止执行。

② 党政机关公文格式

（GB/T 9704—2012）（摘录）

1 范围

本标准适用于各级党政机关制发的公文。其他机关和单位的公文可以参照执行。

使用少数民族文字印制的公文，其用纸、幅面尺寸及版面、印制等要求按照本标准执行，其余可以参照本标准并按照有关规定执行。

3 术语和定义

3.1
字

标示公文中横向距离的长度单位。在本标准中，一字指一个汉字宽度的距离。

3.2
行

标示公文中纵向距离的长度单位。在本标准中，一行指一个汉字的高度加 3 号汉字高度的 7/8 的距离。

4 公文用纸主要技术指标

公文用纸一般使用纸张定量为 $60g/m^2 \sim 80g/m^2$ 的胶版印刷纸或复印纸。纸张白度80％～90％，横向耐折度≥15 次，不透明度≥85％，pH 值为 7.5～9.5。

5 公文用纸幅面尺寸及版面要求

5.1 幅面尺寸

公文用纸采用 GB/T 148 中规定的 A4 型纸，其成品幅面尺寸为：210mm×297mm。

5.2 版面

5.2.1 页边与版心尺寸

公文用纸天头（上白边）为 37mm±1mm，公文用纸订口（左白边）为 28mm±1mm，版心尺寸为 156mm×225mm。

5.2.2 字体和字号

如无特殊说明，公文格式各要素一般用 3 号仿宋体字。特定情况可以作适当调整。

5.2.3 行数和字数

一般每面排 22 行，每行排 28 个字，并撑满版心。特定情况可以作适当调整。

5.2.4 文字的颜色

如无特殊说明，公文中文字的颜色均为黑色。

6 印制装订要求

6.1 制版要求

版面干净无底灰，字迹清楚无断划，尺寸标准，版心不斜，误差不超过 1mm。

6.2 印刷要求

双面印刷；页码套正，两面误差不超过 2mm。黑色油墨应当达到色谱所标 BL100％，红色油墨应当达到色谱所标 Y80％、M80％。印品着墨实、均匀；字面不花、不白、无断划。

6.3 装订要求

公文应当左侧装订，不掉页，两页页码之间误差不超过 4mm，裁切后的成品尺寸允许误差±2mm，四角成 90°，无毛茬或缺损。

骑马订或平订的公文应当：

a）订位为两钉外订眼距版面上下边缘各 70mm 处，允许误差±4mm；

b）无坏钉、漏钉、重钉，钉脚平伏牢固；

c）骑马订钉锯均订在折缝线上，平订钉锯与书脊间的距离为 3mm～5mm。

包本装订公文的封皮（封面、书脊、封底）与书芯应吻合、包紧、包平、不脱落。

7 公文格式各要素编排规则

7.1 公文格式各要素的划分

本标准将版心内的公文格式各要素划分为版头、主体、版记三部分。公文首页红色分隔线以上的部分称为版头；公文首页红色分隔线（不含）以下、公文末页首条分隔线（不含）以上的部分称为主体；公文末页首条分隔线以下、末条分隔线以上的部分称为版记。

页码位于版心外。

7.2 版头

7.2.1 份号

如需标注份号，一般用 6 位 3 号阿拉伯数字，顶格编排在版心左上角第一行。

7.2.2 密级和保密期限

如需标注密级和保密期限，一般 3 号黑体字，顶格编排在版心左上角第二行；保密期限中的数字用阿拉伯数字标注。

7.2.3 紧急程度

如需标注紧急程度，一般用 3 号黑体字，顶格编排在版心左上角；如需同时标注份号、密级和保密期限、紧急程度，按照份号、密级和保密期限、紧急程度的顺序自上而下分行排列。

7.2.4 发文机关标志

由发文机关全称或者规范化简称加"文件"二字组成，也可以使用发文机关全称或者规范化简称。

发文机关标志居中排布，上边缘至版心上边缘为 35mm，推荐使用小标宋体字，颜色为红色，以醒目、美观、庄重为原则。

联合行文时，如需同时标注联署发文机关名称，一般应当将主办机关名称排列在前；如有"文件"二字，应当置于发文机关名称右侧，以联署发文机关名称为准上下居中排布。

7.2.5 发文字号

编排在发文机关标志下空二行位置，居中排布。年份、发文顺序号用阿拉伯数字标注；年份应标全称，用六角括号"〔〕"括入；发文顺序号不加"第"字，不编虚位（即 1 不编为 01），在阿拉伯数字后加"号"字。

上行文的发文字号居左空一字编排，与最后一个签发人姓名处在同一行。

7.2.6 签发人

由"签发人"三字加全角冒号和签发人姓名组成，居右空一字，编排在发文机关标志下空二行位置。"签发人"三字用 3 号仿宋体字，签发人姓名用 3 号楷体字。

如有多个签发人，签发人姓名按照发文机关的排列顺序从左到右、自上而下依次均匀编排，一般每行排两个姓名，回行时与上一行第一个签发人姓名对齐。

7.2.7 版头中的分隔线

发文字号之下 4mm 处居中印一条与版心等宽的红色分隔线。

7.3 主体

7.3.1 标题

一般用 2 号小标宋体字，编排于红色分隔线下空二行位置，分一行或多行居中排布；回行时，要做到词意完整，排列对称，长短适宜，间距恰当，标题排列应当使用梯形或菱形。

7.3.2 主送机关

编排于标题下空一行位置，居左顶格，回行时仍顶格，最后一个机关名称后标全角冒号。如主送机关名称过多导致公文首页不能显示正文时，应当将主送机关名称移至版记，标注方法见 7.4.2。

7.3.3 正文

公文首页必须显示正文。一般用 3 号仿宋体字，编排于主送机关名称下一行，每个自然段左空二字，回行顶格。文中结构层次序数依次可以用"一、""（一）""1.""（1）"标注；一般第一层用黑体字、第二层用楷体字、第三层和第四层用仿宋体字标注。

7.3.4 附件说明

如有附件，在正文下空一行左空二字编排"附件"二字，后标全角冒号和附件名称。如有多个附件，使用阿拉伯数字标注附件顺序号（如"附件：1. ××××"）；附件名称后不加标点符号。附件名称较长需回行时，应当与上一行附件名称的首字对齐。

7.3.5 发文机关署名、成文日期和印章

7.3.5.1 加盖印章的公文

成文日期一般右空四字编排，印章用红色，不得出现空白印章。

单一机关行文时，一般在成文日期之上、以成文日期为准居中编排发文机关署名，印章端正、居中下压发文机关署名和成文日期，使发文机关署名和成文日期居印章中心偏下位置，印章顶端应当上距正文（或附件说明）一行之内。

联合行文时，一般将各发文机关署名按照发文机关顺序整齐排列在相应位置，并将印章一一对应、端正、居中下压发文机关署名，最后一个印章端正、居中下压发文机关署名和成文日

期，印章之间排列整齐、互不相交或相切，每排印章两端不得超出版心，首排印章顶端应当上距正文（或附件说明）一行之内。

7.3.5.2　不加盖印章的公文

单一机关行文时，在正文（或附件说明）下空一行右空二字编排发文机关署名，在发文机关署名下一行编排成文日期，首字比发文机关署名首字右移二字，如成文日期长于发文机关署名，应当使成文日期右空二字编排，并相应增加发文机关署名右空字数。

联合行文时，应当先编排主办机关署名，其余发文机关署名依次向下编排。

7.3.5.3　加盖签发人签名章的公文

单一机关制发的公文加盖签发人签名章时，在正文（或附件说明）下空二行右空四字加盖签发人签名章，签名章左空二字标注签发人职务，以签名章为准上下居中排布。在签发人签名章下空一行右空四字编排成文日期。

联合行文时，应当先编排主办机关签发人职务、签名章，其余机关签发人职务、签名章依次向下编排，与主办机关签发人职务、签名章上下对齐；每行只编排一个机关的签发人职务、签名章；签发人职务应当标注全称。

签名章一般用红色。

7.3.5.4　成文日期中的数字

用阿拉伯数字将年、月、日标全，年份应标全称，月、日不编虚位（即1不编为01）。

7.3.5.5　特殊情况说明

当公文排版后所剩空白处不能容下印章或签发人签名章、成文日期时，可以采取调整行距、字距的措施解决。

7.3.6　附注

如有附注，居左空二字加圆括号编排在成文日期下一行。

7.3.7　附件

附件应当另面编排，并在版记之前，与公文正文一起装订。"附件"二字及附件顺序号用3号黑体字顶格编排在版心左上角第一行。附件标题居中编排在版心第三行。附件顺序号和附件标题应当与附件说明的表述一致。附件格式要求同正文。

如附件与正文不能一起装订，应当在附件左上角第一行顶格编排公文的发文字号并在其后标注"附件"二字及附件顺序号。

7.4　版记

7.4.1　版记中的分隔线

版记中的分隔线与版心等宽，首条分隔线和末条分隔线用粗线（推荐高度为 0.35mm），中间的分隔线用细线（推荐高度为 0.25mm）。首条分隔线位于版记中第一个要素之上，末条分隔线与公文最后一面的版心下边缘重合。

7.4.2　抄送机关

如有抄送机关，一般用4号仿宋体字，在印发机关和印发日期之上一行、左右各空一字编排。"抄送"二字后加全角冒号和抄送机关名称，回行时与冒号后的首字对齐，最后一个抄送机关名称后标句号。

如需把主送机关移至版记，除将"抄送"二字改为"主送"外，编排方法同抄送机关。既有主送机关又有抄送机关时，应当将主送机关置于抄送机关之上一行，之间不加分隔线。

7.4.3　印发机关和印发日期

印发机关和印发日期一般用4号仿宋体字，编排在末条分隔线之上，印发机关左空一字，印发日期右空一字，用阿拉伯数字将年、月、日标全，年份应标全称，月、日不编虚位（即1不编为01），后加"印发"二字。

版记中如有其他要素，应当将其与印发机关和印发日期用一条细分隔线隔开。

7.5 页码

一般用4号半角宋体阿拉伯数字，编排在公文版心下边缘之下，数字左右各放一条一字线；一字线上距版心下边缘7mm。单页码居右空一字，双页码居左空一字。公文的版记页前有空白页的，空白页和版记页均不编排页码。公文的附件与正文一起装订时，页码应当连续编排。

8 公文中的横排表格

A4纸型的表格横排时，页码位置与公文其他页码保持一致，单页码表头在订口一边，双页码表头在切口一边。

9 公文中计量单位、标点符号和数字的用法

公文中计量单位的用法应当符合GB 3100、GB 3101和GB 3102（所有部分），标点符号的用法应当符合GB/T 15834，数字用法应当符合GB/T 15835。

10 公文的特定格式

10.1 信函格式

发文机关标志使用发文机关全称或者规范化简称，居中排布，上边缘至上页边为30mm，推荐使用红色小标宋体字。联合行文时，使用主办机关标志。

发文机关标志下4mm处印一条红色双线（上粗下细），距下页边20mm处印一条红色双线（上细下粗），线长均为170mm，居中排布。

如需标注份号、密级和保密期限、紧急程度，应当顶格居版心左边缘编排在第一条红色双线下，按照份号、密级和保密期限、紧急程度的顺序自上而下分行排列，第一个要素与该线的距离为3号汉字高度的7/8。

发文字号顶格居版心右边缘编排在第一条红色双线下，与该线的距离为3号汉字高度的7/8。

标题居中编排，与其上最后一个要素相距二行。

第二条红色双线上一行如有文字，与该线的距离为3号汉字高度的7/8。

首页不显示页码。

版记不加印发机关和印发日期、分隔线，位于公文最后一面版心内最下方。

10.2 命令（令）格式

发文机关标志由发文机关全称加"命令"或"令"字组成，居中排布，上边缘至版心上边缘为20mm，推荐使用红色小标宋体字。

发文机关标志下空二行居中编排令号，令号下空二行编排正文。

签发人职务、签名章和成文日期的编排见7.3.5.3。

10.3 纪要格式

纪要标志由"×××××纪要"组成，居中排布，上边缘至版心上边缘为35mm，推荐使用红色小标宋体字。

标注出席人员名单，一般用3号黑体字，在正文或附件说明下空一行左空二字编排"出

席"二字，后标全角冒号，冒号后用3号仿宋体字标注出席人单位、姓名，回行时与冒号后的首字对齐。

标注请假和列席人员名单，除依次另起一行并将"出席"二字改为"请假"或"列席"外，编排方法同出席人员名单。

纪要格式可以根据实际制定。

第 3 章

企业档案管理

① 企业档案管理规定

（国家档案局 档发〔2002〕5 号）

第一条 为加强企业档案工作，促进档案工作为企业各项工作服务，根据《中华人民共和国档案法》（以下简称《档案法》）和有关法律、法规，制定本规定。

第二条 本规定所称的企业档案，是指企业在生产经营和管理活动中形成的对国家、社会和企业有保存价值的各种形式的文件材料。

第三条 企业应遵守《档案法》，依法管理本企业档案，明确管理档案的部门或人员，提高职工档案意识，确保档案完整、准确和安全。

第四条 企业档案工作接受档案行政管理部门的监督和指导。

中央管理的企业制定本企业档案管理制度和办法须报国家档案局备案。

第五条 企业负责档案工作的部门依法履行下列职责：

（一）贯彻执行《档案法》等有关法律、法规和方针政策，制定本企业文件材料归档和档案保管、利用、鉴定、销毁、移交等有关规章制度；

（二）统筹规划并负责本企业档案的收集、整理，保管、鉴定、统计和提供利用工作；

（三）指导本企业各部门文件材料的形成、积累、整理和归档工作；

（四）监督、指导本企业所属机构（含境外机构）的档案工作。

第六条 企业档案工作人员应当忠于职守，遵纪守法，具有相应的档案专业知识和业务能力。

第七条 企业各部门负责归档文件材料的收集和整理，并定期交本企业档案部门集中管理。任何人不得拒绝归档。

第八条 归档的文件材料应完整、准确、系统。文件书写和载体材料应能耐久保存。文件材料整理符合规范。归档的电子文件，应有相应的纸质文件材料一并归档保存。

第九条 企业根据有关规定，确定档案保管期限，划定档案密级。

第十条 企业采取有效措施对档案进行安全保管，并切实加强对知识产权档案和涉及商业秘密档案的管理。

第十一条 企业对保管期限已满的档案进行鉴定。对确无保存价值的档案登记造册，按有关规定经企业法定代表人批准后进行监销。

第十二条 企业做好档案统计工作。国有大中型企业应按档案行政管理部门的要求填写有关报表。企业认真做好对国家和社会有保存价值的档案的登记工作。

第十三条 企业档案现代化应与企业信息化建设同步发展，不断提高档案管理水平。

第十四条　企业档案部门应积极做好档案的提供利用工作，努力开发档案信息资源，为企业提供及时、有效的服务。

第十五条　企业必须为政府有关部门、司法部门依法执行公务提供真实、准确的档案。

第十六条　企业提供利用、公布档案，不得损害国家、社会和其他组织的利益，不得侵犯他人的合法权益。

第十七条　国有企业资产与产权发生变动，应按《国有企业资产与产权变动档案处置办法》做好档案的处置工作。

国有企业破产，破产清算组应妥善处置破产企业档案；国有企业分立，档案处置工作由分立后的企业协商办理。

第十八条　企业对在企业档案工作中做出突出贡献的人员给予表彰和奖励。

第十九条　企业应当建立档案工作责任追究制度，对不按规定归档而造成文件材料损失的，或对档案进行涂改、抽换、伪造、盗窃、隐匿和擅自销毁而造成档案丢失或损坏的直接责任者，依法进行处理。

第二十条　本规定由国家档案局负责解释。

第二十一条　本规定自 2002 年 9 月 1 日起施行。《国营企业档案管理暂行规定》同时废止。其他有关企业档案工作的规定凡与本规定抵触的，以本规定为准。

② 企业档案工作规范

(DA/T 42—2009)(摘录)

1　范围

本标准适用于大中型工业企业，其他类型企业及事业单位可参照使用。

3　术语和定义

3.1　企业档案

企业在研发、生产、经营和管理活动中形成的有保存价值的各种形式的文件。

3.2　企业档案工作

企业履行档案管理职责的行为和活动。

3.3　电子档案

具有保存价值的归档电子文件及相应元数据、背景信息和支持软件。

3.4　档案信息化

运用信息技术对归档文件、数据信息资源及档案进行采集、整合、维护、处置和提供利用服务的档案管理提升过程和工作方式。

4　档案工作总则

4.1　企业档案是企业知识资产和信息资源的重要组成部分。企业档案工作是企业研发、生产、经营和管理活动的基础性管理工作。

4.2　企业档案工作应以企业资产关系为纽带，实行统一领导、统一管理、统一制度、统一标准。

4.3　企业档案工作应以满足企业各项活动在证据、责任和信息等方面的需求为导向，运用现代技术与管理方法，通过资源整合和开发，为企业研发、生产、经营、管理和持续发展提供有效服务。

4.4 企业应维护档案的完整、准确、系统与安全。

5 档案工作组织

5.1 组织系统建设

5.1.1 档案工作领导

企业应确定档案工作的分管领导，确定各职能或承办部门、各项目档案工作的负责人，确定档案部门的负责人。

5.1.2 档案机构设置

企业应根据规模和管理模式设置专门的档案机构，或指定负责档案工作的机构。大型企业应设立档案馆。

5.1.3 档案人员配备

企业应配备与企业研发、生产、经营和管理相适应的专职档案人员；各部门、各项目应配备专职或兼职档案人员。企业应保持档案人员相对稳定。

5.1.4 档案工作体系

企业应建立以档案部门为核心，各职能或承办部门、各项目专兼职档案人员为基础的企业档案工作体系。

5.2 企业管理职责

5.2.1 企业应贯彻国家有关档案工作法律、法规和方针政策，建立健全档案工作规章制度，将档案工作纳入企业发展规划和工作计划，为档案工作持续发展提供保障。

5.2.2 企业应将文件形成、积累和归档要求纳入各部门、项目及专项工作职责和有关人员岗位职责，并对分管领导、部门和项目负责人及有关人员职责履行情况进行考核。

5.2.3 企业应采取必要措施，维护和确保档案的完整、准确、系统和安全。

5.2.4 企业资产与产权变动时应做好档案的处置工作，国有企业应依照档发字〔1998〕6 号文件的要求进行，其他企业可参照。

5.2.5 企业应对档案工作中做出成绩的集体或个人给予表彰和奖励；对违反有关规定造成档案损失的相关人员给予处分。

5.3 企业部门职责

5.3.1 企业各职能或承办部门及项目负责人应对本部门或项目归档文件的完整和系统负责。

5.3.2 企业各职能或承办部门及项目文件形成者应负责积累文件，并对归档文件的齐全、准确和形成质量负责。

5.3.3 专兼职档案人员应负责收集、整理应归档的文件，对归档文件的整理质量负责。

5.3.4 企业各职能或承办部门及项目对文件管理的责任，见 ISO 15489.1 第七章、ISO 15489.2 和档发〔2002〕5 号文件要求。

5.4 档案部门职责

5.4.1 统筹规划企业档案工作，制定企业文件归档和档案鉴定、整理、保管、统计、利用、移交等有关规章制度。

5.4.2 负责企业档案的收集、整理、保管、鉴定、统计和提供利用工作。

5.4.3 指导企业各部门、项目及专项工作文件的形成、积累、整理及归档工作。

5.4.4 监督、指导、检查企业所属单位（包括派出机构和投资的全资、控股企业）的档案工作。

5.4.5 依照有关规定向国家档案馆或有关单位移交档案。

5.5 档案人员要求

5.5.1 档案人员应遵纪守法、忠于职守、具有专业知识。

5.5.2 档案部门负责人应具有中级以上专业技术职称或大学本科以上学历。

5.5.3 档案人员应具备大学专科以上学历或同等学识水平。

5.5.4 档案人员应定期接受档案业务培训。

6 档案工作制度

6.1 工作规章

6.1.1 明确企业文件形成、归档责任。企业在制定有关规章、标准和制度中应提出相应的文件收集、整理和归档的责任要求。

6.1.2 制定企业档案工作规定。企业档案工作规定是企业档案工作的基本要求，其主要内容应包括：档案工作原则及管理体制，文件的形成、积累与归档职责要求，档案收集、鉴定、整理、保管、统计、利用要求，资产与产权变动档案的处置原则，解释权限等。

6.1.3 建立档案工作责任追究制度。对相关岗位人员违反文件收集、归档及档案管理制度，发生档案泄密、造成档案损毁等行为，企业应提出责任追究和处罚措施，并将有关要求纳入相关管理制度。

6.1.4 制定档案管理应急预案。对可能发生的突发事件和自然灾害，企业应制定档案抢救应急措施，包括组织结构、抢救方法、抢救程序、保障措施和转移地点等。对档案信息化管理的软件、操作系统、数据的维护、防灾和恢复，应制定应急预案。

6.2 管理制度

6.2.1 文件归档制度。应明确文件归档范围及保管期限、归档时间、归档程序、归档质量要求以及归档控制措施。

6.2.2 档案保管制度。应明确各门类档案保管条件、特殊载体档案保管方式、档案清点检查办法、对受损档案的处置办法、档案进（出）库要求、库房管理要求和库房管理员职责。

6.2.3 档案鉴定销毁制度。应明确鉴定、销毁工作的组织、职责、原则、方法和时间等要求。

6.2.4 档案统计制度。应明确统计内容、统计要求和统计数据分析要求。

6.2.5 档案利用制度。应明确档案提供利用的方式、方法，规定查（借）阅档案的权限和审批手续，提出接待查（借）阅档案的要求。

6.2.6 档案保密制度。应明确档案形成者、档案管理者、档案利用者应承担的保密责任。

6.2.7 电子档案管理制度。应对企业各信息系统中形成的电子文件提出归档、管理和利用要求。

6.2.8 档案管理系统操作制度。应明确档案管理系统操作人员的职责、档案管理系统软件、硬件的操作要求。

6.3 业务规范

6.3.1 文件、档案整理规范。应明确文件立卷与档案整理原则、整理方法、档号编制要求和档案装具要求等。

6.3.2 档案分类方案。应明确分类依据、类别标识、类目范围。

6.3.3 文件归档范围和保管期限表。应明确各类文件归档的范围及其相对应的保管期限。

6.3.4 特殊载体档案管理规范。应明确不同载体档案收集、整理的要求和保管的条件。

7 档案业务工作

7.1 企业档案工作与业务活动

7.1.1 企业档案工作是企业各项业务和活动的有机组成部分，应纳入企业领导工作议事日程，纳入企业规章制度及工作流程，纳入企业部门和有关人员的经济责任制或岗位责任制。

7.1.2 企业档案部门或档案人员应参加产品鉴定、科研课题成果审定、项目验收、设备开箱验收等活动，负责检查应归档文件的完整、系统。

7.1.3 企业下达项目计划任务应同时提出项目文件的归档要求；检查项目计划进度应同时检查项目文件积累情况；验收、鉴定项目成果应同时验收、鉴定项目文件归档情况；项目总结应同时做好项目文件归档交接。

7.2 文件的形成、积累

7.2.1 文件形成时应使用耐久、可靠的记录载体和记录方式。

7.2.2 文件形成者应将办理完毕、有保存价值的文件及时交本部门、项目或专项工作档案人员保管。

7.3 文件整理与归档

7.3.1 文件整理

文件立卷整理应遵循文件形成规律，区分保管期限，保持文件间有机联系。文书、科技、会计、人事等门类文件的整理，应分别符合 GB 9705、DA/T 22、GB/T 11822、财会字〔1998〕32 号、劳力字〔1992〕33 号等标准及文件的要求；音像、电子等载体形态文件整理，应分别符合 GB/T 11821、DA/T 15、GB/T 18894、DA/T 32 等标准的要求。

7.3.2 文件归档范围

7.3.2.1 企业在筹备、建设、生产、经营、管理等活动及产权变动过程中形成的具有保存价值的各种载体形式的文件都应纳入归档范围。国有企业文件归档范围应符合档发〔2004〕4 号文件要求。

7.3.2.2 归档文件的主要来源有：

——本企业形成的文件；

——本企业引进项目、外购设备等接收的文件；

——所属单位及参股企业应向本企业提交的文件；

——本企业参与的合作项目，合作单位按要求应向本企业提交的文件；

——本企业执行、办理的外来文件。

7.3.2.3 企业应根据经营管理范围和业务活动类型制定文件归档范围和保管期限表。确定文件归档范围和保管期限可参照、但不限于附录 A。项目建设类文件应依据企业在项目建设中的性质确定，建设单位、设计单位、施工单位、监理单位文件归档具体范围参见 DA/T 28；服务类型企业各类文件归档范围及企业中专业性较强的业务活动的文件归档范围，应结合企业活动和专门业务编制。

7.3.3 文件归档时间

7.3.3.1 经营管理工作、生产技术管理工作、行政管理工作、党群工作中形成的文件一般应在办理完毕后的第二年一季度归档。

7.3.3.2 科研开发、项目建设文件应在其项目鉴定、竣工验收前归档，周期长的可分阶段、单项归档；产品生产及服务业务应定期或按阶段归档。

7.3.3.3 产权产籍、质量认证、资质信用、合同协议、知识产权等文件应随时归档；外购设备仪器或引进项目的文件应在开箱验收或接收后即时登记归档。

7.3.3.4 会计核算专业材料应在会计年度终了后由会计部门整理归档，保管一年后向档案部门移交。

7.3.3.5 电子文件逻辑归档宜定时进行，物理归档应与相应门类或内容的其他载体归档时间一致。

7.3.3.6 磁带、照片及底片、胶片、实物等载体形式的文件应在工作结束后及时归档，或与相应内容的纸质载体归档时间一致。

7.3.3.7 更新、补充的文件，企业内部机构变动和干部职工调动、离岗时应清退的文件，企业资产与产权变动过程中形成的文件，其他活动中形成的文件等，应随时归档。

7.3.4 文件归档要求

7.3.4.1 企业应实行部门、项目及专项工作的文件收集、整理、归档责任制。各部门、项目及专项工作专兼职档案人员应按照规定将文件整理后归档。

7.3.4.2 归档的文件应完整、准确、系统，其制成材料应有利于长久保存，图文字迹应符合形成文件设备（打印机、复印机、扫描仪等）标称的质量要求。

7.3.4.3 归档的文件应为原件。因故无原件的可将具有凭证作用的复制件归档。

7.3.4.4 非纸质文件应与其文字说明一并归档。外文（或少数民族文字）材料若有汉译文的，应一并归档，无译文的要译出标题和目录后归档。

7.3.4.5 归档的文件一般一式一份。重要的、利用频繁的和有专门需要的可适当增加份数。

7.3.4.6 两个以上单位合作完成的项目，应以合同、协议等形式约定文件归档要求。主办单位一般应保存全套文件，协办单位保存与所承担任务相关的正本文件。

7.3.4.7 文件形成部门应就归档文件填写《档案交接登记表》[见附录 B 表 B.1（略）]。重要项目文件归档时应由项目管理部门编写归档说明，并经项目负责人审核签字。

7.4 档案收集工作

7.4.1 文件归档的交接

7.4.1.1 文件形成部门应按期将《档案交接登记表》随同已整理的文件向档案部门移交。

7.4.1.2 档案部门接收时应认真核对，并检查档案质量。双方在《档案交接登记表》签字后各保留一份。

7.4.2 档案与资料的收集

7.4.2.1 企业应接收所属单位因产权变动后属本企业所有的档案。

7.4.2.2 企业应根据资产管理权限接收无法人资格的所属单位档案。

7.4.2.3 企业可根据需要收集宣传报道本单位的新闻资料。

7.4.2.4 企业可根据研发和市场竞争的需要收集与企业经营范围相关的资料。

7.4.2.5 企业可根据需要向社会、离退休人员征集档案、资料。

7.5 档案整理工作

7.5.1 档案部门应区分全宗进行档案的分类、排列与编目。

7.5.2 分类方案应依据企业管理职能，结合档案形成特点制定，并应保持相对稳定性和可扩充性。分类方案应附有分类说明。

7.5.3 类别号可采用阿拉伯数字、英文字母、拼音字母中的一种或两种混合方法设定。

7.5.4 全宗内档案按类分别集中排列，类别内档案按类目条款顺序依次排列编号。

7.5.5 根据分类方案和排列顺序编制档号。档号应指代单一，具有唯一性。档号编制方法见 DA/T 13。

7.5.6 档号可采用"［全宗号—］分类号（或项目代号或目录号）—案卷号（或件号或盘、盒、张号)"（［］表示可选）结构。

全宗号由企业根据对所属单位集中统一管理档案的需要和企业产权变更情况自行设定。

7.5.7 纸质档案应与对应的非纸质载体档案设立互见号。

互见号是反映同一内容其他载体档案保管单位的档号。

7.5.8 按全宗、类别、保管期限编制档案目录。

7.5.9 档案部门应对每个全宗建立全宗卷。全宗卷可单独管理。全宗卷的主要内容和编制方法见 DA/T 12。

7.6 档案保管工作

7.6.1 档案存放应依据档案载体选择档案柜架。底图不宜折叠；磁性载体应选择防磁设施。重要档案应异地备份。

7.6.2 档案入库前一般应去污、消毒。受损的档案应及时修复或补救。对于易损的制成材料和字迹，应采取复制手段加以保护。

7.6.3 库房管理

7.6.3.1 库房应保持干净、整洁，并具备防火、防盗、防光、防有害气体、防尘、防有害生物等防护功能（见 JGJ 25）。

7.6.3.2 库房温、湿度应符合 JGJ 25、GB/T 18894 和 DA/T 15 对各类档案载体的保管要求，并有温湿度登记［登记表参见附录 B 表 B.2（略）］。

7.6.3.3 库房设备运转情况应定期检查，并及时排除隐患。

7.6.3.4 库藏档案应定期清理核对，做到账物相符。库藏档案数量发生变化时应记录说明。

7.7 档案鉴定工作

7.7.1 企业应成立由主管领导、职能部门、专业技术人员和档案人员组成的档案鉴定委员会（或小组），负责确定文件保管期限和到期档案鉴定。

7.7.2 档案保管期限应根据文件对企业、国家和社会所具有的现实和今后工作查考、凭证作用，以及历史研究价值确定。

7.7.3 档案保管期限一般分为永久和定期两种。会计档案的保管期限执行《会计档案管理办法》。

7.7.4 永久保管档案。凡是反映本企业主要职能活动和历史面貌，对本企业、国家和社会有长远利用价值的文件，列为永久保管。

7.7.5 定期保管档案。凡是反映本企业一般工作活动，在一定时间对本企业各项工作有参考利用价值的文件，列为定期保管。定期保管档案的年限可根据其参考利用价值分为 30 年和10 年。

7.7.6 企业应定期对已到保管期限的档案进行鉴定。经档案鉴定委员会鉴定，仍需继续保存的档案应重新划定保管期限；对保管期满确无保存价值的档案应登记造册，填写销毁清册［参见附录 B 表 B.3（略）］，经企业法定代表人批准后进行监督销毁。销毁清册永久保存。

7.8 档案统计工作

7.8.1 档案部门应及时、准确地填报本企业档案工作年报及有关统计报表。

7.8.2 建立档案工作统计台账，主要内容包括：档案馆（室）藏情况；年度入出库情况；档案利用情况；档案专兼职人员情况；档案设施、设备情况；档案销毁情况等。

7.8.3 档案统计工作应保持连续性。

7.9 档案利用工作

7.9.1 档案部门应加强档案检索系统建设，开发档案信息资源，及时、有效地提供档案利用服务。

7.9.2 企业应根据保密规定和知识产权管理要求，设定利用者权限。超越权限的利用需经有关领导审批。

7.9.3 利用档案应按规定进行登记〔借阅登记表参见附录 B 表 B.4（略）〕。利用效果突出的宜进行登记〔利用效果登记表参见附录 B 表 B.5（略）〕。

7.9.4 可采用直接查阅、电话调阅、网上查阅等方式提供利用原件、复制件、缩微件和电子档案。

7.9.5 企业宜对档案信息进行分类汇总，形成专题汇编，如规章制度汇编、专题文件汇编等。

7.9.6 企业宜对档案信息进行综合整理，形成专题材料，如大事记、年鉴、组织沿革、产品性能比较、科研成果简介、工程项目简介、设备的更新换代、市场的变化等。

7.9.7 企业宜对档案信息进行分析研究，形成深层次加工材料，如历年生产经营指标统计分析、重大事故原因研究分析、企业史志等。

7.9.8 企业可利用档案举办档案陈列或展览。

8 档案信息化建设

8.1 档案信息化目标与原则

8.1.1 企业档案信息化应以促进、完善企业信息化和提升档案管理现代化水平为总目标。

8.1.2 企业档案信息化应坚持技术与管理并重、与企业信息化协调和同步的原则。

8.1.3 企业各信息系统的开发与实施应充分考虑档案管理的要求。

8.2 电子文件的归档

8.2.1 电子文件归档要求及功能应嵌入文件生成系统。企业各信息系统生成的文本、图形、图像、数据等类型电子文件归档范围应参照纸质文件归档范围确定。音频、视频、多媒体等类型电子文件及数据库的归档范围应根据相关规定和需要确定。

8.2.2 企业各信息系统所形成的电子文件的元数据、背景信息，以及生成非通用电子文件格式的软件等应与电子文件一并归档。

8.2.3 归档的电子文件数据格式应易于识读、迁移。电子文件通用格式见 GB/T 18894 第 6 章。

8.2.4 电子文件应经鉴定、整理、审核后归档。电子文件的整理、鉴定与归档要求参见 GB/T 17678.1 和 GB/T 18894。

8.2.5 加密的电子文件归档时一般应解密，必须加密归档的电子文件应与其解密软件和说明文件一并归档。

8.2.6 文件形成部门应负责确保归档电子文件具备真实性、可靠性、完整性和可用性。

8.3 传统载体档案数字化

8.3.1 企业可根据档案保管和利用的实际需要，有选择地对传统载体档案实施数字化。

8.3.2 纸质档案数字化应符合 DA/T 31 的要求，缩微胶片数字化应符合 DA/T 43 的要求。

8.3.3 照片档案和声像档案数字化文件格式见 DA/T 32 的附录 B。

数字化生成的档案副本档号应与原档案对应。

8.4 电子档案的保管

8.4.1 电子档案应参照纸质档案分类方案进行整理。

8.4.2 电子档案应存储到脱机载体上。其存储载体见 DA/T 32 的附录 C，保管要求见 GB/T 18894 的 9.4。

8.4.3 脱机存储电子档案的载体或装具上应贴有注明载体序号、电子档案号、密级、保管期限、存入日期等内容的标签，电子档案载体应设置成禁止写操作的状态。

8.4.4 存储在脱机载体上的电子档案应一式三套，一套封存保管，一套异地保管，一套提供利用。

8.4.5 超过保管期限的电子档案的鉴定和销毁，按照纸质档案的有关规定执行，其删除和销毁应符合 GB/T 18894 中 9.8 的相关规定。对确认销毁的电子档案应有销毁文件目录存档。

8.5 档案网络化服务

8.5.1 企业应建立馆（室）藏档案目录数据库，并逐步实现档案的全文检索。

8.5.2 对数字化档案和各信息系统归档的电子文件，档案部门应根据设定的利用权限提供及时有效的网络化服务。

8.5.3 涉密档案管理系统应与互联网物理断开，非涉密档案管理系统可与互联网逻辑隔离。

8.5.4 档案管理系统应采取身份认证、权限控制、加装防火墙等安全保密措施。

8.5.5 档案管理服务器应采取可靠的备份、恢复措施。

8.5.6 各信息系统应有生成电子文件自动归档功能的模块或接口。

8.6 档案管理系统软件

8.6.1 档案管理系统软件的配置应满足本企业的实际工作需要，并适应本企业信息化建设发展需要。

8.6.2 档案管理系统应具备收集整编、数据管理、检索浏览、借阅管理、统计汇总、权限设置、安全保密、系统维护等基本功能，并能辅助实体档案管理及根据需求增扩其他相应功能。

8.6.3 档案管理系统应与各信息系统之间衔接，并能接收和兼容各信息系统生成的电子文件。档案管理系统设计与实施参见 ISO 15489.1 第 8 章和 ISO 15489.2。

9 档案工作设施设备

9.1 档案库房

9.1.1 档案库房应设置在远离易燃、易爆物品和水、火等存在安全隐患的场所，无特殊保护装置一般不宜设置在地下或顶层。

9.1.2 档案库房楼层地面应满足档案及其装具的承重要求。

9.1.3 档案库房面积应满足档案工作发展的需要，留有存储空间。

设置档案馆的企业，档案库房建筑应符合 JGJ 25 的要求，库房一般应满足日后 20 年档案存储需要。

9.2 业务技术用房

9.2.1 业务技术用房应满足接收、整理、修复档案的实际需要。

9.2.2 企业可根据工作需要设置档案接收、整理、裱糊、消毒、复印、数字化、缩微以及安全监控等用房。

9.3 阅览及陈列室

阅览室应邻近办公室和档案库房，环境安静。

陈列室（展览室）宜设置在适于观览的场所。

9.4 档案装具

9.4.1 档案柜架应牢固耐用，一般应具有防火、防盗、防尘作用。应根据非纸质载体档案需要选择有专用保护功能的柜架。有条件的可采用密集架。

9.4.2 各类档案盒规格、式样和质量应符合 GB/T 9705、GB/T 11822、DA/T 22 和 GB/T

11821 的要求。

9.5 保护设备

9.5.1 档案库房应配置温湿度监控设备及灭火器材、防光窗帘、防盗门窗等必要的设施。

9.5.2 根据库房管理需要可配置除尘器、消毒柜、去湿机、加湿机、空气净化器等设备。

9.5.3 有条件的企业应配置自动报警、自动灭火、温湿度自动调控、监控等设备。

9.6 技术设备

9.6.1 配备档案整理工作所需要的装订机、打印机等设备。

9.6.2 配备档案修复、利用需要的数码照相机、摄像机、复印机、阅读机等设备。

9.6.3 配备信息化管理需要的计算机、服务器、扫描仪、光盘刻录机等设备，以及容灾备份设备、应急电源。

9.6.4 根据需要可配备 CAD 绘图仪、工程图纸复印机、缩微机等设备。

③ 企业文件材料归档范围和档案保管期限规定

（2012 年国家档案局令 第 10 号）（摘录）

附 件

企业管理类档案保管期限表

序号	归档范围	保管期限
1	本企业设立、变更、解散过程文件材料	
1.1	本企业筹办和设立的申请文件材料、政府相关部门批准设立本企业的相关文件材料	永久
1.2	本企业设立登记相关证照、证照变更登记文件材料	永久
1.3	本企业章程送审稿、批准稿及正式文本	永久
1.4	企业合并、分立、改制、上市、破产、解散或其他变更公司形式等过程中形成的文件材料	永久
2	本企业董事会、监事会、股东会构成及变更等方面的文件材料	
2.1	本企业董事会、监事会、股东会构成及变更文件材料，发起人协议	永久
2.2	董事会、监事会、股东代表大会会议形成的文件材料	
2.2.1	会议通知、议程、报告、决议、决定、公报声明、记录、领导人讲话、总结、纪要、讨论通过的文件材料、参加人员名单	永久
2.2.2	讨论未通过的文件材料	10 年
2.3	董事、监事、股东履职和维护权益过程形成的文件材料	
2.3.1	重要的	永久
2.3.2	一般的	30 年
3	本企业资本登记、资本变动、融资文件材料	
3.1	国有资产管理部门对本企业国有资本金核算、确认、划转、变更的文件材料	永久
3.2	其他非国有组织或机构资本对本企业投资、投入核算登记、确认文件材料	永久

序号	归档范围	保管期限
3.3	本企业证券和股票发行、增资扩股、股权变更等文件材料	
3.3.1	上市辅导和准备阶段形成的文件材料	
3.3.1.1	评估报告、审计报告、承销商出具的核查意见，股票发行上市辅导汇总报告、发行人律师意见书，律师工作报告、股东大会决议、董事会通过的资金运用方案决议、固定资产投资项目建议书、招股说明书及发行公告（含财务报告、盈利预测报告）	永久
3.3.1.2	与中介机构签订的上市辅导协议、尽职调查材料	30年
3.3.2	发行申请书、证监会核准文件材料、审核过程中提出的审核反馈意见	永久
3.3.3	股票发行申请报告及证券交易所的批复、发行方案、股票发行定价分析报告、路演推介文件材料	永久
3.3.4	上市推荐书、上市公告书、确定股票挂牌简称的函	永久
3.3.5	股票首次发行过程中形成的其他文件材料	
3.3.5.1	重要事项	永久
3.3.5.2	一般事项	30年
3.3.6	股票增发、配股文件材料	永久
3.3.7	增资扩股文件材料	永久
3.3.8	股权转让文件材料	永久
3.3.9	债权融资文件材料	永久
3.4	本企业股东、股权登记文件材料	永久
3.5	本企业融资工作中形成的其他文件材料	
3.5.1	重要事项	永久
3.5.2	一般事项	30年
4	本企业资产管理文件材料	
4.1	资产权属证明文件材料	
4.1.1	本企业土地、房屋、基础设施等不动产产权登记文件材料，重要的技术装备、设备等固定资产登记文件材料，自然资源的所有权、使用权、收益权等申请、批准、登记的文件材料	永久
4.1.2	本企业拥有的商标权、专利权、著作权、计算机软件、商业秘密、技术诀窍等知识产权创造、申请、审批、登记、运用、保护和管理中产生的文件材料	永久
4.1.3	本企业特许经营权证文件材料，本企业资质认证、商誉评估、信用评级等文件材料	永久
4.1.4	本企业其他固定资产和无形资产权属文件材料	永久
4.1.5	本企业境外资产与产权权属文件材料	
4.1.5.1	重要的	永久
4.1.5.2	一般的	30年

序号	归 档 范 围	保管期限
4.2	本企业资产与产权转让、买卖、抵押、租赁、许可、变更、清算、评估、处置、注销等资产变动文件材料，因产权变动所致职工身份变化的材料	永久
4.3	本企业其他债权、债务登记文件材料	
4.3.1	重要的	永久
4.3.2	一般的	30 年
4.4	境内、外投资文件材料	
4.4.1	投资企业董事会、股东会文件材料、投资企业的财务报告、红利分配文件材料，股权证、转让协议等股权管理文件材料	永久
4.4.2	本企业在并购、参股、股权受让、基金业务及债权型投资等投资业务中形成的其他文件材料	
4.4.2.1	重要的	永久
4.4.2.2	一般的	30 年
5	本企业总经理办公会、党政联席会会议文件材料	
5.1	通知、议程、报告、决议、决定、公报声明、记录、领导人讲话、总结、纪要、讨论通过的文件材料，参加人员名单	永久
5.2	讨论未通过的文件材料	10 年
6	本企业召开的工作会议、专题会议的文件材料	
6.1	请示、批复、通知、名单、日程、报告、讲话、总结、决议、决定、纪要、媒体宣传报道、录音录像	
6.1.1	重要的	永久
6.1.2	一般的	30 年
6.2	代表发言、经验交流文件材料、简报	10 年
7	本企业承办的大型展览会、博览会、论坛、学术会议、国际性会议的文件材料	
7.1	请示、批复、申办和筹办组委会组建文件材料、主要活动安排、议程、名单、主报告（原文及译文）、辅助报告（原文及译文），领导人贺辞、题词、讲话、会徽设计、简报、新闻报道	永久
7.2	代表发言、经验交流	30 年
7.3	委员会、分会会议和学术会议的讨论记录，会议代表登记表、接待安排	30 年
8	有关机关和上级主管部门领导、社会知名人士检查、视察、调研本企业工作时形成的文件、工作汇报、录音录像等文件材料	
8.1	重要的	永久
8.2	一般的	30 年

序号	归 档 范 围	保管期限
9	本企业向有关机关、上级主管单位的请示、报告与有关机关、上级主管单位批复、批示	
9.1	重要事项	永久
9.2	一般事项、无批复重要事项	30 年
9.3	无批复的一般事项	10 年
10	本企业收到的有关机关、上级主管单位等相关机构制发的文件材料	
10.1	涉及本企业经营管理重要事项和其他重要事项的文件材料	永久
10.2	与本企业经营管理等工作有关的一般性文件材料	10 年
11	本企业与金融机构、中介机构及其他组织和个人来往文件材料	
11.1	本企业非资本经营业务中与银行、保险、证券、基金管理等金融机构业务往来的文件材料	
11.1.1	重要事项	永久
11.1.2	一般事项	30 年
11.2	本企业非资本经营业务中与会计、审计、法律事务所等机构往来文件材料	
11.2.1	重要事项	永久
11.2.2	一般事项	30 年
11.3	本企业与所属境外企业和机构业务往来文件材料	永久
11.4	本企业与其他单位或个人发生业务关系形成的文件材料	
11.4.1	本企业签署的战略合作协议、重要谈判的合同协议	永久
11.4.2	本企业签署的长期合同或协议及其补充件	
11.4.2.1	重要的	永久
11.4.2.2	一般的	30 年
11.4.3	本企业签署的短期合同或协议及其补充件	
11.4.3.1	重要的	30 年
11.4.3.2	一般的	10 年
11.5	本企业对其他单位或个人的资信调查、客户管理等文件材料	
11.5.1	重要的	30 年
11.5.2	一般的	10 年
11.6	本企业对外发布的公告、公示等文件材料	
11.6.1	重要事项	永久
11.6.2	一般事项	30 年
12	直属单位、所属和控股企业的请示、报告、函与本企业的批复、复函等文件材料	
12.1	重大问题	永久

序号	归 档 范 围	保管期限
12.2	一般性问题	30 年
13	本企业经营决策、建设项目（含境外项目）管理、企业管理、资本经营、财务、物资管理、产品与服务业务管理、市场开发与营销、产品与服务销售管理、售后服务管理、客户信息、信誉、统计等管理工作文件材料	
13.1	经营计划、决策文件材料	
13.1.1	本企业中长期规划、纲要，重要的经营决策文件材料	永久
13.1.2	本企业年度计划、任务目标、总结、统计文件材料	永久
13.1.3	本企业半年、季度、月份等计划、总结、统计文件材料	10 年
13.1.4	本企业、所属和控股企业的经营目标责任书、业绩考核评价文件材料	30 年
13.2	建设项目工作文件材料	
13.2.1	建设项目工作规划、计划、总结等文件材料	永久
13.2.2	建设项目工作制度、办法、规定等文件材料	永久
13.2.3	项目前期立项、规划、论证、设计、招投标、协议、合同、申请、审批等文件材料	永久
13.2.4	项目检查、竣工验收、重要的专项报告、审批意见	永久
13.3	企业管理文件材料	
13.3.1	企业管理规划、计划、总结、实施方案、制度、规定、办法等	永久
13.3.2	企业管理方案实施、检查验收文件材料	30 年
13.4	资本经营工作文件材料	
13.4.1	资本经营工作规划、计划、总结、条例、制度、办法、规定、决定等	永久
13.4.2	资本经营工作通知、纪要、记录、调研报告	30 年
13.5	财务工作文件材料	
13.5.1	财务管理制度、规定、办法、总结	永久
13.5.2	财务管理工作计划、报告、通知	30 年
13.5.3	固定资产新增、报废、调拨文件材料	30 年
13.5.4	生产财务和成本核算文件材料	永久
13.5.5	资金管理、价格管理、会计管理文件材料	永久
13.5.6	本企业税务登记、交纳、减免、返还等工作文件材料	永久
13.5.7	本企业经营盈亏情况报告、报表	
13.5.7.1	重要的	永久
13.5.7.2	一般的	30 年
13.5.8	本企业财务预、决算报告	永久
13.6	物资管理文件材料	

序号	归 档 范 围	保管期限
13.6.1	物资管理工作制度、规定、办法	永久
13.6.2	物资台账、统计报表	30 年
13.6.3	物资分配计划、记录	10 年
13.6.4	物资采购审批手续、招投标文件材料、合同、协议、来往函件，物资保管台账、出入库记录等	
13.6.4.1	重要物资的	30 年
13.6.4.2	一般物资的	10 年
13.7	产品与服务管理文件材料	
13.7.1	产品与服务发展规划、计划、总结等	永久
13.7.2	产品与服务管理制度、办法、规定等	永久
13.7.3	调查研究文件材料	
13.7.3.1	产品与服务市场调查、技术调查、考察、预测报告、调研综合报告	10 年
13.7.3.2	产品与服务的技术、经济可行性研究报告，市场需求分析报告、收益预测分析报告	30 年
13.7.4	产品与服务决策文件材料	
13.7.4.1	产品与服务发展建议书、技术建议书、协议书、委托书、合同等	永久
13.7.4.2	专题分析报告、专题会议纪要	30 年
13.7.4.3	研制或开发计划、方案及方案论证报告	30 年
13.7.5	阶段评审文件材料	30 年
13.8	市场开发与营销	
13.8.1	市场营销工作总结、制度，营销组织、市场网络建设、境外市场拓展、品牌建设等文件材料	永久
13.8.2	市场营销工作规划、计划等	30 年
13.8.3	产品销售计划文件材料，产品订货会、市场分析和用户调查文件材料	30 年
13.8.4	产品市场推广、营销宣传等文件材料	30 年
13.8.5	业务开办、产品上市或终止的申请、报备、批复等文件材料	永久
13.9	销售管理文件材料	
13.9.1	销售管理制度、规定、办法，销售合同、协议、函件	永久
13.9.2	售后服务文件材料	30 年
13.10	客户信息及资信调查文件材料	
13.10.1	重要客户的	永久
13.10.2	一般客户的	30 年
13.11	企业认证、达标等活动的呈报、审批文件材料，企业获得的资质、信誉证书方面的文件材料	永久

序号	归 档 范 围	保管期限
13.12	企业形象宣传文件材料	永久
13.13	统计工作文件材料	
13.13.1	统计工作制度、规定、办法，综合性统计报表	永久
13.13.2	生产、技术、经济统计报表及分析文件材料，工业普查报表	永久
13.13.3	一般性统计分析文件材料	30 年
14	本企业生产组织、质量管理、能源管理、设备管理、安全、环保、计量管理、科技管理、信息化管理、标准、图书情报等管理工作文件材料	
14.1	生产组织工作文件材料	
14.1.1	生产组织工作制度、办法、总结等	永久
14.1.2	生产组织工作规划、计划、报告	30 年
14.1.3	生产作业计划编制、执行及调度工作文件材料	10 年
14.1.4	生产调度会议记录	30 年
14.1.5	生产活动分析文件材料	10 年
14.2	质量管理工作文件材料	
14.2.1	质量工作条例、制度、规定、总结，质量体系建设、运行及管理文件材料，产品创优获奖证书	永久
14.2.2	质量工作规划、计划、措施	30 年
14.2.3	产品质量检测、化验、试验文件材料	30 年
14.2.4	全面质量管理工作形成的文件材料	30 年
14.2.5	质量异议处理、事故分析及处理文件材料、质量认证、检查、评比文件材料	永久
14.2.6	产品召回、理赔等文件材料	永久
14.3	能源管理工作文件材料	
14.3.1	能源管理工作规定、总结	永久
14.3.2	能源管理计划、统计报表，能源消耗定额管理文件材料	30 年
14.3.3	节能工作文件材料	30 年
14.4	设备仪器管理工作文件材料	
14.4.1	设备仪器管理工作制度、规定、办法、总结等	永久
14.4.2	设备仪器管理工作规划、计划等	30 年
14.5	安全生产工作文件材料	
14.5.1	安全技术管理制度、办法、总结，自然灾害、生产安全事故抢救、调查、处理文件材料	永久
14.5.2	安全技术管理规划、计划、通报、会议记录、安全体系建设文件材料等	30 年

序号	归 档 范 围	保管期限
14.5.3	安全、消防教育、应急演练活动文件材料	10年
14.6	环境保护工作文件材料	
14.6.1	环境保护工作制度、总结，环保调查、监测、分析文件材料	永久
14.6.2	环境保护工作规划、计划	30年
14.6.3	环境影响评价书、环保污染防治措施、总结、报告，污染事故抢救、调查、处理文件材料	永久
14.7	计量管理工作文件材料	
14.7.1	计量工作制度、规定、办法、总结等	永久
14.7.2	计量工作规划、计划等	30年
14.7.3	计量设备、仪器、器具定期检查记录	10年
14.8	科技管理工作	
14.8.1	科技管理工作制度、总结，新产品开发、科技攻关项目、科技成果管理、技术引进文件材料	永久
14.8.2	科技发展规划、计划、办法等	30年
14.8.3	技术革新与合理化建议文件材料	10年
14.8.4	学术交流活动文件材料	10年
14.9	信息化管理工作文件材料	
14.9.1	企业信息化管理制度、总结等文件材料	永久
14.9.2	信息化发展规划、计划、办法等	30年
14.9.3	企业信息化总体设计方案，信息系统设计、开发、实施过程评审文件材料	30年
14.9.4	信息系统运行维护、数据管理、安全保密等的方案、记录、报告	30年
14.10	标准管理工作文件材料	
14.10.1	标准工作制度、规定、办法、总结，企业基础标准、技术规范、管理标准、工作标准、生产技术规范编写、评审、发布文件材料	永久
14.10.2	标准工作规划、计划等	30年
14.11	图书、情报工作文件材料	
14.11.1	图书、情报工作制度、规定、办法、总结	永久
14.11.2	图书、情报工作规划、计划等	30年
15	本企业组织机构设置、人力资源、文秘、机要、档案、保密、保卫、综合治理、信访、法律、外事、风险管理、内控与审计、社会责任、基本建设管理等管理工作文件材料	
15.1	本企业组织机构设置、撤并、名称变更、岗位职责设计、人员编制、印信启用和作废等文件材料	永久
15.2	人力资源管理工作文件材料	
15.2.1	人力资源规划、工作计划、制度、办法、决定、报告等	永久

序号	归 档 范 围	保管期限
15.2.2	企业人员录用、转正、聘任、调资、定级、停薪留职、辞职、离退休、死亡、抚恤、安置等文件材料	永久
15.2.3	干部和职工的任免、升降、奖惩、考核、职称评聘等方面文件材料	永久
15.2.4	老干部、离退休人员管理有关文件材料	永久
15.2.5	企业人员薪酬、待遇等劳动人事管理文件材料	永久
15.2.6	企业签订的劳动合同	永久
15.2.7	企业先进单位、劳动模范、先进工作者的文件材料	
15.2.7.1	本企业及省部级（含）以上表彰、奖励的	永久
15.2.7.2	其他表彰、奖励的	30年
15.2.8	对本企业有关人员的处分文件材料	
15.2.8.1	受到警告（不含）以上处分的	永久
15.2.8.2	受到警告处分的	30年
15.2.9	本企业人员参加社会保障、医疗保险、商业保险、住房公积金、劳动保护、职业安全、医疗卫生、计划生育等文件材料	永久
15.2.10	企业职工培训工作文件材料	
15.2.10.1	重要的	30年
15.2.10.2	一般的	10年
15.2.11	职工调动工作的行政、工资关系的介绍信及存根	永久
15.2.12	职工名册	永久
15.3	文秘、机要、档案、保密工作文件材料	
15.3.1	文秘、机要、档案、保密工作制度、规定、办法、总结等文件材料	永久
15.3.2	文秘、机要、档案、保密工作规划、计划文件材料	30年
15.3.3	档案开发、编研成果，档案移交清单、销毁清册	永久
15.3.4	保密资格认证方案、申请、审查、批准文件材料	30年
15.3.5	保密工作检查方案、通知、结论、通报等文件材料	30年
15.4	安全保卫工作	
15.4.1	安全保卫、民兵、预备役工作规划、计划、总结、报告、报表等	30年
15.4.2	保卫部门的安全检查、调查方案、记录、通报	30年
15.4.3	自然灾害防范、交通管理文件材料	30年
15.5	综合治理工作文件材料	
15.5.1	重要事项	永久
15.5.2	一般事项	30年
15.6	信访工作文件材料	
15.6.1	重要事项	永久
15.6.2	一般事项	30年
15.7	法律工作文件材料	

序号	归 档 范 围	保管期限
15.7.1	五年普法规划、年度计划、规章、制度、办法等	30 年
15.7.2	法院判决书、调解书等诉讼和仲裁等文件材料	永久
15.7.3	一般法律事务工作文件材料	30 年
15.7.4	案件、纠纷、行政处罚、复议文件材料及公证事务中结论性材料	永久
15.7.5	案件、纠纷、行政处罚、复议文件材料及公证事务中调查、协调过程形成的文件材料	30 年
15.8	外事工作文件材料	
15.8.1	国际交往中发表的公报，签订的协议、协定、备忘录，重要的会谈记录、纪要等	永久
15.8.2	出访考察、参加国际会议、接待来访等外事活动、出访审批文件材料	永久
15.8.3	产品进出口审批和办理手续、执行日程、考察报告等一般性文件材料	30 年
15.9	风险管理、内控、审计工作文件材料	
15.9.1	风险管理、内控、审计工作制度、总结，审计意见、审计报告、专项审计通知、报告、批复、结论、调查与证明等文件材料	永久
15.9.2	风险管理、内控与审计工作方案、计划、报告、纪要等	30 年
15.9.3	内部控制管理手册、风险识别、评估、控制等过程形成的文件材料，重大风险评估报告，风险管理体系建设文件材料	30 年
15.10	社会责任工作文件材料	
15.10.1	本企业社会责任报告	永久
15.10.2	参与和投入社会公益、慈善、捐赠事业的记录文件材料	永久
15.10.3	赈灾、扶贫、献血、拥军优属等文件材料	永久
15.11	本企业的史、志、年鉴、大事记、组织沿革等编研成果，本企业编辑出版的书、报、刊等出版物	永久
15.12	本企业编制的简报、工作信息	30 年
15.13	本企业编制的通报、情况反映、参考资料等	10 年
15.14	基本建设管理文件材料	
15.14.1	基本建设工作管理制度、规定、办法、总结	永久
15.14.2	基本建设工作规划、计划，专项工作通知等文件材料	30 年
16	本企业党、团、工会等党群工作文件材料	
16.1	企业党员代表大会、职工代表大会、共青团代表大会	
16.1.1	请示、批复、批示、通知、名单、议程、报告、领导人讲话、选举结果、会议记录、讨论通过的文件、决议、纪要、公告等文件材料	永久
16.1.2	大会发言、交流、会议简报	10 年
16.1.3	重要的贺信、贺电，筹备工作、选举工作中形成的文件材料，小组会议记录、会务工作安排、总结等文件材料	10 年
16.1.4	讨论未通过的文件材料	10 年
16.2	党委会、党委常委会、工会委员会、工会会员代表大会、共青团常委（扩大）会，党群机关办公会会议文件材料	

序号	归 档 范 围	保管期限
16.2.1	通知、议程、报告、决议、决定、公报声明、记录、领导人讲话、总结、纪要、讨论通过的文件、参加人员名单	永久
16.2.2	讨论未通过的文件材料	10年
16.3	党务综合性工作	
16.3.1	各项条例、规章制度、办法，工作计划、总结，"三重一大"等重要专项活动工作通知、报告，重要调研文件材料、党务工作大事记等	永久
16.3.2	情况反映、工作简报及一般文件材料	30年
16.4	组织工作	
16.4.1	党员干部考察、考核、任免、政审决定等	永久
16.4.2	入党、转正、退党、转入、转出等决定及党员名册，党团组织关系的介绍信及存根	永久
16.4.3	党委（党组）组织工作规章制度	永久
16.4.4	党群机构设置、调整、人员编制等方面决定及通知	永久
16.4.5	党费收支文件材料	30年
16.4.6	党员学习教育等活动形成的文件材料	
16.4.6.1	重要的	永久
16.4.6.2	一般的	10年
16.4.7	党员统计年报	永久
16.5	企业宣传统战工作报告、会议纪要、调研、计划、总结文件材料、民主党派人员名单登记、活动记录、精神文明建设方面文件材料	
16.5.1	重要的	永久
16.5.2	一般的	30年
16.6	纪检与监察工作	
16.6.1	纪检与监察工作的规定、决定、通报、通知、会议记录、纪要、计划、总结	永久
16.6.2	党风廉政反腐工作文件材料	30年
16.6.3	违纪案件立案报告、调查依据、审查结论、处理意见等文件材料	
16.6.3.1	重大案件	永久
16.6.3.2	一般案件	30年
16.7	工会、女工、共青团工作规划、年度计划、总结、规章制度、决定、通知、会议记录	永久
16.8	职工民主管理、表彰先进、劳保福利、职工维权、工会会费与财务管理文件材料、工会统计年报、工会会员名册	永久
16.9	女工工作、劳动竞赛、文体活动、计划生育等方面文件材料	
16.9.1	重要的	永久
16.9.2	一般的	10年

序号	归 档 范 围	保管期限
16.10	共青团组织发展、劳动竞赛、表彰先进、团费管理、文体活动等文件材料	
16.10.1	重要的	永久
16.10.2	一般的	10年
16.11	民间团体工作，民政协调工作中形成的文件材料	
16.11.1	民间团体设立、变更、撤销等的请示、批复、章程等文件材料	永久
16.11.2	民间团体活动过程形成的文件材料	
16.11.2.1	重要事项	30年
16.11.2.2	一般事项	10年
17	本企业其他事务管理文件材料	
17.1	企业接待工作计划、方案，重要来宾有关的照片、录音、录像、题词、讲话、批示等	
17.1.1	重要的	永久
17.1.2	一般的	30年
17.2	企业住房房产分配、出售、出租工作文件材料	永久
17.3	企业职工承租、购置企业房产的合同、协议和有关手续	永久
17.4	新闻媒体对本企业重要活动、重大事件、典型人物的宣传报道	永久
17.5	企业文化建设文件材料	
17.5.1	企业文化建设方案	永久
17.5.2	企业文化建设其他文件材料	
17.5.2.1	重要的	永久
17.5.2.2	一般的	30年
17.6	企业纪念、庆典活动文件材料	
17.6.1	重要的	永久
17.6.2	一般的	30年
18	各种非纸质载体、介质及实物形式的文件材料	
18.1	无法输出纸质的或无纸质的二维、三维、数据库类电子文件	
18.1.1	重要的	永久
18.1.2	一般的	30年
18.2	各种有保存价值的实物	
18.2.1	重要的	永久
18.2.2	一般的	30年
18.3	其他各种非纸质载体、介质文件材料	
18.3.1	重要的	永久
18.3.2	一般的	30年

④ 国有企业文件材料归档办法

（国家档局　国档发〔2004〕4号）

第一章　总　　则

第一条　为规范国有及国有控股企业（以下简称企业）文件材料的归档工作，完整、系统保存企业档案，根据《中华人民共和国档案法》、《中华人民共和国档案法实施办法》、《企业档案管理规定》，制定本办法。

第二条　归档的企业文件材料是指企业自筹建以来各种活动中形成的具有保存价值的各种形式的记录。

第三条　企业应建立文件材料归档制度，明确企业文件材料的归档范围、时间、要求，保证归档文件材料齐全、完整、准确、系统。

第四条　企业文件材料归档工作应纳入企业各项工作计划，纳入企业领导工作议程，纳入有关人员岗位责任制。

企业各部门专（兼）职档案人员负责所形成的文件材料的收集、整理，并按要求向档案部门归档。

第五条　企业档案部门负责本企业及所属单位文件材料归档工作的指导、监督和检查。

第六条　企业应建立文件材料归档责任追究制度。不按要求归档的应由有关单位追究当事人或部门的责任。

第二章　归　档　范　围

第七条　企业在筹备、成立、经营、管理及产权变动过程中形成的具有保存价值的文件材料应列入归档范围（见附件《国有企业文件材料归档范围》）。

第八条　归档文件材料的来源：

（一）本企业内部形成的文件材料；

（二）本企业所属单位和派出机构（包括境外机构）应报本企业的文件材料；

（三）本企业引进项目、外购设备等带来的文件材料；

（四）本企业投资的全资、控股、参股企业应向本企业提交的文件材料；

（五）本企业参与的合作项目，合作单位按要求应向本企业提交的文件材料；

（六）本企业执行、办理的外来文件材料。

第九条　归档的文件材料主要包括纸质、光盘、磁带、照片及底片、胶片、实物等各种载体形式。

第三章　归　档　时　间

第十条　管理性文件材料一般应在办理完毕后的第二年上半年归档。

第十一条　工业企业产品、非工业企业业务项目、科研课题、基建项目文件材料在其项目鉴定、竣工后或财务决算后三个月内归档，周期长的可分阶段、单项归档。

第十二条　外购设备仪器或引进项目的文件材料在开箱验收或接收后即时登记，安装调试后归档。

第十三条　企业职工外出参加公务活动形成的文件材料应在活动结束后及时归档。

第十四条 会计文件材料在会计年度终了后由会计部门整理归档，保管一年后向档案部门移交。

第十五条 电子文件逻辑归档实时进行，物理归档应与纸质文件归档时间一致。

第十六条 磁带、照片及底片、胶片、实物等形式的文件材料应在工作结束后及时归档。

第十七条 下列文件材料应随时归档：

（一）变更、修改、补充的文件材料；

（二）企业内部机构变动和职工调动、离岗时留在部门或个人手中的文件材料；

（三）企业产权变动过程中形成的文件材料；

（四）其他临时活动中形成的文件材料。

第四章 归 档 要 求

第十八条 整理归档的文件材料应遵循文件材料形成规律，保持其有机联系，并符合有关标准、规范要求。

第十九条 归档的文件材料应为原件。因故无原件的可归具有凭证作用的文件材料。文件材料归档后不得更改。

第二十条 非纸质文件材料应与其文字说明一并归档。

外文（或少数民族文字）材料若有汉译文的应与汉译文一并归档，无译文的要译出标题后归档。

第二十一条 具有永久、长期保存价值的电子文件，必须形成一份纸质文件归档。

第二十二条 归档文件材料的载体和字迹应符合耐久性要求。

第二十三条 归档的文件材料一般一式一份。重要的、利用频繁的和有专门需要的可适当增加份数。

反映同一内容而形式不同的文件材料应保持其一致性。

第二十四条 两个以上单位合作完成的项目，主办单位保存全套文件材料，协办单位保存与承担业务相关的正本文件。

有合同、协议规定的，按其要求执行。

第二十五条 各部门的专（兼）职档案人员应检查本部门归档文件材料的齐全、完整与准确情况，整理完毕并编制移交清册，由部门或项目负责人签字核准后向档案部门移交。重要项目的文件材料移交时应编写归档说明。

档案部门接收时应全面检查归档文件材料的质量。

第二十六条 交接双方应认真核对移交清册，并履行签字手续，移交清册各留一份以备查考。

附件

国有企业文件材料归档范围

一、党群工作形成的文件材料

（一）党务综合性工作、党员代表大会或党组织其他有关会议。

（二）党组织建设、党员和党员干部管理、党纪监察工作、重要政治活动或事件。

（三）宣传及思想政治工作、企业文化和精神文明建设、统战工作。

（四）职工代表大会、工会工作、共青团工作、女工工作。

（五）专业学会、协会工作，群众团体活动。

二、行政管理工作形成的文件材料

（一）企业筹备期的可行性研究、申请、批准，企业章程。

（二）企业领导班子（包括董事会、股东会、监事会和经理层，下同）构成及变更，企业内部机构及变更。

（三）企业领导班子的活动。

（四）综合性行政事务，企业事务公开，文秘、机要、保密、信访工作，印鉴的管理。

（五）法律事务，纪检监察，公证工作。

（六）审计工作。

（七）职工人事管理，劳动合同管理，劳动工资和社会保险，职务任免，职称评聘。

（八）职工教育与培训工作。

（九）医疗卫生工作。

（十）后勤福利，住房管理。

（十一）公安保卫，综合治理，防范自然灾害。

（十二）外事工作。

三、经营管理工作形成的文件材料

（一）企业改革，经营战略决策。

（二）计划管理，责任制管理，各种统计报表，企业综合性统计分析。

（三）资产管理，房地产管理，资本运作，对外投资，股权管理，多种经营管理，产权变动、清产核资。

（四）属企业所有的知识产权和商业秘密及其管理。

（五）企业信用管理，形象宣传。

（六）商务合同正本与合同有关的补充材料，有关的资信调查等。

（七）财务管理，资金管理，成本价格管理，会计管理。

（八）物资采购、保存、供应和流通。

（九）经营业务管理，服务质量管理。

（十）境外项目管理。

（十一）招投标项目管理。

四、生产技术管理工作形成的文件材料

（一）生产准备、生产组织、调度工作。

（二）质量管理，质量检测和质量控制工作。

（三）能源管理。

（四）企业管理现代化和信息化建设，科技管理。

（五）生产安全，消防工作，交通管理。

（六）环境保护、检测与控制。

（七）计量工作。

（八）标准化工作。

（九）档案、图书、情报工作。

五、产品生产或业务开发工作形成的文件材料

A　工业企业

（一）产品的市场调研、立项论证、设计。

（二）产品的工艺、工装、试制、加工制造。

（三）产品的检验、包装。

（四）产品的销售与售后服务。

（五）产品鉴定、评优。

（六）产品质量事故分析及处理。

B　非工业企业

（一）业务项目的研发与形成。

（二）业务项目的经营。

（三）业务项目的保障与监督。

六、科学技术研究工作形成的文件材料

（一）科研项目的调研、申报立项。

（二）科研项目的研究、试验。

（三）科研项目的总结、鉴定。

（四）科研项目的报奖、推广应用。

七、基本建设和技术改造工作形成的文件材料

（一）基建项目和技术改造项目的可行性研究、立项、勘探、测绘、招标、投标、征迁工作，以及建设单位项目管理工作。

（二）基建项目和技术改造项目的设计。

（三）基建项目和技术改造项目的施工。

（四）基建项目和技术改造项目的监理。

（五）基建项目和技术改造项目的竣工和验收。

（六）基建项目和技术改造项目的评奖、创优。

（七）基建项目的使用、维修、改建、扩建。

（八）事故分析和处理。

八、设备仪器管理形成的文件材料

（一）购置设备、仪器的立项审批，购置合同。

（二）设备、仪器的开箱验收或接收。

（三）设备、仪器的安装调试。

（四）设备、仪器的使用、维护和改造、报废。

（五）事故分析和处理。

九、会计工作形成的文件材料

（一）会计凭证。

（二）会计账簿。

（三）财务报告及报表。

（四）其他文件材料。

十、职工个人管理形成的文件材料

（一）职工（包括离退休职工、死亡职工）的履历材料。

（二）职工的鉴定、考核。

（三）职工的专业技术职务评聘。

（四）职工的奖励与处分。

（五）职工的工资、保险、福利待遇等。

（六）职工的培训与岗位技能评定等。

（七）其他记载个人重要社会活动的文件材料。

十一、其他对国家、社会和企业有保存价值的文件材料

⑤ 国家档案局关于加强驻外机构和境外企业档案工作的意见

（国家档局　档函〔2005〕205 号）

随着社会主义市场经济体制的完善，我国国际交往日趋广泛，经贸活动日趋频繁，驻外机构和境外企业日益增多。多年来，各驻外机构和境外企业在有关部门和主管单位的指导下，从档案工作的实际出发，本着"有利于工作、有利于保密、有利于应付突发事件"的原则，根据各自工作特点开展档案工作，取得了一定成效。但有些驻外机构和境外企业还存在档案意识相对薄弱，档案工作缺乏统一的制度和管理等问题，这在一定程度上影响了工作的正常开展。为了进一步加强驻外机构和境外企业档案工作，现提出以下几点意见。

一、提高认识，增强做好驻外机构和境外企业档案工作的责任感

驻外机构和境外企业是我国政府机关、企业事业单位在境外设立的各类分支机构。其在工作中形成的档案，真实记录了我国对外交往、经贸活动等重要历史过程，对当前和今后工作都有着重要的凭证和参考作用，是国家档案资源的重要组成部分。随着我国改革开放的不断深入和经济全球化趋势的不断增强，我国驻外机构和境外企业的数量不断增加，类型更加多样化，涉足的领域越来越广，形成的档案越来越多。驻外机构和境外企业的档案在维护国家主权和领土完整，维护我国企业和公民的合法权益，扩大经济与文化交流等方面都发挥着重要的积极作用。因此，加强驻外机构和境外企业档案工作，是我国外交工作的需要，是我国对外经济工作和对外文化交流的需要，也是加强国家档案资源建设的需要。各级档案行政管理部门、驻外机构主管部门和境外企业母体公司应高度重视驻外机构和境外企业档案工作，增强做好驻外机构和境外企业档案工作的责任感和使命感。

二、完善机制，保证驻外机构和境外企业档案工作有序开展

驻外机构和境外企业档案工作是我国档案工作的重要组成部分，也是驻外机构和境外企业的基础工作，档案行政管理部门要加强监督、指导和检查，各主管部门、母体公司要逐步建立和完善驻外机构和境外企业档案工作管理体制。

（一）驻外机构和境外企业的主管部门或母体公司应重视和加强对驻外机构、境外企业档案工作的领导，切实将驻外机构和境外企业档案工作纳入工作计划，及时对驻外机构和境外企业档案工作提出要求，定期监督与检查。

（二）驻外使领馆各内部机构的档案工作在遵循其派出单位档案工作有关规定的同时，应服从驻外使领馆的统一领导。

（三）驻外机构和境外企业应明确一位单位领导分管档案工作，确定负责档案工作的部门。根据工作需要配备专职或兼职档案工作人员，配备必要的设施和设备，建立健全档案的收集、整理、鉴定、统计、保管、利用等各项管理制度。

（四）驻外机构和境外企业要确保档案的完整与安全，任何个人不得将有归档价值的文件材料据为己有或拒绝归档。为预防突发事件对档案安全的影响，要制定档案处理的应急预案。

三、严格管理，提高驻外机构和境外企业档案工作水平

驻外机构和境外企业档案管理的基本要求是：归档材料齐全完整、整理科学合理、保管相对集中、利用方便安全。

（一）驻外机构和境外企业应明确本单位的文件材料归档范围，确定归档时间。凡工作中形成的对工作具有查考和保存价值的各种文字、图表、声像、电子、实物等文件材料应按本单位统一要求归档。

（二）驻外机构和境外企业归档文件材料的整理方式，可根据实际和工作需要，由承办人或专（兼）职档案人员整理归档。

（三）驻外机构和境外企业档案的保管方式，根据实际和工作需要，采取相对集中、分级管理的方式。规模较大的驻外机构和境外企业，长期以上（包括长期）的档案和涉密档案由专兼）职档案人员集中保管；非涉密的短期档案和业务资料可由相关承办部门保管。规模较小的驻外机构和境外企业，其档案可采用专（兼）职档案人员集中统一保管的方式。承办人应定期向本机构专（兼）职档案人员移交需集中保管的档案，或及时移交办理完毕需归档的文件材料。

（四）驻外机构应按年度将归档文件目录送国内主管部门，有条件的可报送电子版目录。重要档案要及时将原件送回国内主管部门；如驻外机构确需留存原件的，应将备份件报国内主管部门。

（五）境外企业在向其国内母体公司报送档案时，应遵守驻在国家（或地区）的有关法律和行业监管部门的有关规定。在不违反相关法律及规定的前提下，境外企业应按年度将归档文件目录送国内母体公司，有条件的可报送电子版目录；重要档案要及时将原件送回国内母体公司；如境外企业确需留存原件的，应将备份件报国内母体公司。

（六）驻外机构和境外企业要严格档案利用程序，防止档案丢失、损坏，防止档案信息失密、泄密。

（七）驻外机构或境外企业发生撤销、重组等情况时，须对档案文件进行认真整理并妥善保管。

撤销单位应在单位撤销时对档案材料应认真鉴定，有长期和永久保存价值的档案，必须送回国内，由主管部门或母体公司代管；对失去保存价值的档案，经本单位领导批准，登记造册，报国内主管部门或母体公司审核后方可销毁，销毁时须由两人签字负责监销。

对重组企业的档案，应按合同要求处置，或由重组后新设的企业管理。

境外国有企业资产与产权变动时，其档案处置按《国有企业资产与产权变动档案处置暂行办法》确定的原则进行。

各主管部门、驻外机构和境外企业要各司其职，认真做好驻外机构和境外企业档案工作，把驻外机构和境外企业的档案工作当做一件大事来抓，切实抓好、抓实、抓出成效，努力开创驻外机构和境外企业档案工作新局面。

第4章

文书档案管理

① 机关文件材料归档范围和文书档案保管期限规定

（2006 年国家档案局令 第 8 号）（摘录）

附 件

文书档案保管期限表

1 本级党的代表大会、人民代表大会、政治协商会议，工会、共青团、妇联代表大会的文件材料

1.1 请示、批复、通知、名单、议程、报告、领导人讲话、选举结果、讨论通过的文件、决议、纪要、公报、主席团会议记录等文件材料 永久

1.2 大会发言，人大代表建议和意见、人大议案及答复，政协委员提案及办理结果，简报，快报 永久

1.3 重要的贺信、贺电，筹备工作、选举过程中形成的文件，小组会议记录、会议服务机构的计划、总结等文件材料 30 年

1.4 讨论未通过的文件 10 年

2 本级党委、人民代表大会、政治协商会议、纪律检查委员会、共青团、工会、妇联的常委会、执委会、主席团、全体委员会会议，政府常务会、办公会议的文件材料

2.1 公报、决议、决定、记录、纪要、议程、领导人讲话、讨论通过的文件、参加人员名册 永久

2.2 讨论未通过的文件 10 年

3 本机关党组（或实行党委制的党委）会议和行政办公会的纪要、会议记录 永久

4 本机关召开工作会议、专题会议的文件材料

4.1 请示、批复、通知、名单、日程、报告、讲话、总结、决议、决定、纪要 永久

4.2 典型材料、代表发言材料、交流材料、简报 30 年

5 机关联合召开会议的文件材料

5.1 本机关为主办的

5.1.1 请示、批复、通知、名单、日程、报告、讲话、总结、决议、决定、纪要 永久

5.1.2 典型材料、代表发言材料、交流材料、简报 30 年

5.2 本机关为协办的

5.2.1 请示、批复、通知、名单、日程、报告、讲话、总结、决议、决定、纪要的复制件或副本 30 年

5.2.2 典型材料、代表发言材料、交流材料、简报的复制件或副本 10年

6 本机关承办国际性会议、大型展览会、博览会的文件材料

6.1 请示、批复、申办和筹办组委会主要活动安排、议程、名单、主报告（原文及译文）、辅助报告（原文及译文），上级领导人贺辞、题词、讲话，会徽设计 永久

6.2 代表发言材料、交流材料、简报、新闻报道 30年

6.3 委员会、分会会议和学术会的讨论记录，会议代表登记表、接待安排 10年

7 上级机关、上级领导检查、视察本地区、本机关工作时形成的文件材料

7.1 重要的 永久

7.2 一般的 30年

7.3 本地区、本机关工作汇报材料 30年

8 本机关业务文件材料

8.1 本机关制定的方针政策性、法规性、普发性业务文件，中长期规划、纲要等文件材料 永久

8.2 本机关的请示与上级机关的批复、批示

8.2.1 重要业务问题的 永久

8.2.2 一般业务问题的 30年

8.3 同级机关、下级机关的来函、请示与本机关的复函、批复等文件材料

8.3.1 重要业务问题的 永久

8.3.2 一般业务问题的 30年

8.4 本机关代上级机关起草并被采用的重要法规性文件、专项业务文件的最后草稿 30年

8.5 机关联合行文的文件材料

8.5.1 本机关为主办的

8.5.1.1 重要业务问题的 永久

8.5.1.2 一般业务问题的 30年

8.5.2 本机关为协办的

8.5.2.1 重要业务问题的 30年

8.5.2.2 一般业务问题的 10年

8.6 本机关编辑、编写的文件材料

8.6.1 大事记、组织沿革等 永久

8.6.2 简报、情况反映、工作信息等 10年

8.7 行政管理、执法活动中形成的文件材料

8.7.1 行政管理工作制度、程序、规定等文件材料 永久

8.7.2 执法检查情况汇总、通报，整改通知等 永久

8.7.3 行政管理工作中形成的审批、审查、核准等文件材料

8.7.3.1 固定资产投资、科技计划等项目的审批（核准）、管理、验收（评估）等文件材料 永久

8.7.3.2 不动产、自然资源的所有权、使用权确认的文件材料 永久

8.7.3.3 20年（含）以上有效或未注明有效期的许可证、执照、资质证、资格证等的审批、管理文件材料 永久

8.7.3.4 20年以下有效的许可证、执照、资质证、资格证等的审批、管理文件材料 30年

8.7.4 行政管理工作中形成的备案文件材料 10年

8.7.5 行政处罚、处分、复议、国家赔偿等工作中形成的文件材料

8.7.5.1 重要的　永久

8.7.5.2 一般的　30年

8.8 计划、总结、统计、调研等方面的文件材料

8.8.1 年度和年度以上的计划、总结、统计材料　永久

8.8.2 年度以下的计划、总结、统计材料 10年

8.8.3 重要职能活动的总结、重要专题的调研材料　永久

8.8.4 一般活动的总结、一般问题的调研材料　10年

8.9 出国或出境访问考察、参加国际会议，接待来访等外事活动形成的文件材料

8.9.1 发表的公报，签订的协议、协定、备忘录，重要的会谈记录、纪要等　永久

8.9.2 出国审批手续、执行日程、考察报告、一般性会谈记录　30年

9　本机关机构编制、干部人事、党、团、纪检、工会、保卫、信访工作文件材料

9.1 机构设置、机构撤并、名称更改、组织简则、人员编制、印信启用和作废等文件材料 永久

9.2 人事工作制度、规定、办法等文件　30年

9.3 人事任免文件　永久

9.4 先进单位、劳动模范、先进工作者的文件材料

9.4.1 受县级（含）以上表彰、奖励的　永久

9.4.2 受县级以下表彰、奖励的 30年

9.5 对本机关有关人员的处分材料

9.5.1 受到警告（不含）以上处分的　永久

9.5.2 受到警告处分的 30年

9.6 职工录用、转正、聘任、调资、定级、停薪留职、辞职、离退休、死亡、抚恤等文件材料　永久

9.7 人事考核、职称评审工作文件材料　永久

9.8 职工调动工作的行政、工资、党团组织关系的介绍信及存根　永久

9.9 职工名册　永久

9.10 党、团、工会工作活动中形成的文件材料

9.10.1 工作报告、总结，换届选举结果　永久

9.10.2 重要专项活动的报告、总结等　永久

9.10.3 党团员、工会会员名册，批准加入党团、工会组织的文件材料　永久

9.10.4 情况反映、工作简报 10年

9.11 纪检、监察工作中形成的综合性报告、调查材料

9.11.1 重要的　永久

9.11.2 一般的　30年

9.12 保卫部门的安全检查、调查记录　10年

9.13 本机关处理人民来信来访的文件材料

9.13.1 有领导重要批示和处理结果的　永久

9.13.2 其他有处理结果的　30年

10　本机关事务管理文件材料

10.1 房产、土地所有权和使用权的文件材料　永久

10.2 与有关单位签订的合同、协定、协议、议定书等文件材料

10.2.1 重要的　永久

10.2.2 一般的　10年

10.3 接待工作的计划、方案

10.3.1 重要的　30年

10.3.2 一般的　10年

10.4 机关财务预算　30年

10.5 机关物资（办公设备及用品、机动车等）采购计划、审批手续、招标投标、购置等文件材料，机动车调拨、保险、事故、转让等文件材料　30年

10.6 国有资产管理（登记、统计、核查清算、交接等）文件材料

10.6.1 重要的　永久

10.6.2 一般的　10年

10.7 职工承租、购置本单位住房的合同、协议和有关手续　永久

10.8 职工住房分配、出售的规定、方案、细则，职工住房情况统计、调查表、职工住房申请　30年

11　上级机关制发的文件材料

11.1 上级机关制发的属于本机关主管业务的文件材料

11.1.1 重要的　永久

11.1.2 一般的　10年

11.2 上级机关制发的非本机关主管业务但要贯彻执行的文件材料　10年

11.3 上级机关制发的关于本机关机构设置、领导人任免、人员编制等文件材料　永久

12 同级机关制发的非本机关主管业务但要贯彻执行的文件材料　10年

13　下级机关报送的文件材料

13.1 重大问题的专题报告　30年

13.2 年度和年度以上的计划、总结、统计材料　10年

② 归档文件整理规则

（DA/T 22—2015）（摘录）

4　整理原则

4.1 归档文件整理应遵循文件的形成规律，保持文件之间的有机联系。

4.2 归档文件整理应区分不同价值，便于保管和利用。

4.3 归档文件整理应符合文档一体化管理要求，便于计算机管理或计算机辅助管理。

4.4 归档文件整理应保证纸质文件和电子文件整理协调统一。

5　一般要求

5.1　组件（件的组织）

5.1.1　件的构成

归档文件一般以每份文件为一件。正文、附件为一件；文件正本与定稿（包括法律法规等重要文件的历次修改稿）为一件；转发文与被转发文为一件；原件与复制件为一件；正本与翻

译本为一件；中文本与外文本为一件；报表、名册、图册等一册（本）为一件（作为文件附件时除外）；简报、周报等材料一期为一件；会议纪要、会议记录一般一次会议为一件，会议记录一年一本的，一本为一件；来文与复文（请示与批复、报告与批示、函与复函等）一般独立成件，也可为一件。有文件处理单或发文稿纸的，文件处理单或发文稿纸与相关文件为一件。

5.1.2 件内文件排序

归档文件排序时，正文在前，附件在后；正本在前，定稿在后；转发文在前，被转发文在后；原件在前，复制件在后；不同文字的文本，无特殊规定的，汉文文本在前，少数民族文字文本在后；中文本在前，外文本在后；来文与复文作为一件时，复文在前，来文在后。有文件处理单或发文稿纸的，文件处理单在前，收文在后；正本在前，发文稿纸和定稿在后。

5.2 分类

5.2.1 立档单位应对归档文件进行科学分类，同一全宗应保持分类方案的一致性和稳定性。

5.2.2 归档文件一般采用年度—机构（问题）—保管期限、年度—保管期限—机构（问题）等方法进行三级分类。

a) 按年度分类。将文件按其形成年度分类。跨年度一般应以文件签发日期为准。对于计划、总结、预算、统计报表、表彰先进以及法规性文件等内容涉及不同年度的文件，统一按文件签发日期判定所属年度。跨年度形成的会议文件归入闭幕年。跨年度办理的文件归入办结年。当形成年度无法考证时，年度为其归档年度，并在附注项加以说明。

b) 按机构（问题）分类。将文件按其形成或承办机构（问题）分类。机构分类法与问题分类法应选择其一适用，不能同时采用。采用机构分类的，应根据文件形成或承办机构对归档文件进行分类，涉及多部门形成的归档文件，归入文件主办部门。采用问题分类的，应按照文件内容所反映的问题对归档文件进行分类。

c) 按保管期限分类。将文件按划定的保管期限分类。

5.2.3 规模较小或公文办理程序不适于按机构（问题）分类的立档单位，可以采取年度—保管期限等方法进行两级分类。

5.3 排列

5.3.1 归档文件应在分类方案的最低一级类目内，按时间结合事由排列。

5.3.2 同一事由中的文件，按文件形成先后顺序排列。

5.3.3 会议文件、统计报表等成套性文件可集中排列。

5.4 编号

5.4.1 归档文件应依分类方案和排列顺序编写档号。档号编制应遵循唯一性、合理性、稳定性、扩充性、简单性原则。

5.4.2 档号的结构宜为：全宗号-档案门类代码·年度-保管期限-机构（问题）代码-件号。上、下位代码之间用"-"连接，同一级代码之间用"·"隔开。如"Z109-WS·2011-Y-BGS-0001"。

5.4.3 档号按照以下要求编制：

a) 全宗号：档案馆给立档单位编制的代号，用4位数字或者字母与数字的结合标识，按照DA/T 13—1994编制。

b) 档案门类代码·年度：归档文件档案门类代码由"文书"2位汉语拼音首字母"WS"标识。年度为文件形成年度，以4位阿拉伯数字标注公元纪年，如"2013"。

c) 保管期限：保管期限分为永久、定期30年、定期10年，分别以代码"Y""D30"

"D10" 标识。

    d) 机构（问题）代码：机构（问题）代码采用 3 位汉语拼音字母或阿拉伯数字标识，如办公室代码 "BGS" 等。归档文件未按照机构（问题）分类的，应省略机构（问题）代码。

    e) 件号：件号是单件归档文件在分类方案最低一级类目内的排列顺序号，用 4 位阿拉伯数字标识，不足 4 位的，前面用 "0" 补足，如 "0026"。

5.4.4 归档文件应在首页上端的空白位置加盖归档章并填写相关内容。电子文件可以由系统生成归档章样式或以条形码等其他形式在归档文件上进行标识。

5.4.5 归档章应将档号的组成部分，即全宗号、年度、保管期限、件号，以及页数作为必备项，机构（问题）可以作为选择项（见附录 A 图 A1）。归档章中全宗号、年度、保管期限、件号、机构（问题）按照 5.4.3 编制，页数用阿拉伯数字标识（见附录 A 图 A2）。为便于识记，归档章保管期限也可以使用 "永久" "30 年" "10 年" 简称标识，机构（问题）也可以用 "办公室" 等规范化简称标识（见附录 A 图 A3）。

5.5 编目

5.5.1 归档文件应依据档号顺序编制归档文件目录。编目应准确、详细，便于检索。

5.5.2 归档文件应逐件编目。来文与复文作为一件时，对复文的编目应体现来文内容。归档文件目录设置序号、档号、文号、责任者、题名、日期、密级、页数、备注等项目。

    a) 序号：填写归档文件顺序号。

    b) 档号：档号按照 5.4.2-5.4.3 编制。

    c) 文号：文件的发文字号。没有文号的，不用标识。

    d) 责任者：制发文件的组织或个人，即文件的发文机关或署名者。

    e) 题名：文件标题。没有标题、标题不规范，或者标题不能反映文件主要内容、不方便检索的，应全部或部分自拟标题，自拟内容外加方括号 "〔 〕"。

    f) 日期：文件的形成时间，以国际标准日期表示法标注年月日，如 19990909。

    g) 密级：文件密级按文件实际标注情况填写。没有密级的，不用标识。

    h) 页数：每一件归档文件的页面总数。文件中有图文的页面为一页。

    i) 备注：注释文件需说明的情况。

5.5.3 归档文件目录推荐由系统生成或使用电子表格进行编制。目录表格采用 A4 幅面，页面宜横向设置（见附录 B 图 B1）。

5.5.4 归档文件目录除保存电子版本外，还应打印装订成册。装订成册的归档文件目录，应编制封面（见附录 B 图 B2）。封面设置全宗号、全宗名称、年度、保管期限、机构（问题），其中全宗名称即立档单位名称，填写时应使用全称或规范化简称。归档文件目录可以按年装订成册，也可每年区分保管期限装订成册。

6　纸质归档文件的修整、装订、编页、装盒和排架

6.1 修整

6.1.1 归档文件装订前，应对不符合要求的文件材料进行修整。

6.1.2 归档文件已破损的，应按照 DA/T 25—2000 予以修复；字迹模糊或易退变的，应予复制。

6.1.3 归档文件应按照保管期限要求去除易锈蚀、易氧化的金属或塑料装订用品。

6.1.4 对于幅面过大的文件，应在不影响其日后使用效果的前提下进行折叠。

6.2 装订

6.2.1 归档文件一般以件为单位装订。归档文件装订应牢固、安全、简便，做到文件不损页、不倒页、不压字，装订后文件平整，有利于归档文件的保护和管理。装订应尽量减少对归档文件本身影响，原装订方式符合要求的，应维持不变。

6.2.2 应根据归档文件保管期限确定装订方式，装订材料与保管期限要求相匹配。为便于管理，相同期限的归档文件装订方式应尽量保持一致，不同期限的装订方式应相对统一。

6.2.3 用于装订的材料，不能包含或产生可能损害归档文件的物质。不使用回形针、大头针、燕尾夹、热熔胶、办公胶水、装订夹条、塑料封等装订材料进行装订。

6.2.4 永久保管的归档文件，宜采取线装法装订。页数较少的，使用直角装订（见附录 C 图 C1、图 C2）或缝纫机轧边装订，文件较厚的，使用"三孔一线"装订。永久保管的归档文件，使用不锈钢订书钉或浆糊装订的，装订材料应满足归档文件长期保存的需要。

6.2.5 永久保管的归档文件，不使用不锈钢夹或封套装订。

6.2.6 定期保管的、需要向综合档案馆移交的归档文件，装订方式按照 6.2.4～6.2.5 执行。定期保管的、不需要向综合档案馆移交的归档文件，装订方式可以按照 6.2.4 执行，也可以使用不锈钢夹或封套装订。

6.3 编页

6.3.1 纸质归档文件一般应以件为单位编制页码。

6.3.2 页码应逐页编制，宜分别标注在文件正面右上角或背面左上角的空白位置。

6.3.3 文件材料已印制成册并编有页码的；拟编制页码与文件原有页码相同的，可以保持原有页码不变。

6.4 装盒

将归档文件按顺序装入档案盒，并填写档案盒盒脊及备考表项目。不同年度、机构（问题）、保管期限的归档文件不能装入同一个档案盒。

6.4.1 档案盒

6.4.1.1 档案盒封面应标明全宗名称。档案盒的外形尺寸为 310mm×220mm（长×宽），盒脊厚度可以根据需要设置为 20mm、30mm、40mm、50mm 等（见附录 D 图 D1）。

6.4.1.2 档案盒应根据摆放方式的不同，在盒脊或底边设置全宗号、年度、保管期限、起止件号、盒号等必备项，并可设置机构（问题）等选择项（见附录 D 图 D2、图 D3）。其中，起止件号填写盒内第一件文件和最后一件文件的件号，起件号填写在上格，止件号填写在下格；盒号即档案盒的排列顺序号，按进馆要求在档案盒盒脊或底边编制。

6.4.1.3 档案盒应采用无酸纸制作。

6.4.2 备考表

备考表置于盒内文件之后，项目包括盒内文件情况说明、整理人、整理日期、检查人、检查日期（见附录 E）。

    a) 盒内文件情况说明：填写盒内文件缺损、修改、补充、移出、销毁等情况。

    b) 整理人：负责整理归档文件的人员签名或签章。

    c) 整理日期：归档文件整理完成日期。

    d) 检查人：负责检查归档文件整理质量的人员签名或签章。

    e) 检查日期：归档文件检查完毕的日期。

6.5 排架

6.5.1 归档文件整理完毕装盒后，上架排列方法应与本单位归档文件分类方案一致，排架方法应避免频繁倒架。

6.5.2 归档文件按年度—机构（问题）—保管期限分类的，库房排架时，每年形成的档案按机构（问题）序列依次上架，便于实体管理。

6.5.3 归档文件按年度—保管期限—机构（问题）分类的，库房排架时，每年形成的档案按保管期限依次上架，便于档案移交进馆。

7 归档电子文件的整理要求

7.1 归档电子文件组件（件的组织）、分类、排列、编号、编目，应符合本《规则》"5 一般要求"的规定。

7.2 归档电子文件的格式转换、元数据收集、归档数据包组织、存储等整理要求，参照《数字档案室建设指南》（2014 年）、GB/T 18894、DA/T 48、DA/T 38 等标准执行。

7.3 归档电子文件整理，应使用符合《数字档案室建设指南》（2014 年）、GB/T 18894 等标准的应用系统。

附录 A
归档章式样及示例
（规范性附录）

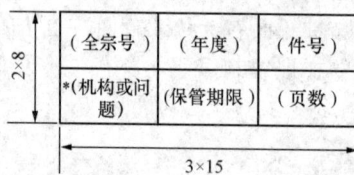

（全宗号）	（年度）	（件号）
*（机构或问题）	（保管期限）	（页数）

$2×8$ · $3×15$

单位：mm 比例：1∶1

注：标有"*"号的为选择项，下同。

图 A1 归档章式样

Z109	2011	1
BGS	Y	45

图 A2 归档章示例一

Z109	2011	1
办公室	永久	45

图 A3 归档章示例二

附录 B
归档文件目录式样
（资料性附录）

归档文件目录

序号	档号	文号	责任者	题名	日期	密级	页数	备注

图 B1 归档文件目录式样

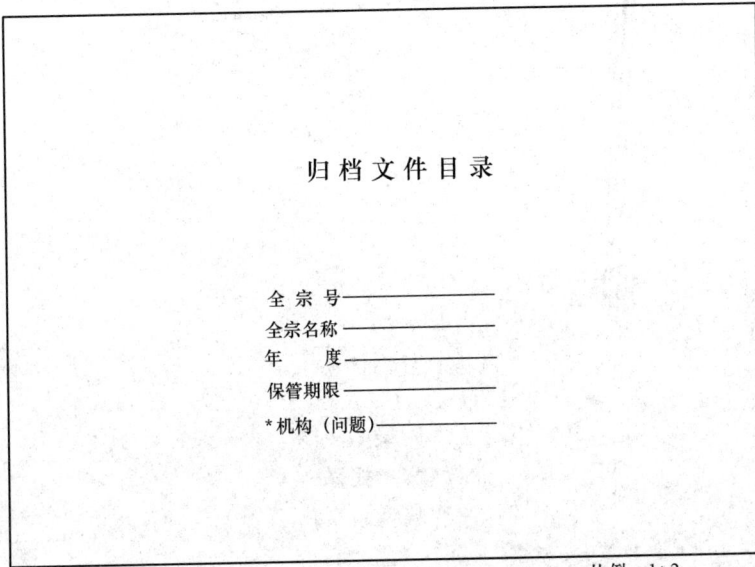

归 档 文 件 目 录

全 宗 号————————
全宗名称————————
年　　度————————
保管期限————————
*机构（问题）————————

比例：1：2

图 B2　归档文件目录封面式样

附录 C
（资料性附录）
直角装订

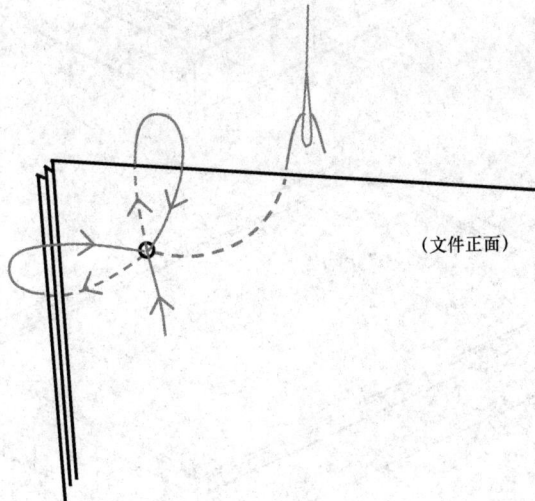

（文件正面）

图 C1　装订方法

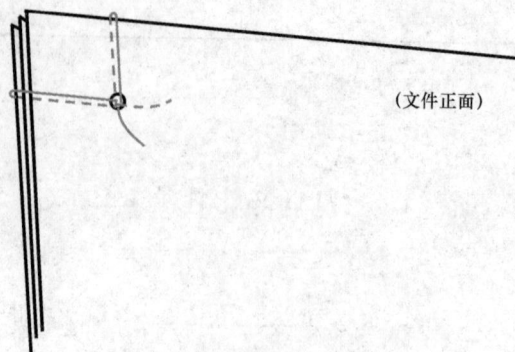

（文件正面）

图 C2　装订效果

附录 D
档案盒式样
（资料性附录）

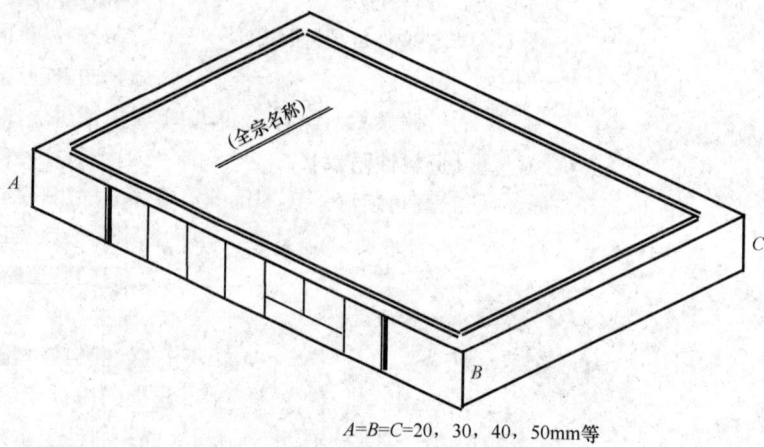

$A=B=C=20$，30，40，50mm等

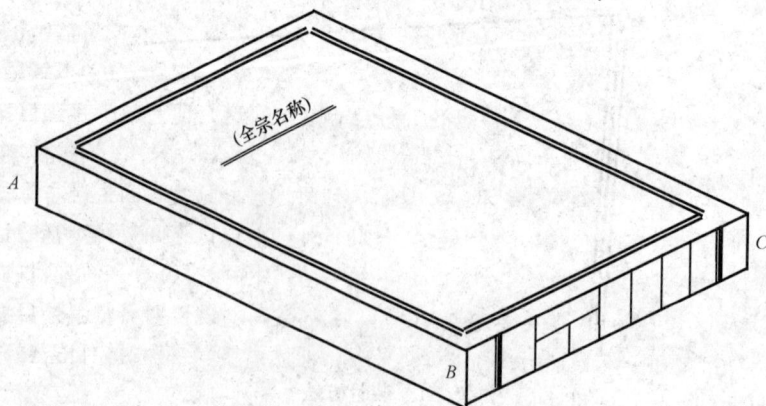

图 D1　档案盒封面式样及规格

图 D2

A

全宗号

年度

保管期限

*机构（问题）

起
止
件
号

盒号

C

30
30
30
30
30
30
30
30

310

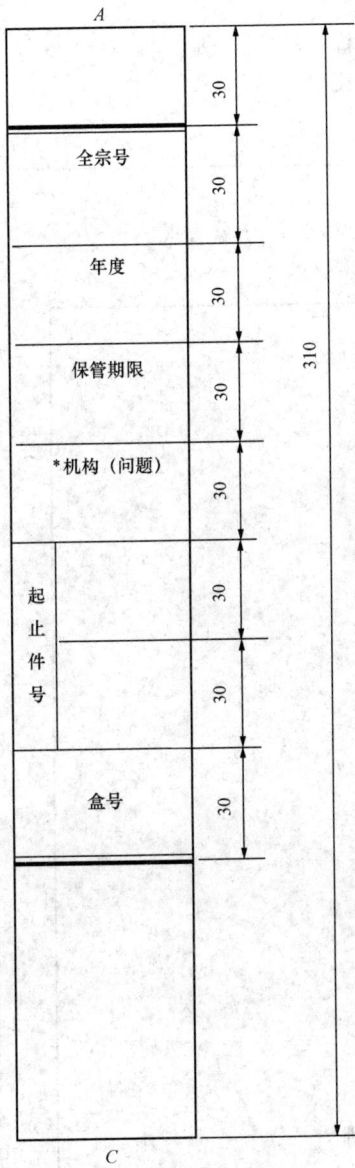

单位：mm　比例：1∶2

图 D2　档案盒盒脊式样

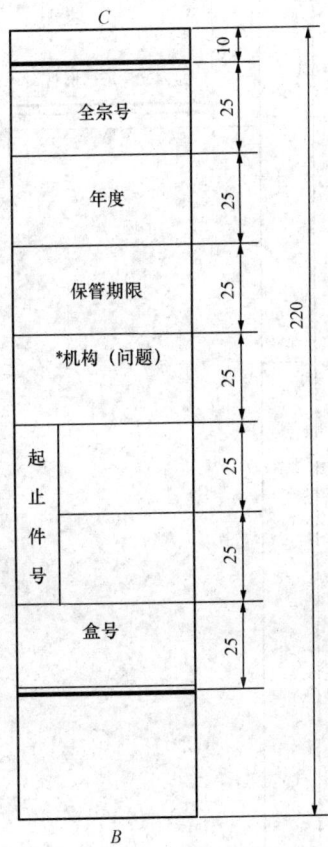

图 D3

C

全宗号

年度

保管期限

*机构（问题）

起
止
件
号

盒号

B

10
25
25
25
25
25
25

220

单位：mm　比例：1∶2

图 D3　档案盒底边式样

附录 E
备考表式样
（资料性附录）

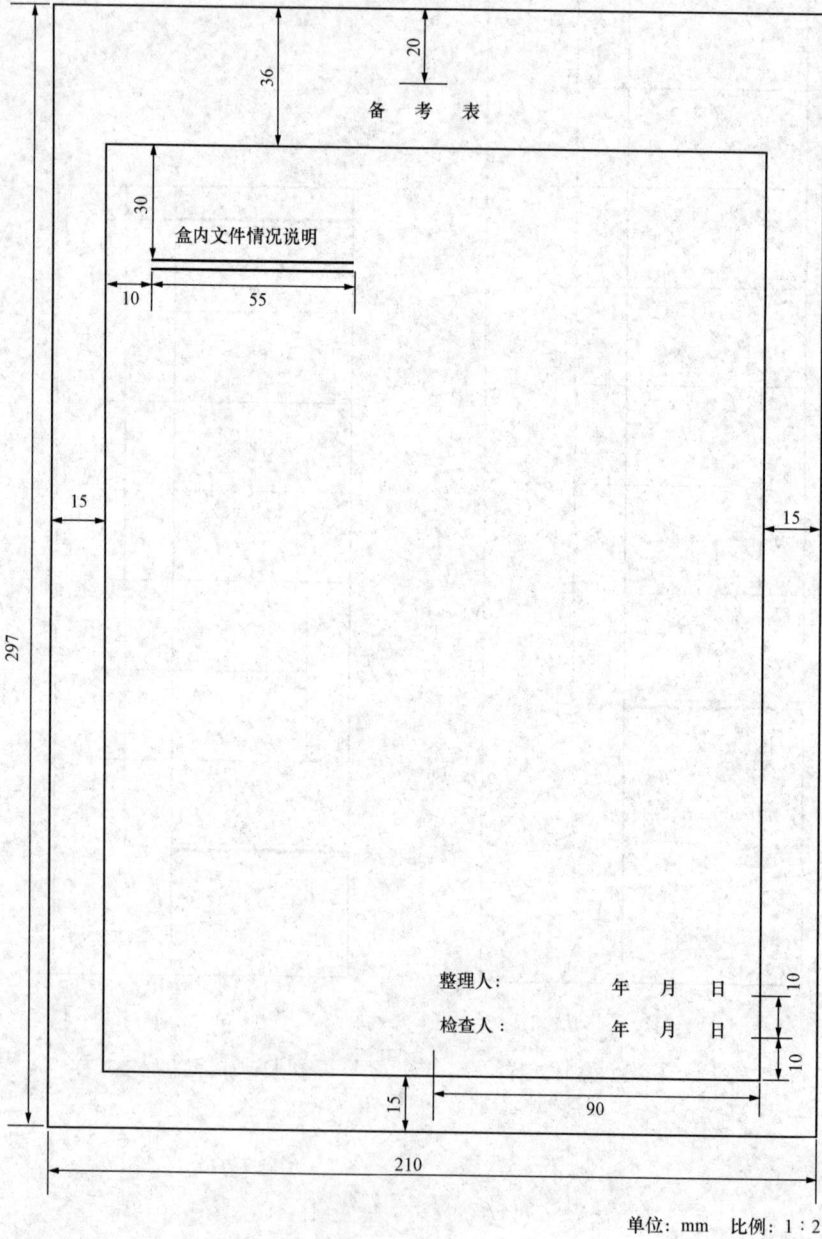

单位：mm 比例：1∶2

图 E1 备考表式样

③ 印章档案整理规则

（DA/T 40—2008）（摘录）

3.2 印章档案

国家机关、社会组织和个人在从事政治、军事、经济、科学、技术、文化、宗教等社会活动中形成和使用过的印章，是一种具有特殊载体形态并在历史研究、档案考证、文物收藏和艺术鉴赏等方面有着特殊价值的档案。

3.3 印模

采用反扣法将印章钤盖或压盖（俗称盖章）在纸张或其他物体的空白处，留下的印章印面图样。其中，专门用于鉴别真伪印章的存底印模又称作印鉴。印模不同于印刷厂使用的印章模具。

3.4 印纽

印章顶端用于穿线和执握的部位，通常被雕刻成动物等各种形状。现代机构法人使用的印章已较少制作印纽，其印纽部位已逐渐被执柄所取代。

4 整理原则

遵循形成规律，集中整理分类，区分保管价值，便于保管利用。

5 质量要求

5.1 收集的印章应确保齐全、完整、真实。

5.2 整理的方法应科学、规范。

5.3 整理印章档案使用的材料应符合长久保管档案的需要。

6 清洗方法

6.1 一般清洗方法

将印章印面朝下放入装有清洗剂溶液的容器之中浸泡，待污垢松软后，使用刷子刷洗印章。印面凹陷部位难以刷洗干净的油垢，可使用竹针挑剔。刷洗干净的印章放在通风处晾干。

6.2 清洗剂的选择

为避免使用清洗材料不当，造成对印章的损坏，不同印材的印章应选用不同性质的清洗剂清洗。竹木类（竹、木、根等）印章宜选用95％医用酒精；金属类（铜、钢、铁、合成金属等）印章宜选用煤油；矿物类（玉、石、玛瑙、翡翠等）、橡胶及塑料制品类（橡胶、橡皮、有机玻璃等）印章宜选用洗洁精；骨质类（骨、角、牙等）印章可选用95％医用酒精或洗洁精。

6.3 清洗要求

6.3.1 清洗印章应去除印章上的油泥、污物、霉点和锈斑。

6.3.2 清洗后的印章要确保完整、清洁、不变形，保持印面和边款中字迹与图案的完整、清晰。

6.3.3 使用酒精、煤油等易燃清洗剂清洗印章时，应注意防火。

6.3.4 使用竹针挑剔印面污物时，手法要轻，防止损坏印章。

6.3.5 用橡皮制作印面贴附在木质或有机玻璃（塑料）等执柄上的印章，对其清洗时，应避免长时间浸泡和用力过猛，以防止印面老化和脱落。

7 整理方法

7.1 集中印章

档案馆保管的印章档案应按馆藏集中，统一整理，不宜按来源原则划分全宗。

档案室保管的本单位内设机构、专业活动使用的印章档案可以按全宗集中，进行整理。

7.2 划分保管期限

印章档案的保管期限分为永久（代号 YJ）和定期（15 年，代号 DQ）两种。对外行文使用的机构和组织法人及其办事机构（办公室）印章的保管期限为永久；其他内设机构和业务工作印章的保管期限为 15 年。严重破损和一般事务性工作（收发文等）使用的无档案保管价值的印章，不列入归档整理范围，已进馆的，应按国家有关销毁档案的规定统一组织销毁。

反映本地各个历史时期篆刻艺术成就的艺术印章的保管期限为永久。

7.3 分类

印章档案在整理过程中，一般可根据印章档案的历史时期（中华人民共和国成立前、中华人民共和国成立后）、印章属性（机构、个人）、机构类型（党政机关、社会组织、企业、事业单位等）或人物类别等特征组织分类。

印章档案整理分类方案示例见表 1。

表 1　　　　　　　　　　　　印章档案整理分类方案

一级分类	二级分类	三级分类
中华人民共和国成立前（1）	机构（1）	……
	个人（2）	……
中华人民共和国成立后（2）	机构（1）	党政机关印章（1）
		社会组织印章（2）
		企业印章（3）
		事业单位印章（4）
	个人（2）	……

档案馆应根据馆藏印章档案的实际，合理地选择和确定具体分类的依据、分类层次的多少和各级类目的名称。

艺术印章可按作者进行分类。

7.4 排序

印章档案按保管期限—分类号—枚号顺序逐盒组织排架。相同保管期限、相同类别的实用印章，可按整理批次—机构（或人名字顺）—形成时间顺序组织排序；相同保管期限、相同类别的艺术印章，可按整理批次—作者（人名字顺）—形成时间顺序组织排序。

7.5 装盒

相同保管期限、相同类别的印章，依印章排列顺序装盒。装盒时，可根据印章规格的不同，确定盒内存放印章的数量。盒内印章一般按从左至右，从上至下的顺序排放。

7.6 编制档号

7.6.1 要求

印章档案整理完毕后应编制档号，以固定排序位置。

7.6.2 档号结构

印章档案的档号由"印章档案代号""保管期限代号""分类号"和"印章枚号"等组成，用汉语拼音字母、阿拉伯数字及连接号"—"混合编制。连接书写时，格式如下：

印章档案代号—保管期限代号—分类号—印章枚号。

7.6.3 编号方法

7.6.3.1 印章档案代号：使用汉语拼音字母"YZ"代表"印章档案"。

7.6.3.2 保管期限代号：使用汉语拼音字母"YJ"代表"永久"；使用汉语拼音字母"DQ"代表"定期"。

7.6.3.3 分类号：使用阿拉伯数字加间隔符"."编制分类号。其中间隔符"."用以区分分类层次。

7.6.3.4 印章枚号：根据印章档案在最后一级类目中的排列顺序，用阿拉伯数字按流水方式编制枚号。

示例：

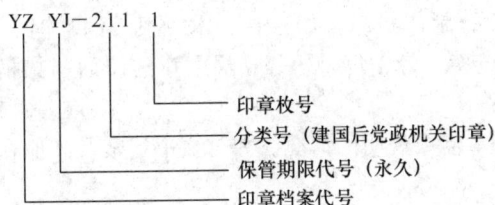

8 装具

8.1 装具的形式

印章档案使用内衬活动式隔条的翻盖档案盒装具［见附录 C 图 C.1（a）］。档案盒平置叠放。盒内从上到下的排列顺序为：印模单—备考表—印章。

8.2 材质要求

印章档案盒采用白板纸为胎，黄表纸为面，背脊和盒盖折叠处夹芯蓝布制作，盒子及隔条的厚度为 3mm。

8.3 格式尺寸

印章档案盒的外形尺寸为 310mm×220mm×100mm（长×宽×高）。内衬隔条数量一般为竖 5 横 3。隔条间相互距离可以自由调整。

8.4 填写项目

在印章档案盒盒盖封面、下侧脊和背脊分别设置"保管期限""分类号""起止枚号"等填写项目［见附录 C 图 C.1（b）、（c）、（d）］。

"保管期限"和"分类号"的填写方法同本标准 7.6.3.2 和 7.6.3.3，"起止枚号"填写盒内第一枚印章和最后一枚印章的枚号，中间用连接号"—"连接。

9 目录与备考表

9.1 印章档案保管目录

9.1.1 目录规格与项目

印章档案保管目录使用 A4 型（297mm×210mm）纸张，采用表格形式，设置"保管期限""分类号""枚号""印文（边款）""使用起止时间""印材""备注"等项目［见附录 C 图 C.2（a）］。

印章档案保管目录封面设置"保管期限"、"分类号"等项目［见附录 C 图 C.2（a）］。

9.1.2 著录方法

9.1.2.1 保管期限：填写印章档案的保管期限。方法同本标准 7.6.3.2。

9.1.2.2 分类号：填写印章档案的分类编号。方法同本标准 7.6.3.3。

9.1.2.3 枚号：填写印章档案的枚号。参见本标准 7.6.3.4。

9.1.2.4 印文（边款）："印文"填写印章印面上的文字内容。"边款"填写印章边款中的文字内容，填写的边款文字两端应加注圆括号"（ ）"。无边款的印章可不填"边款"。

示例：剿匪总兵关防（1651 年制）

9.1.2.5 使用起止时间：填写印章启用（或制作）和印章失效的时间。用 8 位阿拉伯数字标注年月日，中间用连接号"—"连接。时间无法确定的，用空格"□"表示。

示例 1：19850212—1999□□□□

艺术印章可只填写制作时间。

示例 2：19990123

9.1.2.6 印材：填写印章的制作材料，如：竹、木、根、铜、钢、铁、合成金属、玉、石、玛瑙、翡翠、橡胶、有机玻璃、骨、角、牙等。当印章的印面与执柄分别采用不同材料制作时，只填写印面的制作材料。

9.1.2.7 备注：注释对印章需要说明的情况。如与文书档案及其他相关档案的参见号等。

9.1.3 目录的组织

印章档案保管目录按档号顺序组织条目，根据保管期限的不同，分别装订成册，编制成印章档案保管和检索用的基本工具。

9.2 备考表

9.2.1 规格式样

印章档案备考表使用 A4 型纸张（297mm×210mm），采用表格形式，设置"本盒印章情况说明""整理人"和"整理时间"等项目（见附录 C 图 C.3）。

9.2.2 填写要求

9.2.2.1 本盒印章情况说明：填写盒内印章档案的数量、完整性及其他需要说明的情况。

9.2.2.2 整理人：填写整理本盒印章档案的人员姓名。

9.2.2.3 整理时间：填写本盒印章档案整理完毕的年月日。

9.2.3 存放位置

备考表置于印章档案盒内，排在印模单之后，印章之前。

10 制作印模

10.1 使用材料

宣纸、平板纸、印泥台、印泥、毛毡、压条、墨、照相机等。

10.2 制作要求

10.2.1 盖制印模使用的印章、工具和材料应保持清洁。

10.2.2 印泥台和搅拌印泥的工具应使用非金属材料。

10.2.3 盖制印模使用的宣纸应平整地铺放在垫有毛毡的桌面上。盖制印模时，印章要放准位置，均匀用力，一次成型。

10.2.4 盖出的印模要求印模工整、印文清晰、图形完整、排列美观。

10.2.5 对有边款和特殊纽式的印章，可分别采用拓片和照相的方式对其进行复制和取样，作为印模的有机组成部分，一同编辑。

10.2.6 钢印可直接在 80 克以上平板纸上压制印模。

10.3 编辑印模

10.3.1 印章档案印模可采用手工或计算机两种方法进行编辑。手工编辑印模应先策划后盖制；用计算机编辑印模可先在纸张上盖制印模，经扫描数字化处理后再用计算机编辑。通过扫描形成的数字化印模应妥善保管，防止外泄。

10.3.2 放置在印章档案盒内起目录作用的印模单，采用 A4 型纸张（297mm×210mm）制作，印模在纸张上的排列方式应与该盒内印章档案的排列方式一致，每个印模的下方应标注与之相对应的印章档案的档号。

10.3.3 用于对印章档案进行检索、研究，起管理、利用和宣传介绍作用的印模，可根据需要编辑制作成各种专题印章档案印模集或印谱。

附录 A
（规范性附录）
国家综合档案馆印章档案进馆范围

A.1 接收范围

A.1.1 本级各机关、团体、社会组织使用期结束，具有永久保管价值的印章。

A.1.2 属于本馆接收档案范围的中华人民共和国成立前各机关、团体、社会组织、企业、事业单位使用过，具有永久保管价值的印章。

A.2 征集范围

A.2.1 在当地出生或工作过的社会著名人士使用过的个人实用印章。

A.2.2 反映本地各个历史时期篆刻艺术成就的艺术印章。

A.2.3 与本馆馆藏相关的其他印章。

附录 B
（规范性附录）
印章档案整理步骤

B.1 清洗编号

采用本标准 6（清洗方法）规定的方法对印章进行清洗，清除滞留在印章上的印油（泥）、污物、霉点和锈斑。晾干后贴上临时标签（标签的尺寸能书写下档号即可），编制流水编号。按编号顺序若干枚为一组集中存放。

B.2 制作卡片

按照一印一卡的方式，将印章逐一在卡片（卡片格式尺寸见《档案著录规则》DA/T 18—1999）上盖制印模。在盖有印模的卡片上编制与其印章相同的临时流水编号（见图 B.1）。

示例：

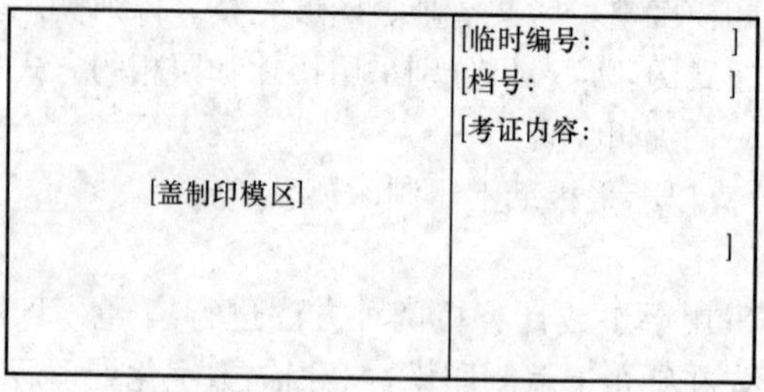

	[临时编号：　　　　]
	[档号：　　　　]
	[考证内容：
[盖制印模区]	
	]

图 B.1　盖制印模的卡片式样

注：方括号"[1]"指示该项目的著录位置，括号及其中的标题内容不出现在卡片上。

B.3　鉴定考证

通过查考印章启用和机构变更等文书档案及相关资料，研究印章边款、印材和印纽，比较印章规格式样和印文，对印章的文字和图案内容、使用时间及真伪情况进行考证，并确定印章的保管期限。考证结果可直接记录在卡片上。文字内容较多，正面书写不下时，可在卡片的背面接续书写。

B.4　分类排序（利用卡片）

按照本标准7.3（分类）和7.4（排序）规定的方法，使用盖有印模的卡片进行分类和排序。

B.5　分拣装盒

按照卡片分类排序的结果，对应临时标签流水号拣取印章，逐一装盒，并编制备考表。

B.6　制作印模

按照本标准10（制作印模）的规定和管理、利用印章档案的需要，制作若干份印模。其中，按盒内印章排放顺序盖制的印模单置于盒内；其余可根据需要汇编成册。

盖制印模后的印章应重新清洗，晾干后再装盒。

B.7　编制档号

去掉印章上的临时标签，在印章执柄或无边款的外侧处贴上新标签（标签的尺寸能书写下档号即可）。

按照本标准7.6（编制档号）的规定，分别在印章标签、盒内印模和卡片上编制档号，并填写印章档案盒的封面和脊背。

B.8　编制检索工具

印章档案应同时编制手工和机检两种检索工具。

按照本标准9.1（印章档案保管目录）的规定，依印章档案整理后的排列顺序，通过将卡片上相关信息过录到目录上的方式，编制印章档案书本式保管目录。

盖制有印模的卡片和汇编成册的印模集，经标引档号及相关检索标识后，可组织成相应的印章档案检索工具。

机检目录应该全面提示印章档案的内容和形式特征，宜配有电子印模图形。

B.9　编制整理说明

每一批印章档案整理完毕后，都应该编制整理说明。记载印章档案的来源、数量；介绍印章的内容、价值和完整情况；说明印章档案整理的时间、方法、参加整理的人员和其他事项。存放于印章档案管理卷（全宗卷）中。

附录 C
（规范性附录）
印章档案盒、目录及备考表图示

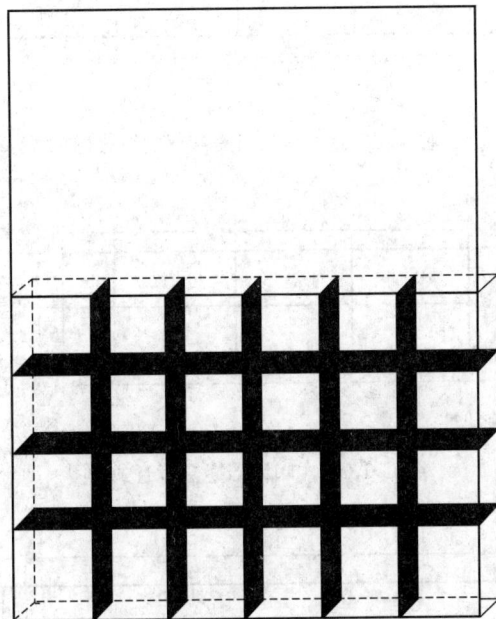

注：盒中隔条数为竖 5 横 3，间距为可调节式。

图 C.1（a）　印章档案盒展开式样

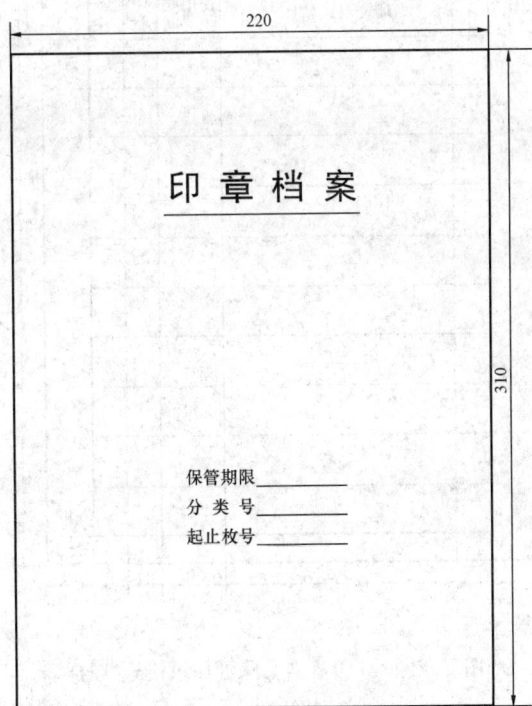

印 章 档 案

保管期限＿＿＿＿＿＿＿
分 类 号＿＿＿＿＿＿＿
起止枚号＿＿＿＿＿＿＿

单位：mm

图 C.1（b）　印章档案盒盒盖封面式样

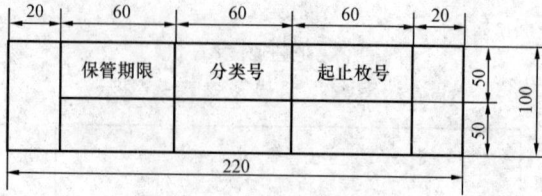

单位：mm

图 C.1（c） 印章档案盒下侧脊式样

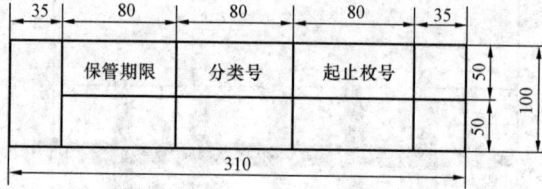

单位：mm

图 C.1（d） 印章档案盒背脊式样

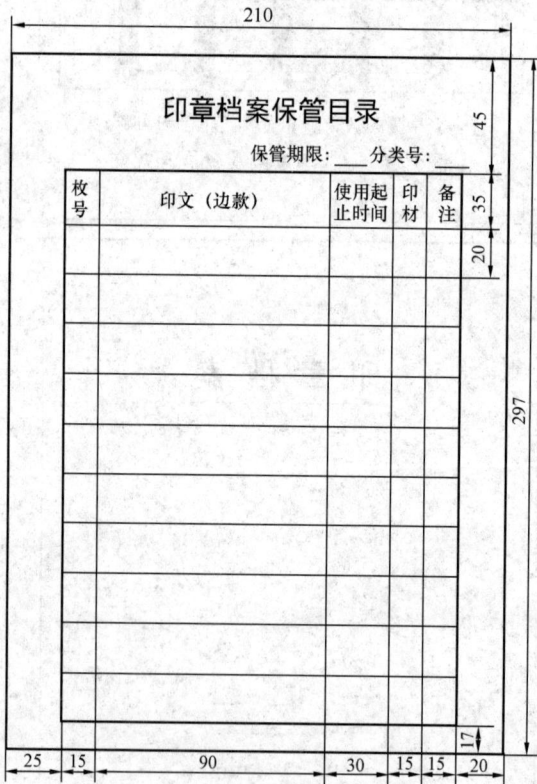

单位：mm

图 C.2（a） 印章档案保管目录格式式样

82

印章档案保管目录

保管期限 _____

分 类 号 _____

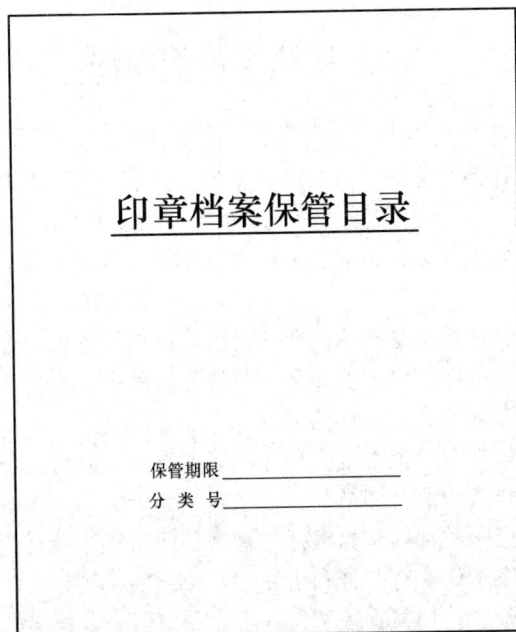

图 C.2（b） 印章档案保管目录封面式样

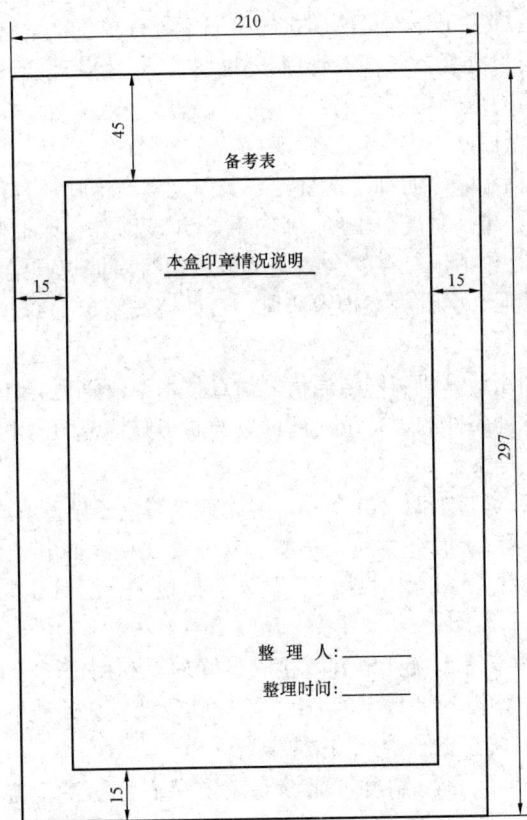

备考表

本盒印章情况说明

整 理 人：_____

整理时间：_____

单位：mm

图 C.3 印章档案备考表式样

④ 会计档案管理办法

（中华人民共和国财政部　国家档案局令第 79 号）

第一条　为了加强会计档案管理，有效保护和利用会计档案，根据《中华人民共和国会计法》《中华人民共和国档案法》等有关法律和行政法规，制定本办法。

第二条　国家机关、社会团体、企业、事业单位和其他组织（以下统称单位）管理会计档案适用本办法。

第三条　本办法所称会计档案是指单位在进行会计核算等过程中接收或形成的，记录和反映单位经济业务事项的，具有保存价值的文字、图表等各种形式的会计资料，包括通过计算机等电子设备形成、传输和存储的电子会计档案。

第四条　财政部和国家档案局主管全国会计档案工作，共同制定全国统一的会计档案工作制度，对全国会计档案工作实行监督和指导。

县级以上地方人民政府财政部门和档案行政管理部门管理本行政区域内的会计档案工作，并对本行政区域内会计档案工作实行监督和指导。

第五条　单位应当加强会计档案管理工作，建立和完善会计档案的收集、整理、保管、利用和鉴定销毁等管理制度，采取可靠的安全防护技术和措施，保证会计档案的真实、完整、可用、安全。

单位的档案机构或者档案工作人员所属机构（以下统称单位档案管理机构）负责管理本单位的会计档案。单位也可以委托具备档案管理条件的机构代为管理会计档案。

第六条　下列会计资料应当进行归档：

（一）会计凭证，包括原始凭证、记账凭证；

（二）会计账簿，包括总账、明细账、日记账、固定资产卡片及其他辅助性账簿；

（三）财务会计报告，包括月度、季度、半年度、年度财务会计报告；

（四）其他会计资料，包括银行存款余额调节表、银行对账单、纳税申报表、会计档案移交清册、会计档案保管清册、会计档案销毁清册、会计档案鉴定意见书及其他具有保存价值的会计资料。

第七条　单位可以利用计算机、网络通信等信息技术手段管理会计档案。

第八条　同时满足下列条件的，单位内部形成的属于归档范围的电子会计资料可仅以电子形式保存，形成电子会计档案：

（一）形成的电子会计资料来源真实有效，由计算机等电子设备形成和传输；

（二）使用的会计核算系统能够准确、完整、有效接收和读取电子会计资料，能够输出符合国家标准归档格式的会计凭证、会计账簿、财务会计报表等会计资料，设定了经办、审核、审批等必要的审签程序；

（三）使用的电子档案管理系统能够有效接收、管理、利用电子会计档案，符合电子档案的长期保管要求，并建立了电子会计档案与相关联的其他纸质会计档案的检索关系；

（四）采取有效措施，防止电子会计档案被篡改；

（五）建立电子会计档案备份制度，能够有效防范自然灾害、意外事故和人为破坏的影响；

（六）形成的电子会计资料不属于具有永久保存价值或者其他重要保存价值的会计档案。

第九条　满足本办法第八条规定条件，单位从外部接收的电子会计资料附有符合《中华人民共和国电子签名法》规定的电子签名的，可仅以电子形式归档保存，形成电子会计档案。

第十条 单位的会计机构或会计人员所属机构（以下统称单位会计管理机构）按照归档范围和归档要求，负责定期将应当归档的会计资料整理立卷，编制会计档案保管清册。

第十一条 当年形成的会计档案，在会计年度终了后，可由单位会计管理机构临时保管一年，再移交单位档案管理机构保管。因工作需要确需推迟移交的，应当经单位档案管理机构同意。

单位会计管理机构临时保管会计档案最长不超过三年。临时保管期间，会计档案的保管应当符合国家档案管理的有关规定，且出纳人员不得兼管会计档案。

第十二条 单位会计管理机构在办理会计档案移交时，应当编制会计档案移交清册，并按照国家档案管理的有关规定办理移交手续。

纸质会计档案移交时应当保持原卷的封装。电子会计档案移交时应当将电子会计档案及其元数据一并移交，且文件格式应当符合国家档案管理的有关规定。特殊格式的电子会计档案应当与其读取平台一并移交。

单位档案管理机构接收电子会计档案时，应当对电子会计档案的准确性、完整性、可用性、安全性进行检测，符合要求的才能接收。

第十三条 单位应当严格按照相关制度利用会计档案，在进行会计档案查阅、复制、借出时履行登记手续，严禁篡改和损坏。

单位保存的会计档案一般不得对外借出。确因工作需要且根据国家有关规定必须借出的，应当严格按照规定办理相关手续。

会计档案借用单位应当妥善保管和利用借入的会计档案，确保借入会计档案的安全完整，并在规定时间内归还。

第十四条 会计档案的保管期限分为永久、定期两类。定期保管期限一般分为 10 年和 30 年。

会计档案的保管期限，从会计年度终了后的第一天算起。

第十五条 各类会计档案的保管期限原则上应当按照本办法附表执行，本办法规定的会计档案保管期限为最低保管期限。

单位会计档案的具体名称如有同本办法附表所列档案名称不相符的，应当比照类似档案的保管期限办理。

第十六条 单位应当定期对已到保管期限的会计档案进行鉴定，并形成会计档案鉴定意见书。经鉴定，仍需继续保存的会计档案，应当重新划定保管期限；对保管期满，确无保存价值的会计档案，可以销毁。

第十七条 会计档案鉴定工作应当由单位档案管理机构牵头，组织单位会计、审计、纪检监察等机构或人员共同进行。

第十八条 经鉴定可以销毁的会计档案，应当按照以下程序销毁：

（一）单位档案管理机构编制会计档案销毁清册，列明拟销毁会计档案的名称、卷号、册数、起止年度、档案编号、应保管期限、已保管期限和销毁时间等内容。

（二）单位负责人、档案管理机构负责人、会计管理机构负责人、档案管理机构经办人、会计管理机构经办人在会计档案销毁清册上签署意见。

（三）单位档案管理机构负责组织会计档案销毁工作，并与会计管理机构共同派员监销。监销人在会计档案销毁前，应当按照会计档案销毁清册所列内容进行清点核对；在会计档案销毁后，应当在会计档案销毁清册上签名或盖章。

电子会计档案的销毁还应当符合国家有关电子档案的规定，并由单位档案管理机构、会计管理机构和信息系统管理机构共同派员监销。

第十九条 保管期满但未结清的债权债务会计凭证和涉及其他未了事项的会计凭证不得销毁，纸质会计档案应当单独抽出立卷，电子会计档案单独转存，保管到未了事项完结时为止。

单独抽出立卷或转存的会计档案，应当在会计档案鉴定意见书、会计档案销毁清册和会计档案保管清册中列明。

第二十条 单位因撤销、解散、破产或其他原因而终止的，在终止或办理注销登记手续之前形成的会计档案，按照国家档案管理的有关规定处置。

第二十一条 单位分立后原单位存续的，其会计档案应当由分立后的存续方统一保管，其他方可以查阅、复制与其业务相关的会计档案。

单位分立后原单位解散的，其会计档案应当经各方协商后由其中一方代管或按照国家档案管理的有关规定处置，各方可以查阅、复制与其业务相关的会计档案。

单位分立中未结清的会计事项所涉及的会计凭证，应当单独抽出由业务相关方保存，并按照规定办理交接手续。

单位因业务移交其他单位办理所涉及的会计档案，应当由原单位保管，承接业务单位可以查阅、复制与其业务相关的会计档案。对其中未结清的会计事项所涉及的会计凭证，应当单独抽出由承接业务单位保存，并按照规定办理交接手续。

第二十二条 单位合并后原各单位解散或者一方存续其他方解散的，原各单位的会计档案应当由合并后的单位统一保管。单位合并后原各单位仍存续的，其会计档案仍应当由原各单位保管。

第二十三条 建设单位在项目建设期间形成的会计档案，需要移交给建设项目接受单位的，应当在办理竣工财务决算后及时移交，并按照规定办理交接手续。

第二十四条 单位之间交接会计档案时，交接双方应当办理会计档案交接手续。

移交会计档案的单位，应当编制会计档案移交清册，列明应当移交的会计档案名称、卷号、册数、起止年度、档案编号、应保管期限和已保管期限等内容。

交接会计档案时，交接双方应当按照会计档案移交清册所列内容逐项交接，并由交接双方的单位有关负责人负责监督。交接完毕后，交接双方经办人和监督人应当在会计档案移交清册上签名或盖章。

电子会计档案应当与其元数据一并移交，特殊格式的电子会计档案应当与其读取平台一并移交。档案接受单位应当对保存电子会计档案的载体及其技术环境进行检验，确保所接收电子会计档案的准确、完整、可用和安全。

第二十五条 单位的会计档案及其复制件需要携带、寄运或者传输至境外的，应当按照国家有关规定执行。

第二十六条 单位委托中介机构代理记账的，应当在签订的书面委托合同中，明确会计档案的管理要求及相应责任。

第二十七条 违反本办法规定的单位和个人，由县级以上人民政府财政部门、档案行政管理部门依据《中华人民共和国会计法》《中华人民共和国档案法》等法律法规处理处罚。

第二十八条 预算、计划、制度等文件材料，应当执行文书档案管理规定，不适用本办法。

第二十九条 不具备设立档案机构或配备档案工作人员条件的单位和依法建账的个体工商户，其会计档案的收集、整理、保管、利用和鉴定销毁等参照本办法执行。

第三十条　各省、自治区、直辖市、计划单列市人民政府财政部门、档案行政管理部门，新疆生产建设兵团财务局、档案局，国务院各业务主管部门，中国人民解放军总后勤部，可以根据本办法制定具体实施办法。

第三十一条　本办法由财政部、国家档案局负责解释，自 2016 年 1 月 1 日起施行。1998 年 8 月 21 日财政部、国家档案局发布的《会计档案管理办法》（财会字〔1998〕32 号）同时废止。

附表　1. 企业和其他组织会计档案保管期限表
　　　　2. 财政总预算、行政单位、事业单位和税收会计档案保管期限表

附表 1

企业和其他组织会计档案保管期限表

序号	档案名称	保管期限	备注
一	**会计凭证**		
1	原始凭证	30 年	
2	记账凭证	30 年	
二	**会计账簿**		
3	总账	30 年	
4	明细账	30 年	
5	日记账	30 年	
6	固定资产卡片		固定资产报废清理后保管 5 年
7	其他辅助性账簿	30 年	
三	**财务会计报告**		
8	月度、季度、半年度财务会计报告	10 年	
9	年度财务会计报告	永久	
四	**其他会计资料**		
10	银行存款余额调节表	10 年	
11	银行对账单	10 年	
12	纳税申报表	10 年	
13	会计档案移交清册	30 年	
14	会计档案保管清册	永久	
15	会计档案销毁清册	永久	
16	会计档案鉴定意见书	永久	

附表 2

财政总预算、行政单位、事业单位和税收会计档案保管期限表

序号	档案名称	保管期限			备注
		财政总预算	行政单位事业单位	税收会计	
一	**会计凭证**				
1	国家金库编送的各种报表及缴库退库凭证	10 年		10 年	
2	各收入机关编送的报表	10 年			
3	行政单位和事业单位的各种会计凭证		30 年		包括：原始凭证、记账凭证和传票汇总表
4	财政总预算拨款凭证和其他会计凭证	30 年			包括：拨款凭证和其他会计凭证
二	**会计账簿**				
5	日记账		30 年	30 年	
6	总账	30 年	30 年	30 年	
7	税收日记账（总账）			30 年	
8	明细分类、分户账或登记簿	30 年	30 年	30 年	
9	行政单位和事业单位固定资产卡片				固定资产报废清理后保管5 年
三	**财务会计报告**				
10	政府综合财务报告	永久			下级财政、本级部门和单位报送的保管2 年
11	部门财务报告		永久		所属单位报送的保管2 年
12	财政总决算	永久			下级财政、本级部门和单位报送的保管2 年
13	部门决算		永久		所属单位报送的保管2 年
14	税收年报（决算）			永久	
15	国家金库年报（决算）	10 年			
16	基本建设拨、贷款年报（决算）	10 年			
17	行政单位和事业单位会计月、季度报表		10 年		所属单位报送的保管2 年
18	税收会计报表			10 年	所属税务机关报送的保管2 年
四	**其他会计资料**				
19	银行存款余额调节表	10 年	10 年		
20	银行对账单	10 年	10 年	10 年	
21	会计档案移交清册	30 年	30 年	30 年	
22	会计档案保管清册	永久	永久	永久	
23	会计档案销毁清册	永久	永久	永久	
24	会计档案鉴定意见书	永久	永久	永久	

注 税务机关的税务经费会计档案保管期限，按行政单位会计档案保管期限规定办理。

⑤ 会计档案案卷格式

(DA/T 39—2008)（摘录）

3 会计凭证封面格式

3.1 会计凭证封面外形尺寸

封面尺寸规格采用 245mm×130mm（长×宽）或 245mm×150mm（长×宽）。

封底尺寸同封面尺寸。

3.2 会计凭证封面项目

封面项目包括单位名称、会计凭证名称、时间、册数、册次、记账凭证起止号、记账凭证数、附件数、会计凭证总数、会计主管、装订人、装订时间、备注。各项目具体位置、尺寸见附录 A 图 A1（a）、图 A1（b）。

3.3 封面项目的填写方法

3.3.1 单位名称：填写形成会计档案的单位名称，必须用全称或通用简称。如"中国共产党中央委员会"简称为"中共中央""中华人民共和国卫生部"简称为"卫生部""云南省人民政府财政厅"简称为"云南省财政厅"。不得简称"本部""本委""本省财政厅"等。

3.3.2 会计凭证名称：填写能够反映会计凭证用途或内容的名称，如："收款会计凭证""付款会计凭证""转账会计凭证"或"基建会计凭证""工会会计凭证""预算外会计凭证"等。

3.3.3 起止时间：填写本册会计凭证的起止年月日。

3.3.4 册数：填写 3.3.3 时间界定内会计凭证的册数。

3.3.5 册次：填写本册会计凭证的序号。

3.3.6 记账凭证起止号：填写本册记账凭证起号和止号。

3.3.7 记账凭证数：填写记账凭证的张数。

3.3.8 附件数：填写本册会计凭证的附件张数。

3.3.9 会计凭证总数：填写本册所有凭证的合计张数。

3.3.10 会计主管：填写单位内部具体负责会计工作的中层领导人员。

3.3.11 装订人：填写负责该本会计凭证装订的人员。

3.3.12 装订时间：填写该本会计凭证装订结束的时间。

3.3.13 备注：填写该本凭证需要说明的事项。

3.4 制成材料质量

记账凭证封面和封底宜采用 126 克以上牛皮纸制作。

4 会计凭证盒格式

4.1 会计凭证盒外形尺寸

会计凭证盒的外形尺寸采用 275mm×155mm（长×宽），盒脊厚度可根据需要设置 30mm、40mm、60mm 等。

4.2 会计凭证盒项目及填写方法

4.2.1 会计凭证盒正面项目

会计凭证盒正面项目包括单位名称、凭证名称、册数、册次、记账凭证起止号、附件数、会计凭证总数、起止时间、归档时间、立卷人、保管期限、全宗号、目录号、案卷号。各项具体位置、尺寸见附录 A 图 A2（a）、图 A2（b）。

4.2.2　正面项目的填写方法

4.2.2.1　单位名称、凭证名称、时间、册数、册次、记账凭证起止号、附件数、会计凭证总数、起止时间根据会计凭证封面的有关项目对应填写，填写方法与记账凭证封面一致。

4.2.2.2　时间：填写本盒会计凭证所属年月。

4.2.2.3　归档时间：填写单位内财务部门向档案部门移交会计档案的年月日。

4.2.2.4　立卷人：填写整理本盒会计凭证的人员姓名。

4.2.2.5　保管期限：根据财政部和国家档案局 1998 年颁布的《会计档案保管期限表》确定填写该案卷的保管期限。

4.2.2.6　全宗号：填写档案馆给立档单位编制的代号。企业可填写表达单位的汉语拼音代字。

4.2.2.7　目录号：填写全宗内案卷所属目录的编号，在同一个全宗内不允许出现重复的案卷目录号，企业或参照《工业企业档案分类试行规则》编制分类方案的单位，可填写类别特征代码。

4.2.2.8　案卷号：目录内案卷的顺序编号，在同一个案卷目录（或分类体系的最低一级类目）内不允许出现重复的案卷号。

4.2.3　会计凭证盒盒脊项目及填写方法

会计凭证盒盒脊项目包括全宗号、目录号、案卷号、年度、月份、册数、册次、保管期限，其排列格式尺寸见附录 A 图 A2（c）。

盒脊项目与正面有关项目对应填写。

4.3　制成材料质量

会计凭证盒宜采用 340 克以上箱板纸制作。

5　会计档案盒格式

5.1　会计档案盒外形尺寸

会计档案盒的外形尺寸采用 310mm×220mm 或 310mm×260mm（长×宽），盒脊厚度可根据需要设置 20mm、30mm、40mm 等。立体图见附录 A 图 A3（a）。

5.2　会计档案盒项目及填写方法

5.2.1　会计档案盒正面项目

会计档案盒正面项目包括全宗名称、案卷题名、起止时间、卷数、页数、保管期限、全宗号、目录号、案卷号、盒号。各项目具体位置、尺寸见附录 A 图 A3（b）、图 A3（c）。

5.2.2　正面项目的填写方法

5.2.2.1　全宗名称：全宗名称相当于立档单位的名称，填写时和会计凭证盒正面上的"单位名称"要求一致。

5.2.2.2　案卷题名：由整理会计凭证的人员自拟。案卷题名应准确概括本盒会计档案的形成单位、时间、内容、类别，如："曲靖市财政局二〇〇二年度（或上半年、下半年、季度）财务报告""曲靖市财政局二〇〇二年基金管理总账""曲靖市乡镇企业局二〇〇二年行政（或事业、工会）现金日记账"。文字力求简练、明确。

5.2.2.3　起止时间：填写形成本盒会计档案的起止年月日。

5.2.2.4　卷数、张数：填写本盒内会计档案的卷数和张数。

5.2.2.5　保管期限：按照《会计档案保管期限表》填写该盒会计档案的保管期限。

5.2.2.6　全宗号、目录号：填写方法与会计凭证盒上的"全宗号""目录号"的要求相同。

5.2.2.7 案卷号：填写本盒内会计档案的案卷号或案卷起止号，在案卷起号和止号之间用"—"隔开。

5.2.2.8 盒号：盒号是同一全宗、同一目录内按照案卷顺序号装盒排列后档案盒的编号。

5.2.3 会计档案盒盒脊项目的填写方法

会计档案盒盒脊项目包括年度、全宗号、目录号、案卷号、盒号、保管期限。其排列格式尺寸见附录 A 图 A3（d）。

年度填写本盒会计档案所属年度，其他项目与正面相应项目填写一致。

5.3 制成材料质量

会计档案盒宜采用 700g 以上无酸纸制作。

5.4 适用范围

会计档案盒适用于会计账簿、财务报告和其他类会计档案的整理。

6 账簿启用及接交表格式

6.1 账簿启用及接交表用纸尺寸及质量要求

6.1.1 用纸尺寸

账簿启用及接交表用纸幅面尺寸采用国际标准 A4 型（长×宽为 297mm×210mm）。非国际标准纸账簿可根据实际需要另外确定用纸尺寸。

6.1.2 质量要求

账簿启用及接交表宜采用 70 克以上白色书写纸制作。

6.2 账簿启用及接交表项目和填写方法

6.2.1 账簿启用及接交表正面项目和填写方法

6.2.1.1 正面项目

账簿启用及接交表正面项目包括单位名称、账簿名称及编号、账簿页数、账簿起止日期、经管人员、接交记录、备注、档号、贴印花税。各项目具体位置、尺寸见附录 A 图 A4（a）。

6.2.1.2 正面项目的填写方法

6.2.1.2.1 单位名称：填写形成会计档案的单位名称，并加盖公章，填写要求与记账凭证封面上的"单位名称"相同。

6.2.1.2.2 账簿名称及编号：填写该账簿所属的类别及其排列顺序号。

6.2.1.2.3 账簿页数：填写该账簿中有内容记载的账簿页数（空白账页除外）。

6.2.1.2.4 账簿起止时期：填写该账簿启用和终止的年月日。

6.2.1.2.5 经管人员：填写单位内管理财务的负责人姓名、会计姓名、复核姓名、出纳姓名。

6.2.1.2.6 接交记录：该账簿在使用过程中人员发生变化时，由接管和交出双方分别签名，并填写接交日期，同时，经管人员要填写职别并签名。

6.2.1.2.7 备注：填写该账簿中需要特别说明的情况。

6.2.1.2.8 印花税：在印有"贴印花税"的空格处贴上印花税票。

6.2.1.2.9 档号：按照本单位档案分类编号方案的要求填写该账簿的编号。

6.2.2 账簿启用及接交表背面项目和填写方法

6.2.2.1 背面项目

账簿启用及接交表背面项目包括科目名称、页次。各项目具体位置尺寸见附录 A 图 A4（b）。非国际标准纸账簿可根据实际需要另外确定用纸尺寸。

6.2.2.2 背面项目的填写方法

6.2.2.2.1 科目名称：根据该账簿设置的科目名称依次填写。

6.2.2.2.2 页次：在编写该账簿页码总流水顺序号的基础上，分别填写各个科目在该账簿中的页码位置。

6.3 适用范围

账簿启用及接交表适用于会计账簿的整理。

7 会计档案案卷目录格式

7.1 会计档案案卷目录用纸尺寸及质量要求

会计档案案卷目录的用纸尺寸采用国际标准 A4 型（长×宽为 297mm×210mm），纸张质量宜采用 70 克以上白色书写纸制作。

7.2 会计档案案卷目录项目

会计档案目录项目包括案卷号、类别、题名、起止时间、保管期限、卷内页数、备注。各项目具体位置、尺寸见附录 A 图 A5。

7.3 项目的填写方法

7.3.1 案卷号：根据整理会计档案时会计凭证盒或会计档案盒上的对应项目填写。

7.3.2 类别：填写该卷会计档案所属的类别，如："会计凭证类""会计账簿类""财务报告类"等。

7.3.3 题名：题名即案卷题名，填写要求与会计档案盒上的"案卷题名"相同。

7.3.4 起止时间：填写该卷档案启用和终止的时间，年月日用 8 位阿拉伯数字分两行填写，月日不足 2 位的在前面补 0，如下图。

```
20050124
20061206
```

7.3.5 保管期限：根据整理会计档案时确定的会计凭证盒或会计档案盒上的保管期限填写。

7.3.6 卷内张数：指会计凭证总数、账页总数或财务报告的总张数，根据该卷会计档案的具体张数填写。

7.3.7 备注：填写记账凭证起止号或其他需要说明的事项。

8 会计档案卷内目录格式

8.1 会计档案卷内目录用纸尺寸及质量要求

会计档案卷内目录用纸尺寸及质量要求与会计档案目录相同。

8.2 会计档案卷内目录项目

会计档案卷内目录项目包括顺序号、责任者、文号、题名、日期、页号、备注。各项目具体位置、尺寸见附录 A 图 A6。

8.3 项目的填写方法

8.3.1 顺序号：以卷内文件材料排列先后顺序填写序号，亦即件号。

8.3.2 责任者：填写对档案内容负有责任的团体和个人，即文件材料的署名者。

8.3.3 文号：填写文件制发机关的发文字号。

8.3.4 题名：即文件材料标题，一般应照实抄录，没有标题或标题不规范的，可自拟标题，外加"〔 〕"号。

8.3.5 日期：填写文件材料的形成时间，以 8 位阿拉伯数字标注年月日，如 20070619。

8.3.6 页号：填写卷内文件材料所在起页的编号。

8.3.7 备注：在需要说明情况的文件材料栏内打"＊"号，并将需说明的情况填写在备考表中。

8.4 适用范围

会计档案卷内目录适用于财务报告和其他类会计档案的整理。

9 卷内备考表格式

9.1 卷内备考表用纸尺寸及质量要求

卷内备考表用纸尺寸及质量要求与会计档案目录相同。

9.2 卷内备考表项目

卷内备考表项目包括本卷情况说明、立卷人、检查人、立卷时间、检查时间，各项目具体位置、尺寸见附录A图A7。

9.3 项目的填写方法

9.3.1 本卷情况说明：填写卷内文件材料（财务报告类和其他类）缺损、修改补充、移出、销毁等情况。案卷立好后发生或发现的问题由有关的管理人员填写并签名，标注时间。

9.3.2 立卷人：由负责立卷者签名。

9.3.3 检查人：由案卷质量审查者签名。

9.3.4 立卷时间：填写完成立卷工作的年月日。

9.3.5 检查时间：填写审查案卷质量的年月日。

9.4 适用范围

卷内备考表适用于财务报告和其他类会议档案的整理。

10 会计档案移交清单格式

10.1 会计档案移交清单用纸尺寸及质量要求

与会计档案目录相同。

10.2 会计档案移交清单项目

会计档案移交清单项目包括年度、种类及数量、移交部门及移交人、接收部门及接收人、监交人、移交时间、备注。各项目具体位置、尺寸见附录A图A8。

10.3 项目填写方法

10.3.1 年度：填写需要移交的会计档案所属年度，用4位阿拉伯数字填写。

10.3.2 移交部门及移交人：由单位内财务部门及其管理人员填写并盖章签字。

10.3.3 接收部门及接收人：由单位内档案部门或接收会计档案的有关部门及其管理人员填写并盖章签字。

10.3.4 监交人：由监督办理接交档案手续的人员签名。

10.3.5 移交时间：填写办理会计档案移交手续的年月日。

10.3.6 备注：填写移交范围的会计档案中需标明的情况。

附录 A
（规范性附录）
会计档案用盒及表格格式

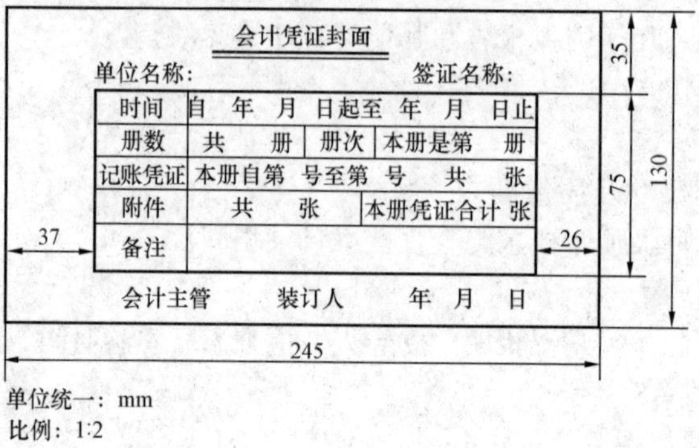
会计凭证封面
单位名称：
签证名称：
时间 自 年 月 日起至 年 月 日止
册数 共 册 册次 本册是第 册
记账凭证 本册自第 号至第 号 共 张
附件 共 张 本册凭证合计 张
备注
会计主管 装订人 年 月 日
35
75
130
37
26
245
单位统一：mm
比例：1:2

图 A1（a） 会计凭证封面格式一

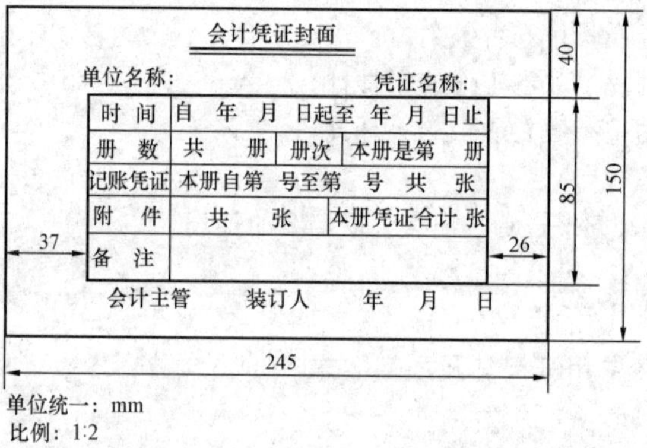
会计凭证封面
单位名称：
凭证名称：
时 间 自 年 月 日起至 年 月 日止
册 数 共 册 册次 本册是第 册
记账凭证 本册自第 号至第 号 共 张
附 件 共 张 本册凭证合计 张
备 注
会计主管 装订人 年 月 日
40
85
150
37
26
245
单位统一：mm
比例：1:2

图 A1（b） 会计凭证封面格式二

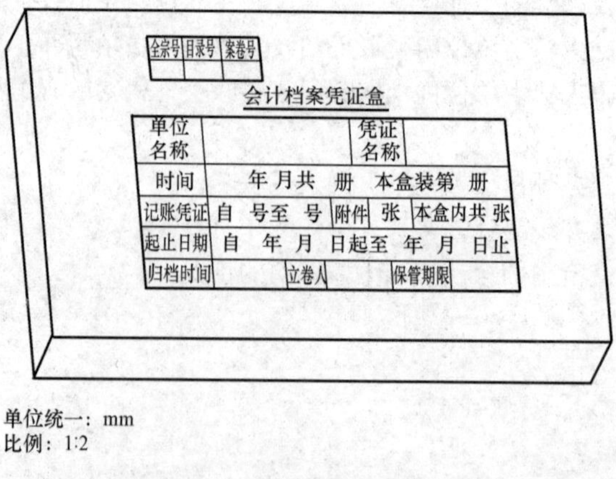
全宗号 目录号 案卷号
会计档案凭证盒
单位名称
凭证名称
时间 年 月共 册 本盒装第 册
记账凭证 自 号至 号 附件 张 本盒内共 张
起止日期 自 年 月 日起至 年 月 日止
归档时间 立卷人 保管期限
单位统一：mm
比例：1:2

图 A2（a） 会计档案凭证盒立体图

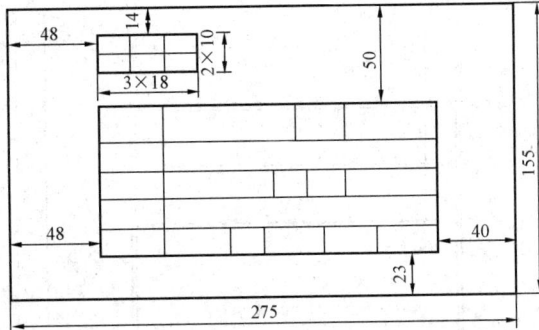

单位统一：mm

比例：1:2

图 A2（b） 会计档案凭证盒正面格式

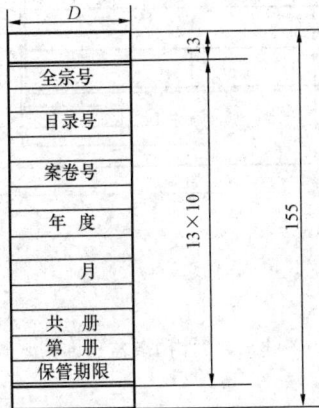

D=30、40、60

单位统一：mm

比例：1:2

图 A2（c） 会计档案凭证盒脊格式

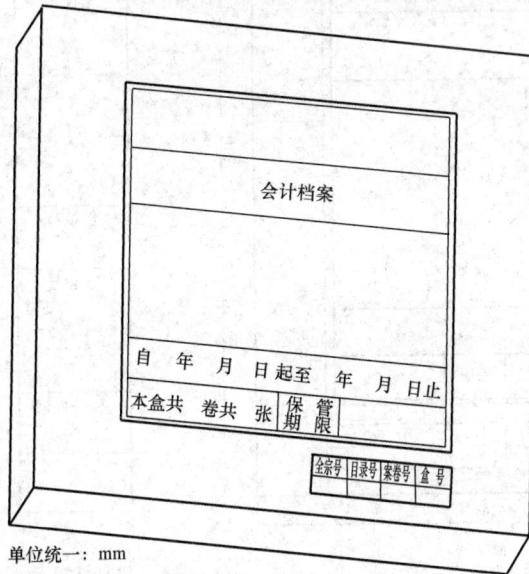

单位统一：mm

比例：1:2

图 A3（a） 会计档案盒立体图

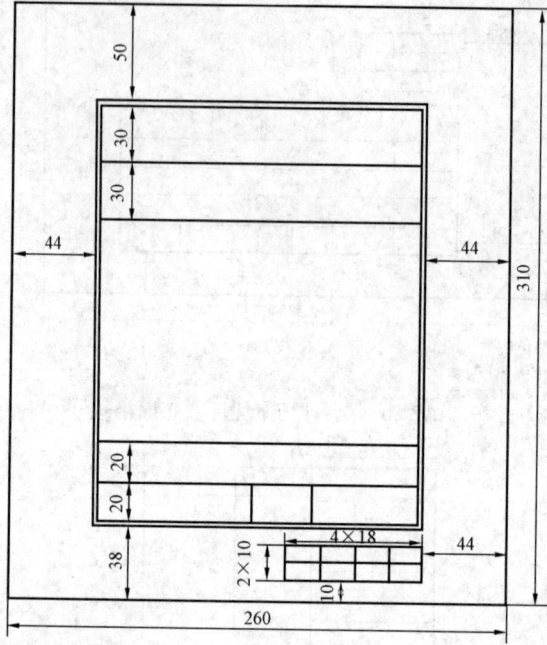

单位统一：mm
比例：1:2

图 A3（b） 会计档案盒正面格式一

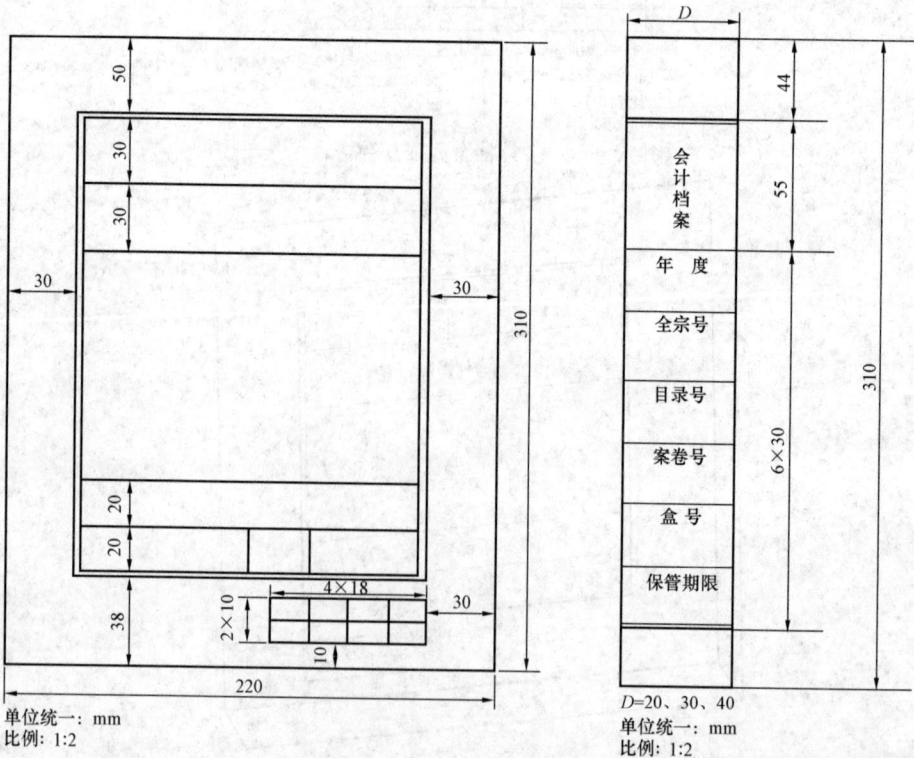

单位统一：mm
比例：1:2

图 A3（c） 会计档案盒正面格式二

会
计
档
案

年　度

全宗号

目录号

案卷号

盒　号

保管期限

D=20、30、40
单位统一：mm
比例：1:2

图 A3（d） 会计档案盒盒脊格式

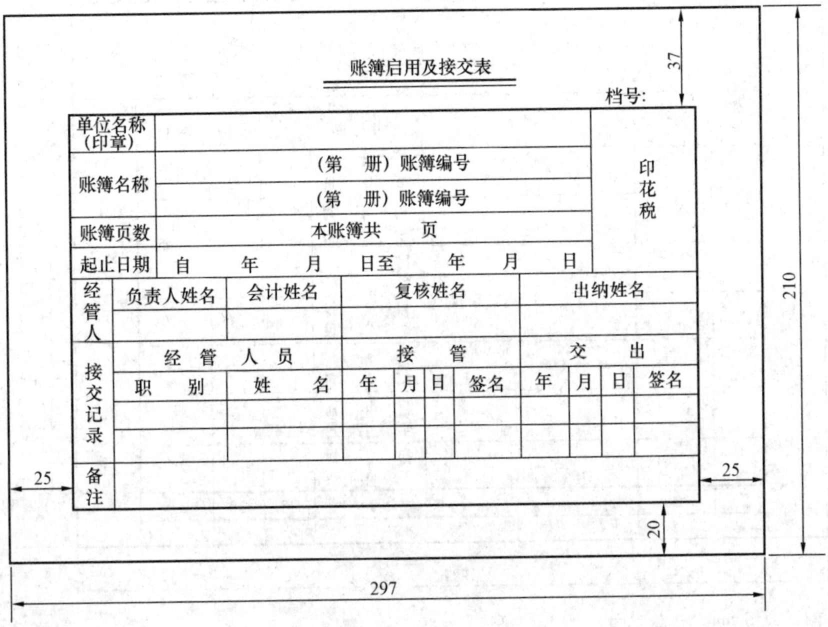
账簿启用及接交表
档号:
单位名称（印章）
账簿名称
（第　册）账簿编号
（第　册）账簿编号
印花税
账簿页数
本账簿共　页
起止日期
自　年　月　日至　年　月　日
经管人
负责人姓名
会计姓名
复核姓名
出纳姓名
接交记录
经　管　人　员
接　管
交　出
职　别
姓　名
年
月
日
签名
年
月
日
签名
备注
37
25
25
20
210
297

单位统一：mm
比例：1:2

图 A4（a）　账簿启用及接交表正面格式

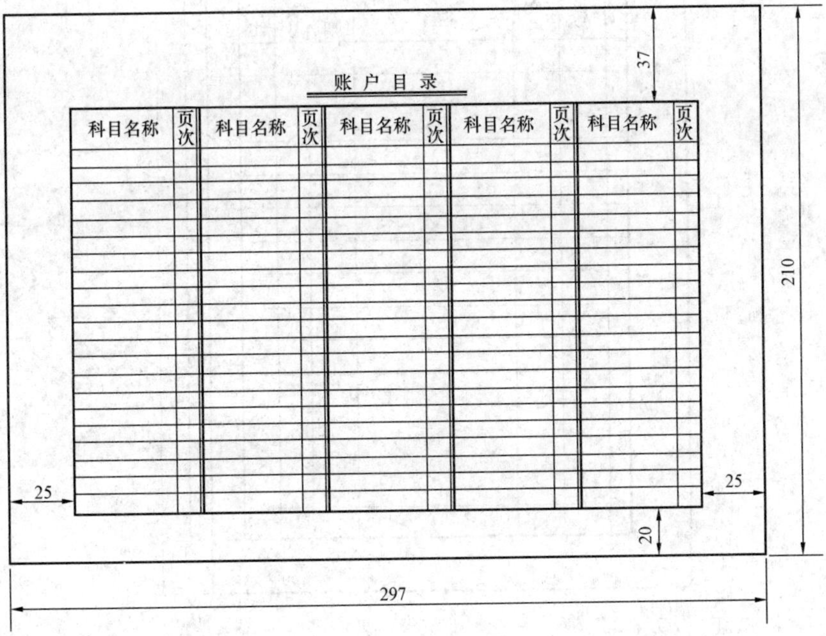
账 户 目 录
科目名称
页次
科目名称
页次
科目名称
页次
科目名称
页次
科目名称
页次
37
25
25
20
210
297

单位统一：mm
比例：1:2

图 A4（b）　账簿启用及接交表背面格式

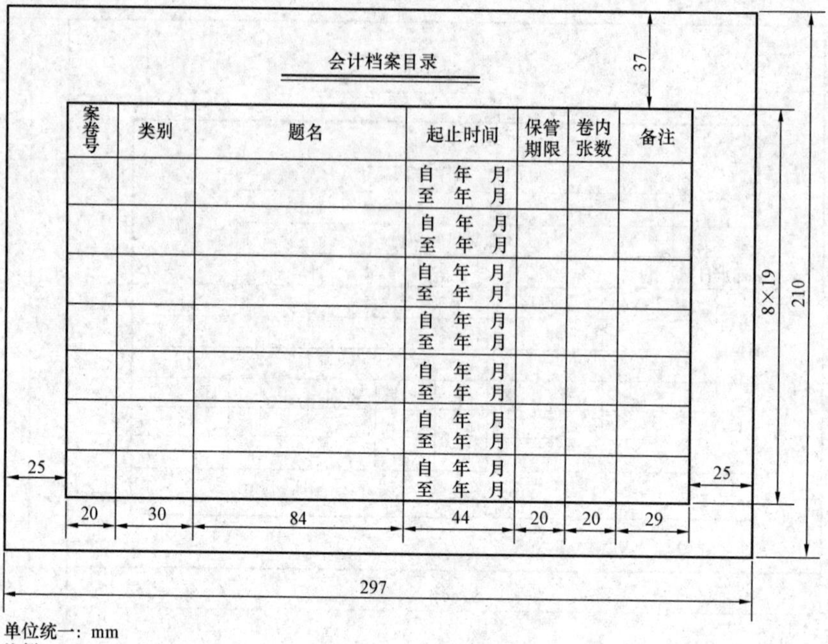

图 A5 会计档案目录格式

会计档案目录

案卷号	类别	题名	起止时间	保管期限	卷内张数	备注
			自　年　月 至　年　月			
			自　年　月 至　年　月			
			自　年　月 至　年　月			
			自　年　月 至　年　月			
			自　年　月 至　年　月			
			自　年　月 至　年　月			
			自　年　月 至　年　月			

列宽：20　30　84　44　20　20　29

37　8×19　210　25　25　297

单位统一：mm
比例：1:2

图 A5　会计档案目录格式

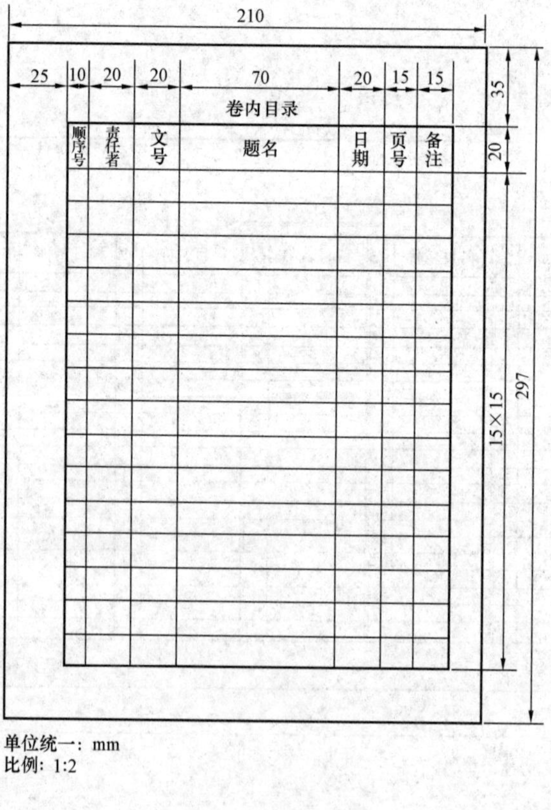

210

25　10　20　20　70　20　15　15　35

卷内目录

顺序号	责任者	文号	题名	日期	页号	备注

20　15×15　297

单位统一：mm
比例：1:2

图 A6　卷内目录格式

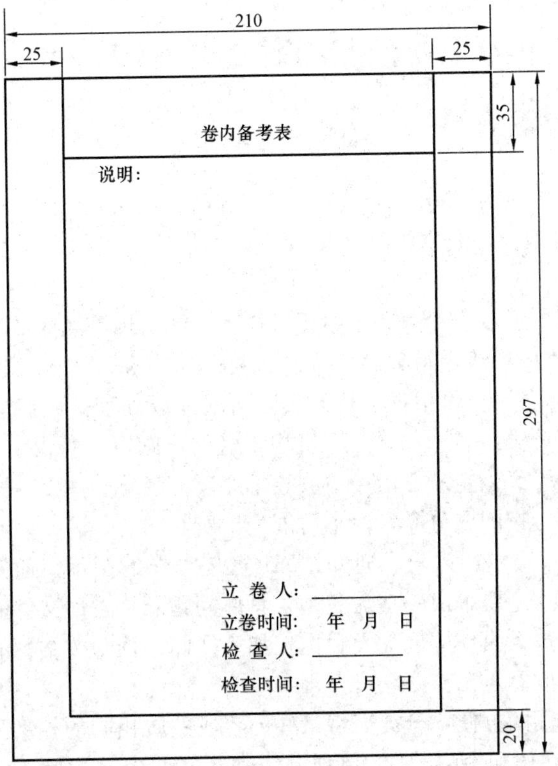
210
25
25
35
卷内备考表
说明:
立 卷 人:
立卷时间: 年 月 日
检 查 人:
检查时间: 年 月 日
297
20

单位统一: mm
比例: 1:2

图 A7 卷内备考表格式

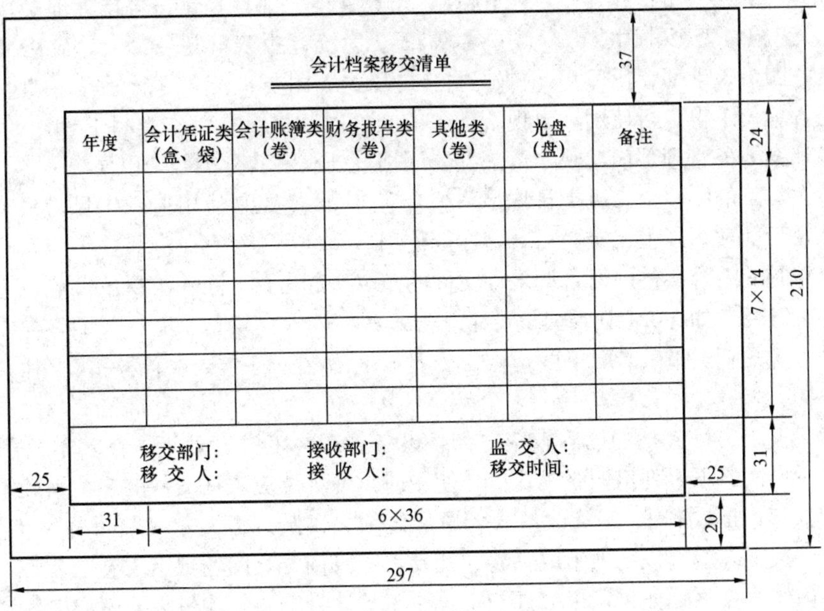
会计档案移交清单
37
年度
会计凭证类（盒、袋）
会计账簿类（卷）
财务报告类（卷）
其他类（卷）
光盘（盘）
备注
24
7×14
210
移交部门:
移 交 人:
接收部门:
接 收 人:
监 交 人:
移交时间:
31
25
25
20
31
6×36
297

单位统一: mm
比例: 1:2

图 A8 会计档案移交清单格式

⑥ 电力工业企业档案分类表(0～5大类)

使 用 说 明

(1) 分类表是按问题兼顾机构的原则进行编制的,党、政、工、团的文件应该分开。因此,即使同是机要保密工作,党委与行政要分开;同是信访工作,党委、纪检、行政的也要分开。

(2) 分类表中类目的设置由于兼顾了组织机构,因此出现了某些类目交叉的情况。如:53人事管理和54劳动管理的三级类目都有"待遇、调配、奖惩等";53人事管理和56教育培训都有三级类目"培训",各单位可根据各自的实际情况加以处理。如:干部管理和工人管理分属两个机构的,可分别分类组卷;如属一个机构统管的,则可自行决定归入其中某一个类目,而将另一类目闲置,但一经确定就要沿用下去,不要反复变化。

(3) 本分类表基本上按问题分类,但不可能列举所有问题,因此,有的类目是用文件划分的。如:023党委指示、决定、报告、通知;051宣传工作的指示、通知;356环境保护的通知、规定、会议纪要。这主要解决一些无法列入具体问题的普发性文件的立卷问题,凡能归入具体问题的文件材料应放入具体问题的类目内,如不能归入,则按文种的类目归,拟写案卷题名时,应将主要涉及的问题点出。

(4) 为了立卷和利用的方便,分类表将某些内容或性质相同的档案适当集中。如:026党内表彰;065行政竞赛评比和表彰;123单项升级和双文明建设达标;520各种行政的临时机构等。分类表的注解中强调应将上述内容集中在该类目下,各单位在分类组卷时应遵循这一规定。

(5) 为便于记忆和使用,分类表对三级类目作了某些规律性的排列。如:0为计划、总结(党群工作的各二级类目行政事务、计划统计、物资管理、规划基建、科技管理等);1为会议(党务综合、纪检、工会、团委、行政事务等);9为统计报表(党务综合、财务管理除外)、名册(党员、团员、干部、职工)、简报(宣传、工会、团委、安全简报等)。由此而出现的空号,原则上各单位不得自行使用,出现新概念的文件时,尽量往已有类目上靠,如无法列入,应向上一级档案业务管理部门反映,由部办公厅档案处确定其分类号,以便统一。

(6) 各大类下的第一个二级类目均是"综合",应尽量控制使用这一类目,只有当文件材料的内容涉及下面两个以上二级类目时,才能使用。

(7) 组卷时应结合文件的保管期限和文件的多少一起考虑,同一类目下,可以立成不同保管期限的几个案卷,如:021党委会议记录——永久,政工会议记录——长期,党委学习中心组学习记录——短期;120本厂年度行政工作计划、总结——永久,各科室、车间工作计划、总结——短期。

(8) 有些三级类目包括的内容较多,如:设备管理、工资管理等,在基本范围里都有说明,为了减少层次,不再列出四级类目。在使用时,各单位应根据文件的多少来确定使用到哪级类目。如:551工资管理、工资改革含调资、定级、工龄计算、落实政策补发工资等内容,如果调资文件很多,就应该单独组成一卷或几卷,并以调资为问题拟定案卷题名,不应以工资管理为标题内容;反之,如果调资文件与定级、工龄计算等文件均较少,就应以工资管理为标题内容组卷。如果三级类目文件都较少,可用其共同的上位类二级类目组卷;如关于工会工作的通知、规定、报告,关于外事工作的计划、通知等。

(9) 采用本分类表后案卷封面的填写有下列变化，在全宗名称下面原来填写组织机构或问题分类类名的横线上，现在填写二级类目的名称，如：组织工作、行政事务、计划统计、安全环保、审计、工资管理等，在归档号的地方，填上分类号和案卷小流水号，并在案卷脊背案卷号的上方，填写上分类号，以便检索（见图1、图2）。

×× 发 电 厂		
工 会 工 作		
××发电厂关于评选先进集体、个人的通知、审批表		
自1990年3月至1990年12月	保管期限	永 久
本卷共 件89页	归档号	065-1

全宗号	目录号	案卷号
	11	51

图1 案卷封面填写式样

全宗号
目录号 11
年 度 1990 065
案卷号 51

图2 案卷脊背填写式样

(10) 关于案卷的排列，暂不做硬性规定。现推荐两种，一是按大类——年度——案卷顺序号排；二是按年度——大类——案卷顺序号排。

如 0 大类——1990 年、1991 年、1992 年……
　　1 大类——1990 年、1991 年、1992 年……
　　2 大类——1990 年、1991 年、1992 年……

或 1990 年——0、1、2、3、4、5（大类）……
　　1991 年——0、1、2、3、4、5（大类）……
　　1992 年——0、1、2、3、4、5（大类）……

会计账务的案卷，因其形状大小不同，可以分开排架。

主　表

0　党群工作

01　党群工作综合

02　党务工作综合

020　工作计划、总结

021　党委会、民主生活会、政工会议记录、报告
　　含党委学习中心组学习记录

022　党员大会、党员代表大会文件

023 党委指示、决定、报告、通知

024 党委调查研究形成的材料

025 党委专题总结、报告
   如清查、核查、两清工作

026 争先创优和表彰先进

027 机要、保密工作

028 信访工作材料

029 党务工作大事记

03 **组织工作**

030 组织工作计划、总结、规定、通知等

031 组织设置
   机构级别、待遇、领导关系变动、启用印信等

032 党员管理
   组织生活、组织关系介绍信及存根、党籍、党龄

033 整党建党
   思想、组织、作风整顿，党员入党、转正

034 干部管理
   党内干部任免、选举、审查、考核、考绩，党委领导分工

035 党费管理

039 统计报表、党员名册

04 **纪检工作**

040 纪检工作计划、总结

041 纪检会议记录

042 关于纪检工作的指示、通知、报告、会议纪要等

043 党风建设

044 党员民主评议材料

045 案件处理和处分

046 纪检信访工作材料

049 统计、报表

05 **宣传、统战工作**

050 宣传工作计划、总结

051 宣传工作的指示、通知、会议纪要

052 党员轮训和党课计划、小结、教材

053 理论学习、时事政策教育和精神文明建设
   政治思想工作会议入此

054 反映本单位活动的剪报、广播稿、本单位办的报刊

058 统战工作文件

059 简报

06 **工会工作**

060 工会工作计划、总结、通知、会议纪要等

061 工会会议记录、职代会、工代会文件

062 组织工作

机构设置、干部任免、会员管理等

063 企业民主管理和班组建设

含干部评议材料、管理方面的合理化建议

064 职工教育

065 劳动竞赛和评选劳模、先进材料

表彰厂、局和领导班子、行政各部门竞赛评比及办法均入此，表彰外单位的入各专业，如农电、三电

066 工会财务管理

067 劳保福利

职工休养入此

068 文体、宣传和女工、调解工作

069 统计、报表、简报

07 共青团、青年工作

070 团、青工作计划、总结

071 团委会议记录、团代会文件

072 团、青工作的规定、通知

073 组织工作

机构设置、干部任免

074 团员管理

组织生活、组织关系介绍信及存根、团籍、团员处分

075 团费管理

076 青年工作

077 竞赛比武和评比先进材料

评选优秀团员、团干部、新长征突击手等

078 文体、宣传活动材料

079 统计、报表、团员名册、简报

08 协会、学会工作

政治思想工作研究会、电机工程学会、企协、科协、文协、体协等

080 年度工作计划、总结

081 机构、章程、会员管理

082 协会、学会工作的通知、规定

含技术咨询服务的规定、评比先进等

083 学术活动和论文

084 技术咨询服务的合同、协议

085 刊物

089 统计、报表、名册

1 行政管理

11 行政管理综合

12 行政事务

120 行政工作计划、总结、通知、规定、办法等

　　各专业的工作计划、总结入各专业，各行政科室、车间计划、总结入此

121 上级和本厂、局长（经理）办公会、行政办公会、生产（计划）调度会记录、纪要、决定

122 厂（局）长负责制、任期目标和长远规划文件

123 企业整顿、企业升级等企业管理、行业管理文件

　　经济承包、厂规厂法、单项升级及办法入此，双文明建设达标亦入此，下属单位单项升级入各专业

124 工商行政管理、法律事务

　　含企业登记，经济合同、协议、营业执照和各项证书

125 厂签报单（各科室、车间给厂部的报告和批复）

126 文秘、机要、保密工作

　　文书处理、印信，无线电管理等入此

127 信访工作和人大、政协提案的答复

128 修志工作、大事记

129 简报

　　全厂（局）简报入此，各专业简报入各专业

13 **武装保卫**

130 机构设置、干部任免和经济民警配备

131 民兵、征兵和人防工作

132 治安管理

　　危险物品、枪支弹药、交通管理、内部治安、电力设施保护、户口管理等

133 消防工作

134 刑事案件处理及历史案件复查

135 保卫工作的通知、规定、办法等

139 统计、报表、名册、简报

14 **监察**

140 监察工作计划、总结

141 监察会议记录

142 监察工作的指示、通知、报告、会议纪要

143 行业作风

144 案件处理和处分材料

149 统计、报表

15 **医疗卫生**

150 医疗卫生工作的计划、总结、通知、规定

151 卫生宣传、防病治病

152 计划生育

159 统计、报表

16 **后勤福利**

160 后勤福利工作的通知、规定、会议纪要

161 房地产管理

162 职工住房分配与管理

163 生活管理

食堂、浴室、招待所、接待工作、幼儿园管理

164 车辆、道路管理

行政、生产车辆管理均入此

165 绿化管理

166 用水、用电、用汽管理

169 统计、报表

17 外事工作

170 外事活动的计划、总结

171 外事工作的通知、规定

172 接待工作

2 经营管理

21 经营管理综合

22 计划统计

220 生产、基建计划、总结及计划调整

基建工程下马入此

221 计划管理规定、通知等

222 技术经济指标完成情况分析

223 月度计划任务书或月度作业计划

228 统计工作

含工业普查、房屋普查等

229 统计报表及统计资料汇编

固定资产报表入此

23 物资管理

230 年度物资采购、分配计划

231 物资管理的通知、办法、规定

232 重要物资供应文件

招标、投标、合同、协议、来往函件

233 定额管理

234 价格管理

235 仓库管理

含清仓利库

239 统计、报表

24 用电、供热营业

240 用电、供热营业的计划、总结、规章、通知、会议纪要等

241 电力公配及负荷管理

用电构成、用电分析、主要产品耗电定额、倒供电等

242 电费、电价、热价管理

243 三电管理

安全、节约、计划用电

244　用电、供热监察及重大用户管理
　　重要用户名单、用户重大事故、供用电合同、协议等

245　业扩与用电贴费

246　集资办电与加工电管理

247　余热发电和小水、火电管理

249　统计、报表

25　**农村电网和农电管理**

250　农电规划、计划、目标管理、总结

251　农电管理的规定、通知、会议纪要

252　农村电网整改

253　农电工管理与农电联站

254　农电经费、物资管理

255　农村电气化、标准乡建设

256　农电安全

259　统计、报表

26　**产品销售**

260　产品销售计划、总结

261　销售管理的规定、通知

262　产品销售合同、协议、函件

263　市场分析和用户调查

264　广告宣传

265　售后服务

269　统计、报表

27　**多种经营**

270　计划、总结

271　通知、规定、报告等

272　机构设置干部任免和经营项目更改
　　机构成立、撤销、更名、工商行政登记等

273　财务管理

274　劳资管理

275　合同、协议及有关函件

279　统计、报表

3　**生产技术管理**

31　**生产技术管理综合**

32　**规划、基建管理**

320　长远规划
　　含城网发展规划

321　勘测设计管理
　　资格认证、设计招标、投标等

323 基建工程管理的规定、办法等

征、租土地、建筑市场管理等

324 工程项目管理

注：本单位不立项，对下属单位项目的批复与其请示。

325 工程概算定额管理规定及外包管理

含外包队伍资格认证、招标投标、外包合同

326 企业定额

含预算、资金、消耗材料、工具定额

329 统计、报表

33 生产管理

330 设备技术管理的通知、规定、办法等

设备可靠性管理、设备评级与可调出力、设备异动、完善化、备品定额管理、固定资产管理等

331 生产技术管理的通知、规定、办法等

332 检修、调度、运行管理

检修三年滚动规划、计划、总结、技术改进措施，运行方式、电网、电压、负荷管理、继电保护

333 三项费用工程计划、总结、报告、批复

设备更新改造、技术措施、零星购置

334 四项监督和过电压保护

金属、绝缘、化学、仪表及其他生产技术监督和网络活动

335 节能管理

含节水、节电、节煤、线损

336 燃料管理

含煤码头、铁路专用线管理

337 带电作业

338 水电站管理

移民政策、水库维护、抗震加固等

339 统计、报表

34 施工管理

340 施工及设备管理工作的计划、总结

设备可靠性管理、设备评级与可调出力、设备异动、完善化、备品定额管理

341 施工调度会议、设备工作会议文件

342 施工技术及设备管理的规定、办法、条例、通知等

343 设备订购、报废

含设备选型、经济效益预测、订购合同

349 统计、报表

35 安全环保

350 安全技术管理通知、规定、通报、会议纪要等

351 安全技术措施、总结

含事故措施、安全教育等

352　迎峰度夏和防自然灾害

353　压力容器管理

354　事故报告、调查分析

　　含设备、人身、交通等非生产事故及障碍、未遂事故

355　特殊工种考核

356　环境保护的通知、规定、会议纪要

357　环保调查和污染治理

　　含大气、水、噪声污染及费用和赔偿

358　粉煤灰综合利用

359　统计、报表、简报

36　科技管理

360　科技计划、总结、长远规划

361　科技管理的通知、规定、会议纪要

362　科技管理合同、协议

　　注：针对具体项目入科研档案

363　技术革新和合理化建设

364　现代化管理

365　专利管理

366　学术论文、出国考察报告、汇报、专题总结、专题材料

369　统计、报表

37　质量管理

370　全面质量管理规划、计划、措施、总结、通知等

　　含工程质量规划、措施、总结

371　全面质量管理办法、规定、培训、考试、检查

372　工程质量监督办法、规定、通知、考核

373　产品与工程创优材料

374　产品、工程质量回访及反馈

375　QC 小组活动

376　质量保证系统（QA）文件材料

379　统计、报表

38　标准计量

380　标准工作通知、规定等

381　计量工作通知、规定等

　　含计量收费协议等

382　生产技术规范

　　上级和本单位颁发的规程、制度、条例、办法等

383　本企业技术标准

384　本企业管理标准

385　本企业工作标准

　　党、工、团工作标准亦入此

389　统计、报表

39 信息工作

390 关于信息工作的通知、规定等

391 计算机应用和管理

392 本企业编制的计算机软件、盘片材料
注：分库保管。

393 档案工作

394 图书资料工作

395 情报工作

399 统计、报表

4 财务审计

41 财务审计综合

42 财务管理

420 财务管理制度、规定、办法、通知
各种补贴标准亦入此

421 流动资金核定、结算

422 固定资产的新增、报废、调拨
含清产核资、设备保险

423 专项资金的提取、分配
更改、大修、科技资金、福利、奖励基金等

424 生产财务和成本
含财务收支计划、经济分析、增收节支、利润、年度财务决算等

425 基建财务

426 税收
含财政、税收、物价大检查、能源交通建设基金、预算调节基金、教育基金等

427 价格管理
电价、热价、煤运加价

428 债券、国库券的认购

429 控购及费用开支及收费标准
含养路费、过桥费等

43 会计账务

430 报表

431 账册

432 工资单

433 凭证

434 会计档案移交、销毁清册

44 审计工作

440 审计工作的通知、规定、计划、总结等

441 专项审计的通知、报告、结论、决定、证明材料
各专项审计应分开立卷，概、预算审计入工程

442 下级报送备案的审计文件材料

109

449　统计、报表

5　人事劳资

51　人事劳资综合
52　机构、编制
520　机构设置

　　成立、撤销、合并、更名、改变隶属关系、级别等，各种行政的临时机构亦入此

521　编制

53　人事管理
530　干部管理的规定、办法、通知等

531　干部待遇

　　工资、级别、落实知识分子政策

532　干部教育培训

533　干部调配和人才交流

　　大、中专毕业生分配、军队转业干部安置、干部调动介绍信存根亦入此

534　干部考察、审查

　　含出国人员政审

535　干部奖惩

536　干部任免、聘任、选拔、录用

　　含后备干部培养

537　干部离、退休、退职及其待遇

　　含离、退休干部申报表、审批材料

538　干部职务评聘

539　统计、报表、干部名册、离休干部名册

54　劳动管理
540　劳动管理的规定、办法、通知等

541　劳动定额和劳动指标申请、就业

　　工人招聘录用、含合同工临时工、退役人员安置、农转非

542　调配

　　含职工调动介绍信及存根、工资转换证、厂内调动通知单

543　退职、退休规定、名单、审批表

　　含辞退、留职停薪

544　各级岗位责任制、经济责任制的材料

545　班组建设和技师评聘

　　含班组长和重要岗位人员的任免

546　奖惩

547　劳动保险、劳动保护、福利

　　含劳保统筹

548　劳务出口

549　统计、报表、职工名册

55　工资管理

110

550 劳动工资计划、总结、会议纪要

551 工资管理、工资改革

含调资、定级、工龄计算、落实政策补发工资等，职工奖励性调资升级、调动后待遇规定亦入此

552 奖金、津贴

含工程考核奖励

56 **教育培训**

560 教育、培训计划、规划、总结

561 教育、培训经费

562 学校教育管理

含大、中、小学，职工技术教育等

563 职工技术培训和继续教育

569 统计、报表

注：各三级类的"9"，统计、报表要求将填报的通知和说明等均入此，并根据不同保管期限组卷。

第 5 章

科 技 档 案 管 理

① 科学技术档案案卷构成的一般要求

（GB/T 11822—2008）（摘录）

4 案卷组织

4.1 组卷原则

遵循科技文件的形成规律，保持案卷内科技文件的有机联系和案卷的成套、系统，便于档案的保管和利用。

4.2 组卷要求

4.2.1 案卷内科技文件应齐全、完整，签章手续完备。

4.2.2 案卷内科技文件的载体和书写印制材料应符合档案保护要求。

4.3 组卷方法

4.3.1 针对具体项目的管理性科技文件应放入所针对的项目文件中，按阶段或分年度组卷。

4.3.2 科研课题、产品、建设项目、设备仪器方面的科技文件，应按其项目、结构、阶段或台（套）等分别组卷。

4.3.3 成册、成套的科技文件宜保持其原有形态。

4.3.4 通用图、标准图可放入相应一项目文件中或单独组卷。其他涉及这些通用图、标准图的项目，应在卷内备考表中注明并标注通用图、标准图的图号和档号。

4.3.5 底图以张或套为保管单位进行整理。

4.3.6 产品局部或零部件变更、建设项目和设备仪器在维修和维护中所形成的科技文件，宜采取插卷方式放入原案卷中；亦可单独组卷排列在原案卷之后，并在原案卷的备考表中予以说明和标注。

4.3.7 产品升级换代、建设项目后评估、改扩建或重建所形成的科技文件应单独组卷排列。

5 案卷和案卷内科技文件排列

5.1 科技文件宜按系统、成套性特点进行案卷或案卷内文件排列。卷内文件一般应文字材料在前，图样在后；译文在前，原文在后。

5.2 案卷内管理性文件按问题结合时间（阶段）或重要程度排列。一般应印件在前，定稿在后；正件在前，附件在后；复文在前，来文在后。

5.3 科研类案卷宜按课题可行性研究立项、方案论证、研究实验、总结鉴定、成果和知识产权申报、推广应用等阶段排列。

5.4 产品类案卷宜按产品设计（含初步设计、基础设计、技术设计）、工艺、工装、制造、定型等工作程序，或按其产品系列、结构等排列。

5.5 建设项目类案卷宜按项目前期、项目设计、项目施工、项目监理、项目竣工、项目验收及项目后评估等阶段排列。

5.6 设备仪器类案卷应按设备仪器立项审批、外购设备仪器开箱验收（自制设备仪器的设计、制造、验收）、设备仪器安装调试、随机文件材料、设备仪器运行、设备仪器维护等阶段或工作程序排列。

6 案卷编目

6.1 卷内科技文件页号编写

6.1.1 案卷内科技文件以件为单位编写页号，以有效内容的页面为一页。

6.1.2 已有页号的文件可不再重新编写页号。

6.1.3 卷内目录、卷内备案表不编写页号。

6.2 案卷封面编制

6.2.1 案卷封面应印制在卷盒正表面，亦可采用内封面形式（封面式样见图 A1。虚线内为提示项，下同）。

6.2.2 案卷题名，应简明、准确地揭示卷内科技文件的内容，主要包括产品、科研课题、建设项目、设备仪器名称或代字（号）、结构、阶段名称、文件类型名称等。

6.2.3 立卷单位，应填写负责组卷部门或单位。

6.2.4 起止日期，应填写案卷内科技文件形成的最早的最晚的时间—年、月、日（年度应填写四位数字，下同）。

6.2.5 保管期限，应填写组卷时依照有关规定划定的保管期限。

6.2.6 密级，应填写卷内科技文件的最高密级。

6.2.7 档号，由全宗号、分类号（或项目代号或目录号）、案卷号组成。

全宗号：需向档案馆移交的档案，其全宗号由负责接收的档案馆给定；

分类号：应根据本单位分类方案设定的类别号确定；

项目代号：由所反映的产品、课题、项目、设备仪器等的型号、代字或代号确定；

目录号：应填写目录编号；

案卷号：应填写科技档案按一定顺序排列后的流水号。

6.3 案卷脊背编制

6.3.1 案卷脊背印制在卷盒侧面，脊背式样见图 A.2。

6.3.2 案卷题名、保管期限、档号，填写方式同 6.2。

6.3.3 案卷脊背项目可根据需要选择填写。

6.4 卷内目录编制

6.4.1 卷内目录应排列在卷内文件首页之前，式样见图 A.3。

6.4.2 序号，应依次标注卷内文件排列顺序。

6.4.3 文件编号，应填写文件文号或型号或图号或代字、代号等。

6.4.4 责任者，应填写文件形成者或第一责任者。

6.4.5 文件题名，应填写文件全称。文件没有题名的，应由立卷人根据文件内容拟写题名。

6.4.6 日期，应填写文件形成的时间—年、月、日。

6.4.7 页数，应填写每件文件总页数。

6.4.8 备注，可根据实际填写需注明的情况。

6.4.9 档号，填写方法同 6.2.7。

6.5 卷内备考表编制

6.5.1 卷内备考表式样见图 A.4。

6.5.2 卷内备考表应标明案卷内全部文件总件数、总页数以及在组卷和案卷提供使用过程中需要说明的问题。

6.5.3 立卷人，应由立卷责任者签名。

6.5.4 立卷日期，应填写完成立卷的时间。

6.5.5 检查人，应由案卷质量审核者签名。

6.5.6 检查日期，应填写案卷质量审核的时间。

6.5.7 互见号，应填写反映同一内容不同载体档案的档号，并注明其载体类型。

6.5.8 档号，填写方法同 6.2.7。

6.5.9 卷内备考表，应排列在卷内全部文件后，或直接印制在卷盒内底面。

6.6 案卷目录编制

6.6.1 案卷目录式样见图 A.5。

6.6.2 序号，应填写登录案卷的流水顺序号。

6.6.3 档号、案卷题名、保管期限，填写方法同 6.2。

6.6.4 总页数、应填写案卷内全部文件的页数之和。

6.6.5 备注，可根据管理需要填写案卷的密级、互见号或存放位置等信息。

7 案卷装订

7.1 案卷内文件可整卷装订或以件为单位装订。

7.2 以件为单位装订的应在每件文件首页空白处加盖档号章，式样见图 A.7。档号填写方法同 6.2.7，序号填写方法同 6.2.4。

7.3 案卷内超出卷盒幅面的科技文件应叠装。图纸折叠方法见 GB/T 10609.3。破损的科技文件应修复。

8 卷盒、表格规格及其制成材料

8.1 卷盒式样见图 A.6。

8.2 卷盒规格和制成材料。

8.2.1 卷盒外表面规格为：310mm×220mm。脊背厚度可根据需要设定。

8.2.2 卷盒宜采用220g以上的单层无酸牛皮纸板双裱压制。

8.3 表格规格和制成材料。

8.3.1 案卷目录、卷内目录、卷内备考表表格规格为：297mm×210mm。

8.3.2 表格宜采用70g以上白色书写纸制作。

8.4 表格字迹应清晰端正。

附录 A
（规范性附录）
案卷编目式样

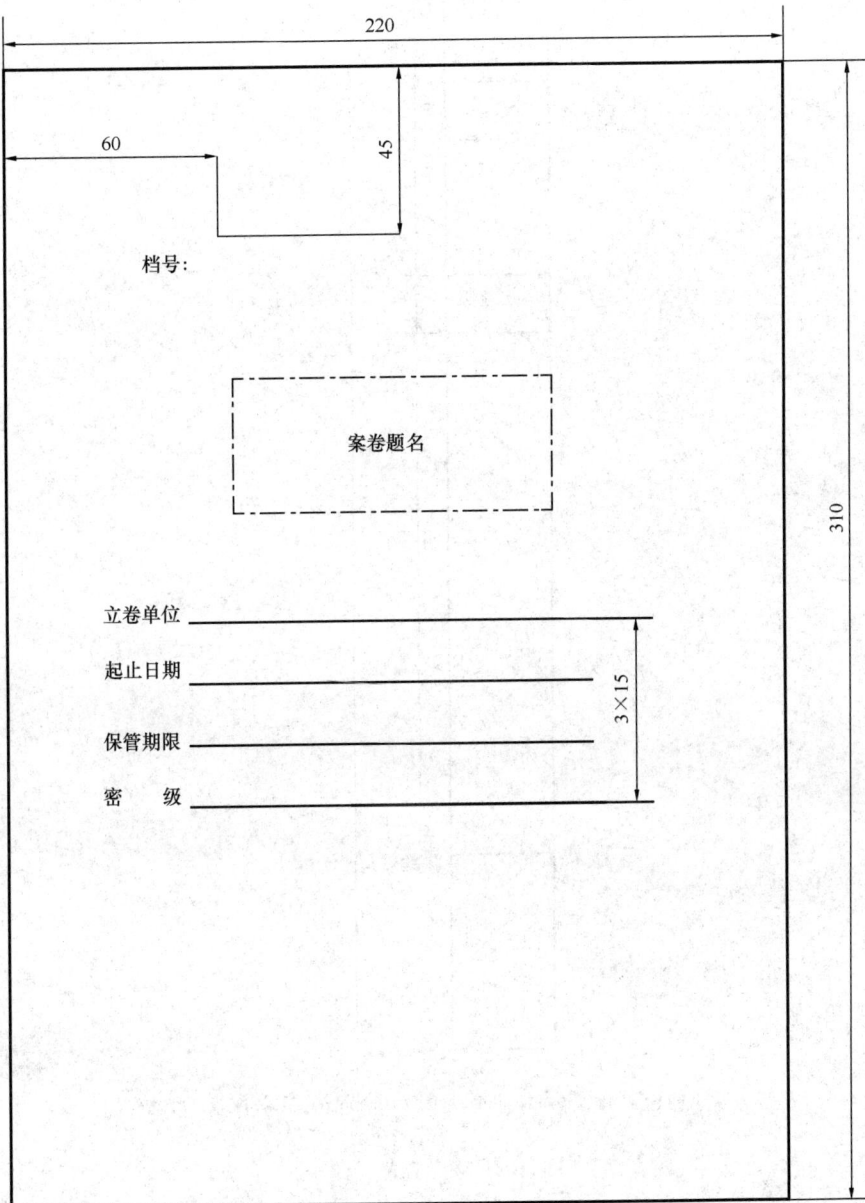

比例: 1:2

图 A.1　案卷封面式样

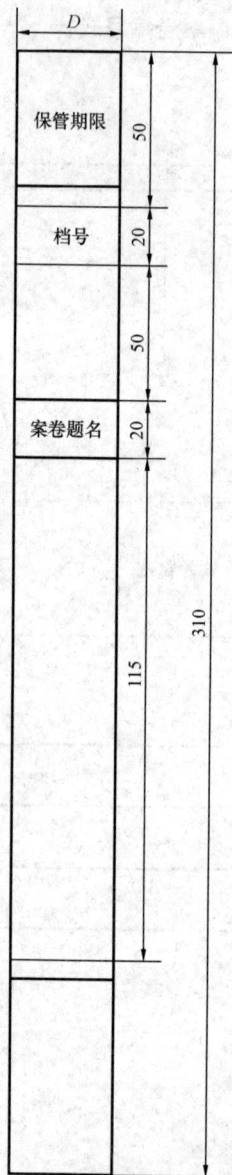

比例1:2

D=10mm、20mm、30mm、40mm、50mm、60mm（可根据需要设定）。
单位：mm

图 A.2　案卷脊背式样

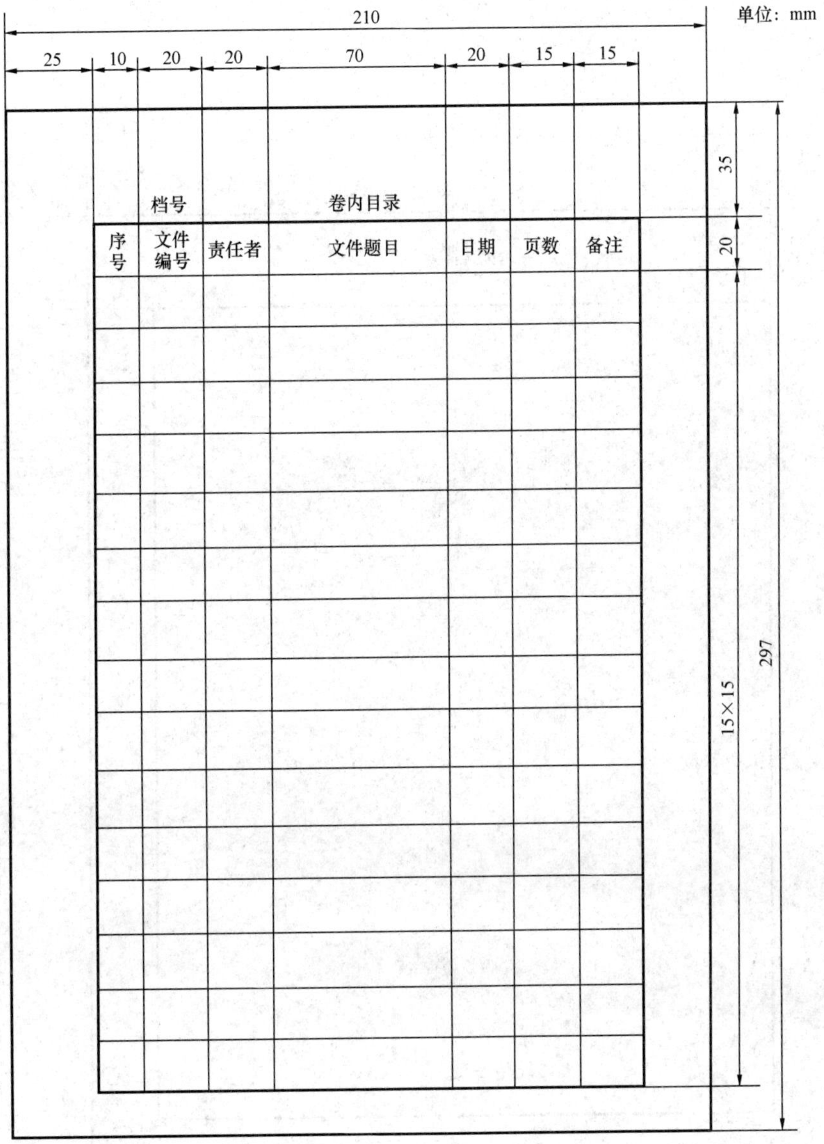

单位：mm

210

25　10　20　20　70　20　15　15

档号		卷内目录				
序号	文件编号	责任者	文件题目	日期	页数	备注

35　20　15×15　297

比例1:2

图 A.3　卷内目录式样

单位：mm

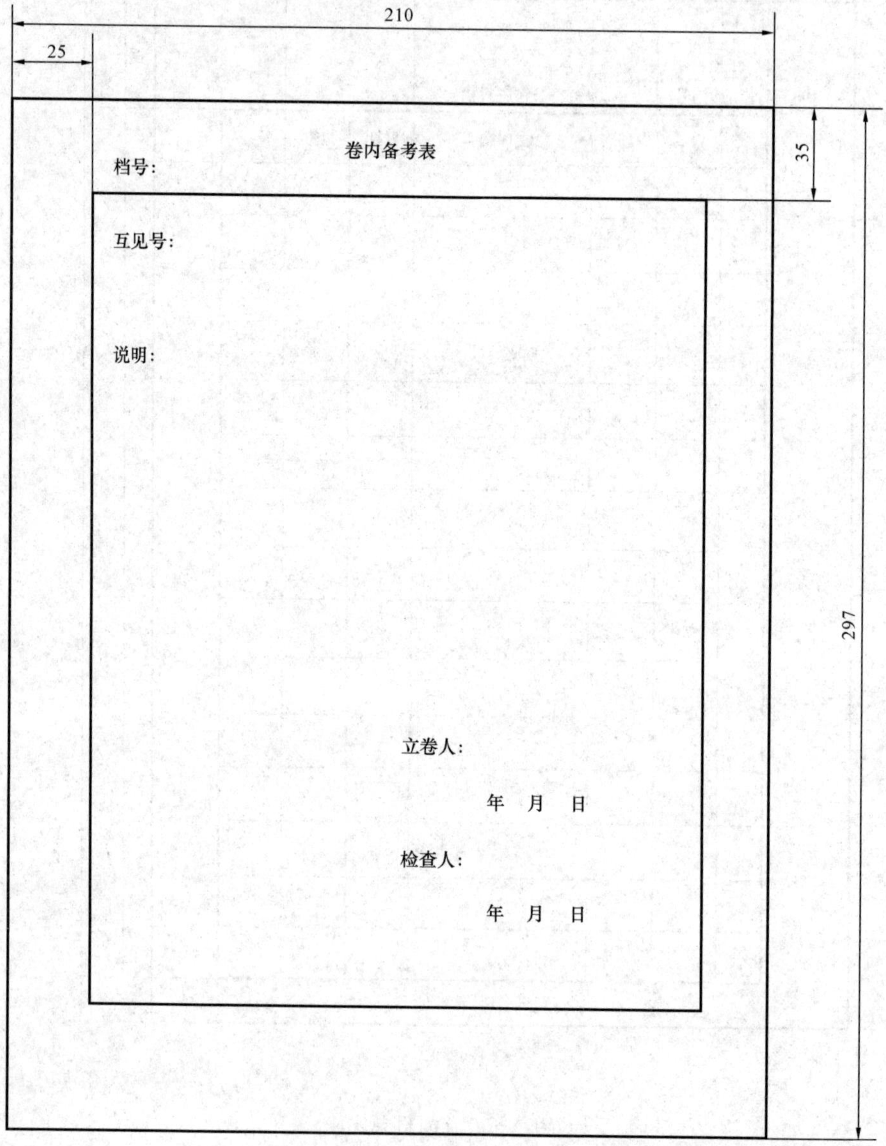
210
25
35
297
卷内备考表
档号：
互见号：
说明：
立卷人：
年 月 日
检查人：
年 月 日

比例1:2

图 A.4 案内备考表式样

单位：mm

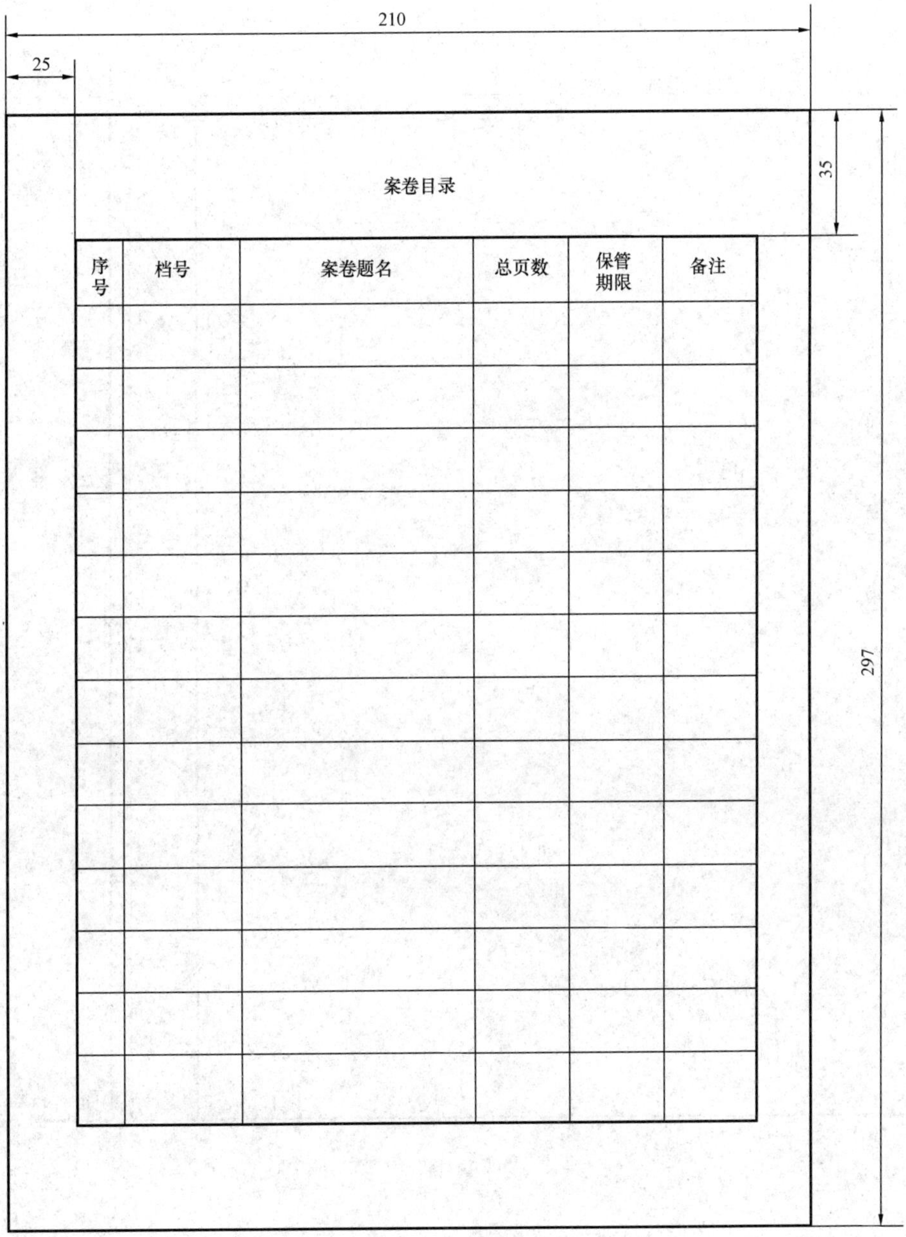
210
25
35
297
案卷目录
序号
档号
案卷题名
总页数
保管期限
备注

比例1:2

图 A.5　案卷目录式样

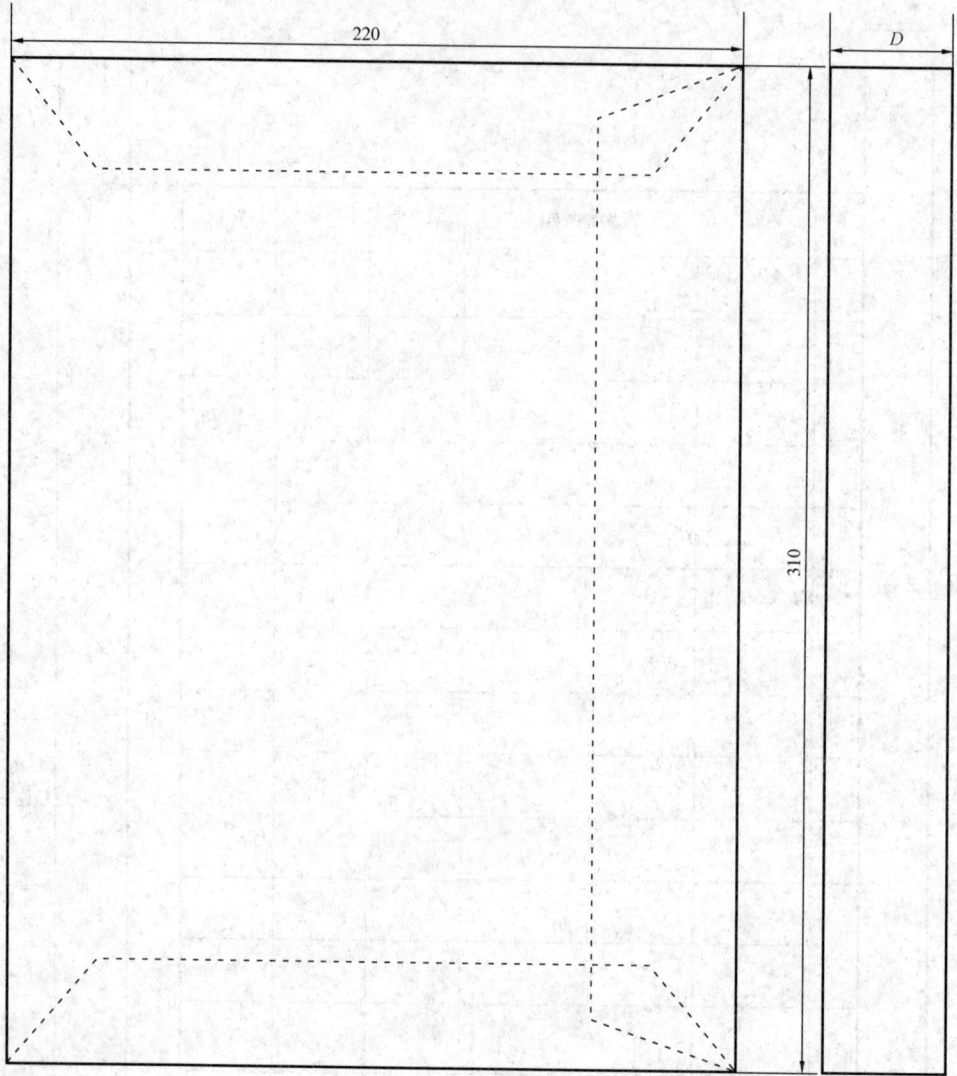

比例1:2

D=10mm、20mm、30mm、40mm、50mm、60mm。

(a) 卷盒式样

图 A.6 卷盒及其展开式样（一）

单位: mm

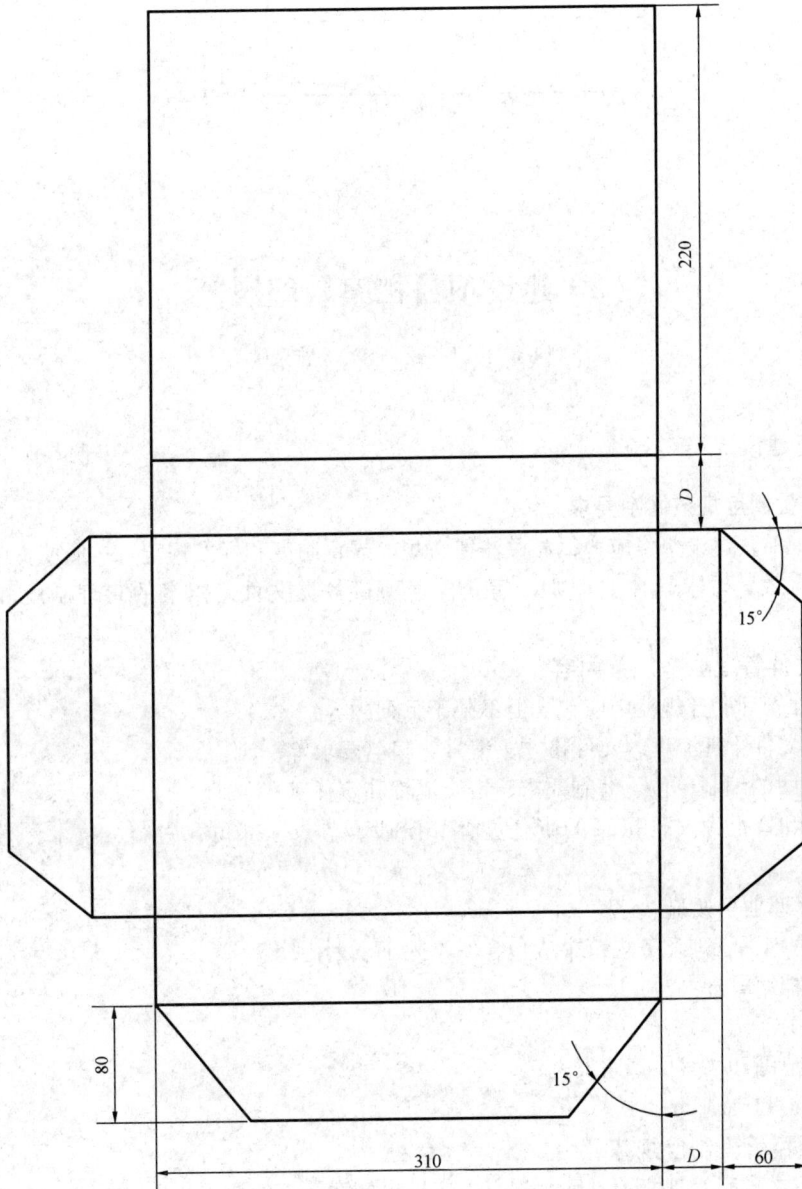

比例1:4

(b) 卷盒展开示意图

图 A.6 卷盒及其展开式样（二）

单位：mm

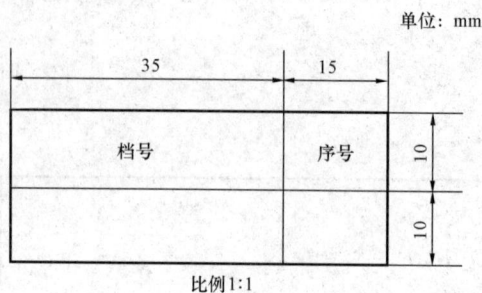

比例1:1

图 A.7 档号章式样

② 建设项目档案管理规范

（DA/T 28—2018）（摘录）

6 制度规范建设

6.1 建设单位制度规范体系要求

项目开工前，建设单位应遵循相关法律法规、规章制度和标准规范，按照职责明确、流程清晰、措施有效、要求具体的原则，建立覆盖项目各类文件、档案的管理制度和业务规范体系。

6.2 项目文件管理业务规范内容

项目文件管理业务规范中应包含但不限于下列内容：

a) 项目文件管理流程、文件格式、编号、归档要求等；

b) 竣工图的编制单位、编制要求、审查流程和责任等；

c) 照片和音视频文件摄录的责任主体、阶段、节点、部位、内容、技术参数、归档要求等。

6.3 档案管理业务规范内容

建设单位档案管理业务规范中应包含但不限于下列内容：

a) 项目档案管理办法；

b) 档案分类方案；

c) 归档范围和档案保管期限表；

d) 整理编目细则。

6.4 纳入项目管理制度规范

建设单位在项目管理相关制度、规范中应提出档案管理的要求。

6.5 参建单位制度规范体系要求

参建单位项目部应制定与建设单位的要求相适应的项目文件管理制度和业务规范。

6.6 修订完善要求

建设单位和参建单位应适时对管理制度和业务规范进行修订完善。

7 项目文件管理

7.1 项目文件形成

7.1.1 项目前期文件、管理性文件应符合国家有关法律法规、相关行业的规定；工程技术文件应符合国家、行业有关技术规范和标准的规定。

7.1.2 重要活动及事件、原始地形地貌、建设过程中的工程形象进度、隐蔽工程、关键节点工序、重要部位、地质及施工缺陷处理、工程质量、安全事故、重要芯样等应形成照片和音视频文件。

7.1.3 项目文件应格式规范、内容准确、清晰整洁、编号规范、签字及盖章手续完备并满足耐久性要求。

7.1.4 归档的项目文件应为原件。因故用复制件归档时，应加盖复制件提供单位公章或档案证明章，确保与原件一致。

7.2 竣工图编制

7.2.1 竣工图的编制要求

7.2.1.1 工程竣工时应编制竣工图，竣工图一般由施工单位负责编制。

7.2.1.2 竣工图应完整、准确、规范、清晰、修改到位，真实反映项目竣工时的实际情况。

7.2.1.3 应将设计变更、工程联系单、技术核定单、洽商单、材料变更、会议纪要、备忘录、施工及质检记录等涉及变更的全部文件汇总后经监理审核，作为竣工图编制的依据。

7.2.1.4 竣工图应依据工程技术规范按单位工程、分部工程、专业编制，并配有竣工图编制说明和图纸目录。

竣工图编制说明的内容应包括：竣工图涉及的工程概况、编制单位、编制人员、编制时间、编制依据、编制方法、变更情况、竣工图张数和套数等。

7.2.1.5 按施工图施工没有变更的，由竣工图编制单位在施工图上逐张加盖并签署竣工图章（见附录 A 图 A.1）。

7.2.1.6 凡一般性图纸变更且能在原施工图上修改补充的，可直接在原图上修改，并加盖竣工图章。在修改处应注明修改依据文件的名称、编号和条款号，无法用图形、数据表达清楚的，应在图框内用文字说明。

7.2.1.7 有下述情形之一的均应重新绘制竣工图：

　　a）涉及结构形式、工艺、平面布置、项目等重大改变；

　　b）图面变更面积超过 20％；

　　c）合同约定对所有变更均需重绘或变更面积超过合同约定比例。

重新绘制竣工图按原图编号，图号末尾加注"竣"字，或在新图标题栏内注明"竣工阶段"。重新绘制竣工图图幅、比例和文字大小及字体应与原图一致。

7.2.1.8 施工单位重新绘制的竣工图，标题栏应包含施工单位名称、图纸名称、编制人、审核人、图号、比例尺、编制日期等标识项，并逐张加盖监理单位相关责任人审核签字的竣工图审核章（见附录 A 图 A.2）。

7.2.1.9 行业规定设计单位编制或建设单位、施工单位委托设计单位编制竣工图，应在竣工图编制说明、图纸目录上和竣工图上逐张加盖并签署竣工图审核章。

7.2.1.10 同一建筑物、构筑物重复的标准图、通用图可不编入竣工图中，但应在图纸目录中列出图号，指明该图所在位置并在竣工图编制说明中注明；不同建筑物、构筑物应分别编制竣工图。

7.2.1.11 建设单位应负责组织或委托有资质的单位编制项目总平面图和综合管线竣工图。

7.2.1.12 用施工图编制竣工图的，应使用新图纸，不得使用复印的白图编制竣工图。

7.2.1.13 竣工图章、竣工图审核章应使用红色印泥，盖在标题栏附近空白处。

7.2.1.14 竣工图应按 GB/T 10609.3 的规定统一折叠。

7.2.2 竣工图的审核和签署

7.2.2.1 竣工图编制完成后，监理单位应对竣工图编制的完整、准确、系统和规范情况进行审核。

7.2.2.2 竣工图章、竣工图审核章中的内容应填写齐全、清楚，应由相关责任人签字，不得代签；经建设单位同意，可盖执业资格印章代替签字。

7.2.2.3 涉外项目，外方提供的竣工图应由外方相关责任人签字确认。

7.2.3 竣工图套数

7.2.3.1 竣工图套数应满足项目建设单位、运行管理单位、有关部门或项目主管单位的需要。

7.2.3.2 竣工图套数应按合同条款约定和有关规定执行。

7.3 项目文件的收集与整理

7.3.1 收集

7.3.1.1 项目建设过程中形成的、具有查考利用价值的各种形式和载体的项目文件均应收集齐全。

7.3.1.2 建设单位应依据附录 B 的归档范围和保管期限表，结合项目建设内容、行业特点、管理模式等特征制定符合项目实际的归档范围和保管期限表。

7.3.1.3 项目文件在办理完毕后应及时收集，并实行预立卷制度。

7.3.2 整理

7.3.2.1 项目文件应由文件形成单位或部门进行整理。整理工作包括项目文件价值鉴定、分类、组卷、排列、编目、装订等内容。

7.3.2.2 项目文件整理应遵循项目文件的形成规律和成套性特点，保持卷内文件的有机联系，分类科学，组卷合理，便于保管和利用。

7.3.2.3 项目文件应依据归档范围进行鉴定，确定其是否归档。

7.3.2.4 项目文件应按照形成阶段、专业、内容等特征进行分类。

7.3.2.5 项目文件组卷。

项目前期文件、项目管理文件按事由结合时间顺序组卷，其中招标投标、合同文件按招标的标段、合同组卷，勘察设计文件按阶段、专业组卷；施工技术文件按单位工程、分部工程或装置、阶段、结构、专业组卷；信息系统开发文件按应用系统组卷；设备文件按专业、系统、台套组卷；监理（监造）文件按监理的合同标段、事由结合文种组卷；科研项目文件按科研项目（课题）组卷；生产准备、试运行、竣工验收文件按工程阶段、事由结合时间顺序组卷。

卷内文件一般印件在前，定稿在后；正件在前，附件在后；复文在前，来文在后；文字在前，图样在后。

7.3.2.6 项目案卷排列。

项目前期文件、项目管理性文件按主题、事由排列；施工文件按综合管理、施工技术支撑、施工（安装）记录、检测试验、评定验收排列；信息系统开发文件按需求、设计、实施、测试、运行、验收排列；设备文件按质量证明、开箱验收、随机文件、安装调试、检测试验和运行维修排列；监理（监造）文件按依据性、工作性文件顺序排列；科研项目文件按开题、方案论证、研究实验、阶段成果、结题验收排列；生产准备、试运行、竣工验收文件按主题、事由排列。

7.3.2.7 案卷编目、案卷装订、卷盒、表格规格及制成材料应符合 GB/T 11822 的规定。采用整卷装订的案卷，应对卷内文件连续编页号。

7.3.2.8 纸质照片的整理应符合 GB/T 11821 的规定；数码照片可参照 DA/T 50 的规定。

7.3.2.9 录音带、录像带等磁性载体文件的整理应符合 DA/T 15 的规定。

7.3.2.10 实物档案依据分类方案按件进行整理。芯样的整理应符合行业规范规定。

7.4 归档

7.4.1 项目文件应及时归档。前期文件在相关工作结束时归档；管理性文件宜按年度归档，同一事由产生的跨年度文件应在办结年度归档；施工文件应在项目完工验收后归档，建设周期长的项目可分阶段或按单位工程、分部工程归档；信息系统开发文件应在系统验收后归档；监理文件应在监理的项目完工验收后归档；科研项目文件应在结题验收后归档；生产准备、试运行文件应在试运行结束时归档；竣工验收文件在验收通过后归档。

7.4.2 归档文件质量应符合 7.1 和 7.2 的相关规定。

7.4.3 施工文件组卷完毕经施工单位自查后（实行总承包的项目，分包单位应先提交总承包单位进行审查），依次由监理单位、建设单位工程管理部门、建设单位档案管理机构进行审查；信息系统文件组卷完毕后提交监理单位、建设单位信息化管理部门、档案管理机构进行审查；监理文件和第三方检测文件组卷完毕并自查后，依次由建设单位工程管理部门和档案管理机构进行审查。每个审查环节均应形成记录和整改闭环。

7.4.4 建设单位各部门形成的文件组卷完毕，经部门负责人审查合格后，向建设单位档案管理机构归档。

7.4.5 归档单位（部门）应按建设单位档案管理机构要求，编制交接清册（含交接手续、档案数量、案卷目录），双方清点无误后交接归档。

8 项目档案管理

8.1 项目档案整理

8.1.1 建设单位应结合有关规定、行业特点和项目实际制定项目档案分类方案。档案分类方案应符合逻辑性、实用性、可扩展性的原则并保持相对稳定。

8.1.2 建设单位档案机构依据项目档案分类方案对全部项目档案进行统一汇总整理和排列上架。记录工程部位的音像档案，宜与该单位工程的纸质档案统一编号，与其他音像档案集中存放保管。

8.1.3 建设单位档案机构应编制项目档案案卷目录，并参照 DA/T 12 的规定建立项目档案管理卷。

8.2 项目档案的鉴定

8.2.1 建设单位档案机构应依据保管期限表对档案进行价值鉴定，确定其保管期限，同一卷内有不同保管期限的文件时，该卷保管期限应从长。

8.2.2 项目档案保管期限分为永久和定期两种，定期一般分为 30 年和 10 年。

8.3 项目档案的保管

8.3.1 建设单位和参建单位应为项目档案的安全保管提供必要的设施设备，确保档案安全。

8.3.2 建设单位档案库房应符合防火、防盗、防水、防潮、防高温、防紫外线照射、防尘、防有害生物（霉、虫、鼠）的要求。档案管理机构应建立档案库房管理制度，加强日常库房管理。

8.4 项目档案的利用

8.4.1 建设单位应建立档案利用制度，对利用的范围、对象、审批办法等做出规定。

8.4.2 利用档案原件一般在阅览室查阅，并反馈利用效果。

8.4.3 建设单位档案管理机构应根据项目建设和运行管理的需要编制必要的编研材料，如专题文件汇编、项目大事记、常用图集、专题研究等。

8.5 项目档案的统计

建设单位档案管理机构应对档案接收、保管、利用等情况进行统计并建立统计台账。

9 项目电子文件归档与电子档案管理

9.1 项目电子文件的归档

9.1.1 项目管理信息系统应当具备电子文件管理及归档功能，并能够对项目电子文件形成与流转实施有效控制，保障其真实、完整和安全；能够在形成、流转过程中及时跟踪、检查和补充与项目设计、设备、材料、施工等变更相关的项目电子文件及其元数据。

9.1.2 建设单位应当根据纸质文件归档范围，结合项目实际情况，确定项目电子文件归档范围。

9.1.3 项目电子文件形成部门负责电子文件的归档工作；档案管理机构负责项目电子文件归档的指导、协调和电子档案接收、保管、利用等工作。

9.1.4 项目电子文件在办理完毕后，应当按照归档要求实时收集完整；项目电子文件整理时，应当按照项目档案分类方案并参照7.3.2.5的规定分别组成多层级文件信息包，文件信息包应包含项目电子文件及过程信息、版本信息、背景信息等元数据。

9.1.5 项目电子文件归档一般采用物理归档。在纸质项目文件归档时采取在线归档或离线归档的方式向档案管理机构移交经过整理的项目电子文件，并在内容、格式、相关说明及描述上与纸质项目档案保持一致，且二者应建立关联。

9.1.6 项目电子文件应当采用符合国家标准或能够转换成符合国家标准的文件格式，利于信息共享和长期保存。项目电子文件归档保存的文件格式应符合国家规定的电子档案长期保存的格式要求。

9.1.7 项目电子文件完成整理后，由形成部门负责对文件信息包进行鉴定和检测，包括内容是否齐全完整、格式是否符合要求、与纸质或其他载体文件内容的一致性等。

9.1.8 项目电子文件信息包经过形成部门鉴定和检测后，由相关责任人确认归档，赋予归档标识。归档标识中应当含有归档责任人、归档时间、文件信息包名称等信息。

9.1.9 采取离线方式归档时，应将带有归档标识的电子文件拷贝至耐久性好的存储介质上，存储介质应设置成禁止写入的状态。存储介质的选择依次为光盘、磁带、硬磁盘等。

9.1.10 存储电子档案的介质或装具上应贴有标签，标签上应注明载体序号、类别号、案卷起止号、密级、保管期限、存入日期等。存储介质为光盘的，归档标签应符合DA/T 38的规定。

9.1.11 项目电子文件归档时应由档案管理机构进行检验，并填写《电子文件归档登记表》（格式参见GB/T 18894），检验合格后，办理交接手续。

9.1.12 图像电子文件、视频电子文件应主题突出、曝光准确、影像清晰。图像电子文件分辨率应达到300dpi以上，视频电子文件宜采用200万以上像素拍摄。

9.1.13 对反映同一内容的数码照片应选择有代表性的输出纸质照片。所选数码照片应主题鲜明，影像清晰、完整。

126

9.2 项目电子档案管理

9.2.1 项目电子档案可参照纸质档案的分类方案进行整理。

9.2.2 项目电子档案的保管、有效性保证、鉴定和利用应符合 GB/T 18894 的规定。

9.2.3 建设单位应建立项目电子档案管理系统，管理项目全部电子档案，系统应具备接收登记、分类组织、鉴定处置、权限控制、检索利用、安全备份、统计打印、移交输出、系统管理等基本功能。

9.2.4 接入内部网的项目档案信息管理系统，应建立操作日志，通过身份认证、访问控制、信息完整性校验、防火墙、入侵检测等技术手段和管理方法确保档案数据得到有效保护，防止因偶然或恶意的原因使网络数据遭到破坏、更改、泄露，杜绝网络系统上的信息丢失、篡改、失泄密、系统破坏等事故发生。

9.2.5 项目电子档案保存实行备份制度，重要电子档案应当异地异质备份。

9.2.6 在计算机软、硬件系统更新前或数据格式淘汰前，档案管理机构应将项目电子档案迁移到新的系统或进行格式转换，保证其真实、完整和在新环境中完全兼容。

9.2.7 项目电子档案失去保存价值后，应在履行销毁审批手续后，采取有效技术措施进行信息清除工作。属于保密范围的电子档案，其销毁应按国家保密法规实施。

9.3 项目档案数字化

9.3.1 数字化范围根据实际情况，可包含但不限于以下内容：项目立项、勘察设计、征地移民、合同协议、项目管理文件，重要隐蔽工程验收、缺陷处理文件、竣工图、单位工程验收、合同验收、竣工验收文件，重要设备文件等。

9.3.2 委托第三方进行数字化加工的建设项目，委托单位应与数字化加工单位签订保密协议，明确保密要求、责任及失泄密的处置措施。采取建立安防系统、加强数字化存储设备管理和数字化人员管理等措施，确保档案信息安全。

9.3.3 档案扫描、图像处理、图像存储、目录建库、数据挂接等应符合 DA/T 31 的规定。

10 项目档案移交

10.1 移交要求

竣工验收后，建设单位应按有关规定向运行管理单位及其他有关单位办理档案移交。

10.2 移交手续

项目档案移交时，应办理项目档案移交手续，包括档案移交的内容、数量、图纸张数等，并有完备的清册、签字等交接手续。

10.3 电子档案移交

项目电子档案的移交参照《电子档案移交与接收办法》的有关规定执行。

10.4 停、缓建移交

停、缓建的项目，档案由建设单位负责保存；建设单位撤销的，项目档案应向项目主管部门或有关档案机构移交。

附录 A

（规范性附录）

竣工图章、竣工图审核章式样

图 A.1 和图 A.2 给出了竣工图章、竣工图审核章的式样。

竣 工 图		
编制单位		
编制人	技术负责人	编制日期
监理单位		
专业监理工程师		审核日期

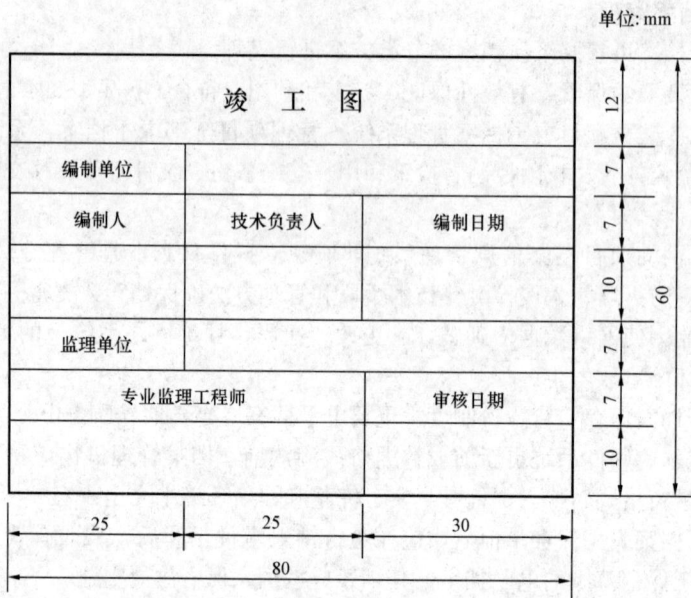

图 A.1　竣工图章式样

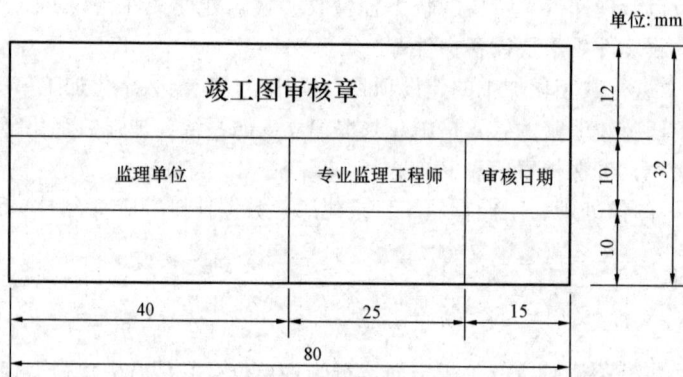

竣工图审核章		
监理单位	专业监理工程师	审核日期

图 A.2　竣工图审核章式样

附录 B

（规范性附录）

建设项目文件归档范围和保管期限表

表 B.1 给出了建设项目文件归档范围和保管期限。

表 B.1　建设项目文件归档范围和保管期限表

序号	归　档　文　件	保管期限
1	立项文件	
1.1	项目策划、筹备文件	永久
1.2	项目建议书、预可行性研究报告、可行性研究报告、初步设计及投资概算审批文件	永久
1.3	项目咨询、评估、论证文件	永久

序号	归 档 文 件	保管期限
1.4	项目审批、核准、备案申请报告及批复、补充文件、项目变更调整文件	永久
1.5	项目规划选址、环境影响、水土保持、职业安全卫生、节能、消防、建设用地用海、文物、地震安全性评价、压覆矿产资源、林地、水资源等专项报审和批复文件	永久
1.6	水、暖、电、气、通信、排水等审批、配套协议	永久
1.7	大宗原材料、燃料供应等协议	永久
2	招标投标、合同协议文件	
2.1	招标计划及审批文件，招标公告、招标书、招标修改文件、答疑文件、招标委托合同、资格预审文件	30
2.2	中标的投标书、澄清、修正补充文件	永久
2.3	未中标的投标文件（或作资料保存）	10年（或项目审计完成）
2.4	开标记录、评标人员签字表、评标纪律、评标办法、评标细则、打分表、汇总表、评审意见	30年
2.5	评标报告、定标文件、中标通知书	永久
2.6	市场调研、技术经济论证采购活动记录、谈判文件、询价通知书、响应文件，供应商的推荐、评审、确定文件，政府采购、竞争性谈判、单一来源采购协商记录、质疑答复	30年
2.7	合同准备、谈判、审批文件，合同书、协议书，合同执行、合同变更、合同索赔、合同了结文件、合同台账	永久
3	勘察、设计文件	
3.1	工程选址、地质、水文、勘察报告、地质图、地形图、化验、试验报告、重要土、岩样及说明	永久
3.2	地形、地貌、控制点、建筑物、构筑物及重要设备安装测量定位、观测监测记录	永久
3.3	气象、地震等其他设计基础资料	永久
3.4	总体规划论证、审批文件	永久
3.5	方案论证、设计及审批文件	永久
3.6	技术设计审查文件、招标设计报告及审查文件	永久
3.7	施工图设计审查文件、供图计划	永久
3.8	施工图、施工技术要求、设计通知、设计月报	30
3.9	技术秘密、专利文件	永久
3.10	特种设备设计计算书	30
3.11	关键技术设计、试验文件、设计接口及设备接口文件	永久
3.12	设计评价、鉴定	永久
4	征地、拆迁、移民文件	
4.1	建设用地评估报告、用地申请审批文件、征用土地协议、土地划拨、置换批准文件，建设征地规划设计报告及审查意见，建设规划用地许可证，国有土地使用证、海域（海岛）使用证、林权证、不动产权证等	永久
4.2	拆迁方案、拆迁评估、拆迁补偿、拆迁实施验收文件	永久

序号	归 档 文 件	保管期限
4.3	淹没实物指标调查材料，移民安置规划、方案及审批，移民补偿计划，移民安置合同协议，项目建设的招投标、合同、安置实施、项目验收文件，实物、资金补偿、决算、审计等移民资金管理文件，移民监理文件，移民安置验收文件	永久
4.4	建设前原始地貌、征地拆迁、移民安置音像材料	永久
5	项目管理文件	
5.1	项目建设管理组织机构成立、调整文件	永久
5.2	项目管理人员任免文件	永久
5.3	项目各项管理的管理制度、业务规范、工作程序，质保体系文件	永久
5.4	投资、质量、进度、安全、环保等计划、实施和调整、总结，重大设计变更申请、审核及批复文件	永久
5.5	贷款融资、工程概算、预算、差价管理、标底、合同价、竣工结算、竣工决算文件，审计文件	永久
5.6	合同中间结算审核及批准文件，财务计划及执行、年度计划及执行、年度投资报告	30
5.7	交付使用的固定资产、流动资产、无形资产、递延资产清册	永久
5.8	质量、安全、环保、文明施工等专项检查考核文件、履约评价文件，质量监督、安全监督文件	30
5.9	重要领导视察、重要活动及宣传报道材料	永久
5.10	项目管理重要会议文件、年度工作总结	永久
5.11	监管部门制发的重要工作依据性文件，涉及法律事务文件	永久
5.12	组织法律法规、标准规范、制度程序宣贯培训文件，信息化工作文件	10
5.13	通知、通报等日常管理性文件，一般性来往函件	30
5.14	获得奖项、荣誉、先进人物等材料	永久
6	施工文件	
6.1	建筑施工文件	
6.1.1	施工项目部组建、印章启用、人员任命文件，进场人员资质报审文件，施工设备仪器进场报审文件、设备仪器校验、率定文件，开工报告、项目划分、工程技术要求、技术（安全）交底、图纸会审文件	永久
6.1.2	施工组织设计、施工方案及报审文件，施工计划、施工技术及安全措施、施工工艺及报审文件	永久
6.1.3	工地实验室成立、资质、授权文件，外委试验协议、资质文件，原材料及构配件出厂证明、质量鉴定、复试报告及报审文件，试验检验台账	30
6.1.4	见证取样记录、砂浆、混凝土试验记录及报告，钢筋连接接头试验报告，工艺试验方案、试验成果报告，锚杆检测报告、地基承载力检测记录及报告，压实度检测记录及报告，桩身及桩基检测报告，防水渗漏试验检查记录，节能保温测试记录、室内环境检测等技术试验检测记录和报告，成品及半成品试验检验台账等。	永久
6.1.5	设计变更通知、变更洽商单、材料代用核定审批、技术核定单、工程联系单、备忘录、工程变更台账	永久
6.1.6	交桩记录，施工定位、测量放线记录及报审文件	永久

序号	归 档 文 件	保管期限
6.1.7	施工勘察报告、岩土试验报告、地基验槽记录、工程地基处理记录等	永久
6.1.8	各类工程记录及测试、监测记录、报告	永久
6.1.9	质量检查、评定文件,事故处理报告、缺陷处理记录及台账	永久
6.1.10	隐蔽工程检查验收记录、交工验收记录、验收评定、验收评定台账	永久
6.1.11	竣工图及竣工图编制说明	永久
6.1.12	施工日志、月报、年报,大事记	30
6.1.13	施工总结、完工报告、交工报告、验收证书、遗留问题清单	永久
6.1.14	施工音像材料	永久
6.2	设备及管线安装施工文件	
6.2.1	施工项目部组建、印章启用、人员任命文件,进场人员资质报审文件,施工设备仪器进场报审文件、设备仪器校验、率定文件,开工报告、项目划分、工程技术要求、技术(安全)交底、图纸会审文件	永久
6.2.2	施工组织设计、施工方案及报审文件,施工计划、施工技术及安全措施、施工工艺及报审文件	永久
6.2.3	工地实验室成立、资质、授权文件,外委试验协议、资质文件,原材料及构配件出厂证明、质量鉴定、复试报告及报审文件,试验检验台账	30
6.2.4	设计变更通知、变更洽商单、材料、零部件、设备代用审批、技术核定单、工程联系单、备忘录、工程变更台账	永久
6.2.5	焊接工艺评定报告、焊接试验记录、报告,施工检验记录、报告,探伤检测、测试记录、报告,管道单线图(管段图)	永久
6.2.6	强度、密闭性等试验检测记录、报告,联动试车方案、记录、报告	30
6.2.7	隐蔽工程检查验收记录、交工验收记录、验收评定、验收评定台账	永久
6.2.8	管线标高、位置、坡度测量记录	永久
6.2.9	管线清洗、试压、通水、通气、消毒等记录	30
6.2.10	安装记录、安装质量检查、评定,事故处理报告、缺陷处理记录及台账	永久
6.2.11	竣工图及竣工图编制说明	永久
6.2.12	施工日志、月报、年报,大事记	30
6.2.13	施工总结、完工报告、交工报告、验收证书、遗留问题清单	永久
6.2.14	施工音像材料	永久
6.3	电气、仪表安装施工文件	
6.3.1	施工项目部组建、印章启用、人员任命文件,进场人员资质报审文件,施工设备仪器进场报审文件、设备仪器校验、率定文件,开工报告、项目划分、工程技术要求、技术(安全)交底、图纸会审文件	永久
6.3.2	施工组织设计、施工方案及报审文件,施工计划、施工技术及安全措施、施工工艺及报审文件	永久
6.3.3	工地实验室成立、资质、授权文件,外委试验协议、资质文件,原材料及构配件出厂证明、质量鉴定、复试报告及报审文件,试验检验台账	30

序号	归 档 文 件	保管期限
6.3.4	设计变更通知、变更洽商单、材料、零部件、设备代用审批、技术核定单、工程联系单、备忘录、工程变更台账	永久
6.3.5	绝缘、接地电阻等性能测试、校核	30
6.3.6	材料、设备明细表及检验记录、施工安装记录、质量检查评定、电气试验检验台账	永久
6.3.7	系统调试方案、记录、报告，电气装置交接记录	30
6.3.8	交工验收记录、质量评定、验收评定台账、事故处理报告、缺陷处理记录及台账	永久
6.3.9	竣工图及竣工图编制说明	永久
6.3.10	施工日志、月报、年报，大事记	30
6.3.11	施工总结、完工报告、交工报告、验收证书、遗留问题清单	永久
6.3.12	施工音像材料	永久
7	信息系统开发文件	
7.1	设计开发文件	
7.1.1	需求调研计划、需求分析、需求规格说明书、需求评审	30
7.1.2	设计开发方案、概要设计及评审、详细设计及评审文件	30
7.1.3	数据库结构设计、编码计划、代码编写规范、模块开发文件信息资源规划、数据库设计、应用支撑平台、应用系统设计、网络设计、处理和存储系统设计、安全系统设计、终端、备份、运维系统设计文件	30
7.1.4	信息系统标准规范	10
7.2	实施文件	
7.2.1	实施计划、方案及批复文件、源代码及说明、代码修改文件、网络系统、二次开发支持文件、接口设计说明书	30
7.2.2	程序员开发手册、用户使用手册、系统维护手册	30
7.2.3	安装文件、系统上线保障方案，测试方案及评审意见、测试记录、报告，试运行方案、报告	30
7.3	信息安全评估、系统开发总结、验收交接清单、验收证书	30
8	设备文件	
8.1	工艺设计、说明、规程、试验、技术报告	永久
8.2	自制专用设备任务书、设计、检测、鉴定	永久
8.3	设备设计文件、出厂验收、商检、海关文件	永久
8.4	设备、材料装箱单、开箱记录、工具单、备品备件单	30
8.5	设备台账、备品备件目录、设备图纸，设备制造检验检测、出厂试验报告、产品质量合格证明、安装及使用说明、维护保养手册	永久
8.6	设备制造探伤、检测、测试、鉴定的记录、报告	永久
8.7	设备变更、索赔文件	永久
8.8	设备质保书、验收、移交文件	永久
8.9	特种设备生产安装维修许可、监督检验证明、安全监察文件	永久
8.10	设备运行使用、检修维护文件	永久

序号	归 档 文 件	保管期限
9	监理文件	
9.1	监理（监造）项目部组建、印章启用、监理人员资质，总监任命、监理人员变更文件	永久
9.2	施工监理文件	
9.2.1	监理大纲、监理规划、监理实施细则	永久
9.2.2	施工单位资质报审，施工管理人员、特种作业人员报审，施工设备仪器报审	永久
9.2.3	施工组织设计、施工方案、专项措施报审，施工计划进度、延长工期报审，开工、复工报审，开工令、暂停令、复工令	永久
9.2.4	原材料、构配件、设备报验	30
9.2.5	单元工程检查及开工签证、分部分项工程质量验收，混凝土开盘鉴定（开仓签证）、混凝土浇灌申请批复	30
9.2.6	监理检查、复检、实验记录、报告	30
9.2.7	旁站记录、见证取样、平行检验、抽检文件，质量缺陷、事故处理、安全事故报告	永久
9.2.8	测量控制成果报验及复核文件，质量、施工文件等检查报验，质量检查评估报告、阶段验收、竣工验收监理文件	永久
9.2.9	工程计划、实施、分析统计、完成报表	30
9.2.10	工程计量、支付审批、工程变更审查、索赔文件	永久
9.2.11	监理通知单、回复单、工作联系单、来往函件	永久
9.2.12	监理例会、专题会等会议纪要、备忘录	永久
9.2.13	监理日志、月报、年报	30
9.2.14	监理工作总结、质量评估报告、专题报告	永久
9.3	设备监造文件	
9.3.1	监理大纲、监理规划、监理实施细则	永久
9.3.2	设备制造单位质量管理体系报审，设备制造的计划、延长工期报审，开工、复工报审，工艺方案、控制节点、检验计划报审	30
9.3.3	原材料、外购件等质量证明文件报审，分包单位资格报审文件，试验、检验记录及报告	30
9.3.4	开工令、暂停令、复工令	永久
9.3.5	监造通知单、回复单、工作联系单，来往函件	永久
9.3.6	变更报审	永久
9.3.7	关键工序、零部件旁站记录、见证取样、平行检验、独立抽检文件	30
9.3.8	质量缺陷、事故处理、安全事故报告	永久
9.3.9	设备制造支付、造价调整、结算审核、索赔文件	永久
9.3.10	监造例会、专题会会议纪要、备忘录、来往文件、报告	永久
9.3.11	设备出厂验收、交接文件	永久
9.3.12	监造日志、月报、年报	永久
9.3.13	设备监造工作总结、专题报告	永久
9.4	监理（监造）工作音像材料	永久

序号	归 档 文 件	保管期限
10	科研项目文件	
10.1	科研项目（技术咨询服务）立项文件，科研项目计划、批准文件	永久
10.2	科研项目（技术咨询服务）合同、协议、任务书	永久
10.3	研究方案、计划、调查研究、开题报告	永久
10.4	试验方案、记录、图表、数据、照片、音像	永久
10.5	实验计算、分析报告、阶段报告	永久
10.6	实验装置及特殊设备图纸、工艺技术规范说明书	30
10.7	实验操作规程、事故分析报告	30
10.8	技术评审、考察报告、研究报告、结题验收报告，会议文件	永久
10.9	成果申报、鉴定、获奖及推广应用材料	永久
10.10	获得的专利、著作权等知识产权文件	永久
11	生产技术准备、试运行文件	
11.1	技术准备计划、方案及审批文件	永久
11.2	试生产、试运行管理、技术规程规范	30
11.3	试生产、试运行方案、操作规程、作业指导书、运行手册、应急预案	30
11.4	试车、验收、运行、维护记录	30
11.5	试生产产品质量鉴定报告	30
11.6	缺陷处理、事故分析记录、报告	永久
11.7	试生产工作总结、试运行考核报告	永久
11.8	技术培训材料	10
11.9	产品技术参数、性能、图纸	永久
11.10	环保、水保、消防、职业安全卫生等运行检测监测记录、报告	10
12	竣工验收文件	
12.1	项目各项管理工作总结	永久
12.2	设计工作报告、监理工作报告、施工管理报告、采购工作报告、总承包管理报告、建设管理报告、运行管理报告	永久
12.3	项目安全鉴定报告、质量检测评审鉴定文件、质量监督报告	永久
12.4	同行评估报告、阶段验收文件	永久
12.5	环境保护、水土保持、消防、职业安全卫生、档案、移民安置、规划、人防、防雷等专项验收申请及批复文件，决算审计报告	永久
12.6	竣工验收大纲、验收申请、验收报告	永久
12.7	验收组织机构、验收会议文件、签字表，验收意见、备忘录、验收证书	永久
12.8	验收备案文件、运行申请、批复文件、运行许可证书	永久
12.9	项目评优报奖申报材料、批准文件及证书	永久
12.10	项目后评价文件	永久
12.11	项目专题片、验收工作音像材料	永久

③ 重大建设项目档案验收办法

（国家档局 档发〔2006〕2号）

第一章 总 则

第一条 为加强重大建设项目档案管理工作，确保重大建设项目档案的完整、准确、系统和安全，根据《中华人民共和国档案法》和国家有关规定制定本办法。

第二条 本办法适用于各级政府投资主管部门组织或委托组织进行竣工验收的固定资产投资项目（以下简称项目）。

本办法所称各级政府投资主管部门是指各级政府发展改革部门和具有投资管理职能的经济（贸易）部门。

第三条 项目档案是项目建设、管理过程中形成的，具有保存价值的各种形式的历史记录。

第四条 项目档案验收是项目竣工验收的重要组成部分。未经档案验收或档案验收不合格的项目，不得进行或通过项目的竣工验收。

第五条 项目建设单位（法人）应将项目档案工作纳入项目建设管理程序，与项目建设实行同步管理，建立项目档案工作领导责任制和相关人员岗位责任制。

第二章 验 收 组 织

第六条 项目档案验收的组织：

（一）国家发展和改革委员会组织验收的项目，由国家档案局组织项目档案的验收。

（二）国家发展和改革委员会委托中央主管部门（含中央管理企业，下同）、省级政府投资主管部门组织验收的项目，由中央主管部门档案机构、省级档案行政管理部门组织项目档案的验收，验收结果报国家档案局备案。

（三）省以下各级政府投资主管部门组织验收的项目，由同级档案行政管理部门组织项目档案的验收。

（四）国家档案局对中央主管部门档案机构、省级档案行政管理部门组织的项目档案验收进行监督、指导。项目主管部门、各级档案行政管理部门应加强项目档案验收前的指导和咨询，必要时可组织预检。

第七条 项目档案验收组的组成：

（一）国家档案局组织的项目档案验收，验收组由国家档案局、中央主管部门、项目所在地省级档案行政管理部门等单位组成。

（二）中央主管部门档案机构组织的项目档案验收，验收组由中央主管部门档案机构及项目所在地省级档案行政管理部门等单位组成。

（三）省级及省以下各级档案行政管理部门组织的项目档案验收，由档案行政管理部门、项目主管部门等单位组成。

（四）凡在城市规划区范围内建设的项目，项目档案验收组成员应包括项目所在地的城建档案接收单位。

（五）项目档案验收组人数为不少于5人的单数，组长由验收组织单位人员担任。必要时可邀请有关专业人员参加验收组。

第三章 验 收 申 请

第八条 项目建设单位（法人）应向项目档案验收组织单位报送档案验收申请报告，并填报《重大建设项目档案验收申请表》（附件1）。项目档案验收组织单位应在收到档案验收申请报告的10个工作日内作出答复。

第九条 申请项目档案验收应具备下列条件：

（一）项目主体工程和辅助设施已按照设计建成，能满足生产或使用的需要；

（二）项目试运行指标考核合格或者达到设计能力；

（三）完成了项目建设全过程文件材料的收集、整理与归档工作；

（四）基本完成了项目档案的分类、组卷、编目等整理工作。

第十条 项目档案验收前，项目建设单位（法人）应组织项目设计、施工、监理等方面负责人以及有关人员，根据档案工作的相关要求，依照《重大建设项目档案验收内容及要求》（附件2）进行全面自检。

第十一条 项目档案验收申请报告的主要内容包括：

（一）项目建设及项目档案管理概况；

（二）保证项目档案的完整、准确、系统所采取的控制措施

（三）项目文件材料的形成、收集、整理与归档情况，竣工图的编制情况及质量状况；

（四）档案在项目建设、管理、试运行中的作用；

（五）存在的问题及解决措施。

第四章 验 收 要 求

第十二条 项目档案验收应在项目竣工验收3个月之前完成。

第十三条 项目档案验收以验收组织单位召集验收会议的形式进行。

第十四条 项目档案验收组全体成员参加项目档案验收会议，项目的建设单位（法人）、设计、施工、监理和生产运行管理或使用单位的有关人员列席会议。

第十五条 项目档案验收会议的主要议程包括：

（一）项目建设单位（法人）汇报项目建设概况、项目档案工作情况；

（二）监理单位汇报项目档案质量的审核情况；

（三）项目档案验收组检查项目档案及档案管理情况；

（四）项目档案验收组对项目档案质量进行综合评价；

（五）项目档案验收组形成并宣布项目档案验收意见。

第十六条 检查项目档案，采用质询、现场查验、抽查案卷的方式。抽查档案的数量应不少于100卷，抽查重点为项目前期管理性文件、隐蔽工程文件、竣工文件、质检文件、重要合同、协议等。

第十七条 项目档案验收应根据DA/T 28—2002《国家重大建设项目文件归档要求与档案整理规范》，对项目档案的完整性、准确性、系统性进行评价。

第十八条 项目档案验收意见的主要内容包括：

（一）项目建设概况；

（二）项目档案管理情况，包括：项目档案工作的基础管理工作，项目文件材料的形成、收集、整理与归档情况，竣工图的编制情况及质量，档案的种类、数量，档案的完整性、准确性、系统性及安全性评价，档案验收的结论性意见；

（三）存在问题、整改要求与建议。

第十九条 项目档案验收结果分为合格与不合格。项目档案验收组半数以上成员同意通过验收的为合格。

第二十条 项目档案验收合格的项目，由项目档案验收组出具项目档案验收意见。

第二十一条 项目档案验收不合格的项目，由项目档案验收组提出整改意见，要求项目建设单位（法人）于项目竣工验收前对存在的问题限期整改，并进行复查。复查后仍不合格的，不得进行竣工验收，并由项目档案验收组提请有关部门对项目建设单位（法人）通报批评。造成档案损失的，应依法追究有关单位及人员的责任。

第五章 附 则

第二十二条 本办法由国家档案局负责解释。

第二十三条 其他建设项目的档案验收工作，可参照本办法执行。

第二十四条 本办法自颁布之日起施行。

④ 城市建设档案归属与流向暂行办法

（国家档局 档发〔1997〕20 号）

第一章 总 则

第一条 为了合理确定城市建设档案的归属和流向，更好地为城市建设和有关工作服务，根据《中华人民共和国档案法》和《全国档案馆设置原则和布局方案》等有关法规，制定本办法。

第二条 城市建设档案是指在城市规划、建设及其管理工作中形成的应当归档保存的文字、图表、声像等各种载体的文件材料。

第三条 城市建设档案产生于城市规划区内进行建设的单位（包括各类机关、团体、企业事业单位），形成于建设工程的全过程及其有关的部门（如气象、土地、环保、房地产等）。城市建设档案的归属和流向由国家档案行政管理部门统筹规划与协调。各有关部门单位根据本办法做好城市建设档案的保管、报送和接收工作。

第二章 城市建设档案归属和流向

第四条 城市建设档案归属和流向的原则是：

（一）符合国家有关档案归属、流向的整体规划和要求；

（二）有利于城市规划、建设及其管理的需要；

（三）保障档案形成单位的凭证依据和日常工作的需要。

第五条 城市建设档案馆的接收范围

（一）城市勘测、规划档案

（1）勘察：编制城市规划所必要的工程地质、水文地质普查及详细成果副本。

（2）测绘：编制城市规划所必要的控制测量、地形测量、摄影测量、工程测量成果副本，城市地形图和地下管线图。

城市地下管网普查、补测成果档案。

（3）规划：城市规划行政主管部门形成的经城市人民政府批准的总体规划、分区规划、详细规划和各专业规划文件材料。

（4）规划管理：城市规划行政主管部门形成的有关城市建筑管理、管线管理等文件材料。

（二）城市基础设施建筑工程档案

（1）道路：城市主要道路、广场、停车场和重要公路的工程档案材料及道路图。

（2）桥涵：城市永久性桥梁、立体交叉高架路、人行过街桥（道）、重要涵洞、隧洞、隧道的工程档案材料及桥涵分布图。

（3）排水：城市污、雨水排除及污水处理工程档案材料及管网现状图。

（4）供水：城市取水、输水、净水和配水设施档案材料及管网现状图。

（5）燃气：城市煤气、液化石油气、天然气等工程档案材料及输气管网现状图。

（6）供热：城市集中供热工程、热力管道工程档案材料及热力管网现状图。

（7）照明：城市路灯线网系统图、照明设施分布图。

（8）城市园林绿化、风景名胜。

1）公园、动物园、植物园规划设计，改建变迁资料，风景名胜、古建筑等的总平面图，地下管线综合布置图，历史记载材料及照片，主要建筑物、构筑物现状图及修缮记录。

2）城市依托大自然环境绿化规划和实施计划，城市绿地系统规划及实施建设情况，风景名胜区保护、发展规划及分布图。

3）古树名木统计表，位置、情状描述、价值、意义论证，保护、复状历史记载材料及照片。

4）文物古迹、纪念性建筑及名人故居的照片、现状图、历史记载材料和修缮记录。

5）城市标志性设施、观赏游览设施及雕塑的照片等有关材料。

（9）城市市容环境卫生工程：各种环卫设施分布图、规划图和重要市容环卫工程档案材料。

（10）城市防灾：防洪防灾规划、城市河道水系图、防洪工程设施分布图和防洪设施工程档案材料、城市防洪历史档案材料，其他防灾有关档案材料。

（11）城市人防工程：按国家人民防空办公室、国家档案局《人民防空档案管理暂行规定》第七条的规定办理。

（三）城市交通、电力、邮电档案

（1）铁路。

1）城市规划区范围内区段站以上的客、货运站，编组站及工厂厂房的总平面布置图，地下管线径路图和竣工验收报告。

2）城市规划区的桥梁总平面位置图，平面、立面的竣工图及有关说明；线路、隧道的总平面位置图，横纵断面标准图及有关说明。

（2）民航机场：民航机场位置图、总平面图，综合管线竣工总图，净空图，竣工验收报告；航站楼建筑工程按工业建筑工程档案接收范围办理。

（3）港口：港口位置图、总平面图，综合管线竣工图，竣工验收报告；客（货）运站建筑工程档案按工业建筑工程档案接收范围办理。

（4）公共交通：汽车、电车、出租汽车场站设施工程及线网布置档案材料；地铁工程档案材料；轮渡码头、索道、缆车等设施工程档案材料。

（5）主要长途汽车客运站的工程档案材料按民用建筑工程档案接收范围办理。

（6）城市供电。

1）电源：电厂总平面图、主要建筑物建筑竣工图、厂区外综合管网竣工图，竣工验收报告。

2）电网：变电工程主要建筑物建筑竣工图、供电、配电线路平面图、线路地理结线图。

（7）城市邮政、电信。

1）邮政、电信枢纽建筑工程档案按民用建筑工程档案接收范围办理。

2）微波站位置及空中通道图，短波收发讯台位置图，地下、地面站位置图，市区内市话、长途明线杆路图；邮政运输地下通道位置图和管线道路工程有关的文字材料。

（四）城市民用、工业建筑工程档案

（1）民用建筑（根据本城市具体情况）。

1）居住建筑工程的总平面图、综合管线竣工图、项目审批、设计说明、工程地质报告和竣工验收文件材料，不同时期典型住宅和各种住宅标准图。

2）公共建筑、行政办公、旅游、外事、科技、文娱、教育、宣传、出版、体育、医疗卫生、商业服务、广播电视、金融保险等重要建筑工程的总平面图及综合管线竣工图、内部主要建筑物竣工图、工程地质报告和竣工验收结论性文件材料。

（2）工业建筑。

1）大中型工厂、矿山、仓储企业的总平面图及综合管线竣工图，主要建筑物的建筑竣工图，竣工验收报告。与全市人民生活关系密切的粮食、副食加工等工业建筑物、构筑物工程档案材料。

2）国防工业企业的厂区总平面图及厂区与外界相连的地下管线竣工图。厂外建筑工程按民用建筑工程档案接收范围办理。

（五）军事工程档案资料按《军事设施保护法》办理。

（六）城市建设系统科研、设计档案

（1）城市建设科研的重要科研成果、获奖项目档案材料。

（2）城市重要市政、公用设施及反映城市主要面貌的重要公共建筑物、典型居住建筑工程设计档案材料。

第六条　城市建设档案馆可收集城市建设、规划行政主管部门在城市建设管理中形成的有关城市建设基础资料：

（一）城市历史资料包括城市历史沿革、历史文化遗迹、地名、各项建设事业和设施发展史等资料。

（二）城市自然资料包括气象、水文、地质、地震等资料。

（三）城市技术经济资料包括城市经济、人口、自然资源、环境、交通、文化教育、科研、卫生、体育、工矿、企事业的现状及发展等统计资料。

（四）有关城市建设的方针、政策、法规、计划文件资料、统计资料及设计、科研、施工等技术规程规范、专业论著等资料。

第七条　产生城市建设档案的各单位，除按本办法第五条所列范围向城建档案馆报送外，应根据国家有关规定，做好本单位城市建设档案的收集、整理、保管和利用工作。

第三章　城市建设档案的报送与接收要求

第八条　城市建设档案的报送。

根据本办法所确定的范围，城市规划区内有关单位应向当地城市建设档案馆报送有关城市建设档案。凡属规划、市政公用及管理方面的，由主管部门负责报送；凡属基本建设项目（工程）方面的，由建设单位负责报送；凡属城市建设系统科研、设计以及地下管网普查、补测等方面的，由承担任务部门或单位负责报送。

第九条　城市建设档案的接收。

各大中城市城市建设档案馆依据本办法确定的范围，负责接收本城市规划区范围内有关城市建设档案，收集有关城市建设的基础资料。城市建设档案馆接收本办法范围以外的档案应报请当地档案行政管理部门批准；涉及中央主管部门驻地方单位的，由国家档案行政管理部门统筹规划、协调。

第十条 城市建设档案的报送时间。

凡属新建项目（工程）应在项目（工程）竣工验收后 6 个月内，向城市建设档案馆报送；地下管网普查、补测应在工作结束后及时向城市建设档案馆报送；其他城市建设档案应自形成之日起 5 至 10 年向城市建设档案馆报送。

第十一条 向城市建设档案馆报送城市建设的案卷质量，由报送单位（部门）负责，按国家标准 GB/T 11822—2008《科学技术档案案卷构成的一般要求》进行整理。案卷（卷盒）封面和脊背可不填写，由城市建设档案统一分类、编号并填写。

第十二条 本办法第五条内容中涉及工程前期管理性文件材料的原件，应保存在档案形成单位；城市建设档案馆接收副本或复制件。

第十三条 城市建设档案的报送与接收应办理交换手续，明确移交档案的内容、卷（册）和页数，并有完备的签字验收手续和利用权限、保管期限等说明。

第十四条 报送单位应对所报送的城市建设档案建立目录清单，并根据其变更情况（改建、扩建和补测）及时向城市建设档案馆补报有关变更内容；城市建设档案馆接到变更内容后应及时对有关文件进行修改。

第十五条 开发区基本建设档案依照国家档案局、国务院特区办、国家科委联合颁布的《开发区档案管理暂行规定》执行。

第十六条 城市建设档案的报送与接收由档案行政管理部门进行监督、协调。对违反本办法的单位和部门，由县以上档案行政管理部门依照《中华人民共和国行政处罚法》和《中华人民共和国档案法》给予处罚。

第四章 附　　则

第十七条 各地区、各城市已制定的城市建设档案馆接收档案范围的规定和内容与本办法不符的，以本办法为准。

第十八条 各省、自治区、直辖市档案行政管理部门可根据本办法制定实施细则。

第十九条 本办法由国家档案局负责解释。

第二十条 本办法自发布之日起施行。

⑤ 开发利用科技档案所创经济效益计算方法的规定（试行）

（国家档局　档发〔1994〕13 号）

第一章 总　　则

第一条 根据《中华人民共和国档案法》、国务院批准的《科学技术档案工作条例》、国家档案局和财政部联合发布的《开发利用科学技术档案信息资源暂行办法》，特制定本规定。

第二条 科学技术是第一生产力，科技档案是科学技术的重要载体，开发利用科技档案是促进科技成果转化为现实生产力的主要手段。计算开发利用科技档案所创经济效益，目的在于定量分析、科学评价科技档案在经济建设中的地位和作用。

第三条 开发利用科技档案所创经济效益，是指针对本单位及社会有关方面的需求，通过信息加工、报道交流、技术转让、技术咨询以及日常提供利用等方式，奖科技档案中蕴藏的科技信息发掘出来，应用于经济建设之口所创造出来的经济效益。

第四条 凡开发利用科技档案所创经济效益，均按本规定进行计算，并作为档案事业统计的依据。各有有财务部门应予承认。

第五条 各部门、各单位对开发利用科技档案创造显著经济效益的集体和个人，应按有关规定予以奖励。

第二章 计 算 原 则

第六条 开发利用科技档案在各方面和各环节所创的经济效益，凡能计算的都应计算。具体计算可按项、按次分别进行。

第七条 开发利用科技档案报创经济效益，应以不同行业的经济效益计算方法和计量单位为基础，并从实际出发，确定科技档案在经济建设中的作用程序，合理地计算。

第八条 开发利用科技档案所创经济效益的计算数据，要准确可靠；计算方法，要科学合理，简便易行。

第三章 计 算 方 法

第九条 为合理计算开发利用科技档案所创经济效益，正确评价科技档案对科研、生产和建设工作所创经济效益的作用程度，本方法采用科技档案作用系数 α 值来表示，α 值的具体确定方法，详见附件。

第十条 开发利用科技档案所创经济效益的类型是多种多样的，本计算方法只对各行业有共性的常用的类型规定出计算公式。

第十一条 开发利用科技档案所创经济效益的通用计算方法。

开发利用科技档案所创经济效益（J）等于科技档案作用系数（α）乘以某项科技措施获得的全部经济收入（S）减去开发利用科技档案的成本费用（C）（以下简称成本）。公式为

$$J = \alpha S - C$$

第十二条 利用科技档案起凭证作用，避免、减少损失或增加收入所获得的经济效益的计算方法。

利用科技档案起凭证作用，避免、减少损失或增加收入所创经济效益（J_1）等于科技档案作用系数（α）乘以避免、减少的经济损失或增加收入值（B），减去成本（C）。公式为

$$J_1 = \alpha B - C$$

第十三条 技术转让或科技成果推广中，开发利用科技档案所创经济效益的计算方法。

技术转让或科技成果推广中开发利用科技档案所创经济效益（J_2）等于科技档案作用系数（α）乘以技术转让或科技成果推广获得的经济效益（Z）减去成本（C）。公式为

$$J_2 = \alpha Z - C$$

第十四条 设计工作中复用科技档案所创经济效益的计算方法分两种情况考虑。

第一种情况，开发利用科技档案节省设计工作量所创经济效益（J_3）等于科技档案作用系数（α）乘以复用图纸张数（F）再乘以设计每张图所需标准工作日（T）再乘以设计工作日单价（D），然后减去成本（C）。（以张计算）公式为

$$J_3 = \alpha F T D - C$$

第二种情况，某项设计复用科技档案所创经济效益（J_4）等于科技档案作用系数（α）乘

以某项设计收入的金额（E），然后减去成本（C）。（以设计项目计算）公式为

$$J_4 = \alpha E - C$$

第十五条 开发利用科技档案节约原材料或节约能源所创经济效益的计算方法。

开发利用科技档案节约原材料或节约能源所创经济效益（J_5）等于科技档案作用系数（α）乘以节约原材料或能源的数量（M）再乘以原材料或能源的单价（D），然后减去成本（C）。公式为

$$J_5 = \alpha MD - C$$

第十六条 开发利用科技档案使产品提前投产、设备维修提前使用或工程提前竣工所创经济效益的计算方法。

开发利用科技档案使产品提前投产、设备维修提前使用或工程提前竣工所创经济效益（J_6）等于科技档案作用系数（α）乘以提前的时间（T）再乘以单位时间创造的经济收入（S），然后减去成本。公式为

$$J_6 = \alpha TS - C$$

第十七条 开发利用科技档案增加产量所创经济效益的计算方法。

开发利用科技档案增加产量所创经济效益（J_7）等于科技档案作用系数（α）乘以增加产量数（Q）再乘以单位产品净收入（D），然后减去成本（C）。公式为

$$J_7 = \alpha Q D - C$$

第十八条 开发利用科技档案提高产品质量所创经济效益的计算方法。

开发利用科技档案提高产品质量所创经济效益（J_8）等于科技档案作用系数（α）乘以提高质量的产品产量（Q）再乘以提高质量后产品单价（D_2）与提高质量前产品单价（D_1）之差（$D_2 - D_1$），然后减去成本（C）。公式为

$$J_8 = \alpha Q (D_2 - D_1) - C$$

第十九条 开发利用科技档案扩大经营销售所创经济效益的计算方法。

开发利用科技档案扩大经营销售所创经济效益（J_9）等于科技档案作用系数（α）乘以扩大经营销售所获的总收入（W）减去成本（C）。公式为

$$J_9 = \alpha W - C$$

第二十条 开发利用科技档案所创经济效益的总和的计算方法。

开发利用科技档案所创经济效益的总和（J_n）等于各开发利用科技档案项目所创经济效益（J_i）之和。公式为

$$J_n = \sum_{n_i=1}^{n} J_i$$

第四章　数据资料的收集和统计

第二十一条 建立健全开发利用科技档案所创经济效益反馈登记制度。凡开发利用科技档案时，要逐次逐项进行登记，注意从科技档案产生作用的各个环节和有关部门去收集经济效益数据，数据要详细具体，并注意做好日常积累。

第二十二条 建立健全开发利用科技档案所创经济效益的统计制度，所统计的数据要求按本方法进行准确计算。

第五章　附　　则

第二十三条 本规定适用于行业开发利用科技档案所创经济效益的计算，本规定未包括的

类型，各行业可自行制定计算方法，报国家档案局备案。

第二十四条 本规定中的开发利用成本 C 值，规定为在开发利用某项科技档案过程中所支付的调研费用、编辑加工费，以及复制费等的总和。

第二十五条 本规定由国家档案局负责解释。

第二十六条 本规定自发布之日起施行。

附件：

α 值 的 确 定

α 是为了合理计算和正确评价开发利用科技档案对科研、生产、建设工作所创经济效益的作用程度而采用的，称为科技档案的作用系数。α 不是一个常数，它是随着开发利用科技档案的内容、目的、条件与作用效果等不同而取不同的值，α 值是在从 0 到 1 区间变动着的，即 $0 < \alpha \leqslant 1$。

α 值的确定，应本着宜粗不宜细，宜简不宜繁的原则来确定。

一、α 值的计算方法

α 值一般可采用下列方法求得近似值。

（1）专家调查法结合求平均数法。具体说就是对利用科技档案的专家们以个别询问的方式，请他们根据自己利用科技档案的具体效果与体会，经过分析估算，提出个人暂定的 α_1 值。专家们在分析估算时，通常是以所用科技档案的数量，科学技术先进性，利用的程度，以及科技档案对自己工作所起的效用等因素为依据。为了使 α 值接近客观实际，给每位专家的意见确定一个值 W_i（W_i 是根据该专家所评述对象在整个项目中的地位与作用而取 $0.1 \sim 0.8$ 的值；W_i 值可由各专家商议酌定），将 α_1 与 W_i 的乘积作为该专家提为 α_i 修正值。最后将各专家的 α_i 修正值相加除以专家人数得到的平均数，作为 α 值。

用公式表示为

$$\alpha = \frac{1}{n} \sum \alpha_i W_i = \frac{\alpha_1 W_1 + \alpha_2 W_2 + \cdots + \alpha_n W_n}{n}$$

为计算方便，在实际应用中也可采用算术平均法求得 α 值。公式表示为

$$\alpha = \frac{\sum\limits_{i=1}^{n} \alpha_i}{n} = \frac{\alpha_1 + \alpha_2 + \cdots + \alpha_n}{n}$$

（2）专家调查法结合加权求平均数法。具体说就是对利用科技档案的专家们以个别询问的方式，请他们根据自己利用科技档案的具体效果与体会，经过分析估算，提出个人暂定的 α_i 值。为了使 α_i 值能反映客观实际，给每位专家确定一个加权值 W_i。利用加权平均公式，求得 α 值。

用公式表示为

$$\alpha = \sum_{i=1}^{n} \alpha_i \left(\frac{W_i}{\sum\limits_{i=1}^{n} W_i} \right) = \frac{\alpha_1 W_1 + \alpha_2 W_2 + \cdots + \alpha_n W_n}{W_1 + W_2 + \cdots + W_n}$$

式中 　α_i ——每一个专家给定的科技档案的作用系数；

　　W_i ——每一个专家在该专家系统中所给的地位，即专家等级（为运算方便，最好给整数）。

（3）数学期望值法。这个方法是将概率论中称为"数学期望值"的概念及其计算方法应用到系统工程的协调技术中。数学期望值的基本含义是：将逼近真正的平均值的统计平均值称为

数学期望值。现将此方法亦引入到开发利用科技档案所创经济效益的作用系数 α 值的计算中，此 α 值称为期望的 α 值，又可称为预计的 α 值。计算方法为

$$\alpha = \frac{a+4m+b}{6}$$

式中 α——期望的科技档案作用系数。

a 为最小 α 值，是指根据利用科技档案的专家的经验判断，在某项工作中，开发利用科技档案所创经济效益的最小作用系数。

b 为最大 α 值，是指根据利用科技档案的专家经验判断，在某项工作中，开发利用科技档案所创经济效益的最大的作用系数。

m 是最可能的 α 值，是指根据利用科技档案的专家经验判断，在某项工作中，开发利用科技档案所创经济效益的最可能的作用系数。

二、α 值的取值范围表

根据运用上述计算方法的试点地区的经验和专题调研取得的数据，并综合考虑科技档案与科学技术、经济建设的关系，以及科学技术在国民经济发展中作用的比例关系，研究制定 α 值的取值范围，见《α 值取值范围表》。

α 值取值范围表

作用类型	作用程度	α 取值范围
起凭证作用	(1) 科技档案起决定作用	
	a. 三十年以上的科技档案	0.8～1
	b. 三十年以下的科技档案	0.5～1
	(2) 科技档案起重要作用	
	a. 三十年以上的科技档案	0.4～0.7
	b. 三十年以下的科技档案	0.2～0.6
技术转让	(1) 科技档案复制件在技术转让中起决定作用	0.8～1
	(2) 科技档案复制件在技术转让中起重要作用	0.5～0.8
	(3) 科技档案复制件在技术转让中起较大的促进作用	0.2～0.4
	(4) 科技档案复制件在技术转让中起一定的促进作用	0.2 以下
节约设计工作量	(1) 全部复用图纸的	0.8～1
	(2) 剪贴，修改复用图纸在 60% 以上的	0.3～0.8
	(3) 剪贴，修改复用图纸在 60% 以下的	0.3 以下
增加设计收入	(1) 某项设计全套复用	0.7～0.9
	(2) 某项设计 60% 以上复用	
	a. 起重要作用	0.4～0.7
	b. 起辅助作用	0.2～0.3
	(3) 某项设计 60% 以下复用	
	a. 起重要作用	0.3～0.6
	b. 起辅助作用	0.2 以下
节约原材料节约能源	(1) 对节约原材料、能源起重要作用	0.2～0.4
	(2) 对节约原材料、能源起促进作用	0.2 以下
提前投产设备维修提前完成工程提前竣工	(1) 对提前投产，设备维修提前完成，工程提前竣工起重要作用	0.2～0.4
	(2) 对提前投产，设备维修提前完成，工程提前竣工起促进作用	0.2 以下

作用类型	作用程度	α取值范围
增加产量	(1) 对增加产量起重要作用 (2) 对增加产量起促进作用	0.1～0.3 0.1以下
提高质量	(1) 对提高质量起重要作用 (2) 对提高质量起促进作用	0.1～0.3 0.1以下
扩大销售	(1) 对扩大销售起重要作用 (2) 对扩大销售起促进作用	0.1～0.3 0.1以下

第6章

竣 工 图 编 制

① 电力工程竣工图文件编制规定

(DL/T 5229—2016)（摘录）

1 总则

1.0.1 为了规范电力工程竣工图文件的编制，明确编制原则和要求，制定本标准。

1.0.2 本标准适用于新建、扩建和改建的火力发电工程、输变电工程、系统通信工程竣工图的编制，也适用于核电厂常规岛及 BOP 部分竣工图的编制。

1.0.3 电力工程竣工图文件的编制除应符合本标准外，尚应符合国家现行有关标准的规定。

3 编制要求

3.0.1 新建、扩建和改建的电力工程项目，在项目竣工后应编制竣工图。竣工图应完整、准确、真实地反映项目竣工时的实际状态。

3.0.2 竣工图的编制单位宜由项目建设单位委托。

3.0.3 竣工图宜由原施工图设计单位负责编制。

3.0.4 竣工图委托方应负责收集编制竣工图文件所需的原始资料，包括设计、施工、监理、调试和建设单位在项目建设过程中的有效记录文件和变更资料等，汇总后提交给竣工图编制单位。

3.0.5 竣工图编制单位应以设计单位的施工图最终版为基础，并依据由设计、施工、监理或建设单位审核签字的"变更通知单""工程联系单""澄清单"等与设计修改相关的文件，以及现场施工验收记录和调试记录等资料编制竣工图。

3.0.6 建设过程中发生修改的施工图应重新编制竣工图。新编制竣工图应采用施工图图框和图标，"设计阶段"栏为"竣工图阶段"，阶段代码应用"Z"或状态代码标识。卷册编号和图纸流水号同原施工图。若有新增卷册，其卷册号在专业卷册最后一个编号后依次顺延；若卷册中有新增图纸，其编号在该册图纸的最后一个编号后依次顺延。

3.0.7 建设过程中未发生修改的施工图，其竣工图可套用原施工图，也可重新编制。

3.0.8 竣工图编制单位应编制竣工图总说明，其内容宜包括竣工图委托方、编制依据、编制原则、编制方式、范围和深度、特殊要求、竣工图图纸目录等。各专业可根据需要编制专业说明。各卷册应附有本册图纸的"修改清单表"，表中应详细列出"变更通知单""工程联系单""澄清单"等与图纸修改相关的清单和编号。

3.0.9 所有竣工图应由编制单位逐张加盖竣工图章，竣工图章应使用红色印泥，盖在图标栏附近空白处。常规电力工程宜采用本标准附录 A 中图 A-1 竣工图章。国家重大建设项目工程宜采用附录 A 中图 A-2 竣工图章，签名为竣工图编制人和技术负责人，必须用不易褪色的黑墨水书写，严禁使用纯蓝墨水、圆珠笔、铅笔等易褪色的书写材料书写或盖章。竣工图章中的各栏目应填写齐全。

4 范围和内容深度

4.0.1 竣工图的编制范围宜为一级图、二级图、三级图和部分重要的四级图，不包括五级图。具体范围应符合下列规定：

 1 编制火力发电工程竣工图的范围宜满足本标准附录 B 的要求；

 2 编制输变电工程竣工图的范围宜满足本标准附录 C 的要求；

 3 编制系统通信工程竣工图的范围宜满足本标准附录 D 的要求；

 4 编制核电厂常规岛及 BOP 部分竣工图的范围宜满足本标准附录 E 的要求；

 5 竣工图编制单位可根据建设工程项目具体情况或合同约定的内容酌情调整。

4.0.2 在竣工出图范围内的成品内容深度应符合现行施工图设计深度规定的要求。

4.0.3 涉及几个专业的变更部分，与之相关的卷册均应进行修改。专业之间应相互协调配合，变更表示应对应一致。

5 审核

5.0.1 新编制的竣工图内部审核应由编制单位负责，宜由编制人完成、技术负责人审核并在图标上签署。

5.0.2 国家重大建设项目工程的竣工图委托方应明确竣工图的审核单位。审核单位应对竣工图的内容是否与"变更通知单""工程联系单""澄清单"等设计修改相关的文件，以及施工验收记录和调试记录等的符合性进行审核。审核单位在审核后应在竣工图章中的"审核人"栏中签字。

5.0.3 对常规电力工程竣工图，如有审核单位，审核单位宜在验收文件上签字。

6 印制、交付与归档

6.0.1 竣工图宜由竣工图编制单位负责印制。印制后的竣工图应按现行国家标准《技术制图　复制图的折叠方法》GB/T 10609.3 的规定执行。

6.0.2 竣工图编制单位应将印制后的竣工图，按照合同约定提交给竣工图委托方。

6.0.3 竣工图编制单位在竣工图编制工作完成后，应将"变更通知单""工程联系单""澄清单"等编制依据性文件归档。

6.0.4 竣工图编制单位应存档印制后的竣工图。

附录 A

竣工图图章样式

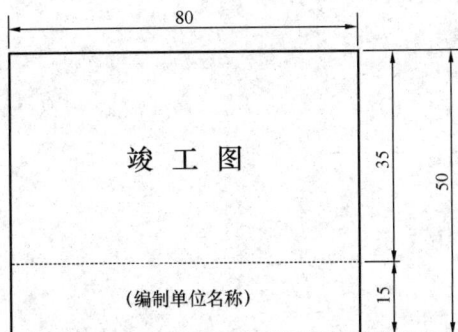

图 A-1　竣工图图章样式及尺寸（单位：mm）

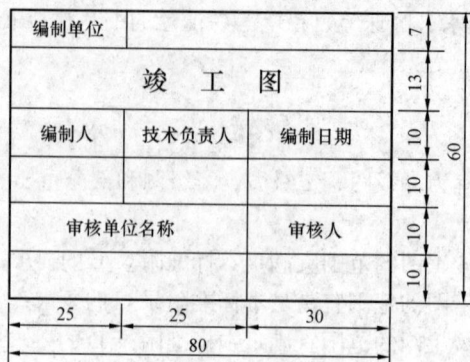

图 A-2 国家重大建设项目竣工图图章样式及尺寸（单位：mm）

附录 B
火力发电工程竣工图内容

B.1 继电保护专业

B.1.1 二级图宜包括下列图纸：

1 系统继电保护及自动装置配置图；

2 系统安全自动装置配置图。

B.1.2 三级图宜包括下列图纸：

1 厂站系统继电保护配置图；

2 继电保护及自动装置原理接线图；

3 安全自动装置原理接线图。

B.1.3 四级图宜包括下列图纸：

1 继电保护屏面图；

2 安全自动装置屏面图；

3 继电保护端子原理图；

4 安全自动装置端子原理图。

B.2 调度自动化专业

B.2.1 二级图宜包括下列图纸：

1 远动系统原理接线图；

2 远动系统配置图

3 远动化范围图。

B.2.2 三级图宜包括下列图纸：

1 远动通道组织原理图；

2 远动信息表；

3 设备清册；

4 远动设备电缆连接图；

5 控制室平面布置图。

B.2.3 四级图宜包括下列图纸：

1 电源系统接线图；

2 接地要求图；

3 远动装置屏面布置图；

4 远动变送器屏屏面布置图；

5 远动转接屏布置图；

6 变送器屏原理接线图；

7 远动转接屏原理接线；

8 端子排图；

9 电缆接线表；

10 电缆清册。

B.3 系统通信专业

B.3.1 二级图宜包括下列图纸：

1 电力系统调度组织图；

2 通信干线和通信网架图。

B.3.2 三级图宜包括下列图纸：

1 通信方式方案比较图；

2 电力系统远动保护通信通道组织接线图；

3 系统通信机房平面布置图；

4 载波通信系统图；

5 载波通信通道原理接线图；

6 载波通道频率分配图。

B.3.3 四级图宜包括下列图纸：

1 通信配线架端子排；

2 通信室内电缆联系图；

3 通信电源盘盘面布置图；

4 通信电源设备安装布置图；

5 通信机房支吊架图；

6 电缆清册；

7 通信电源接线图。

B.4 热机专业

B.4.1 一级图宜包括下列图纸：

1 主厂房布置图；

2 热力系统图；

3 燃烧系统图；

4 燃油（天然气）电厂油（气）系统图；

5 脱硫系统图。

B.4.2 二级图宜包括下列图纸：

1 设备及阀门清册；

2 烟道布置图；

3 启动锅炉房布置图；

4 燃油（天然气）电厂油（气）布置总图；

5 主蒸汽管道安装图；

6 再热蒸汽管道安装图；

7 高压给水管道安装图；

8　热风道、制粉管道和送粉管道安装图；

9　工业水或冷却水系统图；

10　疏水放水及排污系统图；

11　汽轮机本体系统图；

12　附属机械及辅助设备安装首页图。

B.4.3　三级图宜包括下列图纸：

1　中、低压汽水管道安装图；

2　原煤管道、冷风道安装图；

3　锅炉点火系统及安装图；

4　非标设备制造组装总图；

5　压缩空气系统图；

6　发电机氢油水系统管道安装图；

7　其他次要工艺系统图；

8　附属机械及辅助设备安装图；

9　起吊设施布置图；

10　保温油漆施工说明书。

B.4.4　四级图宜包括下列图纸：

1　压缩空气管道安装图；

2　平台扶梯总图；

3　复杂支吊架组装图；

4　其他次要工艺布置图。

B.5　**除灰专业**

B.5.1　一级图宜包括下列图纸：

1　除灰布置图；

2　石灰石粉输送及石灰石浆液制备布置总图；

3　脱硫石膏处理布置图；

4　除灰系统图；

5　石灰石粉输送及石灰石浆液制备系统图；

6　脱硫石膏处理系统图。

B.5.2　二级图宜包括下列图纸：

1　设备清册；

2　沉灰（渣）池布置图；

3　除灰设备及管道布置图；

4　石灰石粉输送设备布置图；

5　石灰石浆液制备设备及管道布置图；

6　石膏处理设备及管道布置图。

B.5.3　三级图宜包括下列图纸：

1　分册管道布置图；

2　设备制造总图；

3　灰渣泵房布置图。

B.5.4 四级图宜包括下列图纸：

除灰辅机安装图。

B.6 运煤专业

B.6.1 一级图宜包括下列图纸：

1 运煤系统平剖面总图；

2 石灰石运输及贮存系统平剖面图；

3 运煤系统工艺流程图；

4 石灰石运输工艺流程图。

B.6.2 二级图宜包括下列图纸：

1 设备清册；

2 转运站布置图；

3 卸煤设备布置图；

4 贮煤设备布置图；

5 带式输送机等运煤设备布置图；

6 碎煤机室布置图；

7 卸石灰石设备布置图；

8 石灰石贮仓布置图。

B.6.3 三级图宜包括下列图纸：

1 干煤棚设备布置图；

2 辅助设备安装图；

3 非标设备组装图；

4 压缩空气系统及布置图。

B.7 暖通专业

B.7.1 二级图宜包括下列图纸：

1 汽机房及煤仓间、锅炉房、集控楼采暖通风与空调系统图及布置图；

2 网控楼暖通系统、布置图；

3 厂区采暖热网布置图；

4 集中加热站系统图及主要布置图；

5 集中制冷站系统图及主要布置图；

6 煤仓间除尘系统及布置图。

B.7.2 三级图宜包括下列图纸：

1 设备清册；

2 辅助及附属建筑采暖通风和空调系统、布置图；

3 输煤系统除尘布置图；

4 锅炉房真空吸尘系统布置图、系统图。

B.8 化水专业

B.8.1 二级图宜包括下列图纸：

1 设备及阀门清册；

2 除盐水制备、凝结水精处理、工业废水处理、循环水处理系统图及设备布置总图。

B.8.2 三级图宜包括下列图纸：

1 除盐水制备系统图、设备及管道平剖面布置图；

2 凝结水精处理及再生系统图、设备及管道平剖面布置图；

3　主厂房化学加药处理系统图、设备及管道平剖面布置图；

4　水汽取样系统图、设备及管道平剖面布置图；

5　氢气供应系统图、设备及管道平剖面布置图；

6　循环水处理系统图、设备及管道平剖面布置图；

7　工业废水处理系统图、设备及管道平剖面布置图；

8　渣水加药处理系统图、设备及管道平剖面布置图；

9　启动锅炉校正处理系统图、设备及管道平剖面布置图；

10　灰水处理系统图、设备及管道平剖面布置图；

11　厂区管道布置图；

12　设备及部件安装定位图；

13　非标设备制造组装图。

B.9　热控专业

B.9.1　一级图宜包括下列图纸：

1　机组集控室布置图；

2　辅助系统集控室布置图；

3　机组 DCS 配置图；

4　MIS、SIS 网络结构图。

B.9.2　二级图宜包括下列图纸：

1　施工图总说明；

2　机组电子设备室布置图；

3　机组集控室盘/台正面布置图；

4　信息中心机房布置图；

5　设备清册；

6　电源配置图；

7　气源配置图；

8　热控系统图。

B.9.3　三级图宜包括下列图纸：

1　就地盘/柜/架布置图；

2　辅助系统就地控制室及电子设备室布置图；

3　辅助系统就地控制室盘/台正面布置图；

4　试验室布置图；

5　控制系统及装置接地图；

6　电源切换原理图、配电接线表/配电系统图。

B.9.4　四级图宜包括下列图纸：

1　典型接线图；

2　电缆清册；

3　仪表导管及阀门清册；

4　控制接线图/接线表；

5　端子排组装图/出线图。

B.10　电气专业

B.10.1　一级图宜包括下列图纸：

1 电气设施总平面布置图;

2 主厂房运转层以下及厂区电缆通道及其构筑物布置图;

3 电气主接线图;

4 厂用电原理接线图。

B.10.2 二级图宜包括下列图纸:

1 110kV 及以上配电装置平剖面图;

2 主变压器、高压厂用变压器、高压启动/备用变压器安装图;

3 单元控制楼、继电器楼各层布置图;

4 高压厂用配电装置接线图;

5 厂用配电装置布置图及剖面图;

6 防雷接地施工图说明;

7 主厂房 380V PC 及保安厂用电接线图;

8 200MW 及以上发电机封闭母线布置图及剖面图;

9 中压共箱母线、电缆母线布置图及剖面图;

10 发电机出线小室布置图及剖面图。

B.10.3 三级图宜包括下列图纸:

1 设备清册;

2 发电机变压器组和高压厂用电源保护逻辑图;

3 高压启动备用电源保护逻辑图;

4 同期系统原理接线图;

5 直流系统接线及布置图;

6 交流不停电电源系统图、接线图及布置图;

7 高低压开关柜单元接线图;

8 电气进入 DCS I/O 清单;

9 厂用电监控系统接线图;

10 全厂对时系统原理接线图;

11 主厂房 MCC 厂用电接线图;

12 辅助厂房 380V PC 厂用电接线图;

13 全厂电缆防火封堵说明;

14 厂内通信系统图;

15 输煤控制系统图及设备平面布置图;

16 除灰控制系统图及设备平面布置图;

17 照明系统图;

18 厂区照明布置图;

19 主厂房、单元控制室、继电器室照明布置图;

20 主厂房防雷接地布置图;

21 阴极保护接线及布置图;

22 全厂火灾报警系统总说明及网络图。

B.10.4 四级图宜包括下列图纸:

1 辅助厂房 MCC 厂用电接线及布置图;

2 二次线接线图;

3 设备安装图；

4 盘、屏面布置图；

5 辅助厂房电缆构筑物布置图；

6 全厂通信布置及通信室布置图；

7 滑线安装图；

8 辅助设施照明布置图；

9 辅助设施防雷接地布置图；

10 二次回路端子排及安装接线图；

11 电缆清册；

12 火灾报警系统接线图。

B.11 总图、建筑、结构专业

B.11.1 一级图宜包括下列图纸：

1 厂区总平面布置图；

2 厂区管线综合布置图。

B.11.2 二级图宜包括下列图纸：

1 总图运输施工图总说明；

2 建筑结构施工图总说明；

3 厂区竖向布置图；

4 厂区护坡布置图；

5 主厂房建筑施工图；

6 集中控制楼建筑结构施工图；

7 化学水处理室建筑结构施工图；

8 启动锅炉房建筑结构施工图；

9 主厂房地基处理图；

10 主厂房基础布置图；

11 主厂房地下设施及附属设备基础布置图。

B.11.3 三级图宜包括下列图纸：

1 厂区沟道布置图；

2 厂区道路布置图；

3 主厂房除氧煤仓间框架结构布置图；

4 主厂房除氧煤仓间楼层结构布置图；

5 主厂房柱间支撑结构施工图；

6 主厂房煤斗及支承梁施工图；

7 煤仓间栈桥施工图；

8 主厂房外侧柱结构布置图；

9 汽机房屋面结构布置图；

10 汽机房楼层结构布置图；

11 汽轮发电机基座施工图；

12 汽动给水泵基础施工图；

13 汽机房固、扩端山墙结构图；

14 汽机房吊车梁结构图；

15 主厂房楼梯建筑结构图；

16 钢筋混凝土炉架布置图；

17 锅炉房电梯井建筑结构图；

18 空冷器支架结构施工图；

19 炉后地下设施基础布置图；

20 烟囱地基处理、基础施工图；

21 烟囱内筒、外筒、平台及楼梯施工图；

22 烟道支架及基础施工图；

23 除尘器支架及基础施工图；

24 风机支架及基础施工图；

25 除尘控制楼建筑结构施工图；

26 除灰汽车库建筑结构图；

27 汽机房 A 排外侧主、备变基础施工图；

28 汽机房 A 排外侧封闭母线及出线构架施工图；

29 电气试验室建筑结构施工图；

30 屋内配电装置室建筑结构施工图；

31 屋外配电装置结构施工图；

32 厂区配电间建筑结构施工图；

33 微波通信楼建筑结构施工图；

34 运煤综合楼建筑结构施工图；

35 运煤控制楼建筑结构施工图；

36 碎煤机室建筑结构施工图；

37 推煤机库建筑结构施工图；

38 翻车机室建筑结构施工图；

39 运煤转运站建筑结构施工图；

40 运煤栈桥建筑结构施工图；

41 卸煤沟建筑结构施工图；

42 干煤棚、圆形封闭煤场、贮煤筒仓建筑结构施工图；

43 油泵房建筑结构施工图；

44 钢筋混凝土油罐基础图；

45 油处理室建筑结构施工图；

46 除盐水制备车间建筑结构施工图；

47 除盐水制备车间室外构筑物施工图；

48 加氯加酸室建筑结构施工图；

49 海水淡化车间建筑结构施工图；

50 除灰控制室建筑结构施工图；

51 灰库建筑结构施工图；

52 除灰汽车库建筑结构施工图；

53 灰管支架施工图；

54 吸收塔辅助设备楼建筑结构施工图；

55 吸收塔基础图；

56　脱硫综合楼建筑结构施工图；

57　石膏脱水楼建筑结构施工图；

58　石灰石磨制楼建筑结构施工图；

59　脱硫设备基础图；

60　制氢站、供氢站建筑结构施工图；

61　辅助车间建筑结构施工图；

62　附属建筑建筑结构施工图。

B.12　水工布置专业

B.12.1　一级图宜包括下列图纸：

1　水工建筑物总平面布置图；

2　厂区水工建筑物布置图；

3　取水枢纽及河道整治形势图；

4　厂区给排水平面布置图；

5　循环水系统图，含循环水系统高程；

6　全厂水量平衡图。

B.12.2　二级图宜包括下列图纸：

1　设备清册；

2　循环水泵房平剖面图；

3　取水建筑物平剖面图；

4　主厂房外循环水管、沟、渠平面和纵剖面图；

5　水力除灰管道及灰水回收管道布置图；

6　厂区排洪总布置图；

7　灰场总布置图。

B.12.3　三级图宜包括下列图纸：

1　厂区循环水管、沟布置图；

2　渠、沟上构筑物及虹吸井平剖面图；

3　厂区内工业补给水管平面及纵剖面图；

4　补给水源地井位布置图；

5　补给水水泵房、深井泵房、升压泵房和取水构筑物平剖面图；

6　补给水管路平面及纵剖面图；

7　灰水回收泵房和管路平（纵）剖面图；

8　净水区综合泵房平剖面图；

9　厂区给水、排水管平面布置图；

10　工业、生活、补给水净化构筑物总布置和高程图；

11　生活污水处理构筑物总布置和高程图；

12　生活水泵房平剖面图；

13　给水净化建（构）筑物平剖面图；

14　生活污水处理构筑物平剖面图；

15　冷却塔平剖面图；

16　冷却塔配水装置及填料布置图；

17　澄清池、滤池、清水池总图；

18 雨水泵房及污水泵房平剖面图。

B.12.4 四级图宜包括下列图纸：

1 循环水泵安装图；

2 旋转滤网安装图。

B.13 水工结构专业

B.13.1 一级图宜包括下列图纸：

1 贮灰场总布置图；

2 水工建筑物总平面布置图；

3 取水枢纽及河道整治形势图。

B.13.2 二级图宜包括下列图纸：

1 取水建筑物和水泵房总图；

2 码头平面位置图；

3 码头结构布置图、桩位图；

4 冷却塔平剖面图、桩位图；

5 灰坝（灰堤）布置图、剖面图；

6 贮灰场施工图设计总说明；

7 厂区防波堤（防洪堤）布置图、剖面图；

8 排水口、排水电站布置图；

9 过河大跨越管构架或管桥结构布置图；

10 厂外水工区域布置图；

11 取水头（取水口）、自流引水管道（隧洞）、引水明渠平剖面图及桩位图；

12 循环水泵房、中央水泵房、补给水泵房建筑总图、桩位图；

13 厂外中继灰浆（渣）泵房区域布置图；

14 循环水进排水管、沟、井布置图，输水明渠布置图；

15 灰浆（渣）泵房建筑总图；

16 原水预处理建（构）筑物区域布置图；

17 废水处理建（构）筑物区域布置图。

B.13.3 三级图宜包括下列图纸：

1 取水建筑物和水泵房地下结构配筋图；

2 进水间、滤网、转换间、大型阀门间等建筑布置图；

3 水泵房上部建筑框架、排架结构图；

4 岸边水泵房引桥结构布置图；

5 冷却塔风筒、支柱和基础配筋图；

6 排水电站地下结构配筋图；

7 循环水进排水管、沟、井、隧洞结构图，输水明渠结构图；

8 渠上构筑物结构图，厂区排洪构筑物结构图；

9 排水口结构图；

10 过河大跨越管桥结构图；

11 除灰管穿越公路、铁路等构筑物结构图；

12 码头结构断面及配筋图；

13 河道加固、排水口结构图；

157

14 沉砂池、冲砂间、拦河坝及其构筑物结构图、配筋图；

15 船闸、节制闸、波槽及其构筑物结构图、配筋图；

16 工业、生活、补给水、消防等泵房建筑布置图、结构配筋图；

17 雨水、排涝、灰水回收等泵房建筑布置图、结构配筋图；

18 污水泵房建筑布置图；

19 消防建筑物建筑布置图；

20 原水预处理构筑物建筑布置图、结构配筋图；

21 废水处理构筑物建筑布置图、结构配筋图；

22 灰浆（渣）泵房、沉灰池、浓缩池结构配筋图；

23 循环水加氯水质稳定及硫酸亚铁成膜处理系统构筑物土建施工图。

B.13.4 四级图宜包括下列图纸：

1 其他水工附属建筑布置图；

2 贮灰场排水、排洪构筑物结构图；

3 挡土墙结构图；

4 其他水工建（构）筑物结构图；

5 厂区防波堤（防洪堤）、防浪墙结构、护坡结构、坡顶及坡面排水设施结构、爬梯、沉降观测点布置图及详图；

6 设备及水泵基础。

B.14 消防专业

B.14.1 一级图宜包括下列图纸：

全厂消防水系统图。

B.14.2 二级图宜包括下列图纸：

1 厂区消防管布置图；

2 设备清册；

3 主厂房水消防系统图；

4 油罐区泡沫消防系统图；

5 变压器水喷雾系统图；

6 主网控楼消防系统图；

7 输煤系统消防系统图。

B.14.3 三级图宜包括下列图纸：

1 消防水泵房平剖面图；

2 主厂房消防布置图；

3 输煤系统消防布置图；

4 变压器消防布置图；

5 主网控楼消防布置图；

6 消防水池布置图。

附录 C

输变电工程竣工图内容

C.1 继电保护、自动装置专业

C.1.1 二级图宜包括下列图纸：

    1   继电保护及自动装置配置图；

    2   电力系统简化接线图。

C.1.2   三级图宜包括下列图纸：

    继电保护及自动装置原理接线图。

C.1.3   四级图宜包括下列图纸：

    1   继电保护及自动装置屏面图；

    2   继电保护及自动装置端子排图。

C.2 调度自动化专业

C.2.1   一级图宜包括下列图纸：

    1   远动化范围图；

    2   远动系统配置图。

C.2.2   二级图宜包括下列图纸：

    远动通道组织图。

C.2.3   三级图宜包括下列图纸：

    1   远动装置原理接线图；

    2   远动装置外部接线图；

    3   直流电源逆变器接线图；

    4   电能计量屏屏面布置图；

    5   电能计量屏屏后接线图；

    6   调度数据网及二次安防设备原理接线图。

C.2.4   四级图宜包括下列图纸：

    1   远动装置及变送器屏转接屏端子排；

    2   变送器屏及远动转接屏屏面布置图。

C.3 送电专业

C.3.1   一级图宜包括下列图纸：

    1   线路路径图；

    2   全线杆塔一览图。

C.3.2   二级图宜包括下列图纸：

    1   全线基础一览图；

    2   材料总表；

    3   两端变电所进出线平面布置图；

    4   全线导线换位图。

C.3.3   三级图宜包括下列图纸：

    1   导线、地线力学特性曲线、放线曲线；

    2   线路平断面定位图；

    3   杆塔明细表；

    4   导线、地线绝缘子串及金具组装图；

    5   与电信线路平行接近位置图；

    6   防震措施、接地装置安装图；

    7   杆塔结构图；

    8   基础施工图；

9 各类杆塔单线图；

10 各类杆塔组装图。

C.3.4 四级图宜包括下列图纸：

1 防雷保护接线、安装图；

2 屏蔽地线接地、放电管接地装置安装图。

C.4 变电电气专业

C.4.1 一级图宜包括下列图纸：

1 电气主接线图；

2 电气总平面布置图。

C.4.2 二级图宜包括下列图纸：

1 各级电压配电装置平断面布置图；

2 换流变和阀厅区域平断面布置图；

3 阀厅电气设备布置图；

4 主控制室、继电器室平面布置图；

5 防雷接地布置图；

6 主变压器及高压电抗器继电保护原理图及接线图；

7 计算机监控系统方框图；

8 站用电系统图；

9 直流系统图；

10 控制保护逻辑图；

11 火灾探测、报警及控制系统图；

12 在线监测系统图；

13 信息逻辑图；

14 换流变压器、交直流滤波器电保护原理图及接线图。

C.4.3 三级图宜包括下列图纸：

1 二次接线回路图和屏面布置图；

2 交换机端口配置图；

3 同期系统图；

4 照明系统图；

5 UPS 系统接线图；

6 电气设备安装图；

7 电缆敷设图；

8 蓄电池布置图；

9 动力箱接线图；

10 站用电屏布置图；

11 防火封堵布置图；

12 安全监视设备布置图；

13 各卷册设备材料汇总表；

14 主要设备材料清册。

C.4.4 四级图宜包括下列图纸：

1 金具、绝缘子组装图；

2 端子箱安装图；

3 二次线安装接线图；

4 装置虚端子图表；

5 屏柜光缆/尾缆联系图；

6 电/光缆清册。

C.5 变电土建专业

C.5.1 一级图宜包括下列图纸：

1 总平面布置图；

2 站址位置图。

C.5.2 二级图宜包括下列图纸：

1 竖向布置图；

2 建筑物建筑平、立、剖面图；

3 建筑物结构平面布置图；

4 屋外构架透视图、基础平面布置图；

5 设备支架平面布置图；

6 主变压器、油浸电抗器基础及防火墙平面布置图；

7 换流变压器、油浸平波电抗器基础及防火墙平面布置图；

8 地基处理平面布置图；

9 阀冷却系统图、平面图、剖面图。

C.5.3 三级图宜包括下列图纸：

1 辅助建筑施工图；

2 站区地下设施施工图；

3 进站道路、站内道路平面布置图；

4 围墙、挡土墙施工图；

5 屋外构架及基础施工图；

6 设备支架及基础施工图；

7 避雷针、避雷线塔施工图；

8 土方平衡图；

9 站区室外给水管道平面布置图；

10 站区排水管道平面布置图。

C.5.4 四级图宜包括下列图纸：

1 梁、板、柱、沟道及楼梯配筋图；

2 建筑构配件加工图、节点大样图；

3 室内各层上下水管道平面图；

4 室内上下水管道系统图；

5 建筑物各层灭火器平面布置图；

6 含油设备水喷雾、泡沫消防管道平剖面图；

7 含油设备消防管道系统图；

8 建筑物各层采暖平面图、系统图；

9 建筑物各层通风/空调平面图、系统图。

附录 D
系统通信工程竣工图内容

D. 1 光纤通信系统

D. 1. 1 一级图宜包括下列图纸：

    1 通信干线和通信网架图；

    2 同步时钟分配图和系统网管图；

    3 光纤系统网络拓扑图；

    4 业务通道分配图。

D. 1. 2 二级图宜包括下列图纸：

    1 全线光纤色谱图；

    2 光缆设备连接图。

D. 1. 3 四级图宜包括下列图纸：

    1 通信设备组屏及底座安装图；

    2 通信配线架及端子排图；

    3 光缆进站敷设示意图；

    4 导引光缆路由图；

    5 通信机房平面布置图。

D. 2 数字微波通信系统

D. 2. 1 一级图宜包括下列图纸：

    1 业务通道分配图和系统网管图；

    2 微波电路拓扑图。

D. 2. 2 二级图宜包括下列图纸：

    微波电路频率极化配置图。

D. 2. 3 三级图宜包括下列图纸：

    微波电路路由断面图。

D. 2. 4 四级图宜包括下列图纸：

    1 微波电路天线挂高图；

    2 微波设备组屏安装图；

    3 天线及室外单元安装图。

D. 3 电力线载波通信系统

D. 3. 1 二级图宜包括下列图纸：

    1 载波通信系统图；

    2 载波通道频率分配图。

D. 3. 2 四级图宜包括下列图纸：

    1 高频电缆敷设路由图；

    2 载波设备组屏及端子接线图。

D. 4 调度程控交换系统

D. 4. 1 一级图宜包括下列图纸：

    调度交换系统拓扑图。

D. 4. 2 二级图宜包括下列图纸：

调度交换机系统连接图。

D.4.3 四级图宜包括下列图纸：

调度交换机组屏及音频配线端子分配图。

D.5 数字同步网系统

D.5.1 一级图宜包括下列图纸：

网管及同步系统图。

D.6 通信电源系统

D.6.1 三级图宜包括下列图纸：

通信电源系统图。

D.6.2 四级图宜包括下列图纸：

通信电源组屏及端子分配图。

附录 E
核电厂常规岛及 BOP 部分竣工图内容

E.1 继电保护专业

E.1.1 二级图宜包括下列图纸：

1 系统继电保护及自动装置配置图；

2 系统安全自动装置配置图。

E.1.2 三级图宜包括下列图纸：

1 厂站系统继电保护配置图；

2 继电保护及自动装置原理接线图；

3 安全自动装置原理接线图。

E.1.3 四级图宜包括下列图纸：

1 继电保护屏面图；

2 安全自动装置屏面图；

3 继电保护端子原理图；

4 安全自动装置端子原理图。

E.2 调度自动化专业

E.2.1 二级图宜包括下列图纸：

1 远动系统原理接线图；

2 远动系统配置图；

3 远动化范围图。

E.2.2 三级图宜包括下列图纸：

1 远动通道组织原理图；

2 远动信息表；

3 设备清册；

4 远动设备电缆连接图；

5 控制室平面布置图。

E.2.3 四级图宜包括下列图纸：

1 电源系统接线图；

2 接地要求图；

    3　远动装置屏面布置图；

    4　远动变送器屏屏面布置图；

    5　远动转接屏布置图；

    6　变送器屏原理接线图；

    7　远动转接屏原理接线；

    8　端子排图；

    9　电缆接线表；

    10　电缆清册。

E.3　系统通信专业

E.3.1　二级图宜包括下列图纸：

    1　电力系统调度组织图；

    2　通信干线和通信网架图。

E.3.2　三级图宜包括下列图纸：

    1　通信方式方案比较图；

    2　电力系统远动保护通信通道组织接线图；

    3　系统通信机房平面布置图；

    4　载波通信系统图；

    5　载波通信通道原理接线图；

    6　载波通道频率分配图。

E.3.3　四级图宜包括下列图纸：

    1　通信配线架端子排；

    2　通信室内电缆联系图；

    3　通信电源盘盘面布置图；

    4　通信电源设备安装布置图；

    5　通信机房支、吊架图；

    6　电缆清册；

    7　通信电源接线图。

E.4　热机专业

E.4.1　一级图宜包括下列图纸：

    1　热力系统图；

    2　主厂房布置图。

E.4.2　二级图宜包括下列图纸：

    1　热机设备及阀门清册；

    2　启动锅炉房布置图；

    3　主蒸汽管道安装图；

    4　高压给水管道安装图；

    5　汽轮机本体系统图；

    6　疏水放水及排污系统图；

    7　工业水或冷却水系统图；

    8　附属机械及辅助设备安装首页图。

E.4.3　三级图宜包括下列图纸：

1　中、低压汽水管道安装图；

2　汽轮机本体系统管道安装图；

3　发电机氢油水系统管道安装图；

4　压缩空气系统图；

5　停机保养系统流程图；

6　附属机械及辅助设备安装图；

7　起吊设施布置图；

8　保温油漆施工说明书。

E.4.4　四级图宜包括下列图纸：

1　平台扶梯总图；

2　压缩空气管道安装图；

3　停机保养管道安装图；

4　复杂支、吊架组装图；

5　其他次要工艺管道安装图。

E.5　暖通专业

E.5.1　二级图宜包括下列图纸：

1　汽机房采暖通风和空调系统图、布置图；

2　汽机房电气设备室通风和空调系统图、布置图；

3　网控楼暖通系统图、布置图；

4　厂区采暖热网布置图；

5　集中加热站系统图、主要布置图；

6　集中制冷站系统图、主要布置图。

E.5.2　三级图宜包括下列图纸：

1　设备清册；

2　辅助及附属建筑采暖通风和空调系统、布置图；

3　汽机房冷冻水系统、热水系统管道安装图；

4　非辐射通风系统管道安装图。

E.6　化水专业

E.6.1　二级图宜包括下列图纸：

1　设备及阀门清册；

2　除盐水制备、凝结水精处理、非放射性工业废水处理、循环水处理系统图及设备布置总图。

E.6.2　三级图宜包括下列图纸：

1　除盐水制备系统图、设备及管道平剖面布置图；

2　凝结水精处理及再生系统图、设备及管道平剖面布置图；

3　非放射性工业废水处理系统图、设备及管道平剖面布置图；

4　汽机房化学加药处理系统图、设备及管道平剖面布置图；

5　水汽取样系统图、设备及管道平剖面布置图；

6　氢气供应系统图、设备及管道平剖面布置图；

7　循环水处理系统图、设备及管道平剖面布置图；

8 启动锅炉校正处理系统图、设备及管道平剖面布置图；

9 厂区管道布置图；

10 设备及部件安装定位图；

11 非标设备制造组装图。

E.7 热控专业

E.7.1 二级图宜包括下列图纸：

1 施工图总说明；

2 机组电子设备室布置图；

3 设备清册；

4 电源配置图；

5 气源配置图；

6 热控系统图。

E.7.2 三级图宜包括下列图纸：

1 就地盘/柜/架布置图；

2 辅助系统就地控制室及电子设备室布置图；

3 调节、控制、保护框图；

4 控制系统及装置接地图；

5 电源切换原理图、配电接线表/配电系统图。

E.7.3 四级图宜包括下列图纸：

1 典型接线图；

2 电缆清册；

3 仪表导管及阀门清册；

4 控制接线图/接线表；

5 端子排组装图/出线图。

E.8 电气专业

E.8.1 一级图宜包括下列图纸：

1 电气设施、电气构筑物总平面布置图；

2 汽机房运转层以下及厂区电缆通道及其构筑物布置图；

3 电气主接线图；

4 厂用电原理接线图。

E.8.2 二级图宜包括下列图纸：

1 110kV 及以上配电装置平剖面图；

2 主变压器、高压厂变压器、高压辅助变压器安装图；

3 高压厂用配电装置接线图；

4 厂用配电装置布置图及剖面图；

5 防雷接地施工图说明；

6 汽机房 380V PC 及保安厂用电接线图；

7 发电机封闭母线布置图及剖面图；

8 中压共箱母线、电缆母线布置图及剖面图；

9 发电机出线小室布置图及剖面图；

10 网络控制室布置图。

E.8.3 三级图宜包括下列图纸：

1 电气主要设备、材料清册；

2 发电机变压器组和高压厂用电源保护逻辑图；

3 高压辅助电源保护逻辑图；

4 同期系统原理接线图；

5 直流系统接线及布置图；

6 交流不停电电源系统图、接线图及布置图；

7 高低压开关柜单元接线图；

8 电气进入 DCS I/O 清单；

9 厂用电监控系统接线图；

10 对时系统原理接线图；

11 380V PC 厂用电接线图；

12 电缆防火封堵说明；

13 通信系统图；

14 照明系统图及布置图；

15 防雷接地布置图；

16 阴极保护接线及布置图。

E.8.4 四级图宜包括下列图纸：

1 二次线接线图；

2 电缆构筑物布置图；

3 火灾报警系统；

4 滑线安装图；

5 电缆清册；

6 二次回路端子排及安装接线图。

E.9 总图、建筑、结构专业

E.9.1 一级图宜包括下列图纸：

1 厂区总平面布置图；

2 厂区管线综合布置图。

E.9.2 二级图宜包括下列图纸：

1 总图运输施工图总说明；

2 建筑结构施工图总说明；

3 厂区竖向布置图；

4 厂区护坡布置图；

5 主厂房建筑施工图；

6 主厂房地基处理图；

7 主厂房基础布置图；

8 主厂房附属设施及设备基础布置图；

9 网络继电器楼建筑结构施工图。

E.9.3 三级图宜包括下列图纸：

1 厂区沟道布置图；

2 主厂房挡土墙施工图；

3　主厂房框架施工图;

4　主厂房楼层施工图;

5　常规岛第一跨建筑结构施工图;

6　核岛与常规岛主厂房连接结构施工图;

7　汽机房外侧柱结构布置图;

8　汽机房屋面结构布置图;

9　汽机房楼层结构布置图;

10　汽轮发电机基座施工图;

11　给水泵基础施工图;

12　汽机房固、扩端山墙结构图;

13　汽机房吊车梁结构图;

14　主厂房楼梯建筑结构图;

15　主厂房防甩击装置结构施工图;

16　汽机房 A 排外侧主、备变基础施工图;

17　汽机房 A 排外侧封闭母线及出线构架施工图;

18　除盐水制备车间建筑结构施工图;

19　除盐水制备车间室外构筑物施工图;

20　主开关站建筑结构施工图;

21　辅助开关站建筑结构施工图。

E.10　水工布置专业

E.10.1　一级图宜包括下列图纸:

1　水工建筑物总平面布置图;

2　厂区水工建筑物布置图;

3　厂区给排水平面布置图;

4　循环水系统图,含循环水系统高程;

5　全厂水量平衡图。

E.10.2　二级图宜包括下列图纸:

1　设备清册;

2　循环水泵房平剖面图;

3　取水建筑物平剖面图;

4　汽机房外循环水管、沟、渠平面和纵剖面图;

5　厂区排洪总布置图。

E.10.3　三级图宜包括下列图纸:

1　厂区循环水管、沟布置图;

2　渠、沟上构筑物及虹吸井平剖面图;

3　厂区内工业补给水管平面及纵剖面图;

4　补给水水泵房、升压泵房和取水构筑物平剖面图;

5　厂外补给水管路平面和纵剖面图;

6　净水区综合泵房平剖面图;

7　厂区给水、排水管平面布置图;

8　工业、生活、补给水净化构筑物总布置和高程图;

9 生活污水处理构筑物总布置和高程图；

10 生活水泵房平剖面图；

11 给水净化建（构）筑物平剖面图；

12 生活污水处理构筑物平剖面图；

13 冷却塔平剖面图；

14 冷却塔配水装置及填料布置图；

15 澄清池、滤池、清水池总图；

16 雨水泵房及污水泵房平剖面图。

E.10.4 四级图宜包括下列图纸：

1 循环水泵安装图；

2 旋转滤网安装图；

3 循环水泵房内核岛服务水泵安装图。

E.11 水工结构专业

E.11.1 一级图宜包括下列图纸：

水工建筑物总平面布置图。

E.11.2 二级图宜包括下列图纸：

1 取水建筑物和水泵房总图；

2 码头平面位置图；

3 码头结构布置图、桩位图；

4 冷却塔平剖面图、桩位图；

5 厂区防波堤（防洪堤）布置图、剖面图；

6 过河大跨越管构架或管桥结构布置图；

7 取水头（取水口）、自流引水管道（隧洞）、引水明渠平剖面图，桩位图；

8 循环水泵房、中央水泵房、补给水泵房建筑总图及桩位图；

9 循环水进（排）水管、沟、井、隧洞布置图，输水明渠布置图；

10 循环水排水口布置图；

11 厂外水工区域布置图；

12 原水预处理建（构）筑物区域布置图；

13 废水处理建（构）筑物区域布置图。

E.11.3 三级图宜包括下列图纸：

1 取水建筑物和水泵房地下结构配筋图；

2 进水间、滤网、转换间、大型阀门间等建筑布置图；

3 水泵房上部建筑框架、排架结构图；

4 岸边水泵房引桥结构布置图；

5 冷却塔风筒、支柱和基础配筋图；

6 循环水进（排）水管、沟、井、隧洞结构图，输水明渠结构图；

7 排水口结构图；

8 厂区排洪构筑物布置图、结构图；

9 过河大跨越管桥结构图；

10 码头结构断面及配筋图；

11 沉砂池、冲砂间、拦河坝及其构筑物结构图、配筋图；

12　工业、生活、补给水、消防等泵房建筑布置图、结构配筋图；

13　雨水、排涝泵房建筑布置图、结构配筋图；

14　污水泵房建筑布置图；

15　消防建筑物建筑布置图；

16　原水预处理构筑物建筑布置图、结构配筋图；

17　废水处理构筑物建筑布置图、结构配筋图；

18　循环水加氯水质稳定及硫酸亚铁成膜处理系统构筑物土建施工图。

E. 11. 4　四级图宜包括下列图纸：

1　其他水工附属建筑布置图；

2　挡土墙结构图；

3　其他水工建（构）筑物结构图；

4　厂区防波堤（防洪堤）、防浪墙结构、护坡结构、坡顶及坡面排水设施结构、爬梯详图；

5　沉降观测点布置图及详图；

6　设备及水泵基础。

E. 12　消防专业

E. 12. 1　一级图宜包括下列图纸：

消防水系统图。

E. 12. 2　二级图宜包括下列图纸：

1　厂区消防管布置图；

2　设备清册；

3　汽机房水消防系统图；

4　变压器水喷雾系统图；

5　主网控楼消防系统图。

E. 12. 3　三级图宜包括下列图纸：

1　消防水泵房平剖面图；

2　汽机房消防布置图；

3　变压器消防布置图；

4　网控楼消防布置图；

5　消防水池布置图。

② 技术制图复制图的折叠方法

（GB/T 10609.3—2009）（摘录）

4　折叠方法

4.1　需装订成册的复制图

4.1.1　有装订边的复制图

首先沿标题栏的短边方向折叠，然后再沿标题栏的长边方向折叠，并在复制图的左上角折出三角形的藏边，最后折叠成 A4 或 A3 的规格，使标题栏露在外面，如表 1 和表 2 所示。

表 1　　　　　　　　　　　　　　　折叠成 A4 幅面的方法　　　　　　　　　　单位：mm

图幅	标题栏方位	
	在复制图的长边上	在复制图的短边上
A0		
A1		
A2		
A3		

图幅	标题栏方位	
	在复制图的长边上	在复制图的短边上
A0	(247) 841 297 297 1 5 3 420 (374) 395 1189 4 2 1 5 3	297 (297) 297 297 4 1 2 6 5 3 235 (210) 395 841 1189 2 1 6 3 5
A1	(297) 594 297 4 1 2 3 235 (210) 395 841 2 1 3	(247) 841 297 297 4 2 7 5 3 112(87) 395 594 2 1 5 3
A2	(123) 420 297 4 3 1 2 112 (87) 395 594 2 1 3	(297) 594 297 2 1 420 1

4.1.2 无装订边的复制图

首先沿标题栏的短边方向折叠，然后再沿标题栏的长边方向折叠成 190mm×297mm 或 297mm×40mm 的规格，使标题栏露在外面，并粘贴上装订胶带，如表 3 和表 4 所示。

表 3　　　　　　　　　　折叠成 **A4** 幅面的方法　　　　　　　　单位：mm

图幅	标题栏方位	
	在复制图的长边上	在复制图的短边上
A0		
A1		
A2		
A3		

表 4　　　　　　　　　　　　折叠成 A3 幅面的方法　　　　　　　　　　单位：mm

图幅	标题栏方位	
	在复制图的长边上	在复制图的短边上
A0		
A1		
A2		

4.2　不装订成册的复制图

不装订成册的复制图的折叠方法有以下两种。

4.2.1　第一种折叠方法

首先沿标题栏的长边方向折叠，然后再沿标题栏的短边方向折叠成 A4 或 A3 的规格，使标题栏露在外面，如表 5 和表 6 所示。

表 5 　　　　　　　　 折叠成 A4 幅面的方法 　　　　　　 单位：mm

图幅	标题栏方位	
	在复制图的长边上	在复制图的短边上
A0		
A1		
A2		
A3		

表 6 折叠成 A3 幅面的方法 单位：mm

图幅	标题栏方位	
	在复制图的长边上	在复制图的短边上
A0		
A1		
A2		

4.2.2 第二种折叠方法

首先沿标题栏的短边方向折叠，然后再沿标题栏的长边方向折叠成 A4 或 A3 的规格，使标题栏露在外面，如表 7 和表 8 所示。

表 7 　　　　　　　　　　折叠成 A4 幅面的方法　　　　　　　　　　单位：mm

图幅	标题栏方位	
	在复制图的长边上	在复制图的短边上
A0		
A1		
A2		
A3		

表 8 　　　　　　　　　　　　　　　　**折叠成 A3 幅面的方法** 　　　　　　　　　　　　单位：mm

图幅	标题栏方位	
	在复制图的长边上	在复制图的短边上
A0	(247) 297 841 2 1 4 3 297 (349) 420 420 1189 1 2 3 4	(297) 297 1189 3 2 3 1 3 2 3 297 297 (420) 420 841
A1	(297) 594 2 1 297 (420) 420 841 1 2	(247) 841 3 1 2 297 297 (174) 420 594 1 2 3
A2	(123) 420 297 2 1 (174) 420 594 1 2	(297) 594 1 297 420 1

4.3 加长幅面复制图的折叠方法

根据标题栏在图纸幅面上的方位，可参照前述方法折叠。

4.3.1 需装订成册的加长幅面复制图

有装订边的加长幅面复制图。当标题栏位于复制图的长边时（见表 1 和表 2），可将加长复制图的长边部分先折出 210mm（对 A4）或 420mm（对 A3），再将其余部分折成等于或小于 185mm（对 A4）或 395mm（对 A3）的尺寸，使标题栏露在外面。

当标题栏位于复制图的短边上时（见表 1 和表 2）。可将加长复制图的长边部分折叠成等于或小于 297mm 的尺寸，使标题栏露在外面。

无装订边的加长幅面复制图。当标题栏位于复制图的长边上时（见表 3 和表 4），可将加长复制图的长边部分折叠成等于或小于 190mm（对 A4）或 400mm（对 A3）的尺寸，使标题栏露在外面。

当标题栏位于复制图的短边上时（见表 3 和表 4），可将加长复制图的长边部分折叠成等于或小于 297mm 的尺寸，使标题标露在外面。

4.3.2 不需装订成册的加长幅面复制图

当标题栏位于复制图的长边上时（见表 5、表 6、表 7 和表 8），可将加长复制图的加长部分折叠成等于或小于 210mm（对 A4）或 420mm（对 A3）的尺寸，使标题栏露在外面。

当标题栏位于复制图的短边上时（见表 5、表 6、表 7 和表 8），或将加长复制图的长边部分，折叠成等于或小于 297mm 的尺寸，合标题标露在外面。

附录 A

（规范性附录）

装订胶带的尺寸

装订胶带可按图 A.1 所示的尺寸制作。

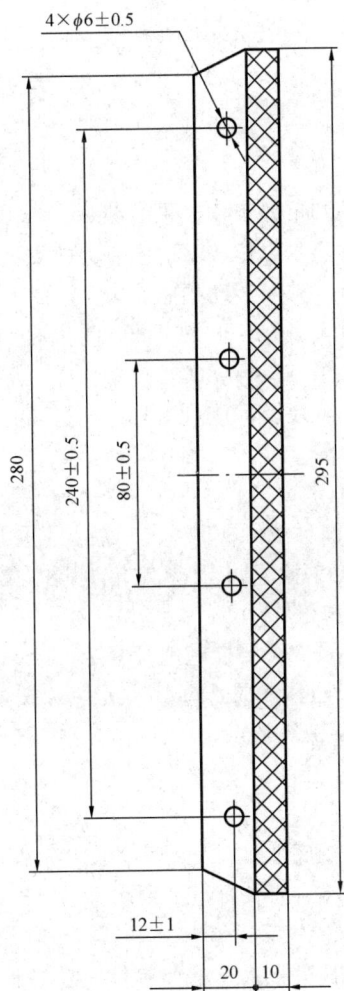

单位：mm

注 1：胶带的厚度可在不易折损的原则下自行规定。

注 2：图中网纹部分，为胶贴的范围。

注 3：图中 $\phi 6$ 为装订孔的尺寸。

图 A.1　装订胶带的尺寸

第7章

其他载体档案管理

① 照片档案管理规范

（GB/T 11821—2002）（摘录）

4　照片档案的收集

4.1　收集范围

4.1.1　记录本单位主要职能活动和重要工作成果的照片。

4.1.1.1　领导人和著名人物参加与本单位、本地区有关的重大公务活动的照片。

4.1.1.2　本单位组织或参加的重要外事活动的照片。

4.1.1.3　记录本单位、本地区重大事件、重大事故、重大自然灾割及其他异常情况和现象的照片。

4.1.2　记录本地区地理概貌、城乡建设、重点工程、名胜古迹、自然风光以及民间风俗和著名人物的照片。

4.1.3　其他具有保存价值的照片。

4.2　收集要求

4.2.1　对属于收集与归档范围的照片，应按照规定定期向本单位档案机构或档案工作人员归档，集中管理，任何单位或个人不得据为己有。

4.2.2　对存有真伪疑义的照片应采取必要措施进行鉴定。

4.2.3　对反映同一内容的若干张照片，应选择其主要照片归档。主要照片应具备主题鲜明、影像清晰、画面完整、未加修饰剪裁等特点。

4.2.4　底片、照片、说明应齐全。

4.2.5　底片与照片影像应一致。

4.2.6　对无底片的照片应制作翻拍底片；对无照片的底片应制作照片。

4.2.7　照片档案的移交和征集应符合有关标准的要求。

4.3　收集时间

4.3.1　对具有归档价值的照片，其摄影者或承办单位应及时整理，向档案室归档，一般不应跨年度。

4.3.2　依照《中华人民共和国档案法实施办法》的规定，照片档案随立档单位其他载体形态的档案一起向有关档案馆移交。在特殊情况下，经同级档案行政管理部门同意可以提前或延迟移交。

4.3.3　档案馆应按收集范围随时征集零散的对国家和社会具有保存价值的照片。

5 照片档案的整理

5.1 整理原则

照片档案的整理应遵循有利于保持照片档案的有机联系、有利于保管、有利于提供利用的原则。照片档案的底片、照片应分开存放。

5.2 照片、底片的鉴定

5.2.1 保管期限

保管期限是按照片、底片的价值划定的存留年限，分为永久、长期、短期三种。对照片、底片保管期限的划分按照《国家档案局关于机关档案保管期限的规定》执行。

5.2.2 密级

密级是指照片、底片保密程度的等级。密级的划定按照《中华人民共和国保守国家秘密法》《国华人民共和国保守国家秘密法实施办法》、GB/T 7156 及有关规定执行。

5.3 底片的整理

5.3.1 底片的编号

底片号是固定和反映底片在全宗内排列顺序的一组字符代码，由全宗号、保管期限代码、张号组成。其格式如下：

全宗号—保管期限代码—张号

全宗号：档案馆给立档单位编制的代号。

保管期限代码：分别用"1、2、3"或"Y、C、D"对应代表永久、长期、短期。

张号：在某一全宗某一保管期限内底片的排列从"1"开始的顺序编号。

5.3.2 底片号的登录

5.3.2.1 宜使用铁笔将底片号横排刻写在胶片乳剂面片边处（刻写不下时，前段可不写），不得影响画面；也可采用其他方式将底片号附着在胶片乳剂面片边处，不得污染胶片。

5.3.2.2 底片号登录顺序应与照片号登录顺序保持一致。

5.3.3 底片袋的标注

底片放入底片袋内保管，一张一袋。应在底片袋的右上方标明底片号。对翻拍底片，应在底片袋的左上方标明"F"字样。对拷贝底片，应在底片袋的左上方标明"K"字样。

5.3.4 底片的入册

5.3.4.1 底片册一般由 297mm×210mm 大小的若干芯页和封面、封底组成。

5.3.4.2 应按底片号顺序将底片袋依次插入底片册。

5.3.4.3 芯页的插袋上应标明相同的底片号。

5.3.5 大幅底片的放置

对幅面超过底片册芯页尺寸的大幅底片，应在乳剂面垫衬柔软的中性偏碱性纸张后，放入专用的档案袋可档案盒中，按底片号顺序排列。

5.3.6 册内备考表

5.3.6.1 册内备考表项目包括：本册情况说明、立册人、检查人、立册时间。册内备考表应放在册内最后位置。册内备考表见附录A。

5.3.6.2 本册情况说明：填写册内底片缺损、补充、移出、销毁等情况。对底片册立册以后发生或发现的问题，应由有关的档案管理人员填写说明，并签名、标注时间。

5.3.7 底片面的封面

底片册的封面应印制"底片册"字样。

5.3.8 底片册的册脊

底片册册脊的项目包括：全宗号、保管期限、起止张号、册号。底片册册脊见附录 B。

5.3.9 底片册的排列

底片册按照全宗号、保管期限、册号的顺序排列，上架保存。

5.4 照片的整理

5.4.1 照片的分类

应在全宗内按保管期限—年度—问题进行分类。跨年度且不可分的照片，也可按保管期限—问题—年度进行分类。分类方案应保持前后一致，不应随意变动。

5.4.2 照片的排列

应在分类方案的最低一级类目内，按问题结合时间、重要程度等进行排列。为便于提供利用，照片排列及入册时应同时考虑不同保密等级照片的定位。

5.4.3 照片的编号

照片号是固定和反映每张照片在全宗内分类与排列顺序的一组字符代码，由全宗号、保管期限代码、册号、张号或全宗号、保管期限代码、张号组成。照片号有两种格式：

格式一：全宗号—保管期限代码—册号—张号；

格式二：全宗号—保管期限代码—张号。

若采用格式二，可选用照片、底片分别编号法或合一编号法（影像相符的照片、底片编号相同）。选用合一编号法宜以照片、底片齐全为基础。

全宗号：档案馆给立档单位编制的代号。

保管期限代码：分别用"1、2、3"或"Y、C、D"对应代表永久、长期、短期。

册号：在某一全宗某一保管期限内照片册的排列从"1"开始的顺序编号。

张号：格式一中的张号是指照片在册内的排列从"1"开始的顺序编号。格式二中的张号是指在某一全宗某一保管期限内照片的排列从"1"开始的顺序编号。

5.4.4 照片的入册

5.4.4.1 照片册一般由 297mm×210mm 大小的若干芯页和封面、封底组成。芯页以 30 页左右为宜，有活页式和定页式两种。芯页格式参考示例参见附录 C。

5.4.4.2 应按照片类、排列顺序即照片号顺序将照片固定在芯页上，组成照片册。

5.4.5 大幅照片的放置

对于照片册放置不下的大幅照片，可将其放入专用的档案袋或档案盒中，按照片号顺序排列。如竖直放置，应首先将照片固定在专用的纸板上，再放入袋、盒中；如水平放置，照片的堆放高度不宜超过 5cm。以竖直放置为宜。

5.4.6 单张照片说明的填写

5.4.6.1 说明的格式

说明应采用横写格式，分段书写。其格式如下：

题　名：

照片号：

底片号：

时　间：

摄影者：

文字说明：

5.4.6.2 说明的内容

5.4.6.2.1 题名应简明概括、准确反映照片的基本内容，人物、时间、地点、事由等要素尽可能齐全。

5.4.6.2.2 照片号按5.4.3。

5.4.6.2.3 底片号按5.3.1。

若采用照片、底片合一编号法，可不填写底片号。

5.4.6.2.4 参见号是指与本张照片有密切联系的其他载体档案的档号。其格式如下：

（相关档案种类）档号

注：括号内为选择性著录内容。

示例1：文书档案 0113-2-18

示例2：科技档案 G-J-21

照片档案由档案室移交至档案馆后，应对其参见号进行核对，对与实际情况不符的应及时调整。

5.4.6.2.5 照片的拍摄时间用8位阿拉伯数字表示，第1～4位表示年，第5～6位表示月，第7～8位表示日。

示例：1953年3月2日写作19530302。

5.4.6.2.6 摄影者一般填写个人，必要时可加写单位。

5.4.6.2.7 文字说明应综合运用事由、时间、地点、人物、背景、摄景者等要素，概括揭示照片影像所反映的全部信息；或仅对题名未及内容作出补充。其他需要说明的事项亦可在此栏表述，例如照片归属权不属于本单位的，应注明照片版权、来源等。

5.4.6.2.8 密级应按GB/T 7156所规定的字符在照片周围选一固定空白处标明，使用印章亦可。

5.4.6.3 说明的位置

单张照片的说明，可根据照片固定的位置，在照片的右侧、左侧或正下方书写。

5.4.6.4 大幅照片的说明

对大幅照片的说明可另纸书写，与照片一同保存。一组联系密切的照片中的大幅照片，应随该组照片一同在册内编号，填写单张照片说明，并注明其存放地址。

5.4.7 组合照片说明的填写

5.4.7.1 一组（若干张）联系密切的照片按顺序排列后，可拟写组合照片说明。采用组合照片说明的照片，其单张照片说明可以从简。

5.4.7.2 组合照片说明应概括揭示该组照片所反映的全部信息内容及其他需要说明的事项。

5.4.7.3 应在组合照片说明中指出所含照片的起止张号和数量。

5.4.7.4 同组中的每一张照片均应在单张照片说明的左上角或右上角标出组联符号。组联符号按组依次采用"①""②""③"……同组中的照片其组联符号相同。如册内只有一组照片和其他散片时，组联符号采用"①"。组联符号不宜越册。

5.4.7.5 整理照片时因保管期限或密级的不同，有些同组的照片可能会被分散到不同的照片册内，应在组合照片说明中指出这些密切相关照片的保管期限、册号和组号。

示例：相关照片 长期—4—⑥

上例中保管期限亦可采用"2"或"C"表示。

5.4.7.6 组合照片说明可放在本组第一张照片的上方，也可放在本册所有照片之前。

5.4.8 册内备考表

按 5.3.6。

5.4.9 照片册的封面

照片册的封面应印制"照片册"字样。

5.4.10 照片册的册脊

照片册册脊的项目包括：全宗号、保管期限、册号、起止张号。

照片册册脊的格式：照片号为格式一的照片册册脊见附录 B 中的照片册册脊（一）；照片号为格式二的照片册册脊见附录 B 中的照片册册脊（二）。

5.4.11 照片册的排列

照片册按照全宗号、保管期限、册号的顺序排列，上架保存。

5.5 照片档案目录的编制

5.5.1 目录的著录

5.5.1.1 著录项目

照片档案目录的著录项目包括：照片号、底片号、题名、时间、摄影者、备注、参见号、册号、页号、组内张数、分类号、项目号、主题词或关键词、密级、保管期限、类型规格、档案馆代号、文字说明等。

5.5.1.2 条目的著录单位

以照片的自然张或若干张（一组）为单位著录成为照片档案目录的条目。

5.5.1.3 组合照片的著录

5.5.1.3.1 以一组照片为单位著录时，题名应根据题名拟写要素，简明概括、准确反映一组照片的基本内容。

5.5.1.3.2 以一组照片为单位著录时，照片号、底片号、页号均应著录起止号；时间应著录起止时间；参见号、摄影者可以著录多个。

5.5.1.4 大幅照片的标注

对于大幅照片、底片，应在备注栏内注明"大幅"和存放地址。以一组照片为单位著录时，还应在备注栏内注明其中所含的大幅照片的照片号、底片号。

5.5.1.5 著录与标引的要求

照片档案著录与标引的方法和要求，应按照 DA/T 18、GB/T 15418、DA/T 19 执行。

5.5.2 目录的编制

5.5.2.1 目录种类

照片档案目录种类包括册内目录、基本目录、分类目录、主题目录、摄影者目录等。

5.5.2.2 基本目录

照片档案基本目录的必备项目是：照片号、题名、时间、摄影者、底片号、备注，可根据需要增加项目。基本目录的条目应按照片号排序。照片档案基本目录参考示例参见附录 D。

5.5.2.3 册内目录

册内照片目录为选择性目录。其组成项目是：照片号、题名、时间、页号、底片号、备注。册内目录的条目应按照片号排序。册内目录位于册内最前面。册内照片目录参考示例参见附录 E。

6 照片档案的保管

6.1 包装物与装具

6.1.1 底片袋

底片袋应使用表面略微粗糙和无光泽的中性偏碱性纸制材料制作，其 pH 值应在 7.2～9.5 之间，α-纤维素含量应高于 87%。

底片袋应使用中性胶粘剂，接缝应在袋边。

6.1.2　底片册、照片册

底片册、照片册所用封面、封底、芯页均应采用中性偏碱性纸质材料制作，其 pH 值应在 7.2～9.5 之间，化学性能稳定，且不易产生碎屑或脱落的纤维。

6.1.3　贮存柜架

底片、照片应在能关闭的装具中保存，如存储柜、抽屉、有门的书架或文件架等。

贮存柜架应采用不可燃、耐腐蚀的材料，避免使用木制及类似材料。木制材料易燃烧、易腐蚀，还可能挥发出某些有害气体，促使底片、照片老化或褪色。贮存柜架的喷涂用料应稳定耐用，且对贮存的底片、照片无有害影响。

对贮存柜架进行排列时，应保证空气能在其内部循环流通。

6.2　温度、湿度要求

6.2.1　推荐的存贮最高温度和相对湿度见表 1。

6.2.2　底片、照片应恒温、恒湿保存。长期贮存环境，24 小时内温度的周期变化不应大于 ±2℃，相对湿度变化不应大于 ±5%。中期贮存环境，24 小时内温度的周期变化不应大于 ±5℃，相对湿度变化不应大于 ±10%。

6.2.3　所推荐的温度、湿度条件，应在各单独的贮存器具内或整个贮存室内加以保证。

6.2.4　底片、照片贮存的温、湿度与提供利用房间的温、湿度若存在较大差别，应设缓冲间，在其提供利用前应在缓冲间过渡几小时。

表 1　　　　　　　　　　　　推荐的存贮最高温度和相对湿度

类型	中期贮存		长期贮存	
	最高温度/℃	相对湿度/%	最高温度/℃	相对湿度/%
黑白底片	25	20～50	21 15 10	20～30 20～40 20～50
彩色底片	25	20～50	2 −3 −10	20～30 20～40 20～50
黑白照片	25	20～50	18	30～50
彩色照片	25	20～50		30～40

注　1. 中期贮存是指胶片、照片在表中规定的温、湿度条件下至少能保存 10 年。
　　　　长期贮存是指胶片、照片在表中规定的温、湿度条件下至少能保存 100 年。
　　2. 推荐值内较低的温、湿度环境，更能延长胶片、照片的寿命。

6.3　空气调节和净化要求

6.3.1　空气调节要求

6.3.1.1 为保证贮存库的温、湿度条件，应配备独立的空气调节系统。

6.3.1.2 贮存库的气压应保持正压状态，以防止外界空气渗入。

6.3.1.3 去湿应选用恒湿控制的自动制冷型除湿机。加湿应选用可控式加湿机，不应使用水盆或饱和化学溶液，以免导致湿度过高。

6.3.2 空气净化要求

6.3.2.1 进入贮存室或贮存柜的空气应首先经过机械过滤器过滤，以免空气中的固体颗粒擦伤胶片或与胶片起反应。过滤器宜采用干介质型，应不可燃，其捕捉率不应低于85%。

6.3.2.2 应使用洗涤或吸收等空气净化装置，去除空气中的二氧化硫、硫化氢、过氧化物、臭氧、酸性雾气、氨和氧化氮等气体杂质。

6.3.2.3 油漆的挥发气体是一种氧化污染源，应控制使用。若贮存环境新刷油漆，应在三个月后投入使用。对其他存有污染源的新贮存环境，亦应搁置一段时期后再投入使用。

6.3.2.4 硝酸片基胶片会释放出有害气体，因此，不应与其他胶片同处存放，也不应与其他胶片使用同一通风系统。

6.4 库房有关要求

库房条件和防火、防水、防潮、防日光及紫外线照射、防污染、防有害生物、防震、防盗等要求，应符合 JGJ 25 的规定。

6.5 保管要求和措施

6.5.1 贮存库房应保持整齐、清洁，应有严格的使用和存放规则。

6.5.2 照片档案入库前应进行检查。对受污染的照片、底片应进行必要的技术处理，防止受污染的照片、底片入库。

6.5.3 接触底片的人员应戴洁净的棉质薄手套，轻拿底片的边缘。

6.5.4 底片册、照片册应立放，不应堆积平放，以免堆在下面的底片、照片受压后造成粘连。

6.5.5 珍贵的、重要的、使用频率高的底片应进行拷贝，异地保存。拷贝片提供利用，以便更好地保存母片。

6.5.6 每隔两年应对底片、照片进行一次抽样检查，不超过五年进行一次全面检查。若温、湿度出现严重波动，应缩短检查的间隔期。检查中应密切注意底片、照片的变化情况（卷曲、变形、变脆、粘连、破损、霉斑、褪色等），亦应注意包装材料的变质问题，并做好检查记录。若发现问题，应查明原因，及时采取补救措施。

附录 A

（规范性附录）
册内备考表

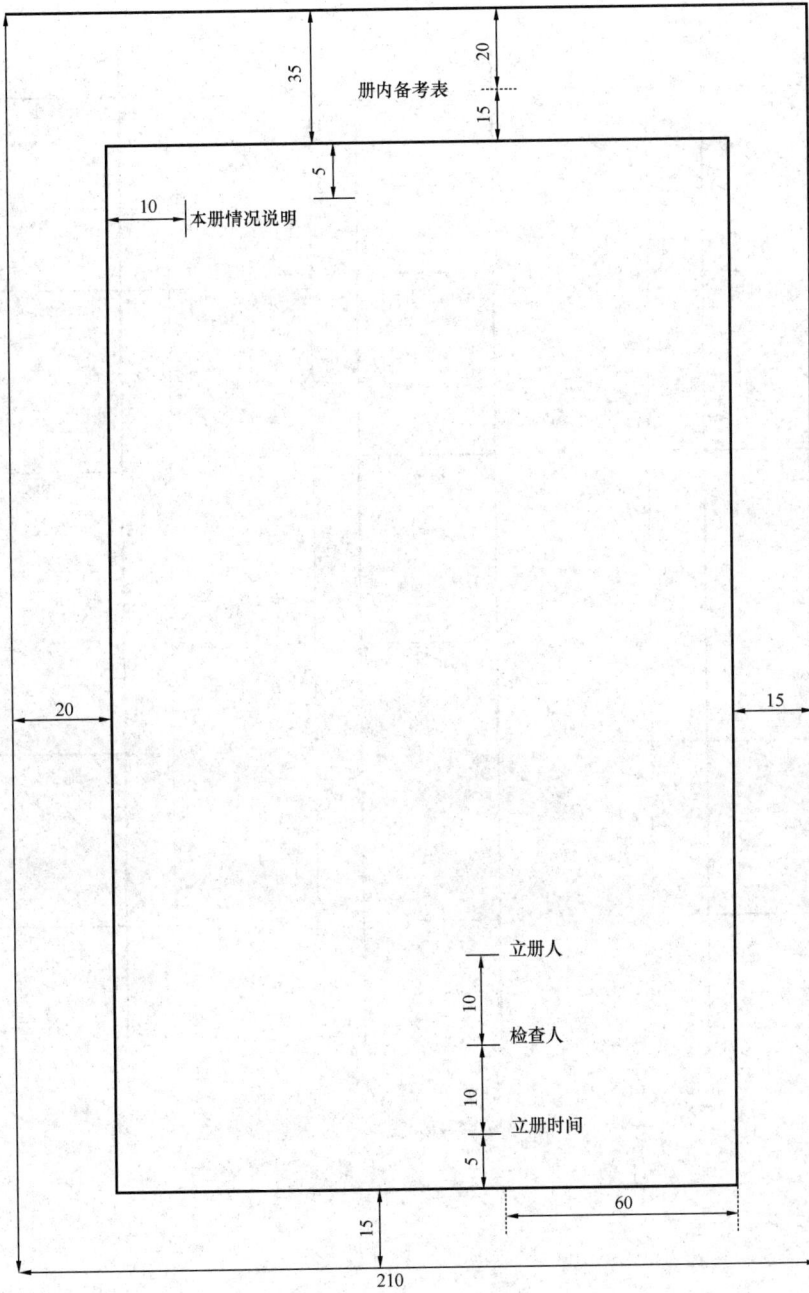

单位:mm

附录 B
（规范性附录）
册脊

底片册册脊   照片册册脊（一）   照片册册脊（二）

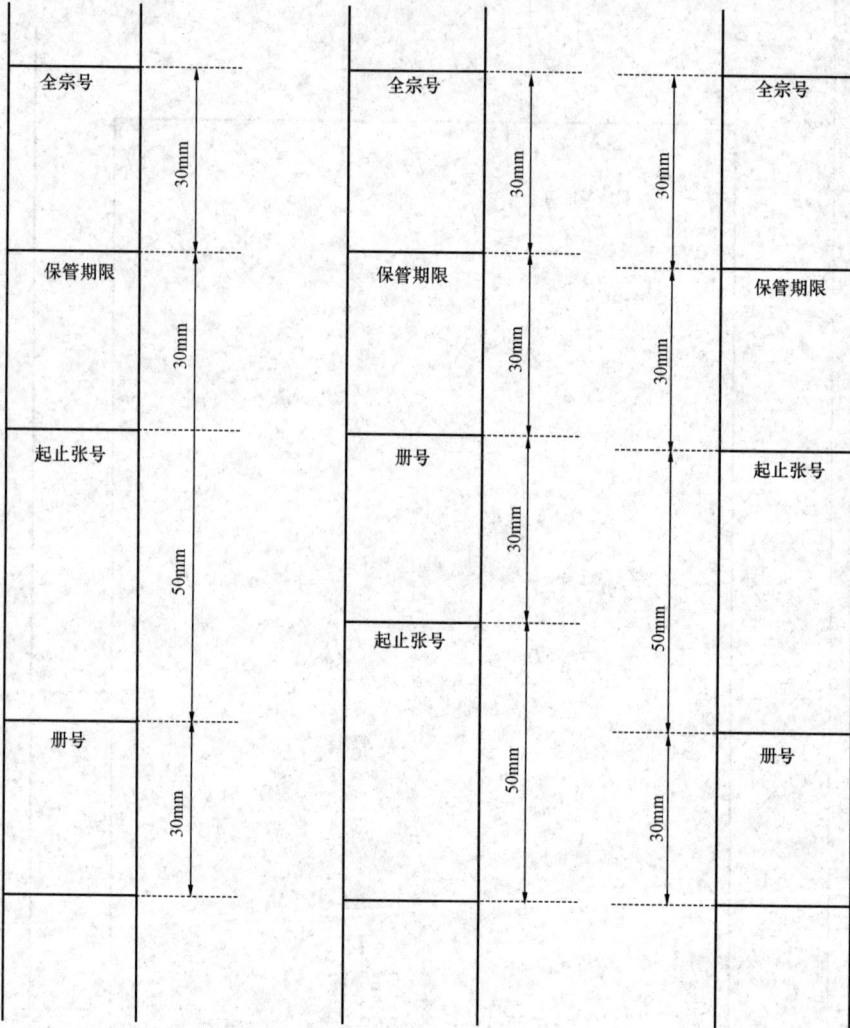

底片册册脊	照片册册脊（一）	照片册册脊（二）
全宗号（30mm）	全宗号（30mm）	全宗号（30mm）
保管期限（30mm）	保管期限（30mm）	保管期限（30mm）
起止张号（50mm）	册号（30mm）	起止张号（50mm）
册号（30mm）	起止张号（50mm）	册号（30mm）

附录 C
（资料性附录）
芯页格式参考示例

C.1 芯页格式参考示例（一）

第　页

		文字说明：	题　名：

文字说明：

题　名：

照片号：

底片号：

文字说明：

参见号：

时　间：

摄影者：

题　名：

照片号：

底片号：

文字说明：

参见号：

时　间：

摄影者：

文字说明：

C.2 芯页格式参考示例（二）

题名：

照片号：

底片号：

参见号：

时间：　　　　摄影者：

文字说明：

题名：

照片号：

底片号：

参见号：

时间：　　　　摄影者：

文字说明：

题名：

照片号：

底片号：

参见号：

时间：　　　　摄影者：

文字说明：

附录 D

（资料性附录）

照片档案基本目录参考示例

照片号	题名	时间	摄影者	底片号	备注

附录 E
（资料性附录）
册内照片目录参考示例

单位:mm

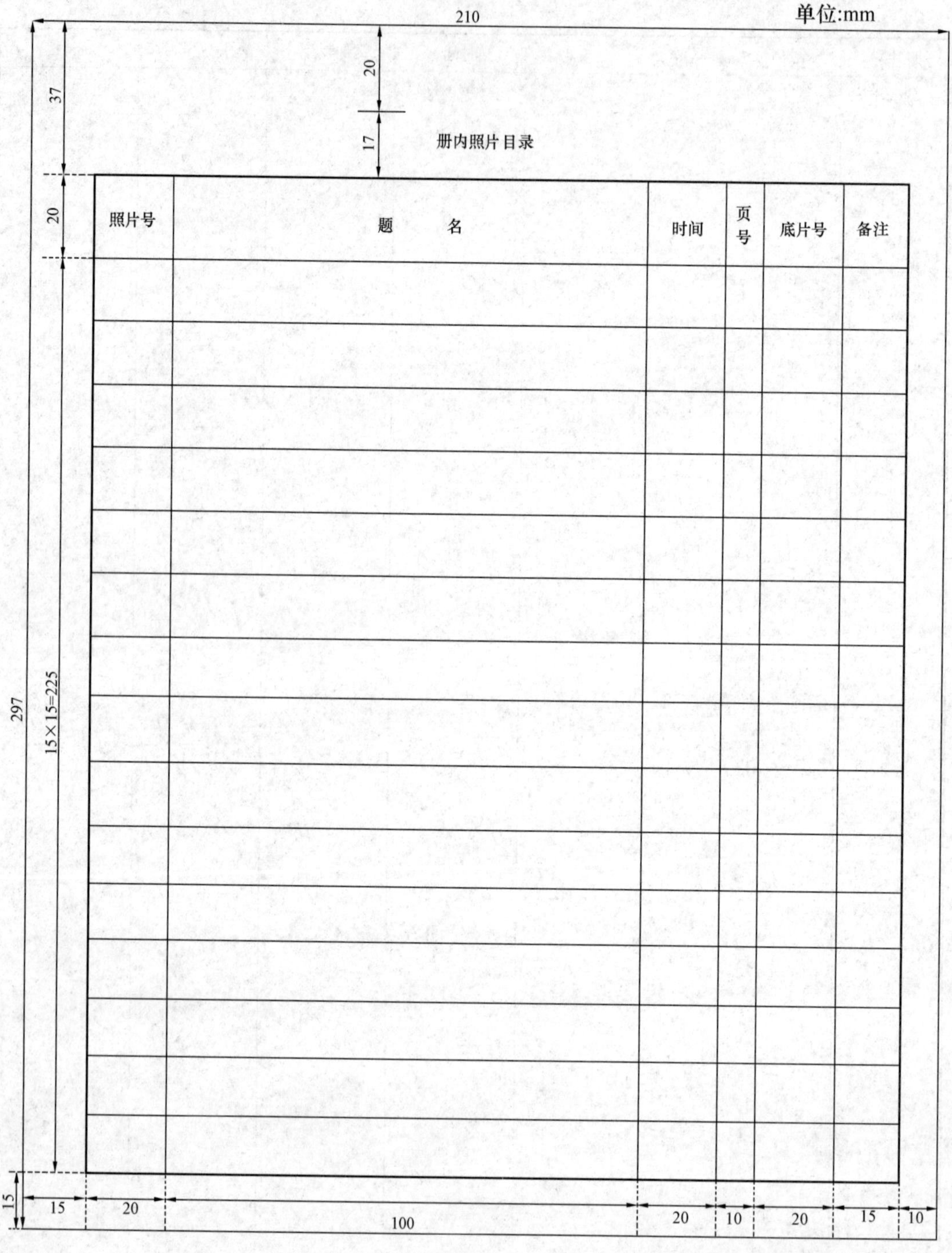

册内照片目录

照片号	题　　名	时间	页号	底片号	备注

② 电子文件归档与管理规范

(GB/T 18894—2002)（摘录）

3 术语和定义

下列术语和定义适用于本标准。

3.1 电子文件

指在数字设备及环境中生成，以数码形式存储于磁带、磁盘、光盘等载体，依赖计算机等数字设备阅读、处理，并可在通信网络上传送的文件。

3.2 归档电子文件

指具有参考和利用价值并作为档案保存的电子文件（3.1）。

3.3 背景信息

指描述生成电子文件（3.1）的职能活动、电子文件的作用、办理过程、结果、上下文关系以及对其产生影响的历史环境等信息。

3.4 元数据

指描述电子文件（3.1）数据属性的数据，包括文件的格式、编排结构、硬件和软件环境、文件处理软件、字处理和图形工具软件、字符集等数据。

3.5 逻辑归档

指在计算机网络上进行，不改变原存储方式和位置而实现的将电子文件（3.1）的管理权限向档案部门移交的过程。

3.6 物理归档

指把电子文件（3.1）集中下载到可脱机保存的载体上，向档案部门移交的过程。

3.7 真实性

指对电子文件（3.1）的内容、结构和背景信息（3.3）进行鉴定后，确认其与形成时的原始状况一致。

3.8 完整性

指电子文件（3.1）的内容、结构、背景信息（3.3）和元数据（3.4）等无缺损。

3.9 有效性

指电子文件（3.1）应具备的可理解性和可被利用性，包括信息的可识别性、存储系统的可靠性、载体的完好性和兼容性等。

3.10 捕获

指对电子文件（3.1）进行实时收集和存储的方法与过程。

3.11 迁移

指将源系统中的电子文件（3.1）向目的系统进行转移存储的方法与过程。

4 总则

4.1 电子文件自形成时应有严格的管理制度和技术措施，确保其真实性、完整性和有效性。

4.2 应对电子文件的形成、收集、积累、鉴定、归档等实行全过程管理与监控，保证管理工作的连续性。

4.3 应明确规定电子文件归档的时间、范围、技术环境、相关软件、版本、数据类型、格式、被操作数据、检测数据等要求，保证归档电子文件的质量。

4.4 归档电子文件同时存在相应的纸质或其他载体形式的文件时，应在内容、相关说明及描述上保持一致。

4.5 具有永久保存价值的文本或图形形式的电子文件，如没有纸质等拷贝件，必须制成纸质文件或缩微品等。归档时，应同时保存文件的电子版本、纸质版本或缩微品。

4.6 应保证电子文件的凭证作用，对只有电子签章的电子文件，归档时应附加有法律效力的非电子签章。

5 电子文件的真实性、完整性和有效性保证

5.1 应建立规范的制度和工作程序并结合相应的技术措施，从电子文件形成开始不间断地对有关处理操作进行管理登记，保证电子文件的产生、处理过程符合规范。

5.1.1 登记处理过程中相互衔接的各类责任者（如起草者、修改者、审核者、签发者等）。

5.1.2 登记处理过程中的各类操作者（打字者、发文者、收文者、存储管理者等）。

5.1.3 登记处理过程中产生的责任凭证信息（批示、签名、印章、代码等）。

5.1.4 登记电子文件传递、交接过程中的其他标识。

5.2 应采取可靠的安全防护技术措施，保证电子文件的真实性。

5.2.1 建立对电子文件的操作者可靠的身份识别与权限控制。

5.2.2 设置符合安全要求的操作日志，随时自动记录实施操作的人员、时间、设备、项目、内容等。

5.2.3 对电子文件采用防错漏和防调换的标记。

5.2.4 对电子印章、数字签署等采取防止非法使用的措施。

5.3 应建立电子文件完整性管理制度并采取相应的技术措施采集背景信息和元数据。

5.4 应建立电子文件有效性管理制度并采取相应的技术保证措施。

5.5 电子文件的处理和保存应符合国家的安全保密规定，针对自然灾害、非法访问、非法操作、病毒侵害等采取与系统安全和保密等级要求相符的防范对策，主要有：网络设备安全保证；数据安全保证；操作安全保证；身份识别方法等。

6 电子文件的收集与积累

6.1 收集积累要求

6.1.1 记录了重要文件的主要修改过程和办理情况，有查考价值的电子文件及其电子版本的定稿均应被保留。正式文件是纸质的，如果保管部门已开始进行向计算机全文的转换工作，则与正式文件定稿内容相同的电子文件应当保留，否则可根据实际条件或需要，确定是否保留。

6.1.2 当公务或其他事务处理过程只产生电子文件时，应采取严格的安全措施，保证电子文件不被非正常改动。同时应随时对电子文件进行备份，存储于能够脱机保存的载体上。

6.1.3 对在网络系统中处于流转状态，暂时无法确定其保管责任的电子文件，应采取捕获措施，集中存储在符合安全要求的电子文件暂存存储器中，以防散失。

6.1.4 对用文字处理技术形成的文本电子文件，收集时应注明文件存储格式、文字处理工具等，必要时同时保留文字处理工具软件。文字型电子文件以 XML、RTF、TXT 为通用格式。

6.1.5 对用扫描仪等设备获得的采用非通用文件格式的图像电子文件，收集时应将其转换成通用格式，如无法转换，则应将相关软件一并收集。扫描型电子文件以 JPEG、TIFF 为通用格式。

6.1.6 对用计算机辅助设计或绘图等设备获得的图形电子文件，收集时应注明其软硬件环境

和相关数据。

6.1.7 对用视频或多媒体设备获得的文件以及用超媒体链接技术制作的文件，应同时收集其非通用格式的压缩算法和相关软件。视频和多媒体电子文件以 MPEG、AVI 为通用格式。

6.1.8 对用音频设备获得的声音文件，应同时收集其属性标识、参数和非通用格式的相关软件。音频电子文件以 WAV、MP3 为通用格式。

6.1.9 对通用软件产生的电子文件，应同时收集其软件型号、名称、版本号和相关参数手册、说明资料等。专用软件产生的电子文件原则上应转换成通用型电子文件，如不能转换，收集时则应连同专用软件一并收集。

6.1.10 计算机系统运行和信息处理等过程中涉及的与电子文件处理有关的参数、管理数据等应与电子文件一同收集。

6.1.11 对套用统一模板的电子文件，在保证能恢复原形态的情况下，其内容信息可脱离套用模板进行存储，被套用模板作为电子文件的元数据保存。

6.1.12 定期制作电子文件的备份。

6.2 电子文件的登记

6.2.1 每份电子文件均应在《电子文件登记表》中登记〔见附录 A 的表 A.1（略）和表 A.2（略）〕。

6.2.2 电子文件登记表应与电子文件同时保存。

6.2.3 电子文件登记表如果制成电子表格，应与电子文件一同保存，永久保存的电子表格应附有纸质等拷贝件并与相应的电子文件拷贝一起保存。

6.2.4 电子文件稿本代码：M—草稿性电子文件；U—非正式电子文件；F—正式电子文件。

6.2.5 电子文件类别代码：T—文本文件；I—图像文件；G—图形文件；V—影像文件；A—声音文件；O—超媒体链接文件；P—程序文件；D—数据文件。

7 电子文件的归档

7.1 归档要求

文件形成部门或信息管理部门应定期把经过鉴定符合归档条件的电子文件向档案部门移交，并按档案管理要求的格式将其存储到符合保管期限要求的脱机载体上。

7.2 鉴定

7.2.1 电子文件的鉴定工作，应包括对电子文件的真实性、完整性、有效性的鉴定及确定密级、归档范围和划定保管期限。

7.2.2 归档前应由文件形成单位按照规定的项目对电子文件的真实性、完整性和有效性进行检验，并由负责人签署审核意见，检验和审核结果填入《归档电子文件移交、接收检验登记表》〔见附录 A 的表 A.3（略）〕。如果文件形成单位采用了某些技术方法保证电子文件的真实性、完整性和有效性，则应把其技术方法和相关软件一同移交给接收单位。

7.2.3 电子文件的归档范围参照国家关于纸质文件材料归档的有关规定执行，并应包括相应的背景信息和元数据。

7.2.4 电子文件保管期限和密级的划分工作，参照国家关于纸质文件材料密级和保管期限的有关规定执行。电子文件的背景信息和元数据的保管期限应当与内容信息的保管期限一致。应在电子文件的机读目录上逐件标注保管期限的标识。

7.3 归档时间

逻辑归档可实时进行，物理归档应按照纸质文件的规定定期完成。

7.4 检测

在进行电子文件归档工作时，应对归档电子文件的基本技术条件进行检测，检测内容包括：硬件环境的有效性，软件环境的有效性及其信息记录格式、有无病毒感染等。

7.5 归档

电子文件的归档，按照鉴定标识进行。电子文件的归档可分两步进行，对实时进行的归档先做逻辑归档，然后定期完成物理归档。归档时，应充分考虑电子文件的技术环境、相关软件、版本、数据类型、格式、被操作数据、检测数据等技术因素。

7.5.1 逻辑归档

将电子文件的管理权从网络上转移至档案部门，在归档工作中，存储格式和位置暂时保持不变。

7.5.2 物理归档

7.5.2.1 凡在网络中予以逻辑归档的电子文件，均应定期完成物理归档。

7.5.2.2 把带有归档标识的电子文件集中，拷贝至耐久性好的载体上，一式3套，一套封存保管，一套供查阅使用，一套异地保存。对于加密电子文件，则应在解密后再制作拷贝。

7.5.2.3 本标准推荐采用的载体，按优先顺序依次为：只读光盘、一次写光盘、磁带、可擦写光盘、硬磁盘等。不允许用软磁盘作为归档电子文件长期保存的载体。

7.5.2.4 存储电子文件的载体或装具上应贴有标签，标签上应注明载体序号、全宗号、类别号、密级、保管期限、存入日期等，归档后的电子文件的载体应设置成禁止写操作的状态。

7.5.2.5 特殊格式的电子文件，应在存储载体中同时存有相应的查看软件。

7.5.2.6 将相应的电子文件机读目录、相关软件、其他说明等一同归档，并附《归档电子文件登记表》［见附录A的表A.4（略）和表A.5（略）］。

归档电子文件应以盘为单位填写《归档电子文件登记表》首页［见附录A的表A.4（略）］，以件为单位填写续页［见附录A的表A.5（略）］。

7.5.2.7 对需要长期保存的电子文件，应在每一个电子文件的载体中同时存有相应的机读目录。

7.5.2.8 归档完毕，电子文件形成部门应将存有归档前电子文件的载体保存至少1年。

8 归档电子文件的整理

8.1 归档电子文件的整理按DA/T 22规定的要求进行。

8.2 归档电子文件以件为单位整理。

8.3 同一全宗内的电子文件按照年度—保管期限—机构（问题）或保管期限—年度—机构（问题）等分类方案进行分类。

8.4 按电子文件类别代码相对集中组织存储载体。

8.5 电子文件的著录应参照DA/T 18进行著录，同时按照保证其真实性、完整性和有效性的要求补充电子文件特有的著录项目和其他标识（参见本标准第5章中列举的责任者、操作者、背景信息、元数据等）。

8.6 将著录结果制成机读目录和纸质目录。

9 归档电子文件的移交、接收与保管

9.1 移交、接收与保管要求

对归档电子文件，应按有关规定进行认真检验。在检验合格后将其如期移交至档案馆等档

案保管部门，进行集中保管。在已联网的情况下，归档电子文件的移交和接收工作可在网络上进行，但仍需履行相应的手续。

9.2 移交、接收检验

9.2.1 文件形成单位在移交电子文件之前，档案保管部门在接收电子文件之前，均应对归档的每套载体及其技术环境进行检验，合格率达到100％时方可进行交接。

9.2.2 检验项目如下：

——载体有无划痕，是否清洁；

——有无病毒；

——核实归档电子文件的真实性、完整性、有效性检验及审核手续；

——核实登记表、软件、说明资料等是否齐全；

——对特殊格式的电子文件，应核实其相关的软件、版本、操作手册等是否完整。

检验结果分别由移交单位、接收单位填入《归档电子文件移交、接收检验登记表》［见附录A的表A.3（略）］的相应栏目。

9.2.3 档案保管部门应按照要求及检验项目对归档电子文件逐一验收。对检验不合格者，应退回形成单位重新制作，并再次对其进行检验。

9.3 移交手续

档案保管部门验收合格，完成《归档电子文件移交、接收检验登记表》［见附录A的表A.3（略）］的填写、签字、盖章环节。登记表一式两份，一份交电子文件形成单位，一份由档案保管部门自存。

9.4 保管要求

归档电子文件的保管除应符合纸质档案的要求还应符合下列条件：

a）归档载体应作防写处理。避免擦、划、触摸记录涂层。

b）单片载体应装盒，竖立存放，且避免挤压。

c）存放时应远离强磁场、强热源，并与有害气体隔离。

d）环境温度选定范围：17℃～20℃；相对湿度选定范围：35％～45％。

归档电子文件在形成单位的保管，也应参照上述条件。

9.5 有效性保证

9.5.1 归档电子文件的形成单位和档案保管部门每年均应对电子文件的读取、处理设备的更新情况进行一次检查登记。设备环境更新时应确认库存载体与新设备的兼容性；如不兼容，应进行归档电子文件的载体转换工作，原载体保留时间不少于3年。保留期满后对可擦写载体清除后重复使用，不可清除内容的载体应按保密要求进行处置。

9.5.2 对磁性载体每满2年、光盘每满4年进行一次抽样机读检验，抽样率不低于10％，如发现问题应及时采取恢复措施。

9.5.3 对磁性载体上的归档电子文件，应每4年转存一次。原载体同时保留时间不少于4年。

9.5.4 档案保管部门应定期将检验结果填入《归档电子文件管理登记表》［见附录A的表A.6（略）］。

9.6 迁移

随着系统设备更新或系统扩充，应及时对归档电子文件进行迁移操作，并填写《归档电子文件迁移登记表》［见附录A的表A.7（略）］。

9.7 利用

9.7.1 归档电子文件的封存载体不应外借。未经批准任何单位或人员不允许擅自复制电子文件。

9.7.2 利用时应使用拷贝件。

9.7.3 利用时应遵守保密规定。对具有保密要求的归档电子文件采用联网的方式利用时，应遵守国家或部门有关保密的规定，有稳妥的安全保密措施。

9.7.4 利用者对归档电子文件的使用应在权限规定范围之内。

9.8 归档电子文件的鉴定销毁

9.8.1 归档电子文件的鉴定销毁，参照国家关于档案鉴定销毁的有关规定执行，且应在办理审批手续后实施。

9.8.2 属于保密范围的归档电子文件，如存储在不可擦除载体上，应连同存储载体一起销毁，并在网络中彻底清除。不属于保密范围的归档电子文件可进行逻辑删除。

9.9 统计

档案保管部门应及时按年度对归档电子文件的接收、保管、利用和鉴定销毁情况进行统计。

③ 电子文件归档光盘技术要求和应用规范

(DA/T 38—2008)

1 范围

本标准适用于我国档案部门电子文件的光盘归档和管理。

3 术语和定义

3.1 光盘 optical disc

光盘是一种用激光和光学系统读写的光存储信息载体。光盘有存储容量大、数据存取方便、归档寿命长、单位信息存储价格低和易于保存等优点，可以用作归档载体。光盘从功能上分有：只读（Read Only）光盘、可记录（Recordable）光盘和可重写（Rewritable）光盘三类。通常用作归档的光盘是只读光盘 CD、DVD 和可记录光盘 CD-R、DVD-R 和 DVD＋R。

3.2 档案级光盘 archival disc

档案级光盘是可记录光盘中的优选品，其各项技术指标优于工业标准。档案级光盘的归档寿命大于 20 年。

3.3 块错误率 block error rate

简称 BLER。数据块是 CD 类光盘数据格式的基本单位。CD-R 光盘的块错误率是测量含有 1 位或多位错误的数据块的百分比，或每秒测得的错误块数量。光盘驱动器每秒钟读出 7350 数据块，CD-R 光盘技术规范规定：BLER＜220 数据块/s。

3.4 不可校正错误 E32

CD-R 光盘在读出时，若 C2 解码器中每秒钟检出有 3 位或 3 位以上错误，这种不能被解码器校正的错误的总数称为 E32。CD-R 光盘技术规范规定：E32＝0。

3.5 奇偶校验内码错误 PI error

简称 PIE。ECC（错误校正编码）数据块是 DVD 类光盘数据格式的基本单位。PI 与 PO 分别是 ECC 块中的奇偶校验内码和外码。DVD±R 光盘用 PI 与 PO 校验中发现错误的次数与程度来评价其记录质量。PIE 是内码奇偶校验错误，是每兆字节数据的一个连续测量值。一个 ECC 块中的某一行如果有一个或更多的字节出现错误，就是出现一个 PI 错误，PIE 是指在 8

个连续的 ECC 数据块的奇偶校验中出现错误的行数。DVD-R 和 DVD＋R 技术规范都规定 PIE 不能超过 280。

3.6 奇偶校验外码失败 PO fails

简称 POF。奇偶校验外码失败是每兆数据的一个连续测量值。当 DVD±R 读出解码器经过第一轮 PI 行纠错和 PO 列纠错后还不能校正 ECC 数据块内所有的数据时，就会发生该错误。DVD-R 和 DVD＋R 技术规范都规定 POF＝0。DVD±R 光盘中的 POF 参数和 CD 光盘中的 E32 参数相当。

3.7 信号不对称度 signal asymmetry

简称 ASYM，是指高频信号的不对称度。在 CD-R/DVD±R 光盘读出时，高频信号 I3 和 I11/I14 的中心电平往往不一定重合，这是因为 3T 的凹坑长度和 3T 台的长度不等的缘故。不对称度 ASYM 就是用 I3 中心电平与 I11/I14 中心电平的相对位置来描述 3T 凹坑与台的对称情况的参数。当 3T 凹坑长度与 3T 台的长度相等时，ASYM＝0，I3 和 I11/I14 中心电平重合。如果 3T 的凹坑长度大于 3T 台的长度 ASYM＜0，I3 中心电平低于 I11/I14 中心电平。如果 3T 的凹坑长度小于 3T 台的长度，ASYM＞0，I3 中心电平高于 I11/I14 中心电平。

CD-R 光盘用对称度来表示，标准规定，CD-R 光盘的对称度：$-15\% \leqslant$ SYM$\leqslant+15\%$；DVD±R 光盘用不对称度来表示，标准规定，DVD±R 光盘的不对称度：$-5\% \leqslant$ ASYM$\leqslant +15\%$。与 SYM 或 ASYM 密切相关的另一个参数是不对称性 BETA(β)，定义 β＝(A1＋A2)/(A1－A2)，A1 是 HF 信号的正向峰值，代表读出反射光的台电平；A2 是 HF 信号的负向峰值，代表读出反射光的坑电平。β 可以更明白地表示为：(｜A1｜－｜A2｜)/(｜A1｜＋｜A2｜)×100%。不对称性 β 是交流耦合的 HF 信号正负峰值之差对峰－峰值的归一化。光盘记录标记的不对称性可以检测 β 值。

3.8 抖晃 jitter

在光盘刻录过程，无论在光盘上记录什么内容，如音乐、图像、数据，在光盘上体现的是编码成不同长度的凹坑（记录标记）和台。凹坑和台的长度偏差直接影响解码的正确性。对于某种凹坑或台，它的前沿和后沿的位置由于种种原因出现随机偏移，位置偏移的统计分布呈高斯分布，前后沿平均值之间的长度即为凹坑的平均长度。围绕这个前沿或后沿位置平均值的平均偏差即为抖晃。

CD-R 光盘使用数据对数据的比较方法。抖晃 Jitter 用信息坑和台的扫描时间的标准偏差表示，CD-R 光盘标准规定信息坑 TnP 或信息台 TnL 的抖晃 Jitter，JnP 和 JnL（n=3～11）小于 35ns。

DVD±R 光盘使用数据对时钟的比较方法。DC Jitter 即数据和时钟之间的抖晃，是读出高频信号（HF）与判定基准电平（Decision Level）相交处的计时变化。DC Jitter 测量所有数据边缘（指凹坑和台交界处）与参考时钟脉冲边缘相比较的标准偏差，用系统时钟长度的百分比来表示。规范规定 DVD-R 的 Jitter 应小于 8%；DVD＋R 的 Jitter 应小于 9%。

3.9 寻轨错误 tracking error

简称 TE，寻轨错误。对盘片的径向寻轨能力进行测试。TE 如果很大，可能导致刻录时丢失轨道。引起刻录失败或者刻录掉速。

对于 CD-R 和 DVD±R，TE 在标称速度下的测试值应小于 0.45（Philips 测试驱动器）。

3.10 聚焦错误 focusing error

简称 FE，聚焦错误。对盘片的聚焦伺服能力进行测试。FE 如果很大，可能导致刻录时无法聚焦，引起刻录失败或者掉速。

对于 CD-R 和 DVD±R，FE 在标称速度下的测试值应小于 0.5（Philips 测试驱动器）。

3.11 光盘归档寿命 archive longevity of optical disc

光盘归档后，随着时间推移信息层退化，CD-R 光盘表现为块错误率 BLER 增大，DVD±R 光盘表现为奇偶校检内码错误 PIE 增大。BLER 或 PIE 超过某个值后光盘中存储的信息不能再正确读取，表征归档光盘寿命终止的技术指标是：CD-R 光盘块错误率 BLER≥220 数据块/秒或 E32＞0；DVD±R 光盘奇偶校检内码错误 PIE≥280 或奇偶校检外码失败 POF＞0。光盘从归档开始到达到寿命终止的技术指标这段时间称为光盘归档寿命。

3.12 归档光盘的数据迁移策略 data migration strategy

档案部门使用光盘作为电子文件归档载体时，必须建立定期检测制度，监控归档光盘关键技术指标，适时实施归档光盘的数据迁移。当 CD-R 的块错误率 BLER 或 DVD±R 的奇偶校检内码错误 PIE 达到或超出本标准规定的三级预警线时，应将该批光盘上的数据迁移到新的光盘或其他归档载体上。

4 电子文件归档所用 CD-R/DVD±R 光盘的主要技术指标

电子文件采用 CD-R/DVD±R 归档时，应使用档案级光盘。CD-R 和 DVD±R 档案级光盘的技术指标在达到相应行业标准要求的基础上，还应满足下列指标要求。

4.1 CD-R 档案级光盘

4.1.1 记录前，寻轨错误 TE≤0.45。

4.1.2 记录前，聚焦错误 FE≤0.5。

4.1.3 记录后，块错误率 BLER＜50，E32＝0。

4.1.4 记录后，信号不对称性 beta，−0.10～0.15。

4.1.5 光盘温湿度耐候试验，在温度 55℃、相对湿度 50% 的环境条件下，放置 96h，光盘的块错误率 BLER＜150，E32＝0。

4.2 DVD±R 档案级光盘

4.2.1 记录前，寻轨错误 TE≤0.45。

4.2.2 记录前，聚焦错误 FE≤0.5。

4.2.3 记录后，奇偶校验内码错误（连续 8 个 ECC）PIE＜80；奇偶校验外码失败 POF＝0。

4.2.4 记录后，信号对称性 beta，−0.15～0.15。

4.2.5 记录后，数据对时钟抖晃 DC Jitter＜8。

4.2.6 光盘温湿度耐候试验，在温度 55℃、相对湿度 50% 的环境条件下，放置 96h，奇偶校验内码错误（连续 8 个 ECC）PIE＜180，奇偶校验外码失败 POF＝0。

5 归档光盘的标签

5.1 归档光盘的标签面应为可书写型油墨印刷。所使用的油墨应通过光盘耐候性试验。

5.2 若必须在标签面书写，必须使用专门的"光盘标签笔"（非溶剂基墨水的软性标签笔）。初次使用应通过光盘耐候性试验。

5.3 归档光盘禁止使用粘贴标签。

5.4 归档光盘的标签面上应印有光盘生产日期、批次或喷墨打印的条形码。

6 光盘数据刻录

6.1 光盘刻录机

6.1.1 使用经检测性能优良的光盘刻录机。

6.1.2 CD-R 光盘和 DVD±R 光盘的数据刻录应分别选用专用刻录机。

6.1.3 选用的刻录机应能识别档案级光盘的最佳写功率和写策略。

6.2 数据刻录

6.2.1 归档光盘的数据刻录工作环境应符合 10.1 条规定，并有良好的通风条件。光盘刻录前，必须在工作环境中放置 2h 以上。

6.2.2 光盘数据刻录时，采用中速刻录。即 CD-R 光盘采用 24～40 倍速刻录速度，DVD±R 光盘采用 8～12 倍速刻录速度。

6.2.3 光盘数据刻录应采用全盘一次刻完（Disc At Once）方式。

6.2.4 归档光盘数据刻录完成后应设置成禁止写操作的状态，不能再对光盘数据进行增减。

7 归档光盘的备份

归档光盘按查阅使用频度，分成普通级和频繁级。

7.1 普通级。

7.2 频繁级归档光盘一式 4 份（或更多份），2 份供查阅使用，1 份封存保管，1 份异地保存。

8 归档前检测

归档前必须对光盘的错误率和不可校正错误进行检测，检测合格的方可归档。检测不合格的光盘需报废。重新刻录并检测合格后才可归档。

8.1 已刻录数据的归档光盘的主要技术指标要求：CD-R 光盘的 BLER<50、E32＝0；DVD±R 光盘的 RIE<80、POF＝0。

8.2 归档光盘的检测在 10.1 规定的环境中进行，检测前应放置在检测环境中 2h 以上。

8.3 归档光盘检测设备的光路和光学头应符合附录 B（略）的要求。

8.4 归档光盘检测前，检测设备必须用基准光盘校验定标，保证检测数据的可靠性和一致性。

8.5 相同条件下刻录产生的一式多份数据光盘，可从中抽取一份检测，经检测合格的一份封存保管；对在相同条件下（时间、刻录环境）刻录产生的同一批归档光盘，可依据国标 GB/T 2828.1—2003 来进行随机抽样检测。

8.6 接受质量限 AQL 的数值应不大于 1，按一般检验水平 I 来抽检；根据批量光盘数 N，从样本量字码表〔附录 F（略）〕确定出样本量字码。

8.7 根据样本量字码和接受限 AQL，从正常检验一次抽样方案表〔附录 F（略）〕确定出接收数 A_c、拒收数 R_c 以及需要抽检的样本量 n。

8.8 按系统随机抽样方法确定抽取样本：首先给批中每个光盘编号 1～N，然后确定抽样间隔，若样本量为 n，则取 N/n 的整数部分作为抽样间隔，最后按抽样间隔从批中抽取样本 n。

8.9 经抽样检验判为合格的批，可以归档保存；样本中检测发现的不合格光盘，需重新刻录并检验合格后方可归档；经抽样检验判为不合格的批，应全部检验；检验发现的所有不合格光盘，需重新刻录并检验合格后方可归档。

9 归档光盘的保存、使用和维护

错误的保存、使用和维护方式会危害光盘性能，降低光盘的归档寿命。应按下列方式保存、使用和维护光盘。

9.1 归档光盘的保存

9.1.1 把光盘放在盒内垂直置于光盘架内存放。

9.1.2 不使用的光盘保存在串轴盒或光盘盒内。

9.1.3 长期归档光盘应放置在空气洁净的冷、干、暗的环境中，相对湿度变化范围为 20％～

50%，温度变化范围为 4℃～20℃。

9.1.4 禁止将光盘暴露在高温、高湿环境或温、湿度迅变的环境中，禁止将光盘长时间暴露在日光或紫外光下。

9.1.5 把光盘放在远离污垢或异物处。

9.2 归档光盘的使用

9.2.1 在准备刻录光盘前才拆除串轴盒或光盘盒外的塑封包装，禁止在没有准备刻录光盘时打开光盘包装。

9.2.2 CD-R 和 DVD±R 分别使用专用刻录机和光盘驱动器（或播放机），禁止使用刻录机读取光盘。

9.2.3 手拿光盘时用两个手指捏住光盘的中心孔和外缘。禁止用手弯曲光盘。

9.2.4 使用非溶剂基墨水的软性标签笔在光盘标签面上书写光盘标签。禁止用硬笔在光盘标签面书写标签，禁止在光盘的激光读出面数据区书写标签。

9.2.5 使用后立即把光盘放回光盘盒。

9.3 归档光盘的维护

9.3.1 擦拭光盘去除光盘上灰尘、异物、污斑、指纹和液体，应使用干净的棉布从光盘的中心沿半径方向朝光盘的外缘擦拭，禁止沿光盘的圆周方向擦拭光盘。

9.3.2 使用 3 级水清洁光盘，对实在难以清洁的，可使用稀释的异丙醇。用无绒布或擦镜纸做湿的擦洗和拭干。

10 归档光盘保存、工作和检测的环境条件

10.1 归档光盘应在表 1（略）规定的温湿度及大气压力条件下保存、工作和检测。

10.2 在光盘保存、工作和检测过程中应尽量减少或避免光对光盘记录层的照射。

10.3 档案库室内照度不小于 50lx（离地面垂直距离 0.25m 处），工作室照度不小于 200lx（离地面垂直距离 0.75m 处）。紫外光强度不大于 75mW/lm。照明光源宜选用不含紫外光的节能冷光源。

10.4 保存环境中有害气体及颗粒物的要求见表 2（略）。

11 归档光盘的三级预警和性能监测

11.1 为保证归档光盘的数据安全，设立三级预警线。

11.1.1 一级预警线，CD-R 光盘的块错误率 BLER＝120，DVD±R 光盘的内码奇偶校验错误 PIE＝140。

11.1.2 二级预警线，CD-R 光盘的块错误率 BLER＝160，DVD±R 光盘的内码奇偶校验错误 PIE＝180。

11.1.3 三级预警线，CD-R 光盘的块错误率 BLER＝200，DVD±R 光盘的内码奇偶校验错误 PIE＝240。

11.2 归档光盘检测的时间周期为：未达到一级预警线，归档光盘每二年检测错误率一次；从一级预警线到二级预警线之间，归档光盘每一年检测错误率一次；从二级预警线到三级预警线之间，归档光盘每半年检测错误率一次。为归档光盘建立监测档案，绘制错误率-时间曲线，建立归档光盘寿命曲线数据库。

11.3 抽检方法可按 8.5、8.6、8.7、8.8 的规定进行。

12 归档光盘的数据迁移策略

在归档光盘的错误率达到或超过 11.1.3 规定的三级预警线或出现不可校正错误时，管理

人员应立即把该光盘的数据迁移到新的光盘或其他存储载体上，并做好数据迁移记录。

④ 电子档案移交与接收办法

（国家档局　档发〔2012〕7号）

第一章　总　则

第一条　为规范电子档案移交与接收工作，确保电子档案的真实、完整、可用和安全，保存党和国家历史记录，促进档案信息资源开发利用，按照国家有关法律法规和相关规定，制定本办法。

第二条　本办法所称电子档案，是指机关、团体、企事业单位和其他组织在处理公务过程中形成的对国家和社会具有保存价值并归档保存的电子文件。

第三条　移交与接收的电子档案应当真实可靠、齐全完整和安全可用；涉密电子档案的移交与接收应当符合国家有关保密安全的要求。

第四条　各级档案行政管理部门负责对电子档案的移交、接收工作进行监督和指导。档案移交单位和各级国家综合档案馆应当切实履行电子档案移交和接收职责。

第二章　电子档案移交

第五条　属于国家综合档案馆接收范围的电子档案，应当向同级国家综合档案馆移交。

第六条　档案移交单位一般自电子档案形成之日起5年内向同级国家综合档案馆移交。对于有特殊要求的电子档案，可以适当延长移交时间。涉密电子档案移交时间另行规定。

第七条　电子档案移交的基本要求：

（一）元数据应当与电子档案一起移交，一般采用基于XML的封装方式组织档案数据；

（二）电子档案的文件格式按照国家有关规定执行；

（三）电子档案有相应纸质、缩微制品等载体的，应当在元数据中著录相关信息；

（四）采用技术手段加密的电子档案应当解密后移交，压缩的电子档案应当解压缩后移交；特殊格式的电子档案应当与其读取平台一起移交；

（五）档案移交单位应当将已移交的电子档案在本单位至少保存5年。

第八条　电子档案移交的主要流程是：组织和迁移转换电子档案数据、检验电子档案数据、移交电子档案数据等步骤。

第九条　电子档案的移交可采用离线或在线方式进行。

第十条　离线移交电子档案应当满足下列基本要求：

（一）移交单位一般采用光盘移交电子档案，光盘应当符合归档要求；

（二）移交单位一般向同级国家综合档案馆移交一套光盘，光盘应当单个装盒；

（三）移交单位应当按照有关要求进行光盘数据刻录及检测；

（四）存储电子档案的载体和载体盒上应当分别标注反映其内容的标签〔标签的标注方法见附件1（略）〕；

（五）移交载体内电子档案的存储结构见附件2（略）。

第十一条　在线移交电子档案的单位应当通过与管理要求相适应的网络传输电子档案，传输的数据应当包含符合要求的电子档案及其元数据，数据结构一般为一张或多张光盘载体内电子档案的存储结构组合，单张光盘的数据量小于光盘的实际容量。

第十二条　档案移交单位在向国家综合档案馆移交电子档案之前，应当对电子档案数据的准确性、完整性、可用性和安全性进行检验，合格后方可移交。

第三章　电子档案接收

第十三条　国家综合档案馆应当建立电子档案接收平台，进行电子档案数据的接收、检验、迁移、转换、存储等工作。

第十四条　电子档案接收的主要流程是：检验电子档案数据、办理交接手续、接收电子档案数据、著录保存交接信息、迁移和转换电子档案数据、存储电子档案数据等步骤。

第十五条　国家综合档案馆应当对接收的电子档案数据的准确性、完整性、可用性和安全性进行检验，合格后方可接收。

第十六条　电子档案检验合格后办理交接手续，填写《电子档案移交与接收登记表》（见附件3），由交接双方签字、盖章，各自留存一份；《电子档案移交与接收登记表》可采用电子形式并以电子签名方式予以确认。

第十七条　国家综合档案馆应当将电子档案交接、迁移、转换、存储等信息补充到电子档案元数据中。

第十八条　国家综合档案馆应当对电子档案数据迁移和转换前后的一致性进行校验。

第十九条　国家综合档案馆应当对接收的电子档案载体保存5年以上。

第二十条　国家综合档案馆对电子档案载体应当按照DA/T 38《电子文件归档光盘技术要求和应用规范》和DA/T 15《磁性载体档案管理与保护规范》进行管理。

附件3

电子档案移交与接收登记表

交接工作名称		
内容描述		
移交电子档案数量		移交数据量	
载体起止顺序号		移交载体类型、规格	
检验内容	单位名称	
	移交单位：	接收单位：
准确性检验		
完整性检验		
可用性检验		
安全性检验		
载体外观检验		
填表人（签名）	年　月　日	年　月　日
审核人（签名）	年　月　日	年　月　日
单位（印章）	年　月　日	年　月　日

填写说明：

（1）交接工作名称：按移交单位或全宗号、移交档案的年度、批次等内容描述本次交接工作。

（2）内容描述：交接档案内容、类别、数据类型、格式、交接方式、过程等说明事项。

（3）移交电子档案数量：交接档案的文件总数和案卷总数。

（4）移交数据量：一般以千兆字节（符号为 GB）为单位，精确到小数点后 3 位。

（5）载体起止顺序号：在线移交时，按载体内电子档案的存储结构组织数据，并标其顺序号。

（6）移交载体类型、规格：在线移交时，填写"在线"。

（7）准确性检验：检验移交档案的内容、范围的正确性及交接前后数据的一致性，可填写检验方法。

（8）完整性检验：移交的档案和档案数据的完整性检验。

（9）可用性检验：检验电子档案的可读性等。

（10）安全性检验：对计算机病毒等进行检测。

（11）载体外观检验：检查载体标识、有无划痕、是否清洁等。

第8章

信息数字化建设

① 关于加强企业档案信息化建设的意见

（国家档案局，2005 年）

为促进企业档案信息化建设的健康发展，根据《中央办公厅国务院办公厅关于加强信息资源开发利用工作的若干意见》和国家档案局中央档案馆《全国档案信息化建设实施纲要》的精神，就加强企业档案信息化建设提出如下意见。

一、充分认识企业档案信息化建设的作用

（一）企业档案是企业重要信息资源，档案信息化建设是企业信息化建设的组成部分，也是企业档案管理创新的重要方面。企业应采取有效措施，加大投入，确保企业档案信息资源的完整、安全和有效开发利用，全面推动企业档案管理现代化。

（二）企业档案部门要做好对计算机系统及数字设备中形成的电子文件（数据）的采集、归档、存储和管理工作，做好对已有纸质、照片及声像档案的数字化处理工作，为企业提供档案信息网络化服务。

二、明确企业档案信息化建设的目标与原则

（一）企业档案信息化建设要以促进、完整企业信息化和提升档案管理水平为总目标。企业应将档案信息化建设纳入企业整体信息化建设的规划和方案，企业档案信息化建设要适应企业信息化的要求，建立科学适用的文件归档、保管和利用管理系统，正确处理循序渐进与整体提升的关系，保证企业档案信息化建设健康有序发展。

（二）坚持档案信息化建设与企业信息化建设同步的原则。企业档案部门应加强与企业信息化建设主管部门的联系，提出档案信息化工作的基本要求，并将档案管理系统纳入企业信息化系统之中，实现档案管理系统与企业信息系统的无缝链接。

（三）坚持技术与管理并重的原则。以管理统领信息技术，以信息技术促进管理创新。企业档案管理理念、方法、技术和手段要充分考虑信息技术的发展和最新成果的应用，信息技术应用要服从和服务于企业管理的需要和企业信息化建设进程的整体要求。

三、建立健全企业档案信息化建设规章制度

（一）企业应根据国家有关档案信息化建设的规范和标准，建立健全电子文件的形成、流转、处置和监控制度，收集、归档、鉴定和销毁制度，利用和保密制度，安全管理与责任追究制度。切实落实各项制度实施的保障措施，根据电子文件的特点，执行相关技术标准，规范电子文件的数据格式，实现电子文件、电子档案的全程管理。

（二）企业应保证电子档案真实、完整和有效。对保管期限为永久和长期的电子档案，应同时保存相应的纸质档案，并确保相关电子档案与纸质档案的一致性。

四、建立适应企业信息化要求的档案管理系统

（一）重视档案信息管理系统的设计和管理软件的选择与开发。企业档案管理系统应与企业有关管理系统（如设计、生产、经营、财务、材料、管理、服务等）相衔接，确保档案部门对本企业各类电子文件、电子档案的收集、整合、控制和传递。档案信息管理系统设计应遵循模块设计、分层实现、循序渐进的原则。

（二）依据国家有关档案信息化建设的规定、规范，档案管理软件应具备适应多种文件存储格式、支持实时浏览、具有互联网及内联网检索功能，能够实现收集整理、数据存储。检索浏览、借阅管理、权限控制、统计报表、鉴定销毁、数据输入（输出）及格式转换的控制与管理，满足企业文档一体化管理、业务流程管理和信息资源开发利用的需要。

五、完善电子文件归档与档案信息数据库的管理

（一）企业档案部门应参照国家有关文件材料归档规定，根据文件和数据价值，确定电子文件归档的范围、内容及保管期限。企业档案部门应与信息管理部门共同对企业信息化建设中各类业务信息系统（企业资源计划、客户关系管理、计算机辅助设计/工艺/制造、产品数据管理、计算机集成制造系统、办公自动化系统及电子邮件系统等）所形成的文档及数据库信息提出归档管理方案。

（二）确保电子档案的安全。企业档案部门要建立严格管理制度，从技术与管理两方面，确保档案实体与信息的安全，确保网络传输及档案数据库的安全。

（三）提供高质量的服务。信息技术为档案服务提供了便利条件，档案部门应进一步加强档案资源建设，根据企业经营需要，提供专题或集成的档案信息服务。

六、加强对企业档案信息化建设的规划和指导

（一）各级档案行政管理部门应加强对企业档案信息化建设的引导；中央企业档案部门应加强对所属及控股企业档案信息化建设的规划和指导，保证企业档案信息化建设顺利进行。

（二）企业档案信息化建设要与企业改革与流程再造相结合，与企业档案管理模式创新相结合，要积极开展对企业档案信息化的研究，及时交流和推广先进经验。

（三）积极推进企业档案信息标准化和规范化建设。各级档案行政管理部门和中央企业档案部门应积极组织贯彻落实国家档案信息化相关标准和规章；结合企业档案信息化建设的实际情况，适时制定相关企业电子文件、电子档案管理的标准与规范及其实施细则。

（四）加强企业档案信息化管理人才队伍建设。加强信息技术人才的引进和档案人员信息技术知识的培训，提高档案人员运用信息技术的技能，引导档案人员适应信息化要求。要认真研究信息化条件下企业档案管理现代化的新要求，积极推进企业档案信息化建设。

② 档案管理软件功能要求暂行规定

（国家档局 档发〔2001〕6号）

第一章 总 则

第一条 为适应档案管理现代化需要，规范档案管理软件的开发研制和安装使用，提高计算机辅助档案管理的标准化水平，确保档案数据的安全和有效利用，制定本规定。

第二条 本规定所称的档案管理软件，是指各机关、团体、企业事业单位和各级各类档案馆用于对档案信息和档案实体进行辅助管理的各种类型的计算机应用软件系统。

第三条 档案管理软件的研制开发和安装使用，应遵循"规范、先进、实用"的原则，既

要满足当前工作的需要，又要兼顾将来技术发展的趋势。

第二章　基　本　要　求

第四条　档案管理软件应具备数据管理、整理编目、检索查询、安全保密、系统维护等基本功能，并能辅助实体管理及根据用户特殊需求增扩其他相应功能。

第五条　档案管理软件的开发研制与功能设计必须符合国家有关档案工作和计算机信息系统管理的法律法规和业务技术标准。

第六条　档案管理软件的研制、安装和使用，必须具有严格的安全保密机制。

第七条　档案管理软件应具有良好的实用性、兼容性及可扩展性，并做到界面友好，用语规范，操作简单，使用方便。

第八条　档案管理软件应具备较强的数据独立性，确保在软、硬件环境发生变化时数据的完整、安全迁移及有效利用。

第九条　档案管理软件应配有完备的安装与使用技术资料，主要包括：用户手册、系统管理员手册、数据实体关联图等。

第三章　数 据 管 理 功 能

第十条　数据管理模块应具备对各类档案目录及原文信息进行管理的功能，主要包括：数据库的建立、修改、删除，档案数据的输入、存储、修改、删除等内容。

第十一条　数据库管理系统的选择应充分考虑用户所需的数据容量；数据结构设计应符合检索优先的原则，能够以 DBF 文件格式或通过 XML 文档进行数据交换，并具备安全、合理、灵活等特性。

第十二条　数据项的设置应符合《档案著录规则》（DA/T 18—1999）的规定。

第十三条　系统应提供键盘录入、文件扫描和直接接收电子文件等多种档案数据输入方式。

具有文档一体化功能的档案管理软件，应能保证系统文件处理部分录入的数据与档案数据对应项目的格式完全一致，并能根据归档标识实现归档文件的有效迁移。

具有图纸管理功能的档案管理软件，其录入图纸的幅面（如 A0）与精度（如 200dpi）应满足用户的应用要求。

第十四条　各种不同类型的档案数据，其文件格式均应尽量采用通用文件格式。

本规定推荐的通用文件格式为：文字型数据采用 XML 文档和 RTF、TXT 格式；扫描图像数据采用 JPEG、TIFF 格式；视频数据采用 MPEG、AVI 格式；音频数据采用 MP3、WAV 等格式。

确需采用专用（非通用）格式的，应能根据需要按要求实现与通用格式之间的转换。

第四章　整 理 编 目 功 能

第十五条　整理编目模块应具备数据采集、类目设置、分类排序、数据校验、目录生成、数据统计、打印输出等基本功能，并能根据用户需要增设主题词（或关键词）及分类号的自动标引功能。

第十六条　整理编目模块应能满足下列主要要求：

（一）能为用户自行设置实体分类方案预留空间，并能满足自动按照分类类目进行分类和排序；

（二）能自动生成档案管理所需各种排列序号，并能由用户自主修改和重排序，保存时有防重号校验功能；

（三）能自动生成符合档案工作相关标准的各类目录和备考表等；

（四）具备功能齐全的统计功能，并能生成相应报表；

（五）具备完备的打印输出功能，能打印输出各类目录、统计报表、备考表等。

第五章 检索查询功能

第十七条 检索查询模块应具备对档案信息数据进行多种途径检索查询的基本功能，并具备借阅管理等辅助功能。

第十八条 检索查询模块中必须设置题名、责任者、形成时间、主题词、分类号等检索项。根据用户需求，还可设置文件编号、档号等辅助检索项。

第十九条 检索查询模块应能满足下列主要要求：

（一）能根据检索项提供多条件组合查询，并能对常用检索途径进行优化，满足用户对查全率、查准率的要求；

（二）能根据用户需要设置目录检索、全文检索、图文声像一体化检索等功能；

（三）能对查询结果进行显示、排序、转存、打印或选择输出等技术处理。

第二十条 借阅管理功能应包括对利用者以及利用的目的、时间、内容、效果等信息的记录、分析、统计以及档案催退、续借、退还等功能。

第六章 辅助实体管理功能

第二十一条 辅助实体管理模块应具备对档案征集、接收、移交以及档案鉴定、密级变更等进行相应管理的功能。

第二十二条 辅助实体管理模块应能满足下列主要要求：

（一）对征集、接收、移交档案的时间、来源、交接人、数量、种类、载体等进行管理；

（二）对档案划控、保管期限变更、密级变更、鉴定销毁等进行管理。

第七章 安全保密功能

第二十三条 档案管理软件的研制、安装和使用，必须符合《计算机信息系统保密管理暂行规定》（国保发〔1998〕1号）的各项要求，具备系统访问控制、数据保护和系统安全保密监控管理等基本功能，确保档案数据安全。

第二十四条 系统访问控制，必须能实现严格的权限控制，并具有防止越权操作的技术措施。

第二十五条 数据保护，必须保证系统对档案数据的采集、存储、处理、传递、使用和销毁按照国家有关保密规定进行，并在各项操作中有相应的密级识别。涉密系统还应有严格的数据加密措施。

第二十六条 系统安全保密监控，必须能对系统中各种操作实现严格的监控并加以记录。

第八章 系统维护功能

第二十七条 系统维护模块应具备用户权限管理、系统日志管理、数据和备份与恢复等基本功能。

第二十八条 用户权限管理应包括系统各部分的操作权限管理和数据操作的权限管理。系统应能对所有上机操作人员自动判断分类，拒绝、警示非法操作并加以记录。

第二十九条 系统日志管理应提供独立于操作系统的电子文件、档案查询日志记录功能，包括上机人姓名、访问时间（年月日时分）、所用微机编号、查询内容、利用方式（阅读、修改、拷贝、打印），并提供详情查询功能。日志文件保存时间应不少于两个月，需长期保存的日志文件应可自动转存备份。

第三十条 系统维护模块在提供数据备份与恢复处理功能的同时，还应能对档案数据某些代码表提供方便的维护。

第九章 附 则

第三十一条 各使用单位可根据实际工作需要，在档案管理软件设计和使用过程中分阶段实现本规定所要求的各种功能，但必须留有相应的拓展接口。

第三十二条 各省、自治区、直辖市档案行政管理部门对本行政区域内档案管理软件的开发、鉴定和使用加强监督与指导。

第三十三条 本规定由国家档案局负责解释。

第三十四条 本规定自发布之日起施行。

③ 纸质档案数字化技术规范

（DA/T 31—2005）（摘录）

1 范围

本标准适用于采用各种设备对纸质档案的数字化加工处理及数字化成果的管理。

3 术语和定义

下列术语和定义适用于本标准。

3.1 数字化
用计算机技术将模拟信号转换为数字信号的处理过程

3.2 纸质档案数字化
采用扫描仪或数码相机等数码设备对纸质档案进行数字化加工，将其转化为存储在磁带、磁盘、光盘等载体上并能被计算机识别的数字图像或数字文本的处理过程。

3.3 数字图像
表示实物图像的整数阵列。一个二维或更高维的采样并量化的函数，由相同维数的连续图像产生。在矩阵（或其他）网络上采样——连续函数，并在采样点上将值最小化后的阵列。

3.4 黑白二值图像
只有黑白两级灰度的数字图像。它对应于黑白两种状态的文字稿、线条图等。

3.5 连续色调静态图像
以多于两级灰度的不同浓淡层次或以不同颜色通道组合成的静态数字图像。在纸质档案数字化过程中，通常表现为灰度扫描和彩色扫描两种模式。

3.6 分辨率
单位长度内图像包含的点数或像素数，一般用每英寸点数（dpi）表示。

3.7 失真度
对档案进行数字化转换后，数字图像与档案原件在色彩、几何等方面的偏离程度。

3.8 可值度
数字图像向人或机器提供信息的能力。

3.9 图像压缩

清除图像冗余或对图像近似的任一种过程，其目的是对图像以更紧凑的形式表示。纸质档案数字化过程中，较常见的有 TIFF（G4）、JPEG 等压缩格式。

4 纸质档案数字化基本要求

4.1 基本原则

纸质档案数字化的基本原则是使档案信息资源准确、方便、快捷地提供利用，使可以公开的档案信息资源得到共享，以满足社会对档案利用的需求。

4.2 数字化对象的确定原则

应当对所要进行数字化的对象按照一定的原则和方法进行确认，只有符合一定要求的纸质档案文献才能进行数字化。

4.2.1 符合国家法律法规的原则

纸质档案的数字化，必须符合国家档案开放规定以及有关规定。

4.2.2 价值性原则

属于归档范围且应永久或长期保存的、社会利用价值高的档案可列入数字化加工的范围。

4.3 基本环节

纸质档案数字化的基本环节主要包括：档案整理、档案扫描、图像处理、图像存储、目录建库、数据挂接、数据验收、数据备份、成果管理等。

4.4 过程管理

4.4.1 应加强纸质档案数字化各环节的安全保密管理机制，确保档案原件和数字化档案信息的安全。

4.4.2 纸质档案数字化的各个环节均应进行详细的登记，并及时整理、汇总，装订成册，在数字化工作完成的同时建立起完整、规范的记录。

5 档案整理

在扫描之前，根据档案管理情况，按下述步骤对档案进行适当整理，并视需要作出标识，确保档案数字化质量。

5.1 目录数据准备

按照《档案著录规则》（DA/T 18）等的要求，规范档案中的目录内容。包括确定档案目录的著录项、字段长度和内容要求。如有错误或不规范的案卷题名、文件名、责任者、起止页号和页数等，应进行修改。

5.2 拆除装订

在不去除装订物情况下，影响扫描工作进行的档案，应拆除装订物。拆除装订物时应注意保护档案不受损害。

5.3 区分扫描件和非扫描件

按要求把同一案卷中的扫描件和非扫描件区分开。普发性文件区分的原则是：无关和重份的文件要剔除，有正式件的文件可以不扫描原稿。

5.4 页面修整

破损严重、无法直接进行扫描的档案，应先进行技术修复，折皱不平影响扫描质量的原件应先进行相应处理（压平或熨平等）后再进行扫描。

5.5 档案整理登记

制作并填写纸质档案数字化加工过程交接登记表单，详细记录档案整理后每份文件的起始页号和页数。

5.6 装订

扫描工作完成后，拆除过装订物的档案应按档案保管的要求重新装订。恢复装订时，应注意保持档案的排列顺序不变，做到安全、准确、无遗漏。

6 档案扫描

6.1 扫描方式

6.1.1 根据档案幅面的大小（A4、A3、A0等）选择相应规格的扫描仪或专业扫描仪（如工程图纸可采用0号图纸扫描仪）进行扫描。大幅面档案可采用大幅面数码平台，或者缩微拍摄后的胶片数字化转换设备等进行扫描，也可以采用小幅面扫描后的图像拼接方式处理。

6.1.2 纸张状况较差，以及过薄、过软或超厚的档案，应案，以及页面为多色文字的档案，可采用灰度模式扫描。方式以提高工作效率。

6.2 扫描色彩模式

6.2.1 扫描色彩模式一般有黑白二值、灰度、彩色等。通常采用黑白二值。

6.2.2 页面为黑白两色，并且字迹清晰、不带插图的档案，可采用黑白二值模式进行扫描。

6.2.3 页面为黑白两色，但字迹清晰度差或带有插图的档案，以及页面为多色文字的档案，可以采用灰度模式扫描。

6.2.4 页面中有红头、印章或插有黑白照片、彩色照片、彩色插图的档案，可视需要采用彩色模式进行扫描。

6.3 扫描分辨率

6.3.1 扫描分辨率参数大小的选择，原则上以扫描后的图像清晰、完整、不影响图像的利用效果为准。

6.3.2 采用黑白二值、灰度、彩色几种模式对档案进行扫描时，其分辨率一般均建议选择大于或等于100dpi。特殊情况下，如文字偏小、密集、清晰度较差等，可适当提高分辨率。

6.3.3 需要进行OCR汉字识别的档案，扫描分辨率建议选择大于或等于200dpi。

6.4 扫描登记

认真填写纸质档案数字化转换过程交接登记表单，登记扫描的页数，核对每份文件的实际扫描页数与档案整理时填写的文件页数是否一致，不一致时应注明具体原因和处理方法。

7 图像处理

7.1 图像数据质量检查

7.1.1 对图像偏斜度、清晰度、失真度等进行检查。发现不符合图像质量要求时，应重新进行图像的处理。

7.1.2 由于操作不当，造成扫描的图像文件不完整或无法清晰识别时，应重新扫描。

7.1.3 发现文件漏扫时，应及时补扫并正确插入图像。

7.1.4 发现扫描图像的排列顺序与档案原件不一致时，应及时进行调整。

7.1.5 认真填写相关表单，记录质检结果和处理意见。

7.2 纠偏

对出现偏斜的图像应进行纠偏处理，以达到视觉上基本不感觉偏斜为准。对方向不正确的图像应进行旋转还原，以符合阅读习惯。

7.3　去污

对图像页面中出现的影响图像质量的杂质，如黑点、黑线、黑框、黑边等应进行去污处理。处理过程中应遵循在不影响可懂度的前提下展现档案原貌的原则。

7.4　图像拼接

对大幅面档案进行分区扫描形成的多幅图像，应进行拼接处理，合并为一个完整的图像，以保证档案数字化图像的整体性。

7.5　裁边处理

采用彩色模式扫描的图像应进行裁边处理，去除多余的白边，以有效缩小图像文件的容量，节省存储空间。

8　图像存储

8.1　存储格式

8.1.1　采用黑白二值模式扫描的图像文件，一般采用 TIFF（G4）格式存储。采用灰度模式和彩色模式扫描的文件，一般采用 JPEG 格式存储。存储时的压缩率的选择，应以保证扫描的图像清晰可读的前提下，尽量减小存储容量为准则。

8.1.2　提供网络查询的扫描图像，也可存储为 CEB、PDF 或其他格式。

8.2　图像文件的命名

8.2.1　纸质档案目录数据库中的每一份文件，都有一个与之相对应的唯一档号，以该档号为这份文件扫描后的图像文件命名。

8.2.2　多页文件可采用该档号建立相应文件夹，按页码顺序对图像文件命名。

9　目录建库

9.1　数据格式选择

目录建库应选择通用的数据格式。所选定的数据格式应能直接或间接通过 XML 文档进行数据交换。

9.2　档案著录

按照《档案著录规则》（DA/T 18）的要求进行著录，建立档案目录数据库。

9.3　目录数据质量检查

采用人工校对或软件自动校对的方式，对目录数据库的建库质量进行检查。核对著录项目是否完整、著录内容是否规范、准确，发现不合格的数据应要求进行修改或重录。

10　数据挂接

10.1　汇总挂接

档案数字化转换过程中形成的目录数据库与图像数据库，通过质检环节确认为"合格"后，通过网络及时加载到数据服务器端汇总。通过编制程序或借助相应软件，可实现目录数据对相关联的数字图像的自动搜索、加入对应的电子地址信息等，实现批量、快速挂接。

10.2　数据关联

以纸质档案目录数据库为依据，将每一份纸质档案文件扫描所得的一个或多个图像存储为一份图像文件。将图像文件存储到相应文件夹时，要认真核查每一份图像文件的名称与档案目录数据库中该份文件的档号是否相同，图像文件的页数与档案目录数据库中该份文件的页数是否一致，图像文件的总数与目录数据库中文件的总数是否相同等。通过每一份图像文件的文件名与档案目录数据库中该份文件的档号的一致性和唯一性，建立起一一对应的关联关系，为实现档案目录数据库与图像文件的批量挂接提供条件。

10.3 交接登记

认真填写纸质档案数字化转换过程交接登记表单，记录数据关联后的页数，核对每一份文件关联后的页数与档案整理、扫描时填写的页数是否一致，不一致时应注明具体原因和处理办法。

11 数据验收

11.1 数据抽检

11.1.1 以抽检的方式检查已完成数字化转换的所有数据，包括目录数据库、图像文件及数据挂接的总体质量。

11.1.2 一个全宗的档案，数据验收时抽检的比率不得低于5％。

11.2 验收指标

11.2.1 目录数据库与图像文件挂接错误，或目录数据库、图像文件之一出现不完整、不清晰、有错误等质量问题时，抽检标记为"不合格"。

11.2.2 一个全宗的档案，数字化转换质量抽检的合格率达到95％以上（含95％）时，予以验收"通过"。

$$合格率＝抽检合格的文件数/抽检文件总数×100％$$

11.3 验收审核

验收"通过"的结论，必须经分管领导审核、签字后方有效。

11.4 验收登记

认真填写纸质档案数字化验收登记表单。

12 数据备份

12.1 备份范围

经验收合格的完整数据应及时进行备份。

12.2 备份方式

为保证数据安全，备份载体的选择应多样化，可采用在线、离线相结合的方式实现多套备份，并注意异地保存。

12.3 数据检验

备份数据也应进行检验。备份数据的检验内容主要包括备份数据能否打开、数据信息是否完整、文件数量是否准确等。

12.4 备份标签

数据备份后应在相应的备份介质上做好标签，以便查找和管理。

12.5 备份登记

填写纸质档案数字化备份管理登记表单。

13 数字化成果管理

13.1 应加强对纸质档案数字化成果的管理，确保其安全、完整和长期可用。

13.2 纸质档案数字化成果提供网上检索利用时，应有制作单位的电子标识，并根据具体情况分别采用可下载或不可下载的数据格式。

第9章

档 案 利 用

① 全 宗 卷 规 范

(DA/T 12—2012)（摘录）

1 范围

本标准适用于各级各类档案馆和档案室。

3 术语和定义

3.1 全宗卷

由记录和说明全宗立档单位及档案历史和现状的有关文件材料组成的专门案卷，是管理全宗档案的重要工具。

3.2 综合全宗卷

由记录和说明多个全宗立档单位及档案历史和现状的综合性文件材料组成的专门案卷，是管理馆（室）藏档案的重要工具。

3.3 全宗属类

馆藏量较大的档案馆，根据馆藏全宗的历史时期、机构性质、机构级别等特征，对全宗进行的属性分类。档案馆通常对全宗属类赋予特定的标识，作为全宗编号的属性代码。

4 全宗卷编制原则

4.1 档案馆（室）应以全宗为单位编制全宗卷，收集、保管在档案管理过程中以单个全宗为对象形成的相关文件材料。

4.2 全宗卷中收集的文件材料应做到齐全、完整、真实，力求全面反映全宗及其管理的历史面貌。

4.3 全宗卷的整理应做到分类合理、方法科学、格式规范。

4.4 综合全宗卷可以按馆（室）藏、全宗属类、全宗群或联合全宗进行编制，收集、保管在档案管理过程中以馆（室）藏、全宗属类、全宗群或联合全宗等多个全宗为对象形成的相关文件材料。

5 全宗卷的内容构成

5.1 全宗（馆藏）介绍类：全宗指南（全宗介绍）、大事记等说明全宗背景和档案状况的文件材料。

5.2 档案收集类：档案接收和征集工作的办法、标准，档案（资料）交接文据及相关目录，档案来源和档案历史转移过程说明材料等。

5.3 档案整理类：文件材料分类、保管期限和归档范围的规定，档案整理工作方案、整理工作说明和小结等。

5.4 档案鉴定类：档案保管期限鉴定、档案开放鉴定、档案分级鉴定、档案销毁鉴定、珍贵档案考证鉴定等鉴定工和的制度、组织、方案和标准，鉴定工作形成的报告、请示及批复，鉴定及销毁处置档案的目录（清册）等。

5.5 档案保管类：档案保管工作制度，档案安全检查、档案破损情况调查与修复（抢救）、重点档案保护、珍贵档案仿真复制件制作等工作的记录和说明材料，档案保管状况分析和工作总结、报告等。

5.6 档案统计类：档案基础统计台账，档案工作基本情况统计报表，档案工作统计分析材料等。

5.7 档案利用类：档案利用制度，检索工具编制情况，档案开放与控制情况，档案编研与出版情况，档案展览与公布情况，珍贵档案介绍，档案利用效果典型事例等。

5.8 新技术应用类：应用现代技术管理档案的情况记录、工作报告及说明材料，档案信息化和数字化工作情况，电子档案（文件）创建和应用环境（硬件和软件）及数据格式说明等。

5.9 综合全宗卷：管理馆藏、全宗属类、全宗群或联合全宗的综合性业务工作规范和管理制度，5.1条～5.8条中涉及多个全宗的文件材料。

6 全宗卷的整理

6.1 文件材料装订。文件材料以件为单位进行装订。

6.2 文件材料分类。属于同一全宗卷的文件材料，按本标准第5章"全宗卷构成"中5.1条～5.8条进行分类。

6.3 文件材料排序。文件材料分人不同类目后，按形成时间顺序排列。新增文件材料插入相关类目，向后接续排列。

6.4 文件材料编号。在文件材料首页上方的空白处进行编号。文件材料的编号由全宗号—类号—件号三部分组成。

6.4.1 全宗号填写文件材料所属全宗的编号。综合全宗卷的全宗号，填写档案馆（室）编号或档案属类代号。

6.4.2 类号填写5.1条～5.8条的序号。

6.4.3 件号填写文件材料在相关类目中的流水排列序号。

  编号举例：SZ1—1—2（中共湖北省委全宗，全宗介绍类，第2件）

6.5 编制文件材料目录。全宗卷中的文件材料，分类别，以件为单位，按照排列顺序编制文件目录。目录格式见8.2（略）。新增文件材料在相关类目中接续编制目录。当相同材料出现新旧几种版本时，应在目录备注栏中，注明新版本文件替代旧版本文件的名称和时间。

6.6 文件材料装盒。全宗卷文件材料按照分类编号顺序装盒。文件材料较多，一盒装不下时，可按分类编号顺序装入数盒。装有文件材料的全宗卷应填写卷盒封面和脊背。卷盒式样见8.1（略）。

6.7 编制全宗卷盒号。全宗卷卷盒区分全宗，按卷盒排列顺序编制流水号。综合全宗卷单独编制盒号。

7 全宗卷的管理

7.1 档案馆和保管全宗较多的档案室，宜将全部馆（室）藏档案的全宗卷集中保管，按照全宗编号顺序组织排列。

7.2 区分馆藏档案全宗属类的档案馆，也可按照全宗属类分别集中管理全宗卷。

7.3 保管单一全宗的档案室，全宗卷宜与档案一并保管，将全宗卷置于该全宗档案的卷首。也可以将全宗卷与书本式检索工具放在一起管理。

7.4 档案室建立全宗卷，宜采用双套制。档案室向档案馆移交档案时，应同时移交与该批移交档案相关的全宗卷文件材料。

② 全宗指南编制规范

（DA/T 14—2012）（摘录）

1 范围

本标准适用于全宗管理机构，包括档案馆和有全宗管理职能的档案室。编制介绍非全宗形式档案的指南，参照本编制规范。

3 术语和定义

3.1 全宗
一个国家机构、社会组织或个人形成的具有有机联系的档案整体。

3.2 全宗号
管理全宗的代码，由具备全宗管理权限的档案馆按全宗排架或收藏时间顺序流水编制。

3.3 全宗管理机构
具备全宗管理权限的档案馆或档案室。

3.4 全宗构成者
形成档案全宗的国家机构、社会组织或个人。也称作立档单位。

3.5 检索工具
用于存储、查找和报道档案信息的系统化文字描述工具，是目录、索引、指南等的统称。

4 全宗指南的结构

为段落式条目信息，由全宗指南名称、全宗来源简况、档案内容与成分介绍、检索查阅注意事项四部分组成。

5 全宗指南名称

全宗指南名称由全宗号、全宗构成者的名称（全称或通用简称）、"全宗指南"、起止时间构成，并列成分之间用空格位分开。

例：

a）J211 北京市计划委员会全宗指南 1949～1990 年

b）R322 钟南山全宗指南 1936～2000 年

5.1 全宗号
照录档号四位全宗代码。第一位用汉语拼音字母，后三位用阿拉伯数字。

5.2 全宗构成者的名称
全宗构成者的名称按全称书写，通用简称书写在全称后面的圆括号内。

例：

中共中央纪律检查委员会（中纪委）

联合全宗和汇集全宗的全宗构成者名称从其联合或汇集的全宗构成者实有名称。

例：

中国共产党广东省高等院校党委广东省高等教育局

5.2.1 中华人民共和国成立前形成的档案全宗，全宗构成者的名称后应加圆括号注明的政权名称限定词。

例：

a）教育部（民国）

b）重庆市民政局（民国）

c）外交部（民国汪、伪）

d）礼部（清）

e）端方（清）

f）冯玉祥（民国）

5.2.2 全宗构成者所有曾用名称按时间顺序书写在全宗来源简况中。

5.3 起止时间

涉及全宗构成者和其档案形成的时间跨度标识。一般采用公元纪年表示，使用"～"连接起止年份。必要时可使用朝年或其他特殊纪年方式表示，亦可以其一为主，另一为辅，为辅者加圆括号书于为主者正下方。

例：

a）1928～1948

b）光绪三十二年至宣统三年（1906～1911）

6 全宗来源简况

列表登记下列依时间变化，记录和反映全宗来源背景的内容。其顺序为：

a）全宗构成者形成和职能；

b）全宗构成者所有曾用名称；

c）全宗管理机构和全宗档案数量；

d）全宗档案收集、征集、接收、移交、寄存数量。

个人全宗来源简况，登记其个人姓名、别名、生卒年月日、籍贯、职务、职称和个人主要经历、业绩、荣誉称号、家族简况以及全宗档案收集、征集、接收、移交、寄存数量。

7 档案内容与成分介绍

7.1 档案内容与成分介绍一般应使用综合概括的方法介绍。介绍内容包括：

a）反映全宗构成者基本职能和主要活动方面的档案。

b）反映全宗构成者每个阶段中心工作或特殊工作所形成的档案。

c）具有重要历史价值和地方特色的档案。

d）涉及具有全国和国际意义知名人物的档案。

e）馆藏年代久远和特殊载体的档案。

7.2 档案内容与成分介绍一般应按全宗内档案的实际分类体系，文字叙述全宗构成者基本职能和主要活动的内容，并列举文种名称。

7.2.1 以组织机构分类的档案全宗，分别简介机构基本职能和主要活动的内容，并列举文种名称。

7.2.2 以问题分类的档案全宗，分别简介问题涉及的全宗构成者基本职能和主要活动的内容，并列举文种名称。

7.2.3 以其他体系分类的档案全宗，应根据该全宗分类的特点结合问题简介全宗构成者基本职能和主要活动的内容，并列举文种名称。

7.3 需要专门说明的档案按下列方法介绍：

    a）指明该档案文件的名称、责任者和文件形成的时间。

    b）列出该档案文件的检索要素。

    c）对其档案文件内容单独介绍。

7.4 一般性文件介绍不使用引用原文的方式，特殊性文件介绍如需使用引用原文应符合下列条件和原则：

    a）引用原文有助于阐述文件的内容实质。

    b）引用原文时不详细转述文件中叙述的事实和事件。

7.5 与全宗构成者基本职能和活动没有直接关系的上级文件不做介绍，必要时只做简要交代。

7.6 人物全宗应按全宗构成者的活动特点，结合全宗内档案材料的实际情况介绍，内容包括：

    a）个人手稿、著作、作品、题词、日记、回忆录的名称和特点。

    b）履历、自传、证书、来往信件以及公务活动与社会活动中形成的文件名称和特点。

    c）财产状况与经济活动材料的名称和特点。

    d）家庭亲属与主要社会关系材料的名称和特点。

    e）图片、照片、录音、录像材料的名称和特点。

7.7 未开放的档案，注明档案数量和使用范围。

7.8 涉密档案，注明档案数量，不做任何内容和成分介绍。

7.9 非纸质档案应简介其种类、特色和数量。

8 检索查阅注意事项

8.1 检索注意事项，包括以下内容：

    a）可使用的检索工具和已编制的参考资料的名称；

    b）机读目录、手工检索工具条目的数量；

    c）纸质档案数字化副本的画幅数量以及占全宗档案总数比例的情况；

    d）纸质档案缩微副本的数量以及占全宗档案总数比例的情况；

    e）非纸质档案副本的形式、数量以及占全宗档案总数比例的情况。

8.2 查阅注意事项，包括以下内容：

    a）档案的完整和完好程度以及遗失、销毁的情况；

    b）档案的分类与整理方法以及不同载体组卷、装订和保管的情况。

    c）档案的利用价值以及鉴定的情况；

    d）划分的保管期限种类以及各类保管期限档案的数量；

    e）档案内容向社会开放的情况；

    f）本全宗指南完成时间和编制者的情况；

    g）其他有关问题的说明。

第10章

档案保管保护

① 档案馆建筑设计规范

(JGJ 25—2010)（摘录）

4 建筑设计

4.1 一般规定

4.1.1 档案馆建筑应根据其等级、规模和功能设置各类用房，并宜由档案库、对外服务用房、档案业务和技术用房、办公用房和附属用房组成。

4.1.2 档案馆的建筑布局应按照功能分区布置各类用房，并应达到功能合理、流程便捷、内外相互联系又有所分隔，避免交叉。各类用房之间进行档案传送时，不应通过露天通道。

4.1.3 档案馆建筑设计应使各类档案及资料保管安全、调阅方便；查阅环境应安静；工作人员应有必要的工作条件。

4.1.4 四层及四层以上的对外服务用房、档案业务和技术用房应设电梯。两层或两层以上的档案库应设垂直运输设备。

4.1.5 锅炉房、变配电室、车库等可能危及档案安全的用房不宜毗邻档案库。

4.2 档案库

4.2.1 档案库可包括纸质档案库、音像档案库、光盘库、缩微拷贝片库、母片库、特藏库、实物档案库、图书资料库、其他特殊载体档案库等，并应根据档案馆的等级、规模和实际需要选择设置或合并设置。

4.2.2 档案库应集中布置、自成一区。除更衣室外，档案库区内不应设置其他用房，且其他用房之间的交通也不得穿越档案库区。

4.2.3 档案库区的平面布局应简洁紧凑。

4.2.4 档案库区或档案库入口处应设缓冲间，其面积不应小于 $6m^2$；当设专用封闭外廊时，可不再设缓冲间。

4.2.5 档案库区内比库区外楼地面应高出 15mm，并应设置密闭排水口。

4.2.6 每个档案库应设两个独立的出入口，且不宜采用串通或套间布置方式。

4.2.7 档案库净高不应低于 2.60m。

4.2.8 档案库内档案装具布置应成行垂直于有窗的墙面。档案装具间的通道应与外墙采光窗相对应，当无窗时，应与管道通风孔开口方向相对应。

4.2.9 档案装具排列的各部分尺寸应符合下列规定：

   1 主通道净宽不应小于 1.20m；

   2 两行档案装具间净宽不应小于 0.80m；

3 档案装具端部与墙的净距离不应小于 0.60m；

4 档案装具背部与墙的净距离不应小于 0.10m。

4.2.10 档案装具的档案存储定额的计算指标应符合下列规定：

1 当采用五节档案柜时，库房每平方米（使用面积）存储档案长度不小于 2.70 延长米；

2 当采用双面档案架时，库房每平方米（使用面积）存储档案长度不小于 3.30 延长米；

3 当采用密集架时，库房每平方米（使用面积）存储档案长度不小于 7.20 延长米。

4.2.11 档案库楼面均布活荷载标准值不应小于 $5kN/m^2$，采用密集架时不应小于 $12kN/m^2$。

4.2.12 当档案库与其他用房同层布置且楼地面有高差时，应满足无障碍通行的要求。

4.2.13 母片库不应设外窗。

4.2.14 珍贵档案存储应专设特藏库。

4.3 对外服务用房

4.3.1 对外服务用房可由服务大厅（含门厅、寄存处等）、展览厅、报告厅、接待室、查阅登记室、目录室、开放档案阅览室、未开放档案阅览室、缩微阅览室、音像档案阅览室、电子档案阅览室、政府公开信息查阅中心、对外利用复印室和利用者休息室、饮水处、公共卫生间等组成。规模较小的档案馆可合并设置。

4.3.2 阅览室设计应符合下列规定：

1 自然采光的窗地面积比不应小于 1∶5；

2 应避免阳光直射和眩光，窗宜设遮阳设施；

3 室内应能自然通风；

4 每个阅览座位使用面积：普通阅览室每座不应小于 $3.5m^2$；专用阅览室每座不应小于 $4.0m^2$；若采用单间时，房间使用面积不应小于 $12.0m^2$；

5 阅览桌上应设置电源；

6 室内应设置防盗监控系统。

4.3.3 缩微阅览室设计应符合下列规定：

1 应避免阳光直射；

2 宜采用间接照明，阅览桌上应设局部照明；

3 室内应设空调或机械通风设备。

4.4 档案业务和技术用房

4.4.1 档案业务和技术用房可由中心控制室、接收档案用房、整理编目用房、保护技术用房、翻拍洗印用房、缩微技术用房、音像档案技术用房、信息化技术用房组成，并应根据档案馆的等级、规模和实际需要选择设置或合并设置。

4.4.2 中心控制室设计应符合下列规定：

1 室内应设空调；

2 与其他用房的隔墙的耐火极限不应低于 2.0h，楼板的耐火极限不应低于 1.5h，隔墙上的门应采用甲级防火门。

4.4.3 接收档案用房可由接收室、除尘室、消毒室等组成。

4.4.4 消毒室设计应符合下列规定：

1 应采用单独的密闭门；

2 应设有单独的直达屋面外的排气管道，废气排放应符合国家现行有关环境保护标准的规定；

3 室内顶棚、墙面及楼、地面材料应易于清洁；

4 消毒室应在室内外分设控制开关，其排气管道不应穿越其他用房。

4.4.5 整理编目用房可由整理室、编目室、修史编志室、展览加工制作室、出版发行室组成。

4.4.6 保护技术用房可由去酸室、理化试验室、档案有害生物防治、裱糊修复室、装订室、仿真复制室等组成。

4.4.7 裱糊修复室内应设电热装置、给水排水设施，并应采取相应的安全防护措施。

4.4.8 装订室内应设摆放裁纸设备、压力机及装订机的位置。

4.4.9 翻拍洗印用房应由翻拍室、冲洗室、印像放大室、水洗烘干室、翻版胶印室组成，其中翻拍室和冲洗室可与缩微用房的缩微摄影室和冲洗处理室合用。

4.4.10 缩微技术用房可由资料编排室、缩微摄影室（分大型机室和小型机室）、冲洗处理室、配药和化验室、质量检测室、校对编目室、拷贝复印室、放大还原室和备品库组成。缩微技术用房宜设于首层，应自成一区，并应符合下列规定：

　1 缩微摄影室应远离振源及空气污染源。各设备之间严禁灯光干扰。室内地面应坚实平整，便于清洗，墙面不宜采用强反射材料。

　2 拷贝复印室应环境清洁，地面应防止产生静电，门窗应密闭、防紫外光照射，并应有强制排风和空气净化设施。

　3 冲洗处理室应严密遮光；室内墙面、地面和管道应采取防腐措施，并应有满足冲洗要求的水质、水压、水温和水量的设施设备；冲洗池污水应单独集中处理。

4.4.11 音像档案技术用房可由音像档案技术处理室、编辑室等组成。

4.4.12 信息化技术用房可由服务器机房、计算机房、电子档案接收室、电子文件采集室、数字化用房组成。数字化用房由档案前期处理室、纸质档案扫描室、其他载体档案数字化室、数字化质量检测室、档案中转室组成。

4.4.13 服务器机房和计算机房的设计应符合现行国家标准《电子信息系统机房设计规范》GB 50174 的规定。

4.5 办公用房和附属用房

4.5.1 办公用房应符合现行行业标准《办公建筑设计规范》JGJ 67 的规定。

4.5.2 附属用房可包括警卫室、车库、卫生间、浴室、医务室、变配电室、水泵房、电梯机房、空调机房、通信机房、消防用房等，并应根据档案馆的等级、规模和实际需要选择设置或合并设置。

5 档案防护

5.1 一般规定

5.1.1 档案防护内容应包括温湿度要求，外围护结构要求，防潮、防水、防日光及紫外线照射，防尘、防污染、防有害生物和安全防范等。

5.1.2 温湿度要求应根据档案的重要性和载体等因素确定。

5.1.3 音像、缩微、电子文件等非纸质档案储存库设计，除应符合本规范有关规定外，尚应满足使用保管的特殊要求。

5.2 温湿度要求

5.2.1 纸质档案库的温湿度要求应符合表 5.2.1 的规定。

表 5.2.1　　　　　　　　　纸质档案库的温湿度要求

用房名称	温　度（℃）	相对湿度（%）
纸质档案库	14～24	45～60

5.2.2 特藏库、音像磁带库、胶片库等特殊档案库的温湿度要求应符合表5.2.2的要求。

表5.2.2　　　　　　　　　　特殊档案库的温湿度要求

用房名称		温　度（℃）	相对湿度（%）
特藏库		14～20	45～55
音像磁带库		14～24	40～60
胶片库	拷贝片	14～24	40～60
	母片	13～15	35～45

5.2.3 档案库在选定温、湿度后，每昼夜温度波动幅度不得大于±2℃、相对湿度波动幅度不得大于±5%。

5.2.4 部分技术用房和对外服务用房温湿度要求应符合表5.2.4的规定。

表5.2.4　　　　　　　　部分技术用房和对外服务用房温湿度要求

用　房　名　称	温度（℃）	相对湿度（%）
裱糊室	18～28	50～70
保护技术试验室	18～28	40～60
复印室	18～28	50～65
音像档案阅览室	20～25	50～60
阅览室	18～28	—
展览厅	14～28	45～60
工作间（拍照、拷贝、校对、阅读）	18～28	40～60

5.3　外围护结构要求

5.3.1 档案库应减少外围护结构面积。外围护结构应根据其使用要求及室内温湿度、当地室外气象计算参数和有无采暖、通风、空调设备等具体情况，通过技术经济比较，合理确定其构造，并应符合下列规定：

　　1 当需要设置采暖设备时，外围护结构的传热系数应在现行国家标准《公共建筑节能设计标准》GB 50189规定的基础上再降低10%；

　　2 当需要设置空气调节设备时，外围护结构的传热系数应符合现行国家标准《公共建筑节能设计标准》GB 50189的规定。

5.3.2 库房屋顶应采取保温、隔热措施，并应符合下列规定：

　　1 平屋顶上采用架空层时，基层应设保温、隔热层；架空层应通风流畅，其高度不应小于0.30m；

　　2 炎热多雨地区的坡屋顶其下层为空间夹层时，内部应通风流畅。

5.3.3 档案库门应为保温门；窗的气密性能、水密性能及保温性能分级要求应比当地办公建筑的要求提高一级。

5.3.4 档案库每开间的窗洞面积与外墙面积比不应大于1:10，档案库不得采用跨层或跨间的通长窗。

5.4　防潮和防水

5.4.1 馆区内应排水通畅，不得出现积水。

5.4.2 室内外地面高差不应小于0.50m；室内地面应有防潮措施。

5.4.3 档案库应防潮、防水。特藏库和无地下室的首层库房、地下库房应采取可靠的防潮、防水措施。屋面防水等级应为Ⅰ级；地下防水等级应为一级，并应设置机械通风或空调设备。

5.5 防日光直射和紫外线照射

5.5.1 档案库、档案阅览、展览厅及其他技术用房应防止日光直接射入，并应避免紫外线对档案、资料的危害。

5.5.2 档案库、档案阅览、展览厅及其他技术用房的人工照明应选用紫外线含量低的光源。当紫外线含量超过 75μW/lm时，应采取防紫外线的措施。

5.6 防尘和防污染

5.6.1 档案馆区内的绿化设计，应有利于满足防尘、净化空气、降温、防噪声等要求。

5.6.2 档案库应防止有害气体和颗粒物对档案的危害。

5.6.3 锅炉房、除尘室、消毒室、试验室以及洗印暗室等的位置应合理安排，并应结合需要设置通风设备。

5.6.4 档案库楼、地面应平整、光洁、耐磨。档案库内部装修、档案装具和固定家具等应表面平整、构造简洁，并应选用环保材料。

5.7 有害生物防治

5.7.1 管道通过墙壁或楼、地面处均应用不燃材料填塞密实，其他墙身孔洞也应采取防护措施，底层地面应采用坚实地坪。

5.7.2 库房门与地面的缝隙不应大于5mm，且宜采用金属门。

5.7.3 档案馆应设消毒室或配备消毒设备。

5.7.4 档案库外窗的开启扇应设纱窗。

5.8 安全防范

5.8.1 档案馆建筑的外门及首层外窗均应有可靠的安全防护设施。

5.8.2 档案馆应设置入侵报警、视频监控、出入口控制、电子巡查等安全防范系统。

5.8.3 档案馆的重要电子档案保管和利用场所应满足电磁安全屏蔽要求。

6 防火设计

6.0.1 档案馆建筑防火设计，应符合现行国家标准《建筑设计防火规范》GB 50016、《高层民用建筑设计防火规范》GB 50045 和《建筑内部装修设计防火规范》GB 50222 的有关规定。

6.0.2 档案库区中同一防火分区内的库房之间的隔墙均应采用耐火极限不低于3.0h的防火墙，防火分区间及库区与其他部分之间的墙应采用耐火极限不低于4.0h的防火墙，其他内部隔墙可采用耐火极限不低于2.0h的不燃烧体。档案库中楼板的耐火极限不应低于1.5h。

6.0.3 供垂直运输档案、资料的电梯应临近档案库，并应设在防火门外；电梯井应封闭，其围护结构应为耐火极限不低于2.0h的不燃烧体。

6.0.4 特藏库宜单独设置防火分区。

6.0.5 特级、甲级档案馆和属于一类高层的乙级档案馆建筑均应设置火灾自动报警系统。其他乙级档案馆的档案库、服务器机房、缩微用房、音像技术用房、空调机房等房间应设置火灾自动报警系统。

6.0.6 馆区应设室外消防给水系统。特级、甲级档案馆中的特藏库和非纸质档案库、服务器机房应设惰性气体灭火系统。特级、甲级档案馆中的其他档案库房、档案业务用房和技术用房，乙级档案馆中的档案库房可采用洁净气体灭火系统或细水雾灭火系统。

6.0.7 档案库内不得设置明火设施。档案装具宜采用不燃烧材料或难燃烧材料。

6.0.8 档案馆库区建筑及每个防火分区的安全出口不应少于 2 个。

6.0.9 档案库区缓冲间及档案库的门均应向疏散方向开启,并应为甲级防火门。

6.0.10 库区内设置楼梯时,应采用封闭楼梯间,门应采用不低于乙级的防火门。

6.0.11 档案馆建筑应配置灭火器,并应符合现行国家标准《建筑灭火器配置设计规范》GB 50140 的规定。

7 建筑设备

7.1 给水排水

7.1.1 馆区内应设给水排水系统。

7.1.2 档案库区内不应设置除消防以外的给水点,且其他给水排水管道不应穿越档案库区。

7.1.3 给水排水立管不应安装在与档案库相邻的内墙上。

7.1.4 各类用房的污水排放,应符合国家规定的排放标准。

7.2 采暖通风和空气调节

7.2.1 档案库及档案业务和技术用房设置空调时,室内温湿度要求应符合本规范表 5.2.1、表 5.2.2 和表 5.2.4 的规定。

7.2.2 档案库不宜采用水、汽为热媒的采暖系统。确需采用时,应采取有效措施,严防漏水、漏汽,且采暖系统不应有过热现象。

7.2.3 每个档案库的空调应能够独立控制。

7.2.4 通风、空调管道应有气密性良好的进、排风口。

7.2.5 母片库应设独立的空调系统。

7.3 电气

7.3.1 档案馆供电等级应与档案馆的级别、建设规模相适应。

7.3.2 特级档案馆应设自备电源。

7.3.3 特级档案馆的档案库、变配电室、水泵房、消防用房等的用电负荷不应低于一级。

7.3.4 甲级档案馆宜设自备电源,且档案库、变配电室、水泵房、消防用房等的用电负荷不宜低于一级;乙级档案馆的档案库、变配电室、水泵房、消防用房等的用电负荷不应低于二级。

7.3.5 库区电源总开关应设于库区外,档案库的电源开关应设于库房外,并应设有防止漏电、过载的安全保护装置。

7.3.6 档案馆的电源线、控制线应采用铜质导体。

7.3.7 档案库、服务器机房、计算机房、缩微技术用房内的配电线路应穿金属管保护,并宜暗敷。

7.3.8 空调设备和电热装置应单独设置配电线路,并应穿金属管槽保护。

7.3.9 档案库灯具形式及安装位置应与档案装具布置相配合。缩微阅览室、计算机房照明宜防止显示屏出现灯具影像和反射眩光。

7.3.10 档案馆照明的照度标准应符合表 7.3.10 的规定。

表 7.3.10   档案馆照明的照度标准

房间名称	参考平面及其高度	照度标准值（lx）
阅览室	0.75m 水平面	300
出纳台	0.75m 水平面	300

房间名称	参考平面及其高度	照度标准值（lx）
档案库	0.25m 垂直面	≥50
修裱、编目室	0.75m 水平面	300
计算机房	0.75m 水平面	300

7.3.11 档案馆建筑防雷设计应符合现行国家标准《建筑物防雷设计规范》GB 50057 的规定，且特级、甲级档案馆应为第二类防雷建筑物，乙级档案馆应为第三类防雷建筑物。

7.3.12 档案馆应适应档案信息化建设的要求，并应根据办公自动化及安全、保密等要求进行综合布线、预留接口，通信与计算机网络设施应满足工作需要。

② 档案虫霉防治一般规则

（DA/T 35—2007）（摘录）

1 范围

本准按照"以防为主，防治结合，综合治理"的原则，就档案工作全过程中的虫霉预防和除治工作提出规范和技术指标。

本标准适用于我国各级各类档案馆（室）纸质档案的虫霉防治。

3 术语和定义

3.1

档案害虫

直接或间接危害档案的昆虫。

3.2

档案霉菌

在档案库内及档案制成材料中滋生并对档案及有关设施设备造成危害的霉菌。

3.3

档案虫霉预防

根据档案害虫、霉菌的生活习性和传播途径所采取的防止虫霉接触或感染档案并创造一个不适宜档案害虫、霉菌生存环境的措施。

3.4

档案虫霉除治

利用物理或化学方法杀灭档案害虫或霉菌的方法、措施。

3.5

物理杀虫

利用高温、低温、辐射、低氧等物理方法杀灭档案害虫的方法。

3.6

化学杀虫

利用投放化学药品杀灭档案害虫的方法。

3.7

物理方法除霉

通过温度、辐射、声波、渗透压等物理措施除霉的方法。

3.8

化学方法除霉

使用化学药剂对档案霉菌进行熏蒸或擦拭以杀灭档案霉菌的方法。

4 档案虫霉预防

4.1 档案形成过程中的虫霉预防

4.1.1 对档案制成材料和保管材料的要求。

4.1.1.1 档案纸张材料应采用无酸纸（中性或弱碱性纸）。

4.1.1.2 馆藏档案在缩微、数字化过程中的虫霉预防。

4.1.2 对虫霉传染源控制的要求。

4.1.2.1 创造并维持一个洁净的环境，维持档案适宜的温湿度。

4.1.2.2 加强对档案的虫霉检查。

4.1.2.3 档案在包装、存放、运输过程中要严格控制害虫、霉菌对档案的感染侵蚀。

4.1.2.4 档案空库在档案入库前应进行杀虫灭菌处理。

4.2 档案接收过程中的虫霉预防

4.2.1 虫霉检查

4.2.1.1 在接收档案时，逐卷检查档案虫霉状况。

4.2.1.2 虫害检查的方法：观察搜索法、震落法、胶粘法、仪器探测法、性信息素法和放射性同位素标记示踪法等。

4.2.1.3 霉菌检查的方法：逐卷逐页查找纸张上的霉斑、菌落、菌丝等，尤其是要注意检查易生霉部位，如装订处、装裱粘贴处等。

4.2.2 档案入库前的杀虫、灭菌处理

4.2.2.1 档案接收以后，必须进行严格杀虫灭菌处理（方法见5和6）。

4.2.2.2 档案杀虫灭菌后在过渡间阶段的观察、检查和处理。

档案经过杀虫灭菌处理后，应在过渡间单独存放一段时间，并检查杀虫灭菌的效果。经检查确认档案害虫、霉菌全部死亡，档案方能入库；如果经过检查，仍发现有害虫或霉菌，还必须再次进行杀虫灭菌处理，直至害虫、霉菌全部灭净后档案方能入库。

4.3 档案整理过程中的虫霉预防

4.3.1 环境要求。

4.3.1.1 档案整理环境温、湿度遵照 JGJ 25—2000 的规定。

4.3.1.2 档案整理工作区及工作间应保持清洁，使用空气净化过滤器，净化空气。

4.3.2 对档案整理工作间每年应作 1～2 次防虫灭菌处理（方法见 5.2.2）。

4.4 档案保管过程中的虫霉预防

4.4.1 环境要求

4.4.1.1 档案库房周围环境须符合 JGJ 25—2000 中第 3 章的要求。

4.4.1.2 保持库房良好的密封性质。库房门、窗要少且无缝隙、无破损，所有门窗要安装纱门、纱窗。

4.4.1.3 库房采用钢筋水泥或石质地基，进行防潮隔热处理。有白蚁的地区地基要用毒土

处理。

4.4.1.4 选用对档案制成材料无不良影响的档案装具保存档案。

4.4.1.5 入库门要安装风幕机。空调和其他机械通风口要安装空气过滤器，以保持库内空气洁净。

4.4.1.6 档案库内温度一般控制在 14℃～24℃，每昼夜允许波动幅度为±2℃，相对湿度控制在 45%～60%，每昼夜允许波动幅度为±5%。

4.4.2 药物预防

应选用国家有关部门认定和推荐使用的安全、高效、广谱、低毒、残效期长、无腐蚀、不损害人体健康和对档案制成材料无不良影响的驱虫、防霉药剂放置在档案库房及框架内。

4.5 档案利用过程中的虫霉预防

4.5.1 保持阅档室洁净卫生。

4.5.2 翻阅珍贵档案原件时，应佩戴洁净手套。

4.5.3 利用后的档案经过消毒处理后，方可入库。

4.6 档案修裱过程中的虫霉预防

4.6.1 所有修裱用具和材料应清洁，无虫菌源污染。

4.6.2 待修裱的档案已被虫菌感染的，应先进行灭菌杀虫处理。局部、轻度的霉菌污染可在通风橱中用脱脂棉球蘸取 10%以上的甲醛（或 75%的酒精）溶液擦除；危害较重的应进行严格处理（方法见 5 和 6）。

4.6.3 修裱用淀粉浆糊应加入适量浓度为 10%乙萘酚酒精溶液或苯酚等驱虫防霉剂。

4.6.4 修裱所用的绷子等工具、通风橱等装具应定期进行除尘去污、杀虫灭菌处理。

5 档案害虫的除治

5.1 物理杀虫方法

物理杀虫方法主要有低温冷冻杀虫、微波杀虫、远红外线辐照杀虫、钴-60 射线辐照杀虫、气调杀虫等。其中低温冷冻杀虫方法与要求为：

a) 少量档案的低温冷冻杀虫可采用冰箱、冷柜，大规模杀虫处理需使用大型冷库；

b) 需低温冷冻杀虫处理的档案应做防潮包装处理；

c) 低温冷冻杀虫的温度和时间的参考数据：-15℃冷冻 5～7 天；-20℃冷冻 3～4 天；-25℃冷冻 2～3 天；-32℃冷冻 1～2 天；

d) 经冷冻处理的档案取出冷冻箱后，应在常温下缓冲 2～4 小时，除去包装后入库。

5.2 化学杀虫方法

根据药剂侵入虫体方式的不同，化学杀虫药剂分为熏蒸剂、触杀剂、胃毒剂等。用于档案害虫防治的化学杀虫剂要求高效、广谱、低毒、低残留、残效期长且对档案制成材料无明显不良影响。可用于档案害虫防治的化学杀虫剂主要有：磷化铝、溴甲烷、环氧乙烷、硫酰氟等。

5.2.1 磷化铝熏蒸杀虫方法与注意事项

a) 磷化铝对人有剧毒，操作时必须由专门技术人员严格按照《剧毒药品操作规程》进行。

b) 消毒间密闭性能要好，消毒期间周围 30m～50m 范围内禁止非消毒人员活动。

c) 施药人员穿戴好防毒面具、工作服、橡皮手套、胶鞋等。

d) 药品剂量应严格控制，不同虫期，剂量不同。一般幼虫期剂量低于成虫期。

e) 施药完毕后，施药人员须迅速退出，密封好门窗及所有缝隙。气温在 12℃～15℃时密闭 5 天；16℃～20℃密闭 4 天；20℃以上密闭 3 天。

f）密闭期间定时用硝酸银试纸测毒，如有泄漏要及时密封。消毒期满戴上防毒面具开启门窗和机械通风设施进行排毒。

g）磷化铝对铜有极强的腐蚀作用，消毒前应将铜质设备和用品转移或涂上保护层。

h）消毒间要留一玻璃观察孔，以便监视消毒间内情况。

i）消毒后要进行认真清洗，消毒后药物残渣要深埋。

5.2.2 溴氰菊酯喷雾杀虫方法与注意事项

a）溴氰菊酯杀虫主要适用于空库、档案装具及库内外定期防护性消毒杀虫；

b）使用2.5％溴氰菊酯乳油或可湿性粉剂杀虫，需用清水稀释成0.1％的药液，按每平方米12.5mg有效成分的剂量均匀喷布于库房的地面、墙壁及档案装具表面；

c）施药时机上最好选择在气温较低、档案受害虫侵染之前对库房及其周围过道等进行全面喷布消毒；

d）切忌将溴氰菊酯药剂与强碱性物质或与有机磷杀虫剂相混；

e）喷药时应穿工作服和戴防护眼镜，以确保施药人员安全。

6 档案霉菌的除治

6.1 物理方法灭菌

6.1.1 微波灭菌方法与注意事项

a）档案放入专用微波炉内，设定运转时间（一般为7min～8min）；

b）选购设计合理、密闭而无微波泄漏的档案微波灭菌专用机，以有效地保护档案并防止微波泄漏造成人体伤害；

c）严格控制温度和运转时间；

d）档案中不能夹带金属物品，否则会发生纸张起火、碳化等事故；

e）正确使用微波设备，炉内必须装入足够分量的档案，严禁空转和欠量运转；

f）灭菌完成后，将档案移至洁净的过渡间缓冲以后入库。

6.1.2 钴-60射线灭菌方法及注意事项

钴-60射线灭菌是一种利用放射性同位素钴-60发射出的高能量 γ 射线灭菌的物理方法。采用钴-60射线灭菌时，应严格注意人员防护，必须严格控制辐照剂量，否则会影响档案纸张、装订材料的理化性能和字迹颜色。

6.2 化学方法灭菌

6.2.1 环氧乙烷灭菌使用方法与注意事项

a）熏蒸室温度维持在29℃以上，相对湿度维持在30％～50％的范围内；

b）因环氧乙烷极易燃烧，一般以1∶9（重量比）的比例与二氧化碳或氮气混合，装入钢瓶使用；

c）用药量一般为每立方米400g，熏蒸时间依浓度、温度确定，一般要求密闭24h～48h；

d）环氧乙烷对人每日连续接触的极限是 $50×10^{-6}$（L/L）。

第11章

专业档案管理

① 火电建设项目文件收集及档案整理规范

(DL/T 241—2012)(摘录)
档案分类及使用说明

8.2 分类

8.2.1 分类原则

8.2.1.1 火电建设项目档案分类应以火电建设项目全部归档文件为对象,依据参建各方在项目建设中的职能,按文件的来源结合档案形成阶段、专业性质、特点,应保持项目档案的成套与系统以及档案的形成规律和有机联系。

8.2.1.2 分类应具有概括性、包容性,及相对的稳定性和扩充性。

8.2.2 类目设置及档号标识

8.2.2.1 分类表类目应按参建单位的不同职能、文件的来源和形成阶段、分专业性质、特点按下列要求设置。

　　1)一级类目设置:6大类为电力生产类、7大类为科学技术研究类、8大类为建设项目类、9大类为设备仪器类。

　　2)二级及以下类目设置:

　　a)6大类电力生产类应按生产职能部门、文件性质设置;

　　b)7大类科学技术研究类应按科技成果性质或立项课题设置;

　　c)8大类项目建设类应按参建单位、文件形成阶段、专业性质、特点设置;

　　d)9大类为设备仪器类应按专业、系统,设备台件设置。

8.2.2.2 档号由项目代号(或年度)、分类号和案卷流水号三组代号构成,分别用0~9阿拉伯数字标识。三组代号之间用"—"分隔;不同级类目之间,直接连接。档号标识见图6。

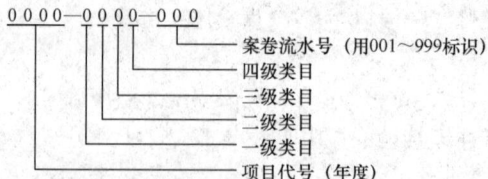

图6　档号标识

8.2.3 建设单位项目档案分类使用说明及分类表

8.2.3.1 分类使用说明

　　建设单位项目档案分类表,将电力生产(含生产准备、整体启动运行和生产考核期)档案归入第6大类;项目科技成果及科技研究档案归入第7大类;建设项目档案归入第8大类;设备仪器档案归入第9大类。根据档案形成特点，按隶属关系将第8大类划分到四级类目，第6大类、第7大类、第9大类划分到三级类目，各级类目均用0～9标识。

1）第6大类电力生产类和第7大类科学技术研究类按年度标识，科研课题按立项年度或获得成果年度标识，见图7。

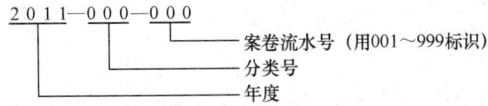

```
2011-000-000
         └── 案卷流水号（用001～999标识）
      └───── 分类号
└────────── 年度
```

图7　年度标识

2）第8大类建设项目类和第9大类设备仪器类，项目代号由工期号与机组号组成。机组归属明确的，前两位数为工期号，后两位数为机组号，各期工程机组连续编号。

公用系统的前两位数为工期号，后两位数用"00"标识，公用系统标识见图8。

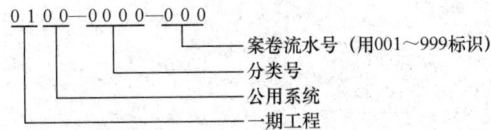

```
0100-0000-000
            └── 案卷流水号（用001～999标识）
         └───── 分类号
     └───────── 公用系统
└─────────────── 一期工程
```

图8　公用系统标识

同工程异地建设且不同工期的项目与以前工期机组可不连续编号，同工程异地建设项目工期标识见图9。

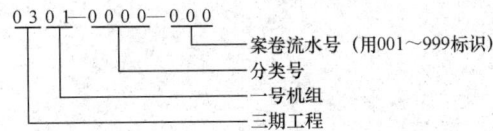

```
0301-0000-000
            └── 案卷流水号（用001～999标识）
         └───── 分类号
     └───────── 一号机组
└─────────────── 三期工程
```

图9　同工程异地建设项目工期标识

同一期工程两台以上机组（不包括全部机组）共用一套系统的，前两位数用工期号，后两位数用首台机组号标识，同一期工程两台以上机组共用系统标识见图10。

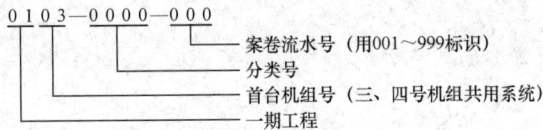

```
0103-0000-000
            └── 案卷流水号（用001～999标识）
         └───── 分类号
     └───────── 首台机组号（三、四号机组共用系统）
└─────────────── 一期工程
```

图10　同一期工程两台以上机组共用系统标识

3）燃气、供热机组等工程，项目代号应以机组号为主，前两位为工期号，后两位为机组号，当机炉数量不对应时，应在案卷题名中揭示。

8.2.3.2　建设单位项目档案6类～9类分类表。

6　电力生产

60　综合

600　企业技术和管理文件

601　生产许可

602　生产准备

603　观测、监测

609 其他

61 生产运行

610 综合

611 运行记录

612 值长日志

613 调度日志

614 运行技术文件

615 设备缺陷管理

619 其他

62 生产技术

620 综合

621 运行指标

622 全厂性试验

623 环保监测

624 技术监督

625 可靠性管理

626 并网安全评价

629 其他

63 备品备件管理

630 综合

631 备品备件采购

632 备品备件管理台账

633 质量证明文件

639 其他

64 技术改造

640 综合

641 重大技改（修理）

642 小型技改

649 其他

69 其他

7 科学技术研究

70 科技创新、技术进步

700 综合

701 成果申报及评奖（含专利、工法、QC、环保、新纪录、节能等奖项申报及评奖，四新技术应用查新及鉴定）

702 一般科技成果

709 其他

71 科研项目

经国家、省（市）级以及集团公司立项的科研课题项目

710 土建

711 锅炉、燃料、除灰

232

712 汽轮机、管道、化水

713 电气、热控

714 焊接、金属

715 机械

716 输变电工程

717 环保工程

718 管理软科学

719 其他

8 建设项目

80 项目立项

800 立项文件

8000 项目核准文件

8001 选厂址文件

8002 项目投资方招投标文件

801 可行性研究

8011 初步可行性研究文件

8012 可行性研究文件

8013 接入系统可行性研究文件

8014 配套设施可行性研究文件

8015 其他可行性研究文件

802 项目评估

8021 项目评估文件（环境保护、水资源、水土保持、职业病危害、安全预评估、地质、地震等）

8022 配套设施评估文件（码头、铁路专用线）

8023 其他单项工程（脱硫、脱硝、海水淡化、空冷、中水等）

81 项目设计

810 综合

811 设计基础

8111 地质勘测文件

8112 地形测量文件

8113 水文、气象、地震文件

8114 水质、水源

8115 燃料分析

812 设计文件

8121 初设文件

8122 设计交底与审查文件

8123 设计优化文件

813 施工图

8130 综合

8131 运煤

8132 热机

8324　环保管理

833　质量监督管理

8331　质量监督注册及大纲

8332　质量监督阶段检查文件

8333　质量监督站检查文件

834　物资管理

8341　物资台账

8342　设备开箱

8343　进口设备

8344　设备催交

8345　索赔文件

835　工程会议、统计、简报

8351　工程会议

8352　工程统计、简报

84　土建

840　综合

8401　专业技术和管理文件

8402　单项工程施工质量评价

8403　设计更改文件

8404　原材料及构件质量证明文件

8405　混凝土生产质量证明文件

8406　全厂测量、沉降观测等文件

8407　地基及桩基工程

841　热力系统

8411　主厂房

8412　集控楼

8413　汽轮机基础及汽动给水泵基础

8414　直接空冷空心柱工程

8415　锅炉基础

8416　主厂房地下设施工程

8417　锅炉附属建筑

8418　烟道、烟囱

8419　热网建筑工程

842　燃料供应系统

8421　翻车机室

8422　卸煤

8423　输煤

8424　储煤

8425　燃油

8426　燃气

843　除灰、脱硫、脱硝系统

8431 除灰系统

8432 脱硫工程

8433 脱硝工程

844 水处理系统及供水系统

8441 化水处理

8442 中水处理

8443 取水工程

8444 循环水工程

8445 补给水工程

8446 污水处理

8447 海水淡化

845 电气系统

8451 网控楼及天桥

8452 A排外构筑物

8453 配电装置

846 附属生产工程

8461 辅助生产工程

8462 附属生产建筑

8463 消防系统

8464 采暖、制冷工程

8465 厂区性建筑

8466 公共福利工程

8467 厂区其他工程

847 与厂址有关的单项工程

8471 交通运输工程

8472 码头、港口工程

8473 场平工程

8474 生活区工程

8479 其他

848 全厂消防工程

849 其他工程

8491 建筑智能工程

8492 临建设施

8493 小型基建

85 设备及管线安装

850 综合

8501 专业技术和管理文件

8502 单项工程施工质量评价文件

8503 设计更改文件

8504 原材料及构件质量文件

8505 设备缺陷及处理文件

236

851 锅炉及辅助设备安装（含加工配制）

8511 锅炉本体安装、整体风压试验

8512 锅炉除尘装置、脱硫及脱硝

8513 锅炉辅助机械安装

8514 锅炉输煤设备、燃油设备及管道安装

8515 锅炉炉墙砌筑、设备管道保温及油漆

8519 其他工程

852 汽轮发电机组安装（含管道及系统）

8521 汽轮发电机、附属机械及辅助设备等

8522 循环水泵房设备安装

8523 公用水泵房和雨水泵房设备安装

8524 取水泵房设备安装

8525 燃机安装

8526 管道安装

8529 汽轮发电机组其他设备安装

853 电气设备

8531 发电机电气与引出线

8532 变压器

8533 配电装置及组合电器

8534 控制及直流系统、事故保安电源

8535 主厂房厂用电系统

8536 输煤、除尘除灰、化学水处理、供水、脱硫脱硝、附属生产系统电气设备安装

8537 全厂照明、电缆、接地及起重机电气

8538 电气调试

8539 其他工程

854 热工仪表及控制装置

8541 主厂房及锅炉热控

8542 全厂公用系统

8543 全厂热控单体调校和热工测量信号回路调校

8549 其他工程

855 焊接、金属

8551 焊接

8552 金属

856 水处理及制氢设备和系统

8561 水处理

8562 海水淡化系统

8563 废水处理系统

8564 氢气站

8565 防腐工程

8566 中水处理

8569 其他工程

857　码头、铁路、综合管线等设备、设施

8571　码头

8572　铁路

8573　综合管线

8579　其他工程

858　综合利用（包括小水电、小风电等项目）

8581　小水电工程

8582　小风电工程

8583　光伏工程

8589　其他工程

859　其他

86　工程监理

860　综合

861　施工监理

8611　监理策划

8612　监理记录

8613　监理会议及报表

862　设计监理

8621　监理策划

8622　监理记录

8623　监理审查

863　设备监造

8631　监造策划

8632　监造记录

87　调整与试验

870　综合

8701　调试大纲及计划

8702　更改文件

8703　调试使用仪器

8704　强条执行记录

871　调试文件

8711　分系统调试

8712　整套启动调试

872　试验文件

8721　性能试验

8722　涉网试验

88　竣工验收与竣工图

880　综合

8801　启动交接

881　验收文件

8810　综合

238

8811 竣工验收文件（环境保护、水土保持、职业卫生、安全设施、消防、档案、劳动保障、项目整体验收等）

8812 工程总结

882 工程决算与审计

8821 工程决算

8822 竣工审计

883 达标与创优

8831 达标验收

8832 工程创优

889 竣工图

8890 综合

8891 运煤

8892 热机

8893 电气

8894 热控

8895 化学、水工

8896 土建

8897 配套工程

8898 综合利用

8899 其他

9 设备

90 综合

900 综合

901 特种设备及检测

902 设备安全性能检测及金属监督报告

903 设备检修

909 其他

91 锅炉专业

910 锅炉本体

911 锅炉辅助机械

912 除灰、除尘、除渣系统

913 脱硫系统

914 脱硝系统

915 燃料系统

919 其他

92 汽轮机专业

920 汽轮机本体

921 汽水管道及附件

922 辅助设备

923 辅助机械

924 燃汽轮机

925 柴油发电机

926 取水枢纽及岸边水泵房

927 工业、生活、消防水系统

928 循环水系统

929 其他

93 电气专业

930 汽轮发电机组

931 变压器

932 电动机

933 高压设备及配电装置

934 低压电器设备

935 继电保护及二次线设备

936 自动装置及直流系统

937 通信及远动

939 其他

94 热控专业

940 分散控制系统

941 锅炉系统热控设备、仪表

942 汽轮机系统热控设备、仪表

943 汽轮发电机组热控设备、仪表

944 水处理及制氢系统热控设备、仪表

949 其他

95 水处理及制氢

950 补给水处理

951 循环水处理

952 给水炉内处理及凝结水处理

953 海水淡化

954 化学辅助设备

955 制氢站

956 油处理

957 污水处理

958 中水处理

959 其他

99 其他

990 给排水、采暖、通风、空调设备

991 消防设备

992 修配设备

993 运输设备

999 其他设备

240

② 火电工程达标投产验收规程

(DL 5277—2012)（摘录）
工程综合管理与档案检查验收表

表 3.2.7　　　　　　　　　　工程综合管理与档案检查验收表

检验项目	检验内容	性质	存在问题	验收结果		
				符合	基本符合	不符合
一般规定						
1　项目管理体系	1）建设单位有健全的项目管理体系，能覆盖整个工程项目全过程、全方位、全员的工程管理和达标投产的目标管理	主控				
	2）监理、设计、施工、调试单位的质量管理体系、职业健康安全管理体系、环境管理体系应通过认证注册，按期监督审核，证书在有效期内					
	3）建立本工程有效的技术标准清单，实施动态管理					
	4）参建单位质量、职业健康安全环境管理目标明确，并层层分解落实					
	5）项目管理体系运行有效，现场生产和管理过程可控	主控				
	6）项目管理体系持续改进，体系内部审核、管理评审、监督审核发现的不符合项整改闭环	主控				
2　造价控制	1）竣工决算不得超出批准动态概算	主控				
	2）不得擅自扩大建设规模或提高建设标准	主控				
	3）不得违反审批程序选购进口材料、设备					
	4）设计变更费用不应超过基本预备费的30%					
	5）建筑装饰费用不应超出审批文件控制标准					
3　进度管理	1）科学确定工期，建设单位应无明示或者暗示设计、监理、施工单位压缩合同工期、降低工程质量的行为（附录A火电工程施工图设计、施工推荐工期一览表）	主控				
	2）严肃工期调整，网络进度定期滚动修正					

241

检验项目	检验内容	性质	存在问题	验收结果		
				符合	基本符合	不符合
4 合同管理	1) 建立完善的合同管理制度					
	2) 工程、设备、物资采购符合《中华人民共和国招标投标法》的规定	主控				
	3) 应按合同条款要求支付工程款、设备款					
5 设备物资管理	1) 设备物资管理制度和工作标准完善					
	2) 设备监造符合《电力设备监造技术导则》DL/T 586规定，设备监造报告、质量证明文件齐全					
	3) 新材料、新设备的使用应有鉴定报告、使用报告、查新报告或允许使用证明文件	主控				
	4) 原材料应有合格证及进场检验、复试报告	主控				
	5) 构件、配件、高强度螺栓连接副、淋水填料等制成品应有出厂合格证及试验文件					
	6) 设备、材料的检验、保管、发放管理制度完善，实施记录齐全					
6 强制性条文的执行	1) 建设单位制定本工程执行强制性条文的实施计划，各参建单位应有针对性的实施细则，并对相关内容培训，应有记录	主控				
	2) 对执行强制性条文有相应经费支撑					
	3) 建立强制性条文执行情况监督检查制度，并有相应责任人					
	4) 规划、勘测设计、施工、调试、验收符合强制性条文规定	主控				
	5) 工程采用材料、设备符合强制性条文的规定	主控				
	6) 工程项目建筑、安装的质量符合强制性条文的规定	主控				
	7) 工程中采用方案措施、指南、手册、计算机软件的内容符合强制性条文的规定					
7 勘测设计管理	1) 编制提交本工程勘测、设计强制性条文清单	主控				
	2) 勘测、设计成品应符合强制性条文和国家现行有关标准的规定	主控				
	3) 不得采用国家明令禁止使用的设备、材料和技术	主控				

检验项目	检验内容	性质	存在问题	验收结果		
				符合	基本符合	不符合
7 勘测设计管理	4）科技创新、技术进步形成的优化设计方案应经论证，并按规定程序审批	主控				
	5）占地面积、主厂房可比容积、工程投资等指标符合《大中型火力发电厂设计规程》GB 50660 和限额规定					
	6）施工图交付计划应满足施工进度计划需求，并经建设单位确认					
	7）勘测、设计单位不得向任何单位提供未经审查批准的草图、白图用于施工					
	8）施工图设计、会检、设计交底符合规定					
	9）设计更改管理制度完善；施工图设计符合初步设计审查批复要求；重大设计变更按程序批准；改变原设计所确定的原则、方案或规模，应经原审批部门批准	主控				
	10）明确设计修改、变更、材料代用等签发人资格，向建设单位、监理单位备案，并书面告知施工、调试单位					
	11）现场设计代表服务到位，定期向建设单位提供设计服务报告					
	12）参加验收规程规定项目的质量验收					
	13）参加设备订货技术洽商及施工、调试重大技术方案的审查					
	14）按合同约定编制竣工图及竣工图总说明，并移交	主控				
	15）编制工程质量检查报告、工程总结					
8 施工管理	1）应按《火电工程项目质量管理规范》DL/T 1144 的规定编制以下管理制度，并严格执行					
	（1）施工技术和施工质量管理责任制					
	（2）施工组织设计					
	（3）施工图会检					
	（4）施工技术交底					
	（5）物资管理					
	（6）机械及特种设备管理					
	（7）计量管理					
	（8）技术检验					
	（9）设计变更					
	（10）施工技术文件					

检验项目	检验内容	性质	存在问题	验收结果		
				符合	基本符合	不符合
8 施工管理	（11）技术培训					
	（12）信息管理					
	2）施工、检验单位资质及人员资格证件齐全、有效					
	（1）承包商和分包商单位资质	主控				
	（2）试验、检测单位资质	主控				
	（3）项目经理					
	（4）质量验收人员					
	（5）试验检验人员					
	（6）特种作业人员	主控				
	（7）安全监察人员					
	（8）档案管理人员					
	（9）质量评价人员					
	3）施工组织总设计和专业设计经审批，并严格执行	主控				
	4）计量标准器具台账及检定证书在有效期内					
	5）施工单位应按规定编制节地、节水、节能、节材、环境保护措施，经审批后实施					
	6）施工质量管理及保证条件符合《电力建设施工质量验收及评价规程》DL/T 5210规定					
	7）编制工法、QC小组成果、科技成果等创新活动计划，效果显著					
	8）制定成品保护措施，并形成检查记录					
	9）移交生产时的主设备、主系统、辅助设备缺陷整改已闭环					
	10）编制工程总结					
9 调试管理	1）管理制度完善，组织机构健全、分工明确、责任落实					
	2）调试大纲、方案、措施齐全，经审批后实施	主控				
	3）调试项目符合调试大纲要求					
	4）调试质量验评范围符合《火电工程调整试运质量检验及评定标准》规定					
	5）试验仪器、设备检验合格，并在有效期内					
	6）调试报告完整、真实、有效	主控				
	7）编制工程总结					

检验项目	检验内容	性质	存在问题	验收结果		
				符合	基本符合	不符合
10 工程监理	1) 组织机构健全，制度完善，责任明确	主控				
	2) 各专业监理人员配备齐全，且具有相应资格，经建设单位确认后，正式通知被监理单位					
	3) 按《火电工程项目质量管理规范》DL/T 1144、《电力建设工程监理规范》DL/T 5434 规定编制下列文件，并按程序审批后实施					
	（1）监理规划					
	（2）监理实施细则					
	（3）执行标准清单	主控				
	（4）监理达标投产计划					
	（5）强制性条文实施计划	主控				
	（6）关键工序和隐蔽工程旁站方案	主控				
	4) 按建设单位总体质量、安全目标制定具体实施细则					
	5) 审核、汇总各施工单位"施工质量验收范围划分表"					
	6) 完善检验手段，使用的仪器、设备符合《电力建设工程监理规范》DL/T 5434 规定或满足合同要求					
	7) 参加达标投产初验，并形成相关记录，对存在问题监督整改、闭环	主控				
	8) 编制监理月报、总结、工程总体质量评估报告，并符合《电力建设工程监理规范》DL/T 5434 规定					
	9) 监理全过程质量控制符合《电力建设工程监理规范》DL/T 5434 规定，记录齐全					
	10) 工程监理符合电力建设工程质量监督检查的规定					
	11) 按合同签署工程计量、工程款支付，并符合《电力建设工程监理规范》DL/T 5434 规定					
	12) 有创优目标的工程项目按合同约定和《电力建设施工质量验收及评价规程》DL/T 5210 规定完成工程质量评价工作					

检验项目	检验内容	性质	存在问题	验收结果		
				符合	基本符合	不符合
11 生产管理	1）生产运行机构设置和人员配备符合定编要求，人员经培训、考核合格上岗	主控				
	2）生产准备大纲经审批后实施	主控				
	3）编制管理制度、运行规程、检修规程、保护定值清单，绘制系统图等					
	4）编制生产期间成品保护管理制度，形成记录					
	5）劳动安全和职业病防护措施完善					
	6）操作票、工作票、运行日志、运行记录齐全	主控				
	7）接收设备的备品备件，出入库手续完善					
	8）制定机组运行反事故预案，演练、评价，并形成记录					
	9）事故分析、处理记录齐全	主控				
	10）启动到考核期的缺陷管理台账及消缺率统计齐全					
12 信息管理	1）建设单位应编制信息管理制度					
	2）建立基建 MIS 系统，形成局域网，覆盖主要参建单位	主控				
	3）信息系统软件功能模块设置应包含基建管理的主要工作内容和程序					
	4）机组试运前，完成生产管理数据系统的安装和调试工作	主控				
	5）投入生产前建立设备缺陷、工作票等信息管理系统					
13 档案管理	1）机构、人员、设施、设备					
	（1）建设单位应成立负责档案工作的机构，配备专职档案管理人员					
	（2）工程档案管理人员，经培训，持证上岗	主控				
	（3）档案库房及设施符合国家有关防火、防潮、防光、防虫、防盗、防尘等安全保管、保护要求	主控				
	（4）档案管理设施、设备的配置满足档案管理要求					
	（5）档案管理软件具备档案整编、检索和利用的功能					

检验项目	检验内容	性质	存在问题	验收结果		
				符合	基本符合	不符合
13 档案管理	2）管理职责					
	（1）建设、监理、设计（勘测）、施工、调试、生产运行单位档案管理体系健全，责任制执行有效					
	（2）建设单位按照《企业档案工作规范》DA/T 42制定企业档案管理制度					
	（3）参建单位按《火电建设项目文件收集及档案整理规范》DL/T 241编制项目文件归档实施细则	主控				
	（4）建设单位将项目文件收集、整理和档案移交内容纳入合同管理。在合同中设立专门条款，明确各参建单位竣工档案的编制质量、移交时间、套数、归档及违约责任					
	（5）监理单位应按《电力建设工程监理规范》DL/T 5434规定，对设计、施工、调试等参建单位整理和移交的竣工档案进行审查，并签署意见					
	（6）监理单位应按项目档案管理要求和合同约定，将监理形成的文件进行收集、整理向建设单位移交					
	（7）参建单位按合同约定，收集、整理各自承建范围内形成的项目文件，经监理审查后向建设单位移交	主控				
	（8）施工单位应对分包单位形成的项目文件进行审查确认，履行签章手续，并对移交归档的项目文件质量负责	主控				
	3）项目文件收集					
	（1）建设、监理、设计（勘测）、施工、调试、生产运行单位应收集具有保存价值的文字、图表以及音像等各种载体的文件					
	（2）项目文件应与工程建设同步收集	主控				
	（3）项目文件收集一式一份。归档需要增加份数，应在合同中约定					
	4）项目文件质量					
	（1）项目文件应为原件。因故无原件的合法性、依据性、凭证性等永久保存的文件，提供单位应在复印件上加盖公章，便于追溯	主控				
	（2）按《火电建设项目文件收集及档案整理规范》DL/T 241的规定编制项目文件					

检验项目	检验内容	性质	存在问题	验收结果		
				符合	基本符合	不符合
13 档案管理	（3）项目文件签字、印章、图文等应清晰，具有可追溯性					
	（4）项目文件应按各专业规程规定的格式填写，内容真实、数据准确					
	（5）竣工图与实物相符	主控				
	5）项目文件整理					
	（1）分类符合《火电建设项目文件收集及档规范》DL/T 241 规定					
	（2）组卷应遵循文件形成的规律，保持文件内容的有机联系					
	（3）案卷组合应保持工程建设项目的专业性、成套性和系统性，同事由的文件不得分散和重复组卷	主控				
	（4）案卷排列顺序，应按前期、设计、施工、调试、竣工验收等阶段进行排列					
	（5）卷内文件排列顺序，应按文件的形成规律、问题重要程度或结合时间进行排列					
	（6）案卷题名应简明、准确揭示卷内文件内容					
	（7）卷内目录题名应填写卷内文件全称					
	（8）件号、页号编写应符合《火电建设项目文件收集及档规范》DL/T 241 规定					
	（9）案卷目录、案卷封面、卷内目录、备考表填写符合《火电建设项目文件收集及档案整理规范》DL/T 241 规定					
	（10）案卷内文件超出卷盒幅面的文件应叠装，小于 A4 幅面的宜粘贴，破损的文件应修复					
	（11）案卷装订应整齐、结实，宜用线装，易于保管					
	（12）应对永久保存且涉及项目立项、核准、重要合同（协议）、质量监督、质量评价（有创优目标的工程）、竣工验收、竣工图及利用频繁的纸质档案进行数字化管理					
	6）照片收集与整理					

248

检验项目	检验内容	性质	存在问题	验收结果		
				符合	基本符合	不符合
13 档案管理	（1）照片档案应与纸质档案分类一致，并符合《照片档案管理规范》GB/T 11821 规定					
	（2）归档照片应影像清晰、画面完整，反映事件全貌，并突出主题					
	（3）编制照片档案检索目录，照片说明应完整					
	7）电子文件归档与整理					
	（1）电子档案应与纸质档案分类一致，并符合《电子文件归档与管理规范》GB/T 18894 规定					
	（2）光盘等载体应符合长期保管要求，并统一标注档号及存入日期等					
	8）实物档案收集与整理					
	（1）将与基建项目有关的证书、奖牌及奖杯，在基建中形成的靶板、地质矿样、探伤底片等实物形式的材料收集归档	主控				
	（2）实物档案应与纸质档案分类一致					
	（3）编制实物档案检索目录					
	9）项目档案移交					
	（1）项目文件移交一式一份，需增加份数的，按合同约定					
	（2）竣工图移交一式一套，需交城建档案馆或另有需要增加套数的，按合同约定					
	（3）电子档案移交一式三份，其中一份异地保管					
	（4）移交生产后 90 天内归档完毕					
	（5）档案交接应按归档要求审查其完整性、真实性、准确性、有效性和案卷整理质量，合格后办理移交交接手续	主控				
	（6）项目档案移交时，移交单位应编写归档说明，办理交接签证，并经项目负责人审查签字，与移交目录一并归档	主控				
	（7）建设单位各职能部门形成的项目文件，应由文件形成部门进行收集、整理，由部门负责审查后移交档案部门归档					

249

检验项目	检验内容	性质	存在问题	验收结果		
				符合	基本符合	不符合
13 档案管理	10）档案专项验收与评价					
	（1）档案专项验收申请应在完成项目档案的收集、整理、归档后提出，验收应在投产一年内完成	主控				
	（2）项目档案专项验收应符合国家重大建设项目档案验收的有关规定					
	（3）档案专项验收后应出具专项验收文件	主控				
	（4）工程档案管理应按《电力建设施工质量验收与评价规程》DL/T 5210 规定进行评价					
主要项目文件						
14 建设项目合规性文件	1）项目核准文件	主控				
	2）规划许可证					
	3）土地使用证	主控				
	4）水资源使用许可文件					
	5）水土保持验收文件	主控				
	6）工程概算批复文件					
	7）质量监督注册证书及规定阶段的监督报告	主控				
	8）锅炉压力容器使用证					
	9）安全设施竣工验收文件	主控				
	10）涉网安全性评价报告	主控				
	11）环境保护验收文件	主控				
	12）消防验收文件	主控				
	13）劳动保障验收文件					
	14）职业卫生验收文件	主控				
	15）档案验收文件	主控				
	16）机组移交生产签证书					
	17）工程竣工决算书					
	18）工程竣工决算审计报告	主控				
	19）工程竣工验收文件	主控				
15 安全管理主要项目文件	1）安全生产委员会成立文件	主控				
	2）安全生产委员会、项目部、专业公司安全生产例会记录					
	3）危险源、环境因素辨识与评价措施	主控				
	4）建设单位按高危行业企业安全生产费用财务管理的有关规定，设置安全费用专用台账	主控				

检验项目	检验内容	性质	存在问题	验收结果		
				符合	基本符合	不符合
15 安全管理主要项目文件	5）建设、监理和参建单位建立健全安全管理制度及相应的操作规程					
	6）专业分包及劳务分包单位的安全资格审核	主控				
	7）危险性较大的分部、分项工程安全方案、措施	主控				
	8）安全专项施工方案	主控				
	9）消防机构审查消防设计文件	主控				
	10）爆破审批手续	主控				
	11）特殊脚手架施工方案	主控				
	12）特种设备管理制度、台账及准许使用证书	主控				
	13）重大起重、运输作业，特殊高处作业，带电作业及易燃、易爆区域安全施工作业票					
	14）高处、交叉作业安全防护设施验收记录					
	15）施工用电方案					
	16）高于20m的金属井字架、钢脚手架、提升装置等防雷接地记录	主控				
	17）危险品运输、储存、使用、管理制度					
	18）消防设施定期检验记录					
	19）灾害预防与应急管理体系文件					
	20）自然灾害及安全事故专项预案演练、评价	主控				
	21）防洪度汛组织机构文件	主控				
	22）年度防洪度汛方案	主控				
	23）超标准洪水应急预案、演练、评价及报批备案文件					
	24）防洪度汛安全检查、值班记录					
16 土建工程主要项目文件	1）地基基础工程					
	（1）试桩报告	主控				
	（2）桩基检测报告（单桩竖向抗压承载力及桩身完整性检查记录）	主控				
	（3）代替工程桩单桩静载试验确认文件	主控				
	（4）沉降观测资料（施工单位、有资质第三方）	主控				

检验项目	检验内容	性质	存在问题	验收结果		
				符合	基本符合	不符合
16 土建工程主要项目文件	2）主体结构工程					
	（1）钢筋接头强度检测报告	主控				
	（2）混凝土强度报告（同条件、标养、抗渗、抗冻融）	主控				
	（3）结构实体钢筋保护层厚度检测报告	主控				
	（4）确定混凝土同条件试块和钢筋保护层检测部位的技术文件	主控				
	（5）混凝土粗细骨料碱活性检测报告	主控				
	（6）钢结构焊缝外观检查记录和实测记录（包括一级、二级焊缝检测报告）					
	（7）钢结构件防火涂装工程涂层厚度检测报告	主控				
	（8）水平灰缝砂浆饱满度检测记录					
	（9）钢平台、钢梯、钢栏杆等制作、安装质量验收记录	主控				
	3）屋面工程					
	（1）屋面隐蔽工程验收记录	主控				
	（2）淋水、蓄水试验记录及大雨后的检查记录	主控				
	（3）卷材防水屋面需经常维护的设施周围和屋面出入口至设施之间的人行道刚性保护层设计及施工验收记录					
	4）装饰装修工程					
	（1）墙面、地面、顶棚饰面材料安装或粘贴施工二次设计和施工记录					
	（2）外墙饰面砖粘接强度检验报告	主控				
	（3）有防水要求的地面蓄水试验记录	主控				
	（4）集控室等长期有人值守房间有害气体检测报告	主控				
	（5）外墙门窗"三密性"检测报告					
	（6）门窗安装验收记录（垂直、平整、配件齐全、密封严密、启闭灵活）					
	5）建筑给水、排水及采暖工程					
	（1）建筑给水排水及采暖工程隐蔽验收记录	主控				
	（2）管道灌水、通水试验记录（排水、雨水、卫生器具）					

检验项目	检验内容	性质	存在问题	验收结果		
				符合	基本符合	不符合
16 土建工程主要项目文件	（3）管道穿墙、穿楼板套管安装施工记录					
	（4）消防管道、暖气管道和散热器压力试验记录					
	（5）消火栓试射记录					
	6）建筑电气工程					
	（1）接地电阻测试记录（防雷接地、保护接地、安全接地、防静电接地）	主控				
	（2）照明全负荷试验记录					
	（3）建筑电气安装隐蔽验收记录					
	（4）室内外低于 2.4m 灯具绝缘性能检测					
	7）通风与空调工程					
	（1）工程设备、风管系统、管道系统安装及检验记录					
	（2）制冷、空调、水管道强度试验严密性试验记录					
	（3）通风管道严密性试验（透光、风压）					
	（4）防火阀等安装记录					
	8）电梯工程					
	（1）机械、电气、零（部）件安装施工记录	主控				
	（2）电梯电气装置接地、绝缘电阻测试	主控				
	（3）整机运行试验记录	主控				
	9）智能建筑工程					
	（1）隐蔽工程验收记录	主控				
	（2）系统电源及接地检测报告	主控				
	（3）系统试运行记录	主控				
	10）建筑节能工程					
	（1）墙体、屋面保温材料进场的复试报告及质量证明文件	主控				
	（2）墙体节能工程保温板材与基层粘结强度现场拉拔试验	主控				
	（3）外墙保温浆料同条件养护试件试验报告	主控				
	（4）屋面保温层厚度测试记录	主控				

检验项目	检验内容	性质	存在问题	验收结果		
				符合	基本符合	不符合
17 锅炉安装主要项目文件	1）锅炉压力容器安全性能检验报告	主控				
	2）焊接工程技术总结和专题技术总结					
	3）金属监督工程技术专题总结					
	4）焊接工程一览表	主控				
	5）焊接工艺评定项目目录及应用范围统计表	主控				
	6）焊工技术考核登记表	主控				
	7）机组金属检测一览表					
	8）锅炉合金钢元件光谱分析报告	主控				
	9）合金焊材光谱复验报告	主控				
	10）高强螺栓复检抽样记录、摩擦面抗滑移系数现场检验报告	主控				
	11）高强螺栓紧固记录、紧固复检记录	主控				
	12）锅炉钢架安装记录					
	13）锅炉受热面安装记录图					
	14）锅炉侧四大管道支吊架冷态安装、热态调整记录	主控				
	15）锅炉膨胀间隙冷态安装记录					
	16）锅炉整体水压试验签证	主控				
	17）锅炉辅助机械（空气预热器、送风机、引风机、一次风机、磨煤机、脱硫增压风机、浆液循环泵、真空皮带脱水机、湿式球磨机等）安装记录					
	18）锅炉辅助机械试运签证					
	19）电除尘器极丝极板安装偏差记录、振打装置安装记录					
	20）锅炉整体风压试验	主控				
	21）锅炉热膨胀记录	主控				
	22）输煤系统设备安装记录					
	23）脱硫设备防腐记录	主控				
	24）烟气脱硝装置安装记录					
	25）除灰、渣系统安装冲洗、吹扫、严密性试验签证					
	26）燃油油罐灌水试验签证	主控				
	27）燃油管道水压试验、吹扫签证					

检验项目	检验内容	性质	存在问题	验收结果		
				符合	基本符合	不符合
17 锅炉安装主要项目文件	28）锅炉炉墙砌筑、全厂保温材料复检抽样记录及复试报告	主控				
	29）保温混凝土试块检验报告，耐火、耐磨混凝土试块检验报告	主控				
	30）锅炉炉墙隐蔽工程关键工序验收签证					
	31）循环流化床锅炉整体烘炉记录、实际温度升降曲线	主控				
	32）循环流化床锅炉烘炉检查签证					
	33）热力设备外保温、四大管道等表面温度检测记录	主控				
	34）锅炉房起吊设施负荷试验记录	主控				
	35）钢制焊接常压容器灌水试验签证	主控				
	36）储罐基础沉降观测记录					
	37）钢制焊接常压容器焊缝检测报告	主控				
	38）锅炉侧四大管道及炉本体一次门内管道等焊接、热处理技术文件					
	39）受监焊口记录图	主控				
	40）焊缝（焊口）热处理曲线及热处理检验报告	主控				
	41）受监焊口（焊缝）质量检验报告	主控				
	42）射线探伤底片	主控				
	43）焊口、焊缝返修记录					
	44）承重钢结构焊缝表面宏观质量检验报告	主控				
	45）焊接综合质量等级评定表					
18 汽轮发电机安装主要项目文件	1）汽轮发电机组、管道及系统、水处理及制氢设备和系统专业主要施工技术方案					
	2）汽机设备及热力系统合金钢紧固件硬度、零部件光谱复查、无损探伤、金相组织报告	主控				
	3）主机及辅机润滑油、密封油、抗燃油冲洗后油质化验报告	主控				
	4）发电机转子、定子严密性试验签证					
	5）发电机内冷却水系统冲洗签证					
	6）发电机整套风压试验签证	主控				
	7）汽机真空系统灌水试验签证					
	8）转子联轴器找中心及连接记录					

检验项目	检验内容	性质	存在问题	验收结果		
				符合	基本符合	不符合
18 汽轮发电机安装主要项目文件	9）通流间隙检查调整记录	主控				
	10）汽缸中分面螺栓冷紧、热紧记录					
	11）汽机扣盖前检查及扣盖签证					
	12）主要附属机械（汽动给水泵、电动给水泵、凝结泵、循环泵）安装记录					
	13）附属机械分部试运记录及签证					
	14）辅助设备（除氧器、加热器等）检查安装记录					
	15）直接空冷凝汽器管束导轨安装记录					
	16）直接空冷风机叶片顶部与风筒间隙记录					
	17）直接空冷风机叶片安装角度记录					
	18）直接空冷系统严密性试验	主控				
	19）负荷分配记录					
	20）燃机转子碰撞试验签证	主控				
	21）燃机精找中及联轴器连接记录					
	22）燃机灭火系统喷放试验签证	主控				
	23）进气部分人孔门封闭检查签证					
	24）排气部分人孔门封闭检查签证					
	25）管道配管（安装）追溯记录	主控				
	26）阀门检查（检修）、试验验收记录					
	27）安全阀检查调试记录、整定报告	主控				
	28）管道安装冷拉记录及签证					
	29）主蒸汽、再热蒸汽和主给水管道弹性支吊架冷、热态调整记录	主控				
	30）管道系统吹扫（冲洗）签证	主控				
	31）管道系统严密性试验验收签证					
	32）箱罐封闭签证					
	33）管道系统严密性试验签证					
	34）衬里设备及管道漏电试验记录及签证	主控				
	35）制氢、供氢系统严密性试验签证	主控				
	36）汽机房、循环泵房、水处理车间等起吊设施负荷试验记录					

256

检验项目	检验内容	性质	存在问题	验收结果		
				符合	基本符合	不符合
19 电气、热控安装主要项目文件	1）发电机本体检查验收签证					
	2）变压器安装检查验收签证，真空注油及密封试验记录					
	3）蓄电池组充放电记录及验收签证					
	4）断路器、隔离开关调整记录及验收签证	主控				
	5）SF$_6$气体检测报告					
	6）电动机检查及验收签证					
	7）电除尘变空载升压试验报告	主控				
	8）全厂起重机电气设备带电试运记录					
	9）电缆防火封堵验收签证记录					
	10）接地电阻测试记录及验收签证	主控				
	11）发电机、交、直流电动机试验报告	主控				
	12）变压器、电抗器、互感器试验报告	主控				
	13）断路器、隔离开关、避雷器试验报告					
	14）电力电缆试验报告					
	15）绝缘油和SF$_6$试验报告					
	16）发电机保护、励磁自动装置调试报告	主控				
	17）变压器保护及自动装置调试报告	主控				
	18）母线保护及自动装置调试报告	主控				
	19）线路保护及自动装置调试报告	主控				
	20）故障录波及自动装置调试报告	主控				
	21）直流系统及自动装置调试报告	主控				
	22）保安电源及自动装置调试报告	主控				
	23）电动机综合保护试验记录调试报告					
	24）电气、热控仪表校验报告					
	25）热控合金材料、部件光谱复验报告	主控				
	26）热控管路敷设记录、管路严密性试验记录	主控				
	27）热控压力、流量、温度、液位开关、物位、分析、机械量、称重等就地仪表校验记录					
	28）热控变送器校验报告					

检验项目	检验内容	性质	存在问题	验收结果		
				符合	基本符合	不符合
19 电气、热控安装主要项目文件	29）热电偶、热电阻校验报告					
	30）位移、转速、振动等传感器及其配套表计检定报告					
	31）电动、气动执行机构调整试验报告					
	32）全厂热控单体调校和热工测量信号回路调校工程质量验收记录					
20 调整试验、性能试验和技术指标主要项目文件	1）经审批的调试大纲	主控				
	2）调试用仪器、仪表台账及校验报告					
	3）分系统试运条件检查表					
	4）各专业分系统调试方案、措施	主控				
	5）各专业分系统调试记录、报告					
	6）经审批的整套启动调试措施	主控				
	7）整套启动试运条件检查表					
	8）各专业整套启动调试措施	主控				
	9）机组总体调试报告					
	10）各专业整套启动调试报告	主控				
	11）机组整套启动试运调试质量验收签证	主控				
	12）涉网、特殊试验措施					
	13）涉网、特殊试验报告	主控				
	14）性能试验措施					
	15）性能试验报告	主控				
	16）生产运行记录					

③ 水电建设项目文件收集与档案整理规范

（DL/T 1396—2014）（摘录）
档案分类及使用说明

8 项目文件整理

8.1 分类

8.1.1 按照水电建设项目文件的来源、建设阶段、专业性质和特点等进行分类。

8.1.2 类目设置应避免交叉，保持相对稳定性。

8.1.3 根据档案形成特点将项目文件设置为：6类为电力生产类，7类为科研开发，8类为项目建设类，9类为设备仪器类。

6类划分为三级类目，7类划分为二级类目，8类、9类划分为三级或四级类目。建设单位档案分类参照附录B。

8.1.4 档号标识由项目代号或年度、分类号和案卷流水号三组代码构成，分别用阿拉伯数字标识。三组代码之间用"—"分隔。档号标识见图2。

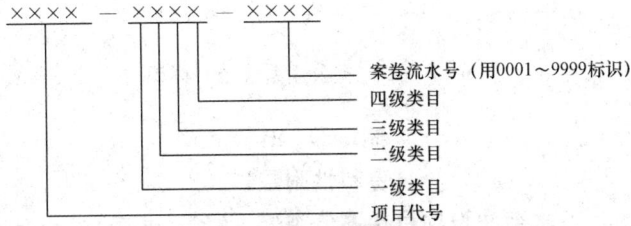

图 2　档号标识

需说明流域的工程，可在项目代号前加流域号。案卷流水号设为4位数码。

8.1.5　分类使用说明

8.1.5.1　6类（电力生产类）和7类（科研开发类）项目代号用年度标识，档号按图3、图4标识。

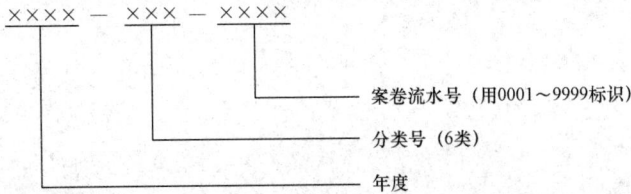

图 3　6 类档号标识

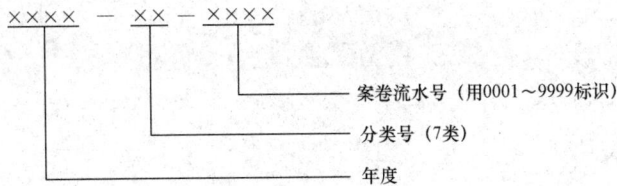

图 4　7 类档号标识

8.1.5.2　8类（项目建设类）和9类（设备仪器类）项目代号，前两位数为工期号或梯级号，后两位数为机组号，各期工程的机组号连续编制，档号按图5标识。

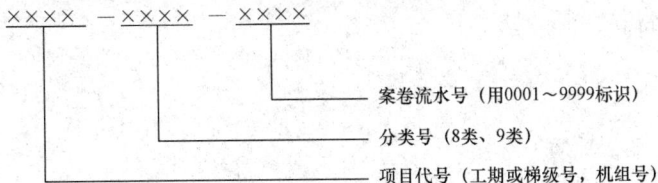

图 5　8 类、9 类档号标识

公用系统的项目代号，前两位数为工期号或梯级号，后两位数用"00"标识，档号按图 6 标识。

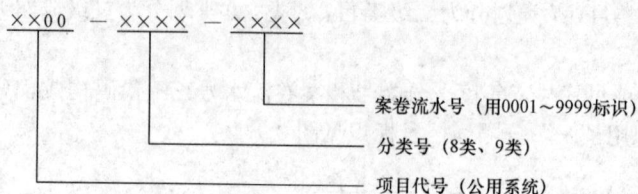

图 6　8 类、9 类公用系统档号标识

附　录　B
（资料性附录）
水电建设项目档案分类表（6 类～9 类）

6　电力生产

60　综合

600　企业技术和管理

601　生产准备

602　安全生产、职业健康及环境保护

603　计量

604　备品备件

609　其他

61　调度运行

610　综合

611　水库运行

612　电力运行

613　综合利用

619　其他

62　设备运行

620　综合

621　运行与维护

622　检修

629　其他

63　安全监测

630　综合

631　水工建筑物

632　边坡

633　地震

634　水文、气象、地质

639　其他

64　生产技术

640　综合

641　全厂性试验

642　技术改造

643　技术监督

644　可靠性管理

649　其他

69　其他

7　科研开发

70　综合

71　项目前期课题研究

72　土建工程

73　机电及金属结构工程

74　环境保护、水土保持工程

75　安全监测工程

76　生产运行

77　管理

79　其他

8　项目建设

80　项目立项

800　综合

801　规划

802　预可行性研究

803　可行性研究

8030　综合

8031　可行性研究报告

8032　专项评价

8033　文物、矿产资源、取水、取砂等专项许可

8034　建设征地审批

8039　其他

804　项目核准

809　其他

81　工程设计

810　综合

811　招标设计

812　施工详图设计

8120　综合

8121　工程布置及水工建筑物

8122　水力机械

8123　电气

8124　金属结构

8125　交通

8126　生产及生活辅助建筑

8127　施工辅助工程

8128　环境保护、水土保持

8129　其他

813　设计服务及变更

8130　设计服务

8131　设计变更

8139　其他

819　其他

82　建设过程管理

820　综合

821　招投标

8210　综合

8211　工程

8212　物资采购

8213　设备采购

8214　服务项目（技术咨询、物业管理等）

8215　科研项目

8216　未中标投标文件

8219　其他

822　合同管理

8220　综合

8221　工程

8222　物资采购

8223　设备采购

8224　服务项目（技术咨询、物业管理等）

8225　科研项目

8229　其他

823　资金管理

8230　综合

8231　贷款合同

8232　执行概算

8233　计划、统计报表

8239　其他

824　物资管理

8240　综合

8241　物资报表

8242　物资台账

8243　原材料质量证明

8249　其他

825　质量、进度、安全、环境保护及水土保持管理

8250　综合

8251　质量

8252　进度

8253　安全

8254　环境保护及水土保持

8259　其他

826　征地移民

829　其他

83　监理

830　综合

831　设计监理

8310　综合

8311　监理准备

8312　监理记录及报告

8313　设计审核

8319　其他

832　施工监理

8320　综合

8321　监理准备

8322　质量、安全、进度、投资、环保控制

8323　监理记录及报告

8329　其他

833　设备监造

8330　综合

8331　监造准备

8332　质量、安全、进度、投资、环保控制

8333　监理记录及报告

8334　设备验收及交接

8339　其他

834　移民综合监理

8340　综合

8341　监理准备

8342　质量、安全、进度、投资、环保控制

8343　监理记录及报告

8349　其他

835　环境保护、水土保持监理

8350　综合

8351　监理准备

8352　环境保护、水土保持监理实施

8353　监理记录及报告

8359　其他

846 边坡工程

8460 测量

8461 成品或半成品现场试验检验

8462 施工记录及单元工程质量检验评定

8463 质量缺陷处理

8469 其他

847 辅助工程

8470 测量

8471 成品或半成品现场试验检验

8472 施工记录及单元工程质量检验评定

8473 质量缺陷处理

8479 其他

848 安全监测

8481 水工监测

8482 边坡监测

8483 水情监测

8484 水文、气象、地质监测

8489 其他

849 其他

8490 水土保持工程

8491 环境保护工程

8492 劳动安全与工业卫生工程

8499 其他

85 机电设备及金属结构安装

850 综合

8500 综合管理

8501 技术管理

8502 原材料、半成品、设备进场记录及现场检验

8503 安全及职业健康、环境保护管理

8504 质量事故或缺陷处理

8505 主要设备现场处理记录

8506 施工验收

8509 其他

851 水轮发电机组及附属设备

8510 水轮机、水泵水轮机

8511 发电机、发电电动机

8512 调速系统

8513 励磁系统、静止变频启动装置

8514 进出水阀及附属设备

8515 机组管路

8519 其他

864 机组带主变压器与高压配电装置试验

865 机组并列及负荷试验

866 72 小时试运行及考核试运行

867 交接与投入商业运行

868 性能试验

869 其他

87 工程验收

870 综合

871 截流、蓄水、机组启动阶段验收

872 竣工验收

873 工程移交

874 达标投产

879 其他

88 竣工图

880 综合

881 工程布置及水工建筑物

882 水力机械

883 电气一次、二次

884 金属结构

885 交通

886 生产及生活辅助建筑

887 施工辅助工程

888 环境保护、水土保持

889 其他

9 设备

90 水轮发电机组及附属设备

900 综合

901 水轮机（水泵水轮机）

902 发电机（发电电动机）

903 调速系统

904 励磁系统、静止变频启动装置

905 进出水阀及附属设备

909 其他

91 水力机械辅助设备

910 综合

911 油系统

912 水系统

913 压缩空气系统

914 油水气系统管道

915 水力监视测量系统

919 其他

92 电气一次设备

920 综合

921 发电机电压设备

922 主变压器

923 高压配电装置

924 厂用电系统及照明

929 其他

93 电气二次设备

930 综合

931 继电保护及安全自动装置

932 计算机监控系统

933 直流系统

934 工业电视系统

935 控制盘柜

936 通信

937 自动装置及自动化元件

939 其他

94 公用辅助系统

940 综合

941 给排水系统

942 采暖、通风、空调系统

943 消防系统

944 起重设备

949 其他

95 金属结构及启闭机

950 综合

951 压力钢管

952 闸门及启闭机

953 拦污栅、清污机

954 船闸、升船机

959 其他

96 监测

97 办公系统

99 其他

注：1. 专业工器具及备品备件随相应设备归档

2. 集控设备、网络含在自动化中

④ 水电水利工程达标投产验收规程

(DL 5278—2012)(摘录)

工程综合管理与档案检查验收表

表 4.7.1　　　　　　　　　　　　工程综合管理与档案检查验收表

检验项目	检验内容	性质	存在问题	验收结果		
				符合	基本符合	不符合
一般规定						
1 项目管理体系	1) 建设单位有健全的项目管理体系，能覆盖整个工程项目全员、全过程、全方位的工程管理和达标投产的目标管理	主控				
	2) 监理、设计、施工、调试单位的质量管理体系、职业健康安全管理体系、环境管理体系应通过认证注册，按期监督审核，证书在有效期内					
	3) 建立本工程有效的技术标准清单，实施动态管理					
	4) 参建单位质量、职业健康安全环境管理目标明确，并层层分解落实					
	5) 项目管理体系运行有效，现场生产和过程可控	主控				
	6) 项目管理体系持续改进，内部审核、管理评审、监督审核发现的不符合项整改闭环	主控				
2 造价控制	1) 竣工决算不得超出批准动态概算	主控				
	2) 不得擅自扩大建设规模或提高建设标准	主控				
	3) 不得违反审批程序选购进口材料、设备					
	4) 设计变更费用不应超过基本预备费的30%					
	5) 建筑装饰费用不应超出审批文件控制标准					
3 进度管理	1) 科学确定工期，建设单位应无明示或者暗示设计、监理、施工单位压缩合同工期、降低工程质量的行为	主控				
	2) 严肃工期调整，网络进度定期滚动修正					
4 合同管理	1) 建立完善的合同管理制度					
	2) 工程、设备、物资采购符合《中华人民共和国招标投标法》的规定	主控				
	3) 应按合同条款要求支付工程款、设备款					

检验项目	检验内容	性质	存在问题	验收结果		
				符合	基本符合	不符合
5 设备物资管理	1）设备物资管理制度和工作标准完善					
	2）设备监造符合《电力设备监造技术导则》DL/T 586 规定，设备监造报告、质量证明文件齐全					
	3）新材料、新设备的使用应有鉴定报告、使用报告、查新报告或允许使用证明文件	主控				
	4）原材料应有合格证及进场检验、复试报告	主控				
	5）构件、配件、高强螺栓连接副等制成品应有出厂合格证及试验文件					
	6）设备、材料的检验、保管、发放管理制度完善，实施记录齐全					
6 强制性条文的执行	1）建设单位制定本工程执行强制性条文的实施计划，各参建单位应有针对性的实施细则，并对相关内容培训，应有记录	主控				
	2）对执行强制性条文有相应经费支撑					
	3）建立强制性条文执行情况监督检查制度，并有相应责任人					
	4）规划、勘测设计、施工、试运、验收符合强制性条文规定	主控				
	5）工程采用材料、设备符合强制性条文的规定	主控				
	6）工程项目建筑、安装的质量符合强制性条文的规定	主控				
	7）工程中采用方案措施、指南、手册、计算机软件的内容符合强制性条文的规定					
7 勘测设计管理	1）编制提交本工程勘测、设计强制性条文清单	主控				
	2）勘测、设计成品应符合强制性条文和国家现行有关标准的规定	主控				
	3）不得采用国家明令禁止使用的设备、材料和技术	主控				
	4）科技创新、技术进步形成的优化设计方案应经论证，并按规定程序审批	主控				
	5）施工图交付计划应满足施工进度计划需求，并经建设单位确认					

检验项目	检验内容	性质	存在问题	验收结果		
				符合	基本符合	不符合
7 勘测设计管理	6) 勘测、设计单位不得向任何单位提供未经审查批准的草图、白图用于施工					
	7) 施工图设计、会检、设计交底符合规定					
	8) 设计更改管理制度完善；施工图设计符合初步设计审查批复要求；重大设计变更按程序批准；改变原设计所确定的原则、方案或规模，应经原审批部门批准	主控				
	9) 明确设计修改、变更、材料代用等签发人资格，向建设单位、监理单位备案，并书面告知施工、运行单位					
	10) 现场设计代表服务到位，定期向建设单位提供设计服务报告					
	11) 参加验收规程规定项目的质量验收					
	12) 参加设备订货技术洽商及施工、调试重大技术方案的审查					
	13) 编制工程质量评价报告、工程总结					
8 施工管理	1) 应编制以下管理制度，并严格执行					
	(1) 施工技术和施工质量管理责任制					
	(2) 施工组织设计					
	(3) 施工图会检					
	(4) 施工技术交底					
	(5) 物资管理					
	(6) 机械及特种设备管理					
	(7) 计量管理					
	(8) 技术检验					
	(9) 设计变更					
	(10) 施工技术文件					
	(11) 技术培训					
	(12) 信息管理					
	2) 施工、检验单位资质及人员资格证件齐全、有效					
	(1) 承包商和分包商单位资质	主控				
	(2) 试验、检测单位资质	主控				
	(3) 项目经理					
	(4) 质量验收人员					
	(5) 试验检验人员					
	(6) 特种作业人员	主控				

检验项目	检验内容	性质	存在问题	验收结果		
				符合	基本符合	不符合
8 施工管理	（7）安全监察人员					
	（8）档案管理人员					
	（9）质量评价人员					
	3）施工组织总设计和专业设计经审批，并严格执行	主控				
	4）计量标准器具台账及检定证书在有效期内					
	5）施工单位应按规定编制节地、节水、节能、节材、环境保护措施，经审批后实施					
	6）施工质量管理及保证条件应符合《水利水电工程施工质量检验与评定规程》SL 176的规定					
	7）编制工法、QC小组成果、科技成果等创新活动计划，效果显著					
	8）制定成品保护措施，并形成检查记录					
	9）移交生产时的主设备、主系统、辅助设备缺陷整改已闭环					
	10）按合同约定编制竣工图及竣工图总说明，并移交	主控				
	11）编制工程总结					
9 调试管理	1）管理制度完善，组织机构健全、分工明确、责任落实					
	2）调试大纲、方案、措施齐全，经审批后实施	主控				
	3）调试项目符合调试大纲要求					
	4）试验仪器、设备检验合格，并在有效期内					
	5）调试报告完整、真实、有效	主控				
	6）编制工程总结					
10 工程监理	1）组织机构健全，制度完善，责任明确	主控				
	2）各专业监理人员配备齐全，且具有相应资格，经建设单位确认后，正式通知被监理单位					
	3）按《水电水利工程施工监理规范》DL/T 5111规定编制下列文件，并按程序审批后实施					
	（1）监理规划					
	（2）监理实施细则					

检验项目	检验内容	性质	存在问题	验收结果		
				符合	基本符合	不符合
10 工程监理	（3）执行标准清单	主控				
	（4）监理达标投产计划					
	（5）强制性条文实施计划	主控				
	（6）关键工序和隐蔽工程旁站方案	主控				
	4）按建设单位总体质量、安全目标制定具体实施细则					
	5）审核、汇总各施工单位"施工质量验收范围划分表"					
	6）完善检验手段，使用的仪器、设备符合《水电水利工程施工监理规范》DL/T 5111规定或满足合同要求					
	7）参加达标投产初验，并形成相关记录，对存在问题监督整改、闭环	主控				
	8）编制监理月报、总结、工程总体质量评估报告，并符合《水电水利工程施工监理规范》DL/T 5111规定					
	9）监理全过程质量控制符合《水电水利工程施工监理规范》DL/T 5111规定，记录齐全					
	10）工程监理符合电力建设工程质量监督检查的有关规定					
	11）按合同签署工程计量、工程款支付，并符合《水电水利工程施工监理规范》DL/T 5111规定					
	12）有创优目标的工程项目，按合同约定完成工程质量评价工作					
11 生产管理	1）生产运行机构设置和人员配备符合定编要求，人员经培训、考核合格上岗	主控				
	2）生产准备大纲经审批后实施	主控				
	3）编制管理制度、运行规程、检修规程、保护定值清单，绘制系统图等					
	4）编制生产期间成品保护管理制度，形成记录					
	5）劳动安全和职业病防护措施完善					
	6）操作票、工作票、运行日志、运行记录齐全	主控				

检验项目	检验内容	性质	存在问题	验收结果		
				符合	基本符合	不符合
11 生产管理	7）接收设备的备品备件，出入库手续完善					
	8）制定机组运行反事故预案，演练、评价，并形成记录					
	9）事故分析、处理记录齐全	主控				
	10）启动到考核期的缺陷管理台账及消缺率统计齐全					
12 信息管理	1）建设单位应编制信息管理制度					
	2）建立基建 MIS 系统，形成局域网，覆盖主要参建单位	主控				
	3）信息系统软件功能模块设置应包含基建管理的主要工作内容和程序					
	4）机组试运前，完成生产管理数据系统的安装和调试工作	主控				
	5）投入生产前，建立设备缺陷、工作票等信息管理系统					
13 档案管理	1）机构、人员、设施、设备					
	（1）建设单位应成立负责档案工作的机构，配备专职档案管理人员					
	（2）工程档案管理人员，经培训，持证上岗	主控				
	（3）档案库房及设施符合国家有关防火、防潮、防光、防虫、防盗、防尘等安全保管、保护要求	主控				
	（4）档案管理设施、设备的配置满足档案管理要求					
	（5）档案管理软件具备档案整编、检索和利用的功能					
	2）管理职责					
	（1）建设、监理、设计（勘测）、施工、调试、生产运行单位档案管理体系健全，责任制执行有效					
	（2）建设单位按照《企业档案工作规范》DA/T 42 制定企业档案管理制度					
	（3）参建单位按相关要求编制项目文件归档实施细则	主控				
	（4）建设单位将项目文件收集、整理和档案移交内容纳入合同管理。在合同中设立专门条款，明确各参建单位竣工档案的编制质量、移交时间、套数、归档及违约责任					

检验项目	检验内容	性质	存在问题	验收结果		
				符合	基本符合	不符合
	(5) 监理单位应按《水电水利工程施工监理规范》DL/T 5111 规定，对设计、施工、调试等参建单位整理和移交的竣工档案进行审查，并签署意见					
	(6) 监理单位应按项目档案管理要求和合同约定，将监理形成的文件进行收集、整理，向建设单位移交					
	(7) 参建单位按合同约定，收集、整理各自承建范围内形成的项目文件，经监理审查后向建设单位移交	主控				
	(8) 施工单位应对分包单位形成的项目文件进行审查确认，履行签章手续，并对移交归档的项目文件质量负责	主控				
	3) 项目文件收集					
	(1) 建设、监理、设计（勘测）、施工、调试、生产运行单位应收集具有保存价值的文字、图表以及音像等各种载体的文件					
	(2) 项目文件应与工程建设同步收集	主控				
13 档案管理	(3) 项目文件收集一式一份。归档需要增加份数的，应在合同中约定					
	4) 项目文件质量					
	(1) 项目文件应为原件。因故无原件的合法性、依据性、凭证性等永久保存的文件，提供单位应在复制件上加盖公章，便于追溯	主控				
	(2) 按《国家重大建设项目文件归档要求与档案整理规范》DA/T 28 的规定编制项目文件					
	(3) 项目文件签字、印章、图文等应清晰，具有可追溯性					
	(4) 项目文件应按各专业规程规定的格式填写，内容真实、数据准确					
	(5) 竣工图与实物相符	主控				
	5) 项目文件整理					
	(1) 分类符合水电分类表设置的类目					
	(2) 组卷应遵循文件形成的规律，保持文件内容的有机联系					
	(3) 案卷组合应保持工程建设项目的专业性、成套性和系统性，同事由的文件不得分散和重复组卷	主控				

检验项目	检验内容	性质	存在问题	验收结果		
				符合	基本符合	不符合
	（4）案卷排列顺序，应按前期、设计、施工、调试、竣工验收等阶段进行排列					
	（5）卷内文件排列顺序，应按文件的形成规律、问题重要程度或结合时间进行排列					
	（6）案卷题名应简明、准确揭示卷内文件内容					
	（7）卷内目录题名应填写卷内文件全称					
	（8）件号、页号编写应符合《科学技术档案案卷构成的一般要求》GB/T 11822 的规定					
	（9）案卷目录、案卷封面、卷内目录、备考表填写符合《科学技术档案案卷构成的一般要求》GB/T 11822 的规定					
	（10）案卷内文件超出卷盒幅面的文件应叠装，小于 A4 幅面的宜粘贴，破损的文件应修复					
	（11）案卷装订应整齐、结实，宜用线装，易于保管					
13 档案管理	（12）应对永久保存且涉及项目立项、核准、重要合同（协议）、质量监督、质量评价（有创优目标的工程）、竣工验收、竣工图及利用频繁的纸质档案进行数字化管理					
	6）照片收集与整理					
	（1）照片档案应与纸质档案分类一致，并符合《照片档案管理规范》GB/T 11821 规定					
	（2）归档照片应影像清晰、画面完整，反映事件全貌，并突出主题					
	（3）编制照片档案检索目录，照片说明应完整					
	7）电子文件归档与整理					
	（1）电子档案应与纸质档案分类一致，并符合《电子文件归档与管理规范》GB/T 18894 规定					
	（2）光盘等载体应符合长期保管要求，并统一标注档号及存入日期等					
	8）实物档案收集与整理					
	（1）将与基建项目有关的证书、奖牌及奖杯，在基建中形成的地质矿样、探伤底片等实物形式的材料收集归档	主控				

检验项目	检验内容	性质	存在问题	验收结果		
				符合	基本符合	不符合
13 档案管理	（2）实物档案应与纸质档案分类一致					
	（3）编制实物档案检索目录					
	9）项目档案移交					
	（1）项目文件移交一式一份，需增加份数的，按合同约定					
	（2）竣工图移交一式一套，需交城建档案馆或另有需要增加套数的，按合同约定					
	（3）电子档案移交一式三份，其中一份异地保管					
	（4）合同工程竣工验收或移交生产后6个月内归档完毕					
	（5）档案移交应按归档要求审查其完整性、真实性、准确性、有效性和案卷整理质量，合格后办理移交交接手续	主控				
	（6）项目档案移交时，移交单位应编写归档说明，办理移交签证，并经项目负责人审查签字，与移交目录一并归档	主控				
	（7）建设单位各职能部门形成的项目文件，应由文件形成部门进行收集、整理，由部门负责人审查后移交档案部门归档					
	10）档案专项验收与评价					
	（1）档案专项验收申请应在完成项目档案的收集、整理、归档后提出，验收应在投产后一年内完成	主控				
	（2）档案专项验收应符合国家重大建设项目档案验收的有关规定					
	（3）档案专项验收后应出具专项验收文件	主控				
	（4）工程档案管理应按相关规定进行评价					
主要项目文件						
14 建设项目合规性文件	1）项目核准文件	主控				
	2）规划许可证					
	3）土地使用证	主控				
	4）淹没区域移民政策补偿文件					
	5）水土保持验收文件（具备验收条件）	主控				
	6）工程概算批复文件					
	7）质量监督注册证书及规定阶段的监督报告	主控				

检验项目	检验内容	性质	存在问题	验收结果		
				符合	基本符合	不符合
14 建设项目合规性文件	8）枢纽工程验收文件（具备验收条件）	主控				
	9）安全设施竣工验收文件	主控				
	10）涉网安全性评价报告	主控				
	11）环境保护验收文件（具备验收条件）	主控				
	12）消防验收文件	主控				
	13）劳动保障验收文件					
	14）职业卫生验收文件	主控				
	15）档案验收文件（具备验收条件）	主控				
	16）机组移交生产签证书					
	17）工程竣工决算书					
	18）工程竣工决算审计报告（具备验收条件）	主控				
	19）工程竣工验收文件（具备验收条件）	主控				
15 安全管理主要项目文件	1）安全生产委员会成立文件	主控				
	2）安全生产委员会、项目部、专业公司安全生产例会记录					
	3）危险源、环境因素辨识与评价措施	主控				
	4）建设单位按高危行业企业安全生产费用财务管理的有关规定，设置安全费用专用台账	主控				
	5）建设、监理和参建单位建立健全安全管理制度及相应的操作规程					
	6）专业分包及劳务分包单位的安全资格审核	主控				
	7）危险性较大的分部、单元工程安全方案、措施	主控				
	8）安全专项施工方案	主控				
	9）消防机构审查消防设计文件	主控				
	10）爆破审批手续	主控				
	11）特殊脚手架施工方案	主控				
	12）特种设备管理制度、台账及准许使用证书	主控				
	13）重大起重、运输作业，特殊高处作业，带电作业及易燃、易爆区域安全施工作业票					
	14）高处、交叉作业安全防护设施验收记录					
	15）施工用电方案					

检验项目	检验内容	性质	存在问题	验收结果		
				符合	基本符合	不符合
15 安全管理主要项目文件	16) 高于 20m 的金属井字架、钢脚手架、提升装置等防雷接地记录	主控				
	17) 危险品运输、储存、使用、管理制度					
	18) 消防设施定期检验记录					
	19) 灾害预防与应急管理体系文件					
	20) 自然灾害及安全事故专项预案演练、评价	主控				
	21) 防洪度汛组织机构文件	主控				
	22) 年度防洪度汛方案	主控				
	23) 超标准洪水应急预案、演练、评价及报批备案文件					
	24) 防洪度汛安全检查、值班记录					
16 水工建筑主要项目文件	1) 坝、闸工程					
	(1) 开挖验收平面、剖面图					
	(2) 隐蔽工程联合验收单	主控				
	(3) 喷锚支护施工检查记录	主控				
	(4) 锚索施工记录					
	(5) 边坡开挖质量验收评定表					
	(6) 灌注桩混凝土浇筑记录					
	(7) 灌浆记录					
	(8) 防渗墙混凝土浇筑记录					
	(9) 检查孔记录	主控				
	(10) 压水试验记录					
	(11) 混凝土配合比签发单					
	(12) 混凝土生产质量控制记录					
	(13) 混凝土浇筑工序质量评定表					
	(14) 混凝土单元工程质量评定表	主控				
	(15) 混凝土试样成果分析统计表					
	(16) 土石坝土质防渗体压实工序质量评定表					
	(17) 土石坝混凝土面板浇筑工序质量评定表					
	(18) 土石坝碾压质量评定表					
	(19) 土石坝碾压取样成果分析统计表					
	(20) 沥青混凝土配合比					

检验项目	检验内容	性质	存在问题	验收结果		
				符合	基本符合	不符合
16 水工建筑主要项目文件	(21) 心墙沥青混凝土摊铺与碾压工序质量评定表					
	(22) 面板沥青混凝土摊铺与碾压工序质量评定表					
	(23) 水泥砂浆砌石体砌筑工序质量评定表					
	(24) 浆砌石溢洪道溢流面砌筑工序质量评定表					
	(25) 枢纽工程现场布置与实施记录					
	(26) 枢纽工程测量网线布置方案与实施记录					
	(27) 安全监测定期报告					
	2) 引水及发电建筑物					
	(1) 开挖验收平面图、剖面图					
	(2) 隐蔽工程联合验收单	主控				
	(3) 喷锚支护施工检查记录	主控				
	(4) 锚索施工记录					
	(5) 混凝土配合比签发单					
	(6) 混凝土生产质量控制记录					
	(7) 混凝土浇筑工序质量评定表					
	(8) 混凝土单元工程质量评定表					
	(9) 混凝土试样成果分析统计表					
	(10) 压水试验记录					
	(11) 灌浆记录					
	(12) 检查孔记录	主控				
	(13) 安全监测定期报告					
	3) 泄洪建筑物					
	(1) 开挖验收平面图、剖面图					
	(2) 边坡开挖质量验收评定表					
	(3) 隐蔽工程联合验收单	主控				
	(4) 喷锚支护施工检查记录	主控				
	(5) 锚索施工记录					
	(6) 压水试验记录					
	(7) 灌浆记录					
	(8) 检查孔记录	主控				

检验项目	检验内容	性质	存在问题	验收结果		
				符合	基本符合	不符合
16 水工建筑主要项目文件	(9) 混凝土配合比签发单					
	(10) 混凝土浇筑工序质量评定表					
	(11) 混凝土生产质量控制记录					
	(12) 混凝土单元工程质量评定表	主控				
	(13) 混凝土试样成果分析统计表					
	(14) 安全监测定期报告					
	4) 其他工程（包括通航设施、过鱼过木设施、开关站、中控楼等）					
	(1) 开挖验收平面图、剖面图					
	(2) 隐蔽工程联合验收单	主控				
	(3) 灌注桩混凝土浇筑记录					
	(4) 喷锚支护施工检查记录	主控				
	(5) 锚索施工记录					
	(6) 灌浆记录					
	(7) 防渗墙混凝土浇筑记录					
	(8) 压水试验记录					
	(9) 检查孔记录	主控				
	(10) 混凝土配合比签发单					
	(11) 混凝土生产质量控制记录					
	(12) 混凝土浇筑工序质量评定表					
	(13) 混凝土单元工程质量评定表	主控				
	(14) 混凝土试样成果分析统计表					
	(15) 安全监测月报					
17 工业建筑主要项目文件	1) 地基与桩基工程					
	(1) 地基处理及桩基施工记录	主控				
	(2) 地基承载力试验记录					
	(3) 混凝土生产质量控制记录					
	(4) 隐蔽工程验收记录					
	2) 结构工程					
	(1) 混凝土工程施工记录					
	(2) 吊装记录					
	(3) 防腐、防火涂装检测记录	主控				
	(4) 混凝土生产质量控制记录					
	(5) 混凝土工程浇筑施工记录	主控				
	(6) 砌体工程施工记录					
	3) 屋面工程					

检验项目	检验内容	性质	存在问题	验收结果		
				符合	基本符合	不符合
	(1) 卷材、涂膜防水层和附加层施工记录	主控				
	(2) 涂料防水层厚度记录					
	(3) 隐蔽工程验收记录					
	4) 装饰装修工程					
	(1) 外墙饰面砖（板）、块材粘接强度检测报告					
	(2) 幕墙及外窗气密性、水密性、耐风压检测报告					
	(3) 防水与防腐砂浆、胶泥、涂料的试验报告					
	(4) 室内环境检测记录（空气、人造材料防辐射）					
	(5) 立面垂直度、表面平整度检测记录					
	(6) 隐蔽工程验收记录					
	5) 建筑给水、排水及采暖工程					
	(1) 箱式消火栓安装位置检测记录					
17 工业建筑主要项目文件	(2) 消防管道压力试验记录	主控				
	(3) 生活给水系统管道交用前水质检测	主控				
	(4) 承压管道、设备系统水压试验	主控				
	(5) 消防检测合格报告	主控				
	(6) 采暖系统调试、试运行、安全阀、报警装置联动系统测试	主控				
	(7) 隐蔽工程验收记录					
	6) 建筑电气工程					
	(1) 照明全负荷试验记录					
	(2) 电气装置空载负荷运行试验记录					
	7) 通风与空调工程					
	(1) 通风、空调系统试运行记录					
	(2) 通风、空调调试记录及制冷系统试验记录					
	(3) 空调系统联合试运转与调试	主控				
	8) 智能建筑工程					
	(1) 系统运行记录	主控				
	(2) 系统电源及接地电阻检测报告					
	(3) 隐蔽工程验收记录					

检验项目	检验内容	性质	存在问题	验收结果		
				符合	基本符合	不符合
17 工业建筑主要项目文件	9）建筑节能工程					
	（1）墙体、屋面保温材料进场的复试报告及质量证明文件	主控				
	（2）墙体节能工程保温板材与基层粘接强度现场拉拔试验	主控				
	（3）外墙保温浆料同条件养护试件试验报告	主控				
	（4）屋面保温层厚度测试记录	主控				
18 机电设备安装主要项目文件	1）水泵/水轮机设备					
	（1）蜗壳、座环、导水机构、转轮等安装技术方案					
	（2）各部件及工序的验收签证					
	（3）座环安装（焊接/探伤）记录					
	（4）蜗壳/座环水压试验报告	主控				
	（5）转轮安装和测量记录	主控				
	（6）底环、顶盖、导水机构安装、调整测量记录	主控				
	（7）水导、主轴及其密封安装、测量和试验记录	主控				
	（8）转桨式转轮叶片严密性耐压试验及操作试验记录	主控				
	（9）灯泡贯流式机组法兰面安装记录					
	2）发电/电动机设备					
	（1）转子、定子、上下机架等安装技术方案	主控				
	（2）各部件及工序的验收签证					
	（3）定子组装及试验记录					
	（4）转子组装及试验记录	主控				
	（5）定、转子检查及吊装记录					
	（6）发电机下机架（下导和推力等）安装、测量记录					
	（7）发电机上机架（上导）安装、测量记录					
	（8）定子铁芯RTD绝缘、电阻值测量记录					
	（9）发电机内灭火系统安装和模拟试验记录					
	（10）定子绕组、转子等试验方案					
	3）机组总装					
	（1）机组总装、轴线调整技术方案					

检验项目	检验内容	性质	存在问题	验收结果		
				符合	基本符合	不符合
18 机电设备安装主要项目文件	(2) 主要工序的验收签证					
	(3) 机组总装、轴系调整记录	主控				
	(4) 机组盘车检查记录	主控				
	4) 机组附属设备					
	(1) 调速系统管路清洗及密封性试验记录					
	(2) 调速系统整体调整试验记录	主控				
	(3) 励磁（SFC）系统电气耐压试验记录	主控				
	(4) 励磁调节器（SFC）调整试验记录	主控				
	(5) 灭磁开关、灭磁电阻调整试验记录					
	5) 电站辅助系统					
	(1) 各类起重设备安装、试验方案	主控				
	(2) 通风、空调、消防及油、气、水系统的调试方案					
	(3) 主要工序的验收签证					
	(4) 进水阀漏水试验记录					
	(5) 进水阀操作试验记录					
	(6) 油、气、水管路、阀门安装及严密性试验记录	主控				
	(7) 安全阀动作整定记录					
	(8) 储油罐接地及接地电阻测试记录	主控				
	(9) 全厂检修、渗漏排水系统设备安装及排水试验记录					
	(10) 通风、空调、消防等安装试验记录					
	(11) 桥机动态、静态负荷试验记录	主控				
	6) 发电电压设备/厂用电系统					
	(1) 设备安装及试验技术方案	主控				
	(2) 主要工序的验收签证					
	(3) 设备安装及绝缘耐压试验记录					
	(4) SF_6/油绝缘的设备整体密封检查记录	主控				
	(5) 发电机（换相）开关操作和试验记录					
	(6) 发电机中心点设备安装试验记录					
	(7) 厂用电切换试验记录	主控				
	(8) TA/TV 接线组别和极性检查记录					
	(9) 硬母线加工、连接及焊接记录					
	(10) 箱式母线安装调整记录					

检验项目	检验内容	性质	存在问题	验收结果		
				符合	基本符合	不符合
18 机电设备安装主要项目文件	(11) 离相母线导体、外壳及短路板焊接和探伤记录和微正压等装置检查、试验记录；户外部分的封闭母线淋水试验的文字（影像）记录	主控				
	(12) GIL 安装环境、密闭性试验记录					
	7) 监控与保护系统					
	(1) 盘柜（成套盘柜）安装、接地检查记录					
	(2) 仪器、仪表校验记录					
	(3) 机组、主变压器在线监测装置检查记录					
	(4) 计算机监控系统调整试验记录	主控				
	(5) 继电保护静态及联调试验记录	主控				
	(6) 火灾自动报警系统调整试验记录	主控				
	(7) 工业电视安装测试记录					
	(8) 调度通信和消防通信施工、调试记录					
	8) 主变压器设备					
	(1) 安装及试验方案					
	(2) 主变压器及附件安装、主变压器本体注油、密封检查记录					
	(3) 主变压器耐压、局放、激磁涌流试验记录	主控				
	(4) 冷却器、压力释放装置、测温装置调整试验、检查记录					
	(5) 气体继电器安装调整试验记录					
	(6) 绝缘油油质及耐压试验记录					
	(7) 消防喷淋试验照片、影像记录					
	9) 高压电缆					
	(1) 电缆敷设及电缆头制作记录					
	(2) 绝缘耐压试验记录	主控				
	10) GIS 设备（开关站设备）					
	(1) 安装及试验方案					
	(2) GIS 安装、调整、充气及操作试验记录					
	(3) GIS 绝缘耐压试验记录	主控				
	11) 电缆及防火封堵施工					
	(1) 电缆桥、构架安装及与接地连接施工记录					
	(2) 电缆敷设及电缆标牌施工记录					
	(3) 电缆防火涂料、防火封堵施工记录					

检验项目	检验内容	性质	存在问题	验收结果		
				符合	基本符合	不符合
18 机电设备安装主要项目文件	12）防雷、接地工程					
	（1）防雷设施安装、测试记录					
	（2）接地网间连接施工及接触电阻测量记录					
	（3）接地网与自然接地体连接记录					
	（4）全厂接地电阻测量记录	主控				
	（5）接触电势、跨步电势测试记录					
19 金属结构安装主要项目文件	1）压力钢管					
	（1）安装技术方案					
	（2）压力钢管制作工艺书	主控				
	（3）压力钢管焊接工艺评定书					
	（4）压力钢管制作验收记录	主控				
	（5）压力钢管制作焊接验收记录					
	（6）压力钢管制作焊接无损检测验收记录					
	（7）压力钢管制作防腐验收记录					
	（8）压力钢管安装技术措施					
	（9）压力钢管安装验收记录	主控				
	（10）压力钢管安装焊接验收记录					
	（11）压力钢管安装焊接无损检测验收记录					
	（12）压力钢管安装焊接后消除应力记录					
	（13）压力钢管安装防腐验收记录					
	（14）压力钢管水压试验方案					
	（15）压力钢管水压试验验收记录					
	2）拦污栅及钢闸门					
	（1）安装技术方案					
	（2）设计图样和技术文件	主控				
	（3）闸门（拦污栅）制作工艺书					
	（4）闸门（拦污栅）制作安装焊接工艺评定书					
	（5）闸门（拦污栅）制作验收记录	主控				
	（6）闸门（拦污栅）制作焊接验收记录					
	（7）闸门（拦污栅）制作焊接无损检测验收记录					
	（8）闸门焊接后消除应力记录					
	（9）闸门（拦污栅）制作防腐验收记录					
	（10）拦污栅埋件安装验收记录					

检验项目	检验内容	性质	存在问题	验收结果		
				符合	基本符合	不符合
19 金属结构安装主要项目文件	（11）拦污栅安装验收记录					
	（12）闸门埋件安装验收记录					
	（13）闸门门叶止水密封安装验收记录					
	（14）弧形门支绞座及支臂安装验收记录					
	（15）人字门底枢、顶枢安装验收记录					
	（16）闸门门叶安装验收记录					
	（17）闸门全行程启闭试验记录	主控				
	3）启闭机					
	（1）安装及试验技术方案					
	（2）启闭机制造总图、装配图及零件图	主控				
	（3）固定卷扬式启闭机机架各加工面验收记录					
	（4）固定卷扬式启闭机卷筒加工验收记录					
	（5）固定卷扬式启闭机安装调整验收记录	主控				
	（6）固定卷扬式启闭机试运转验收记录					
	（7）固定卷扬式启闭机负荷试验验收记录	主控				
	（8）移动式启闭机卷筒加工验收记录					
	（9）移动式启闭机大车轨道安装验收记录					
	（10）移动式启闭机门架组装验收记录					
	（11）移动式启闭机安装验收记录					
	（12）移动式启闭机静/动载荷试验报告	主控				
	（13）液压启闭机油缸加工验收记录					
	（14）液压启闭机活塞及活塞杆加工验收记录					
	（15）液压启闭机液压缸出厂试验报告					
	（16）液压启闭机安装验收记录	主控				
	（17）液压启闭机试运转试验记录	主控				
	（18）启闭机电机及控制设备试验报告	主控				
20 机组调试、性能试验主要项目文件	1）调试试运行					
	（1）机组启动验收委员会成立文件	主控				
	（2）启动前建设、设计、监理、施工、生产准备验收报告					
	（3）经审批的机组启动试运行试验程序或调试大纲	主控				
	（4）经审批的整套启动反事故措施					

287

检验项目	检验内容	性质	存在问题	验收结果		
				符合	基本符合	不符合
20 机组调试、性能试验主要项目文件	（5）涉网特殊试验方案、试验报告					
	（6）启动试运行试验报告或调试报告	主控				
	（7）质量监督检查报告及问题整改闭环签证记录	主控				
	（8）调试用仪器、仪表台账及校验报告					
	（9）机组启动验收鉴定书	主控				
	（10）建筑物及主要设备移交书					
	（11）涉网安全性评价报告	主控				
	2）机组性能试验					
	（1）发电机温升试验方案及报告					
	（2）机组稳定性试验方案及报告					
	（3）机组出力及效率试验方案及报告					
	（4）导叶漏水量测试方案及报告					
	（5）水轮机转轮空蚀检查方法及报告					
	（6）噪声测试方案及报告					
	（7）合同约定的其他性能试验方案及报告					
	3）生产运行记录					

主控检验个数： 基本符合个数： 基本符合率： ％	一般检验个数： 基本符合个数： 基本符合率： ％	监理单位专业技术负责人： （签字） 建设单位专业技术负责人： （签字） 年 月 日	现场复（初）验组成员： （签字） 组长：（签字） 年 月 日

⑤ 风力发电企业科技文件归档与整理规范

（NB/ T 31021）（摘录）
档案分类及使用说明

6.2　分类

6.2.1　分类原则

6.2.1.1　风力发电企业科技档案应依据企业管理职能，结合归档文件内容及其形成特点，对电力生产、科研活动、项目建设、设备仪器管理等活动中形成的科技文件进行分类。

6.2.1.2　分类应具有概括性和包容性，具有相对的稳定性和可扩充性。

6.2.2　类目设置

6.2.2.1　类目设置应遵循文件形成逻辑规则，各级类目之间为上、下位类的隶属关系。

6.2.2.2 风电企业科技档案分类表一级类目按电力生产、科学技术研究、项目建设、设备仪器四大类目设置。

6.2.2.3 电力生产类的二级类目按文件问题设置，三级类目按文件内容设置。

6.2.2.4 科学技术研究类按课题设置。

6.2.2.5 项目建设类的二级类目按项目建设阶段结合文件形成单位设置，三级类目按专业、文件性质及内容设置。

6.2.2.6 设备仪器类的二级类目按专业、系统设置，三级类目按设备台件设置。

6.2.3 分类说明及档号构成

6.2.3.1 风力发电企业科技档案分类表一级类目类目号：第6大类为电力生产、第7大类为科研档案、第8大类为建设项目档案、第9大类为设备仪器档案。二级、三级类目的类目号由阿拉伯数字构成，各级类目均采用0~9标识。

6.2.3.2 类目标识应由目录号和分类号组成。目录号和分类号之间用"—"分隔；一级类目、二级类目等不同级分类号，中间直接连接不设分隔。

例：

```
0000——000——000
                └── 案卷流水号（001~999标识）
           └────── 三级类目
       └────────── 二级类目
     └──────────── 一级类目
 └────────────────── 目录号
```

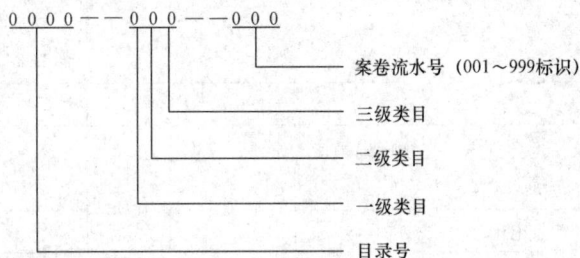

6.2.3.3 第6大类"电力生产"和第7大类"科学技术研究"目录号用年度号标识。跨年度完成的科研项目年度号应为课题立项年度。

6.2.3.4 第8大类"建设项目"和第9大类"设备仪器"目录号由工期号和机组号组成。第一位数代表"工期"，后三位数代表"机组"，各期工程的机组号连续。

例：

```
0 000——0000——000
                └── 案卷流水号（001~999标识）
          └──────── 分类号
     └───────────── 机组号
 └────────────────── 工期号
```

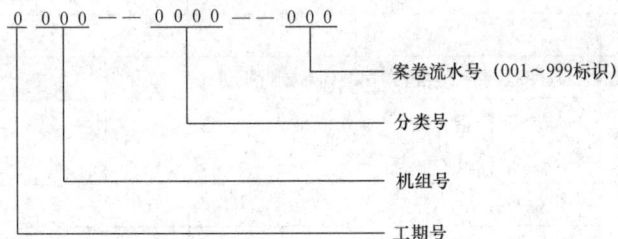

a）工程公用部分前一位表示"工期"，后三位表示公用部分。如：一期公用部分为"1000"；二期公用部分为"2000"，以此类推；

b）机组部分前一位表示"工期"，后三位表示机组号。如，一期工程1号机组为"1001"；2号机组为"1002"……20号机组为"1020"，依次类推；

c）同一工期以几个机组为一组共用一套公用部分的，公用部分宜采用首台机组序号标识，案卷题名应明确所包含的机组号。

d）不同工期合并一起扩建的工程，工期号宜采用后一工期号标识。案卷题名应明确所含的工期。

附录 A

A.1 风力发电企业电力生产文件归档范围与档案分类及保管期限划分表

分类号	类目名称	归档范围 （主要归档文件）	保管期限	文件来源/ 归档单位	备注
6	电力生产				
60	综合			生产部门	
600	总的部分	电力业务许可证（电力生产）	永久	电监会 生产部门	电监会令 （第9号）
601	生产准备	生产准备机构成立文件	10年	生产准备部门	
		生产准备大纲、计划及报批文件	30年		
		生产人员培训计划、教材	10年		
602	观测与监测	全厂沉降观测、水文、气象、环保观测（监测）记录与报告等	30年	相关单位 生产部门	
61	生产运行			具有发电管理职能的部门	
610	综合				
611	运行记录	运行日志、交接班记录、工作票、操作票等	10年		含试运行和生产考核期
612	发电记录	发电记录			
613	调度日志				
614	运行技术文件	方案、措施、专题总结	30年		
615	设备缺陷管理	设备缺陷及处理记录	10年		含试运行和生产考核期
62	生产技术			具有生产技术管理职能的部门	
620	综合				
621	指标分析	月度运行技术经济指标统计与分析报告	10年		
		年度运行指标统计与分析报告、专题总结	30年		
622	运行系统图	风机布置图	30年		
		风机编码明细	10年		含试运行和生产考核期
		系统图			
623	技术监督	技术监督文件	10年		含全厂性试验、油品、绝缘材料等试验
624	可靠性管理		10年		
625	并网安全评价	机组并网运行安全性评价文件	10年	有资质单位	

分类号	类目名称	归档范围 （主要归档文件）	保管 期限	文件来源/ 归档单位	备注
626	技术规程	运行、检修规程，技术标准、规则、导则、条例等	30 年	规程制定部门	
63	物资管理			具有物资管理职能的部门	
630	综合				
631	设备及备品备件采购	设备与备品备件采购招投标、询价文件、合同文件	30 年		
632	物资管理台账	物资进、入库清单、库房管理台账等	10 年		
64	技改与检修				
640	综合	检修总结	30 年		
641	检修与维护	设备定期维护检修记录、设备更换零部件记录、设备异常、缺陷处理记录	30 年	具有设备检修维护职能的部门	缺陷处理记录指全年检、半年检、特检
642	技改项目	重大、小型技改文件、设备变更文件等	30 年	具有生产技术、质量监督管理职能的部门	
69	其他				

A.2　风力发电企业科技技术研究文件归档范围与档案分类及保管期限划分表

分类号	类目名称	归档范围 （主要归档文件）	保管 期限	文件来源/ 归档单位	备注
7	科学研究				
70	科技创新及技术进步			科技主管部门	
700	综合				
701	成果申报材料	专利申报及证书	永久	专利局	
		工法、成果奖项申报及获奖文件	30 年	评审单位	
		四新应用查新报告及鉴定文件（新设备、新材料、新技术、新工艺）	10 年		
702	一般科技成果	非立项科技成果报告、鉴定等文件	30 年	科技主管部门鉴定单位	
71	科研课题			科技主管部门	
710	风电科研项目				按科研项目管理程序

分类号	类目名称	归档范围 （主要归档文件）	保管期限	文件来源/ 归档单位	备注
	研究准备阶段	课题调研、可研报告、课题方案论证及立项审批文件	永久	立项（合作）单位 鉴定、评奖单位	
		课题任务书、与合作方往来文件及会议纪要、合同、协议等	永久		
	研究阶段	科研大纲、设计方案、试验方案、技术方案等技术文件	永久		
		原始记录、试验报告、计算材料及设计文件、图纸等	永久		
		重要试验分析报告、工艺文件、技术说明等文件	永久		
	总结鉴定	科研成果申报及审批文件、获奖证书	永久		
		科研鉴定报告、鉴定会纪要（鉴定人员名单签字）、鉴定意见、技术鉴定文件（证书）等	永久		
		项目总结、论文、专著等	永久		
		科研项目决算、经济分析报告等	永久		
	应用与推广	推广应用方案、经济与社会效益证明、转让合同等	永久		
		生产定型鉴定材料、专题报告及交流材料、用户反馈意见等	永久		

A.3   风力发电企业建设项目文件归档范围与档案分类及保管期限划分表

分类号	类目名称	归档范围 （重要项目及主要归档文件）	保管期限	文件来源/ 归档单位	备注
8	项目建设				
80	项目立项文件				
800	项目核准				
		项目立项请示（项目申请报告）、核准批复文件 融资、上网电价等文件	永久	发改委 立项单位	
		特许权项目招投标及相关文件	永久	地方政府	
		建设项目选址意见书以及与选址有关单位审批文件（文物、矿产等）	永久	地方规划部门 行政主管单位	
		项目前期文件	永久	立项单位、各级政府部门	

分类号	类目名称	归档范围 （重要项目及主要归档文件）	保管期限	文件来源/ 归档单位	备注
801	可行性研究				
		风电场预可行性研究、可行性研究报告及审查会会议纪要、审查意见	永久	审查单位	
		接入系统可行性研究报告文件及审查会议纪要、审查意见	永久	设计单位 电网公司	
802	项目评估				
		风电项目评估及风能资源评估论证文件	永久	评估单位	
		环境影响报告书及审批文件	永久	环保部门	
		水土保持方案及审批文件	永久	水利部门	
		地震安全性评价、地质灾害评价及评审意见	永久	地质、地震及 评估咨询单位	
		安全预评价及评审、备案文件	永久	安监部门 评估咨询单位	
		职业病危害评价及评审文件	永久	卫生部门 评估咨询单位	
809	其他				
81	设计文件				
810	综合				
811	基础设计				
		建设用地勘察报告及图纸，岩土工程勘察报告	永久	勘察设计单位	
		水文地质勘测报告	永久	勘察设计单位	
		地形、地貌图，项目用地测量报告及图纸，	永久	勘察设计单位	
		水文、气象、地震文件材料	永久	勘察设计单位	
812	初步设计				
		初步设计（收口）及审查文件	永久	设计单位	
		设计方案、设计审定文件（初设最终版）等	永久	设计单位	
		设计优化提出、策划（论证）、方案及审批、设计图纸等	永久	建设、设计 单位	
813	施工图	施工图目录及说明、施工图、预算书、微观选址报告	30年	设计单位	
		设计交底及施工图会审及纪要	30年	监理单位	

分类号	类目名称	归档范围 （重要项目及主要归档文件）	保管 期限	文件来源/ 归档单位	备注
819	其他				
82	项目准备文件				
820	综合				
821	建设用地				
		建设用地申请及各级政府土地主管部门审批文件、建设用地预审批复文件	永久	地方及国土资源部	
		建设规划用地许可证、国有土地使用证	永久	地方规划部门、国土资源管理部	
		建设用地征地、拆迁、安置及补偿、赔偿合同、协议	永久	建设单位、地方政府	
		施工临时用地租赁合同、协议及补偿、赔偿协议	10年	建设单位、地方政府	
822	招投标文件				含议标文件
		设备招标文件（资格审查文件）、投标文件（技术、商务）、评标过程文件、评标报告、中标通知书		招投标单位	
		工程（施工、调试、监理、设计）招标文件（资格审查文件）、投标文件（技术、商务）、评标过程文件、评标报告、中标通知书	30年	招投标单位	投标文件为永久保存
		物资（材料）招标文件（资格审查文件）、投标文件（技术、商务）、评标过程文件及评标报告、中标通知书	10年	招投标单位	
		未中标参建单位（主要）标书及主机设备未中标单位标书	10年	招投标单位	DA/T 42表A.7
823	合同文件				
		设备购买合同（合同附件、补充协议、合同谈判纪要、备忘录及合同变更文件）		建设单位、设备厂商	
		工程建设（设计、施工、监理、调试等单位）合同（合同附件、补充协议、合同谈判纪要、备忘录及合同变更文件）	永久	建设单位、各参建单位	
		项目技术咨询、服务合同（合同附件、补充协议、合同谈判纪要、备忘录及合同变更文件）	10年	建设单位相关单位	

分类号	类目名称	归档范围 （重要项目及主要归档文件）	保管 期限	文件来源/ 归档单位	备注
		物资及其他与项目建设有关的合同（合同附件、补充协议、合同谈判纪要、备忘录及合同变更文件）	10 年	建设单位 物资供应商	
824	开工准备文件				
		通路、通信、通水、通电等配套审批文件	10 年	建设单位、行政管理部门	
		项目开工申报文件及审批文件	30 年	建设单位、上级主管单位	
		施工组织总设计	30 年	建设单位/总承包/工程管理单位等	
		建设施工许可证	30 年		
83	项目管理文件				
830	综合				
		工程参建单位往来文件	10 年	各参建单位	
831	资金管理				
		银行贷款合同、协议	永久	各大银行	
		基建资金（投资）计划、资金调拨计划文件	永久	上级主管单位	
		执行概算及审批文件	永久	上级主管单位	
		工程量结算单及支付报审文件	30 年	建设、施工、监理单位	
832	施工管理				
		安全（职业健康）预案、管理制度、措施、方案、安全检查与整改记录	30 年	各参建单位	
		质量管理制度、质量检查及整改文件、单位工程质量验收划分汇总表	30 年	各参建单位	
		强条及技术规范清单（动态）、参建单位强条执行计划汇总	30 年	各参建单位	
		工程进度网络计划、工程节点（里程碑）、进度计划调整文件	30 年	各参建单位	
		工程停工、复工申请表；工程临时延期审批文件	30 年	各参建单位	
		绿色施工、水土保持实施措施等	30 年	施工单位	
833	质量监督				

分类号	类目名称	归档范围 (重要项目及主要归档文件)	保管期限	文件来源/ 归档单位	备注
		工程质量监督站成立文件 项目质量监督申报表及项目质量监督注册证书	永久	质量监督中心站	
		质量监督大纲及审批文件 规定阶段质量监督检查报告及闭环文件	永久	质量监督 中心站	
		现场质量监督站检查记录及闭环文件	30年	现场质量 监督站	
834	物资管理				
		物资出入库管理台账、专用工、器具交接单、开箱验收单	10年	建设单位	
		设备开箱检验记录	30年	建设单位或物资 委托管理单位	
		进口设备免税申请及海关批复、报关及商检验收文件	永久	海关	
		设备催交与厂家往来文件	10年	建设单位及厂商	
		设备缺陷等质量问题索赔及谈判文件	永久	建设单位及厂商	
835	工程会议纪要 简报、报表				
		工程协调会纪要、项目管理及专业会议纪要	10年	建设单位	
		工程简报、工程统计报表等	30年	建设单位	
839	其他				
84	风电施工文件				本表所列仅为主要施工文件，实际归档文件不限于此
840	施工综合文件				
	施工技术文件	专业施工组织设计	30年	施工单位	
		确定重要梁板结构部位的技术文件（结构实体检测计划）	30年	施工单位	土建工程
	设计更改文件	设计更改登记表及设计更改通知单、变更设计洽商单、材料代用通知单、涉及变更工程联系单等	永久	施工单位	
	原材料质量证明文件	原材料质量跟踪管理记录、原材料、构件及半成品进场报审单、出厂质量证明文件、委托单及复试报告等	30年	施工单位 监理单位 检测单位	

分类号	类目名称	归档范围 （重要项目及主要归档文件）	保管 期限	文件来源/ 归档单位	备注
		未使用国家技术公告禁止和限制使用的技术（材料、产品）检查报告			
	施工测量及沉降观测文件	施工方格网测量、厂区平面控制网、高程控制网、全厂沉降观测记录与报告	永久	测量单位	
	其他管理文件	进场设备仪器年检及报验文件			
		工程所用计量器具登记表	30年	施工单位	
		现场搅拌站资质证明及报审	10年	施工单位	
		绿色施工策划与措施	10年	施工单位	
		强条执行实施计划		施工单位	
	单位工程综合性文件	工程开工/复工报审表	30年	施工单位	
		施工图会检记录	30年	施工单位	
		施工方案、措施（作业指导书）及技术、安全交底记录	30年	施工单位	
		中间交付验收交接表	30年	施工单位	
		单位工程竣工验收文件	30年	施工单位	
841	风力发电机组安装工程	包含风力发电机组基础、风力发电机组安装、风力发电机组监控系统、塔架、电缆、箱式变压站、防雷接地网等分部工程			本单位工程所列仅为主要文件，实际归档文件不限于此
	1. 风力发电机组基础				
		测量放线记录	30年	施工单位	
		工程施工测量记录	30年	施工单位	
		土方回填的试验报告、回填土检测报告	30年	施工单位	
		地基处理试验报告	30年	施工单位	
		桩基试验报告	30年	施工单位	
		地基处理及桩基施工记录	30年	施工单位	
		地基强度、压实系数、注浆体强度检查记录	30年	施工单位	
		地基承载力试验记录	30年	施工单位	
		复合地基桩体强度、地基承载力检查记录	30年	施工单位	
		单桩竖向抗压承载力及桩身完整性检查记录	30年	施工单位	
		多节柱定位实测记录	30年	施工单位	

分类号	类目名称	归档范围 （重要项目及主要归档文件）	保管 期限	文件来源/ 归档单位	备注
		沉降观测记录、沉降观测示意图	30 年	施工单位	
		重锤夯实试夯记录、重锤夯实施工记录	30 年	施工单位	
		强夯施工记录、强夯汇总记录	30 年	施工单位	
		土和灰土挤密桩桩孔施工记录	30 年	施工单位	
		土和灰土挤密桩桩孔分填施工记录	30 年	施工单位	
		振冲地基施工记录	30 年	施工单位	
		单管旋喷施工记录	30 年	施工单位	
		二重管旋喷施工记录	30 年	施工单位	
		三重管旋喷施工记录	30 年	施工单位	
		灌注桩成孔记录	30 年	施工单位	
		灌注桩混凝土浇筑记录	30 年	施工单位	
		灌注桩施工记录汇总表	30 年	施工单位	
		混凝土（钢）桩打桩施工记录汇总表	30 年	施工单位	
		混凝土（钢）桩接头施工记录	30 年	施工单位	
		混凝土（钢）桩打桩施工记录	30 年	施工单位	
		地基处理施工记录	30 年	施工单位	
		用千斤顶加预应力记录	30 年	施工单位	
		钢筋冷拉记录	30 年	施工单位	
		柱、梁接头钢筋焊接记录	30 年	施工单位	
		钢筋材质及焊接接头的试验报告	30 年	施工单位	
		混凝土开盘鉴定记录	30 年	施工单位	
		混凝土搅拌记录	30 年	施工单位	
		混凝土搅拌机计量器校验记录	30 年	施工单位	
		混凝土浇筑通知单	30 年	施工单位	
		同条件试块留置测温记录	30 年	施工单位	
		混凝土生产质量控制记录	30 年	施工单位	
		混凝土生产强度统计评定记录	30 年	施工单位	
		混凝土原材料及混凝土试件的试验报告	30 年	施工单位	
		混凝土强度、抗渗、抗冻等试验报告			
		混凝土结构实体强度检测报告			
		地基验槽，钢筋、基础环、地下混凝土、 接地等隐蔽工程验收记录	30 年	施工单位	
		强条执行检查记录	30 年	施工单位	
		单位工程施工质量评定汇总表	30 年	施工单位	
		检验批、分项、分部（子分部）工程质 量验收记录	30 年	施工单位	

分类号	类目名称	归档范围 （重要项目及主要归档文件）	保管 期限	文件来源/ 归档单位	备注
		分部工程质量验收签证	30 年	施工单位	
	2. 风力发电机组 安装（含塔架）				
		风机基础环测平记录及复检记录	30 年	施工单位	
		隐蔽工程验收记录	30 年	施工单位	
		风机的安装及调试技术资料	30 年	施工单位	
		建设单位与风机供货商签署的调试、试 运验收意见	30 年	施工单位	
		力矩紧固记录	30 年	施工单位	
		风机塔架、桨叶、发电机、电缆安装 记录	30 年	施工单位	
		高强螺栓连接副复检报告 高强螺栓连接副扭矩复检报告	30 年	施工单位	
		润滑油复检记录			
		轴系同轴度现场复检记录			
		制动系统检查记录			
		冷却系统检查记录			
		变桨系统检查记录			
		偏航系统检查报告			
		每台风机调试试运质量检验评定统计表	30 年	施工单位	
		主要缺陷和处理情况一览表、重大质量 问题的原因分析和处理结果报告及会议记 录或纪要等文件	30 年	施工单位	
		施工和调试未完项目清单	30 年	施工单位	
		强条执行检查记录	30 年	施工单位	
		单位工程施工质量评定汇总表	30 年	施工单位	
		检验批、分项、分部（子分部）工程质 量验收记录	30 年	施工单位	
		分部工程质量验收签证	30 年	施工单位	
	3. 风力发电机 组监控系统				
		各台风机 240 小时连续并网运行的记录	30 年	施工单位	
		实际负荷曲线	30 年	施工单位	
		经统计的风速—功率曲线	30 年	施工单位	

分类号	类目名称	归档范围 （重要项目及主要归档文件）	保管 期限	文件来源/ 归档单位	备注
		安全保护试验记录	30年	施工单位	
		每台风机启动调试试运阶段主要参数统计一览表	30年	施工单位	
		保护、自动、程控、监测仪表投运情况一览表	30年	施工单位	
		每台风机调试试运阶段保护动作和拒动、误动的统计和原因分析结果一览表	30年	施工单位	
		强条执行检查记录	30年	施工单位	
		单位工程施工质量评定汇总表	30年	施工单位	
		检验批、分项、分部（子分部）工程质量验收记录	30年	施工单位	
		分部工程质量验收签证	30年	施工单位	
	4.电缆敷设				
		电缆检验报告	30年	施工单位	
		电缆隐蔽工程签证			
		单位工程施工质量评定汇总表	30年	施工单位	
		检验批、分项、分部（子分部）工程质量验收记录	30年	施工单位	
		分部工程质量验收签证	30年	施工单位	
	5.箱式变压站				
		箱式变电站安装记录	30年	施工单位	
		箱式变电站调试大纲	30年	施工单位	
		负荷开关试验记录	30年	施工单位	
		变压器试验记录	30年	施工单位	
		熔断器试验记录	30年	施工单位	
		断路器试验记录	30年	施工单位	
		避雷器试验记录	30年	施工单位	
		绝缘油试验记录	30年	施工单位	
		气体继电器检验报告	30年	施工单位	
		绕组温度计检验报告	30年	施工单位	
		安装单位工程评定汇总表	30年	施工单位	
		检验批、分项、分部（子分部）工程质量验收记录	30年	施工单位	
		分部工程质量验收签证	30年	施工单位	
	6.防雷接地	参见"842"2.防雷接地装置	30年	施工单位	

分类号	类目名称	归档范围 (重要项目及主要归档文件)	保管期限	文件来源/ 归档单位	备注
842	升压站设备安装调试工程	包含主变压器、高、低压电器、盘、柜及二次回路接线、母线装置、电缆、低压配电设备、防雷接地装置等分部工程			本单位工程所列仅为主要文件，实际归档文件不限于此
	1. 变电站电气设备安装及调试				
		变压器系统安装记录	30年	施工单位	
		气体继电器检验报告	30年	施工单位	
		绕组温度计检验报告	30年	施工单位	
		绝缘油检验报告	30年	施工单位	
		主变压器真空注油及密封试验签证记录签证	30年	施工单位	
		封闭式组合电器安装记录	30年	施工单位	
		封闭式组合电器密封试验记录	30年	施工单位	
		六氟化硫气体检验报告	30年	施工单位	
		室外配电装置安装记录	30年	施工单位	
		无功补偿系统安装记录	30年	施工单位	
		高压成套柜安装记录	30年	施工单位	
		低压配电盘安装记录	30年	施工单位	
		站用变压器安装记录	30年	施工单位	
		母线装置安装记录	30年	施工单位	
		就地动力、控制设备安装记录	30年	施工单位	
		控制及直流系统安装记录	30年	施工单位	
		蓄电池充放电记录	30年	施工单位	
		通信系统安装记录	30年	施工单位	
		控制及保护屏安装记录	30年	施工单位	
		电气设备调试大纲	30年	施工单位	
		电气设备交接试验报告	30年	施工单位	
		系统调试验报告	30年	施工单位	
		关口计量检验报告	30年	施工单位	
		升压站整套启动方案	30年	施工单位	
		全站接地装置安装记录	30年	施工单位	
		强条执行检查记录	30年	施工单位	
		隐蔽工程验收记录	30年	施工单位	
		安装单位工程评定汇总表	30年	施工单位	

分类号	类目名称	归档范围 （重要项目及主要归档文件）	保管 期限	文件来源/ 归档单位	备注
		检验批、分项、分部（子分部）工程质量验收记录	30 年	施工单位	
		分部工程质量验收签证	30 年	施工单位	
	2. 防雷接地装置				
		避雷针接地装置安装记录	30 年	施工单位	
		屋外接地装置隐蔽前检查记录、签证	30 年	施工单位	
		接地网电气完整性测试报告	30 年	施工单位	
		升压站主接地网试验报告、独立避雷针测试报告	30 年	施工单位	
		防雷接地检测报告	30 年	施工单位	
		接地电阻验收签证记录			
		强条执行检查记录	30 年	施工单位	
		接地隐蔽工程验收、签证记录	30 年	施工单位	
		单位工程评定汇总表	30 年	施工单位	
		检验批、分项、分部（子分部）工程质量验收记录	30 年	施工单位	
		分部工程质量验收签证	30 年	施工单位	
843	场内电力线路工程	包含电杆基坑及基础埋设、电杆组立与绝缘子安装、拉线安装、导线架设等分部工程			本单位工程所列仅为主要文件，实际归档文件不限于此
	1. 电杆基坑及基础埋设	归档文件参见本表分类号"841"1. 风力发电机组基础	30 年	施工单位	
	2. 集电线路安装及调试工程				
		电缆试验报告	30 年	施工单位	
		线路参数试验	30 年	施工单位	
		电缆线路安装记录	30 年	施工单位	
		电缆防火阻燃记录	30 年	施工单位	
		直埋电缆（隐蔽前）检查签证	30 年	施工单位	
		35kV 及以上电力电缆终端安装记录	30 年	施工单位	
		电缆中间接头位置记录及布置图	30 年	施工单位	
		电杆组立及拉线安装记录	30 年	施工单位	
		导线架设记录	30 年	施工单位	
		杆上电气设备安装记录	30 年	施工单位	

302

分类号	类目名称	归档范围 （重要项目及主要归档文件）	保管期限	文件来源/ 归档单位	备注
		导线压接试验报告	30年	施工单位	
		光缆衰减试验记录	30年	施工单位	
		光缆接续施工检查记录	30年	施工单位	
		光缆、接续明细表	30年	施工单位	
		强条执行检查记录	30年	施工单位	
		隐蔽工程验收记录	30年	施工单位	
		单位工程评定汇总表	30年	施工单位	
		检验批、分项、分部（子分部）工程质量验收记录	30年	施工单位	
		分部工程质量验收签证	30年	施工单位	
844	中控楼和升压站建筑工程	包含主变压器基础、框架、砌体、层面、楼地面、门窗、装饰、室内外给排水、照明、附属设施（电缆沟、接地、场地、围墙、消防通道）等分部工程			本单位工程所列仅为主要归档文件，实际归档文件不限于此
	1. 主变压器基础	归档文件参见本表分类号"841"1.风力发电机组基础	30年	施工单位	
	2. 结构工程				
		钢筋材质及焊接（机械连接）接头的试验报告	30年	施工单位	
		混凝土原材料及混凝土试件的试验报告	30年	施工单位	
		钢结构摩擦面的抗滑移系数及高强度螺栓连接副的试验报告砌筑砂浆试件的试验报告	30年	施工单位	
		防水与防腐砂浆、胶泥、涂料的试验报告	30年	施工单位	
		沉降观测记录、沉降观测示意图	30年	施工单位	
		预应力钢筋的冷拉及张拉记录	30年	施工单位	
		混凝土工程施工记录	30年	施工单位	
		结构吊装记录	30年	施工单位	
		混凝土实体强度、结构实体钢筋保护层厚度检验记录	30年	施工单位	
		同条件试块留置测温记录	30年	施工单位	
		焊缝内部质量检测记录	30年	施工单位	
		高强度螺栓连接副紧固质量检验记录	30年	施工单位	

分类号	类目名称	归档范围 （重要项目及主要归档文件）	保管 期限	文件来源/ 归档单位	备注
		防腐、防火涂装检测记录	30 年	施工单位	
		地下室防水效果检查记录	30 年	施工单位	
		有防水要求的地面蓄水试验记录	30 年	施工单位	
		建（构）筑物垂直度、标高、全高观测记录	30 年	施工单位	
		钢筋冷拉记录	30 年	施工单位	
		用千斤顶加预应力记录	30 年	施工单位	
		柱、梁接头钢筋焊接记录	30 年	施工单位	
		混凝土搅拌记录	30 年	施工单位	
		混凝土搅拌机计量器校验记录	30 年	施工单位	
		混凝土生产质量控制记录	30 年	施工单位	
		混凝土生产强度统计评定记录	30 年	施工单位	
		设备基础构件接头灌浆施工记录	30 年	施工单位	
		混凝土工程浇筑施工记录	30 年	施工单位	
		冬期施工混凝土搅拌测温记录	30 年	施工单位	
		混凝土工程养护记录	30 年	施工单位	
		大体积混凝土结构测温记录	30 年	施工单位	
		冬期施工混凝土工程养护测温记录	30 年	施工单位	
		钢结构焊接施工记录	30 年	施工单位	
		钢结构高强度螺栓连接施工记录	30 年	施工单位	
		构件吊装记录	30 年	施工单位	
		同条件试块留置测温记录	30 年	施工单位	
		砌体工程施工记录	30 年	施工单位	
		钢筋（材）跟踪管理记录	30 年	施工单位	
		水泥跟踪管理记录	30 年	施工单位	
		混凝土开盘鉴定记录	30 年	施工单位	
		混凝土浇筑通知单	30 年	施工单位	
		主体结构分部工程质量验收表	30 年	施工单位	
		各层楼板结构分部工程质量验收表	30 年	施工单位	
		地下防水验收记录	30 年	施工单位	
		建筑物层高、全高垂直度检测记录	30 年	施工单位	
		建筑物沉降观测记录	30 年	施工单位	
		强条执行检查记录	30 年	施工单位	
		隐蔽工程验收记录	30 年	施工单位	
		单位工程质量评定汇总表	30 年	施工单位	

分类号	类目名称	归档范围 （重要项目及主要归档文件）	保管期限	文件来源/归档单位	备注
		检验批、分项、分部（子分部）工程质量验收记录	30年	施工单位	
		分部工程质量验收签证	30年	施工单位	
	3. 屋面工程				
		防水卷材、涂膜防水材料、密封材料合格证（出厂试验报告）、进场验收记录及复试报告	30年	施工单位	
		保温材料合格证（出厂试验报告）、进场验收记录及复试报告	30年	施工单位	
		屋面淋水试验记录	30年	施工单位	
		保温层厚度测试	30年	施工单位	
		卷材、涂膜防水层的基层施工记录	30年	施工单位	
		天沟、檐沟、泛水和变形缝等细部做法施工记录	30年	施工单位	
		卷材、涂膜防水层和附加层施工记录	30年	施工单位	
		刚性保护层与防水层之间隔离层施工记录	30年	施工单位	
		屋面淋水、蓄水试验记录	30年	施工单位	
		找平层及排水沟排水坡度测量记录	30年	施工单位	
		防水卷材搭接宽度记录	30年	施工单位	
		涂料防水层厚度记录	30年	施工单位	
		压型板纵向搭接及泛水搭接长度、挑出墙面长度	30年	施工单位	
		脊瓦搭盖坡瓦宽度	30年	施工单位	
		瓦伸入天沟、檐沟、檐口的长度	30年	施工单位	
		防水层伸入水落口杯长度	30年	施工单位	
		变形缝、女儿墙防水层立面泛水高度	30年	施工单位	
		强条执行检查记录	30年	施工单位	
		隐蔽工程验收记录	30年	施工单位	
		单位工程质量评定汇总表	30年	施工单位	
		检验批、分项、分部（子分部）工程质量验收记录	30年	施工单位	
		分部工程质量验收签证	30年	施工单位	
	4. 装饰装修工程				
		装饰装修、节能保温材料合格证、进场验收记录	30年	施工单位	

分类号	类目名称	归档范围 （重要项目及主要归档文件）	保管期限	文件来源/ 归档单位	备注
		幕墙的玻璃、石材、板材、结构材料合格证及进场验收记录	30年	施工单位	
		有环境质量要求的材料合格证、进场验收记录及复试报告	30年	施工单位	
		新材料、新工艺施工记录	30年	施工单位	
		外窗传热性能及建筑节能、保温检测记录	30年	施工单位	
		幕墙工程与主体结构连接的预埋件及金属框架的连接检测记录	30年	施工单位	
		幕墙及外窗气密性、水密性、耐风压检测报告	30年	施工单位	
		吊顶、幕墙、外墙饰面砖（板）各种预埋件及粘贴记录	30年	施工单位	
		防水与防腐砂浆、胶泥、涂料的试验报告	30年	施工单位	
		防腐、防火涂装检测记录	30年	施工单位	
		有防水要求的地面蓄水试验记录	30年	施工单位	
		节能、保温测试记录	30年	施工单位	
		室内环境检测记录（空气、人造材料防辐射）	30年	施工单位	
		吊杆拉拔强度检测报告	30年	施工单位	
		节能工程施工记录	30年	施工单位	
		烟道、通风道通风试验记录	30年	施工单位	
		抽气（风）道检查记录	30年	施工单位	
		有关胶料配合比试验单	30年	施工单位	
		外墙块材镶贴的粘接强度检测报告	30年	施工单位	
		立面垂直度、表面平整度检测记录	30年	施工单位	
		门窗框正、侧面垂直度检测记录	30年	施工单位	
		幕墙垂直度检测记录	30年	施工单位	
		地面平整度检测记录	30年	施工单位	
		强条执行检查记录	30年	施工单位	
		隐蔽工程验收记录	30年	施工单位	
		单位工程质量评定汇总表	30年	施工单位	
		检验批、分项、分部（子分部）工程质量验收记录	30年	施工单位	

分类号	类目名称	归档范围 (重要项目及主要归档文件)	保管期限	文件来源/ 归档单位	备注
		分部工程质量验收签证	30年	施工单位	
	5. 建筑安装	材料及配件、元件、部件出厂合格证及进场验收记录	30年		
		器具及设备出厂合格证及进场验收记录	30年	施工单位	
		仪表、设备出厂合格证及进场验收记录随机文件	30年	施工单位	
		1) 给排水与采暖工程：	30年		
		主要管道施工及管道穿墙、穿楼板套管安装施工记录	30年	施工单位	
		给水管道冲洗、消毒记录	30年	施工单位	
		给水管道水压及通水试验记录	30年	施工单位	
		阀门安装前强度和严密性试验记录	30年	施工单位	
		给水、排水、采暖管道坡度检测记录	30年	施工单位	
		箱式消火栓安装位置检测记录	30年	施工单位	
		卫生器具安装高度检测记录	30年	施工单位	
		水泵安装试运转记录	30年	施工单位	
		暖气管道、散热器压力试验记录	30年	施工单位	
		卫生器具满水试验记录	30年	施工单位	
		消防管道、燃气管道压力试验记录	30年	施工单位	
		排水干管通球试验记录	30年	施工单位	
		检验批、分项、分部（子分部）工程质量验收记满水试验记录	30年	施工单位	
		管道、阀门等设备强度试验、严密性试验记录	30年	施工单位	
		水池满水试验记录	30年	施工单位	
		系统清洗、灌水、通水、通球试验记录	30年	施工单位	
		生活给水系统管道交用前水质检测	30年	施工单位	
		生活饮用水水质检测报告	30年	施工单位	
		承压管道、设备系统水压试验	30年	施工单位	
		非承压管道和设备灌水试验、排水干管管道通球、通水试验	30年	施工单位	
		给水系统及卫生器具交付使用前通水、满水试验记录	30年	施工单位	
		消火栓系统试射试验	30年	施工单位	
		低、中倍数泡沫灭火系统喷泡沫试验	30年	施工单位	

分类号	类目名称	归档范围 （重要项目及主要归档文件）	保管期限	文件来源/ 归档单位	备注
		高倍数泡沫灭火系统喷泡沫试验	30年	施工单位	
		泡沫消火栓喷水试验	30年	施工单位	
		采暖系统调试、试运行、安全阀、报警装置联动系统测试	30年	施工单位	
		强条执行检查记录	30年	施工单位	
		隐蔽工程验收记录	30年	施工单位	
		单位工程质量评定汇总表	30年	施工单位	
		检验批、分项、分部（子分部）工程质量验收记录	30年	施工单位	
		分部工程质量验收签证	30年	施工单位	
		2）建筑电气：	30年		
		照明全负荷试验记录	30年	施工单位	
		接地装置、防雷装置的接地电阻测试记录	30年	施工单位	
		柜、屏、台、箱、盘安装垂直度检测记录	30年	施工单位	
		同一场所成排灯具中心线偏差检测记录	30年	施工单位	
		同一场所的同一墙面、开关、插座面板的高度差检测记录	30年	施工单位	
		电气装置空载负荷运行试验记录	30年	施工单位	
		大型灯具牢固性及悬吊装置过载试验记录	30年	施工单位	
		漏电保护模拟动作电流、时间测试记录	30年	施工单位	
		接地装置、避雷装置接地电阻测试记录	30年	施工单位	
		线路、插座、开关接地检验记录	30年	施工单位	
		照明照度测试记录	30年	施工单位	
		室内外低于2.4m灯具绝缘性能检测	30年	施工单位	
		配电箱、插座、开关接线（接地）通电检查记录	30年	施工单位	
		导线、设备、元件、器具绝缘电阻测试记录	30年	施工单位	
		强条执行检查记录	30年	施工单位	
		隐蔽工程验收记录	30年	施工单位	
		单位工程质量评定汇总表	30年	施工单位	
		检验批、分项、分部（子分部）工程质量验收记录	30年	施工单位	

分类号	类目名称	归档范围 （重要项目及主要归档文件）	保管 期限	文件来源/ 归档单位	备注
		分部工程质量验收签证	30 年	施工单位	
		3）通风与空调：	30 年		
		通风、空调系统试运行记录	30 年	施工单位	
		风量、温度测试记录	30 年	施工单位	
		风管及部件加工制作记录	30 年	施工单位	
		风管系统，管道系统安装记录	30 年	施工单位	
		防火阀、防排烟阀、防爆阀等安装记录	30 年	施工单位	
		防火阀、排烟阀（口）启闭联动试验 记录	30 年	施工单位	
		设备（含水泵，风机，空气处理设备， 空调机组和制冷设备等）安装记录	30 年	施工单位	
		设备单机试运转及调试记录	30 年	施工单位	
		风口尺寸检测记录	30 年	施工单位	
		风口水平安装的水平度，风口垂直安装 的垂直度检测记录	30 年	施工单位	
		防火阀距墙表面的距离检测记录	30 年	施工单位	
		接地电阻测试记录	30 年	施工单位	
		洁净室洁净度测试记录	30 年	施工单位	
		制冷机组试运行调试记录	30 年	施工单位	
		通风、空调调试记录及制冷系统试验 记录	30 年	施工单位	
		抽气（风）道检查记录	30 年	施工单位	
		空调管道系统水压试验记录	30 年	施工单位	
		通风管道严密性试验记录	30 年	施工单位	
		通风、除尘系统联合试运转与调试	30 年	施工单位	
		空调系统联合试运转与调试	30 年	施工单位	
		制冷系统联合试运转与调试	30 年	施工单位	
		净化空调系统联合试运转与调试	30 年	施工单位	
		防排烟系统联合试运转与调试	30 年	施工单位	
		室内空气环境检测报告	30 年	施工单位	
		火灾自动报警系统安装调试验收资料	30 年	施工单位	
		强条执行检查记录	30 年	施工单位	
		隐蔽工程验收记录	30 年	施工单位	
		单位工程质量评定汇总表	30 年	施工单位	
		检验批、分项、分部（子分部）工程质 量验收记录	30 年	施工单位	

分类号	类目名称	归档范围 （重要项目及主要归档文件）	保管 期限	文件来源/ 归档单位	备注
		分部工程质量验收签证	30 年	施工单位	
		4）电梯：	30 年		
		电梯运行记录	30 年	施工单位	
		电梯安全装置检测报告	30 年	施工单位	
		电梯、电气装置接地、绝缘电阻测试记录	30 年	施工单位	
		电梯负荷试验、安全装置检查记录	30 年	施工单位	
		电梯安装调试验收资料	30 年	施工单位	
		层门与轿门实验记录	30 年	施工单位	
		曳引式电梯空载、额定载荷运行测试记录	30 年	施工单位	
		液压式电梯超载、额定载荷运行测试记录	30 年	施工单位	
		强条执行检查记录	30 年	施工单位	
		隐蔽工程验收记录	30 年	施工单位	
		单位工程质量评定汇总表	30 年	施工单位	
		检验批、分项、分部（子分部）工程质量验收记录	30 年	施工单位	
		分部工程质量验收签证	30 年	施工单位	
		5）智能建筑：			
		系统运行记录	30 年	施工单位	
		应用软件系统测试记录	30 年	施工单位	
		系统电源及接地电阻检测报告	30 年	施工单位	
		系统检测	30 年	施工单位	
		系统集成检测记录	30 年	施工单位	
		图像视频监控系统验收资料	30 年	施工单位	
		安防系统验收资料	30 年	施工单位	
		硬件、软件产品设备测试记录	30 年	施工单位	
		机柜、机架安装垂直度偏差检测记录	30 年	施工单位	
		桥架及线槽水平度、垂直度检测记录	30 年	施工单位	
		强条执行检查记录	30 年	施工单位	
		隐蔽工程验收记录	30 年	施工单位	
		单位工程质量评定汇总表	30 年	施工单位	
		检验批、分项、分部（子分部）工程质量验收记录	30 年	施工单位	

分类号	类目名称	归档范围 （重要项目及主要归档文件）	保管 期限	文件来源/ 归档单位	备注
		分部工程质量验收签证	30 年	施工单位	
845	交通工程	包含路基、路面、排水沟、涵洞、桥梁等分部工程			本单位工程所列仅为主要文件，实际归档文件不限于此
		归档文件参见本表分类号"844"的内容	30 年	施工单位	
849	其他工程	综合利用工程	30 年	施工单位	如光伏工程等
86	监理文件				
860	综合			监理单位	
861	施工监理文件				
		监理规划、监理实施细则	30 年	监理单位	
		工程承包商、设备器材供应商、试验室资质审查文件	30 年	监理单位	
		特殊工种人员资质、进场施工器机具审查文件	30 年	监理单位	
		监理旁站记录（见证记录）	30 年	监理单位	
		监理日志	30 年	监理单位	
		监理工程师通知单、监理工作联系单	30 年	监理单位	
		监理月报、简报	30 年	监理单位	
		监理会议纪要	30 年	监理单位	
		施工阶段质量评估报告及专题报告	30 年	监理单位	
862	设计监理文件				
		监理规划、监理实施细则	30 年	监理单位	
		设计交底及施工图会审纪要	30 年	监理单位	
		施工图设计成品确认单	30 年	监理单位	
		竣工图的审核报告	30 年	监理单位	
863	设备监造文件				
		设备监造规划（大纲）、设备制造检验计划和检验要求	30 年	监造单位	
		设备监造总结报告（含监造方案、措施、月报或简报等）	30 年	监造单位	
87	试运调试				
870	综合	调试大纲及审批意见、调试计划及审批意见	30 年	调试单位	
		工程（调试）联系单	10 年	调试单位	

分类号	类目名称	归档范围 （重要项目及主要归档文件）	保管 期限	文件来源/ 归档单位	备注
		调试与试验强条执行检查记录	30年	调试单位	
871	调试文件				
		单机试运：	30年	调试单位	
		单机试运方案和措施及交底记录	30年	调试单位	
		单机试运条件检查确认表及验收签证	30年	调试单位	
		单体调试报告和单机试运记录	30年	调试单位	
		机组240小时整套试运验评签证	30年	调试单位	
		整套启动试运：		调试单位	
		调试方案、措施及交底记录	30年	调试单位	
		电气保护定值表	30年	调试单位	
872	试验文件				
		涉网及特殊试验措施、报告	30年	试验单位	
		性能试验措施、报告	30年	试验单位	
88	竣工文件				
880	综合				
		启委会成立及批复、启委会会议纪要 文件	永久	启动委员会	
881	竣工交接与 验收文件				
		机组移交生产签证书	永久	启动委员会	
		竣工档案（竣工图）移交签证及移交 目录	永久	建设与各参建 单位	
		工程遗留问题清单及尾工清单	10年	施工单位	
		机组240小时考核报告	永久	生产单位	
		环保专项验收文件	永久	国家环保部	
		消防专项验收文件	永久	地方消防部门	
		安全设施竣工验收文件	永久	地方安全生产监察部门	
		职业卫生专项验收文件	永久	地方卫生部门	
		劳动保障专项验收文件	永久	地方劳动保障部门	
		水土保持专项验收文件	永久	地方水利部门	
		项目档案专项验收文件	永久	上级主管单位	
		建设项目整体竣工验收文件	永久	发改委与上级主管单位	
882	工程总结				
		建设、设计、监理、施工、调试、生产 等单位工程总结	30年	各参建单位	

分类号	类目名称	归档范围 （重要项目及主要归档文件）	保管 期限	文件来源/ 归档单位	备注
		工程质量评估报告	30 年	监理单位	
		工程质量检查报告	30 年	设计单位	
		工程质量保证（保修）书	10 年	施工单位	
883	竣工决算与 审计文件				
	工程结算	工程款支付、结算单及竣工结算审核意见书	30 年	施工单位、计划部门、监理单位	
	工程决算	工程决算书及报批文件	永久	建设单位 上级主管单位	
	决算审计	工程决算审计报告	永久	会计事务所	
884	达标考核与工程 创优文件				
	达标考核文件	达标机构成立、达标策划及规划文件、过程检查、预检及复检记录	30 年	达标办公室 上级主管单位	
		达标申报、批准文件及证书	永久	上级主管单位	
	工程创优文件	创优机构成立、创优策划及规划文件	30 年	创优办公室	
		创优咨询检查及点评意见、整改计划及验收记录	30 年	建设、施工、咨询单位	
		工程质量评价（单项、单台机组质量评价和整体工程质量评价）	30 年	监理/评价单位	报优项目
		优质工程申报、批准及证书	永久	评奖单位	
885	竣工图				
		竣工图编制总说明、总目录、汇总表等	永久	设计/施工单位	根据合同约定
		各专业竣工图	永久		

A.4   风力发电企业设备仪器文件归档范围与档案分类及保管期限划分表

分类号	类目名称	归档范围 （主要归档文件）	保管 期限	文件来源/ 归档单位	备注
9	设备仪器				
90	综合				
900	总的部分	设备总台账等	30 年	生产管理部门	
909	其他		30 年		
91	风力发电机组				
910	总的部分		30 年	设备厂家	

分类号	类目名称	归档范围 （主要归档文件）	保管 期限	文件来源/ 归档单位	备注
911	塔筒	塔筒本体、法兰、基础环等设备出厂质量证明文件、装箱单、零部件清单、使用说明书、试验报告、图纸、技术文件	30 年	设备厂家	
912	机舱	风力发电机组机舱，包括主轴、齿轮箱、发电机、电控柜、冷却系统、偏航系统、液压系统等的技术文件、装箱单、零部件清单、图纸、试验报告、调试报告及质量证明、安装说明书、使用说明书等出厂证明	30 年	设备厂家	
913	叶轮	包括轮毂、叶片和变桨系统等的技术文件、装箱单、零部件清单、图纸、试验报告、调试报告及质量证明、计算书、安装说明书、使用说明书等出厂证明			
914	箱式变压器	箱式变压器设备出厂质量证明、使用说明书、试验报告、图纸、技术文件等			
915	风力发电机组集中监控系统	服务器、通信柜等设备出厂质量证明、使用说明书、试验报告、图纸、技术文件等	30 年	设备厂家	
92	变电站设备				
920	总的部分				
921	变电站 一次设备	主变压器、厂用变压器、高低压断路器、高低压隔离开关、高低压互感器、组合电器、无功补偿、集电线路一次部分、送出线路一次部分设备（含接入系统）等设备文件包括出厂证明、使用说明书、试验报告、图纸、技术文件等	30 年	设备厂家	
922	变电站 二次设备	综合自动化、二次系统、集电线路二次部分、送出线路二次部分设备（含接入系统）等设备文件包括出厂证明、使用说明书、试验报告、图纸、技术文件、质保书及试验报告和线材检验报告等	30 年	设备厂家	
923	通信及远动设备	程控交换机、调度交换机、通信电源等设备出厂质量证明、使用说明书、试验报告、图纸、技术文件等	30 年	设备厂家	

分类号	类目名称	归档范围 （主要归档文件）	保管 期限	文件来源/ 归档单位	备注
		网络计算机监控系统、电量计费系统、功角测量系统等出厂质量证明、使用说明书、试验报告、图纸、技术文件等设备			
924	直流系统及继电保护	直流充电柜、直流蓄电池、保护柜等设备出厂质量证明、使用说明书、试验报告、图纸、技术文件等	30 年	设备厂家	
929	其他		30 年	设备厂家	
93	其他系统设备				
930	总的部分		30 年	设备厂家	
931	水工设备	给排、水设备，消防水、污水设备，污水处理装置出厂质量证明、使用说明书、试验报告、图纸、技术文件等	30 年	设备厂家	
932	采暖、通风	采暖、通风设备出厂质量证明、使用说明书、试验报告、图纸、技术文件等	30 年	设备厂家	
933	消防、安防设备	报警装置、安防设备等出厂质量证明、使用说明书、试验报告、图纸、技术文件等	30 年	设备厂家	
934	特种设备	电梯、起重、吊装设备等出厂质量证明、使用说明书、试验报告、图纸、技术文件，年检证书及检测报告	30 年	设备厂家	
936	试验用仪器仪表及专用工具	测试仪器仪表、高低压电器设备专用工具等出厂质量证明、使用说明书、试验报告、图纸、技术文件等	30 年	设备厂家	
939	其他	办公设备设施、车辆交通等出厂质量证明、使用说明书、试验报告、图纸、技术文件等	10 年	设备厂家	

6 风力发电工程达标投产验收规程

(NB/T 31022—2012)（摘录）

工程综合管理与档案检查验收表

表 4.8.1　　　　　　　　　　　　工程综合管理与档案检查验收表

检验项目	检验内容	性质	存在问题	验收结果		
				符合	基本符合	不符合
一般规定						
1　项目管理体系	1）建设单位有健全的项目管理体系，能覆盖整个工程项目全员、全过程、全方位的工程管理和达标投产的目标管理	主控				
	2）监理、设计、施工、调试单位的质量管理体系、职业健康安全管理体系、环境管理体系应通过认证注册，按期监督审核，证书在有效期内					
	3）建立本工程有效的技术标准清单，实施动态管理					
	4）参建单位质量、职业健康安全环境管理目标明确，并层层分解落实					
	5）项目管理体系运行有效，现场生产和管理过程可控					
	6）项目管理体系持续改进，体系内部审核、管理评审、监督审核发现的不符合项整改闭环	主控				
2　造价控制	1）竣工决算不得超出批准动态概算	主控				
	2）不得擅自扩大建设规模或提高建设标准	主控				
	3）不得违反审批程序选购进口材料、设备					
	4）设计变更费用不应超过基本预备费的30%					
	5）建筑装饰费用不应超出审批文件控制标准					
3　进度管理	1）科学确定工期，建设单位应无明示或者暗示设计、监理、施工单位压缩合同工期、降低工程质量的行为	主控				
	2）严肃工期调整，网络进度定期滚动修正					
4　合同管理	1）建立完善的合同管理制度					
	2）工程、设备、物资采购应符合《中华人民共和国招标投标法》的规定					
	3）应按合同条款要求支付工程款、设备款					

检验项目	检验内容	性质	存在问题	验收结果		
				符合	基本符合	不符合
5 设备物资管理	1）设备物资管理制度和工作标准完善					
	2）设备监造符合《电力设备监造技术导则》DL/T 586 规定，设备监造报告、质量证明文件齐全					
	3）新材料、新设备的使用应有鉴定报告、使用报告、查新报告或允许使用证明文件	主控				
	4）原材料应有合格证及进场检验、复试报告	主控				
	5）构件、配件、高强螺栓连接副、淋水填料等制成品应有出厂合格证及试验文件					
	6）设备、材料的检验、保管、发放管理制度完善，实施记录齐全					
6 强制性条文的执行	1）建设单位制定本工程执行强制性条文的实施计划，各参建单位应有针对性的实施细则，并对相关内容培训，应有记录	主控				
	2）对执行强制性条文有相应经费支撑					
	3）建立强制性条文执行情况监督检查制度，并有相应责任人					
	4）规划、勘测设计、施工、试运、验收符合强制性条文规定	主控				
	5）工程采用材料、设备符合强制性条文的规定	主控				
	6）工程项目建筑、安装的质量符合强制性条文的规定	主控				
	7）工程中采用方案措施、指南、手册、计算机软件的内容符合强制性条文的规定					
7 勘测设计管理	1）编制提交本工程勘测、设计强制性条文清单	主控				
	2）勘测、设计成品应符合强制性条文和国家现行有关标准的规定	主控				
	3）不得采用国家明令禁止使用的设备、材料和技术	主控				
	4）科技创新、技术进步形成的优化设计方案应经论证，并按规定程序审批	主控				
	5）占地面积、工程投资等指标符合相关规定					

317

检验项目	检验内容	性质	存在问题	验收结果		
				符合	基本符合	不符合
7 勘测设计管理	6）施工图交付计划应满足施工进度计划需求，并经建设单位确认					
	7）勘测、设计单位不得向任何单位提供未经审查批准的草图、白图用于施工					
	8）施工图设计、会检、设计交底符合规定					
	9）设计更改管理制度完善；施工图设计符合初步设计审查批复要求；重大设计变更按程序批准；改变原设计所确定的原则、方案或规模，应经原审批部门批准	主控				
	10）明确设计修改、变更、材料代用等签发人资格，向建设单位、监理单位备案，并书面告知施工、运行单位					
	11）现场设计代表服务到位，定期向建设单位提供设计服务报告					
	12）参加验收规程规定项目的质量验收					
	13）参加设备订货技术洽商及施工、调试重大技术方案的审查					
	14）按合同约定编制竣工图及竣工图总说明，并移交	主控				
	15）编制工程质量检查报告、工程总结					
8 施工管理	1）应按照《风力发电工程施工组织设计规范》DL/T 5384 及相关规定编制以下管理制度，并严格执行					
	（1）施工技术和施工质量管理责任制					
	（2）施工组织设计					
	（3）施工图会检					
	（4）施工技术交底					
	（5）物资管理					
	（6）机械及特种设备管理					
	（7）计量管理					
	（8）技术检验					
	（9）设计变更					
	（10）施工技术文件					
	（11）技术培训					
	（12）信息管理					

检验项目	检验内容	性质	存在问题	验收结果		
				符合	基本符合	不符合
8 施工管理	2）施工、检验单位资质及人员资格证件齐全、有效					
	（1）承包商和分包商单位资质	主控				
	（2）试验、检测单位资质	主控				
	（3）项目经理					
	（4）质量验收人员					
	（5）试验检验人员					
	（6）特种作业人员	主控				
	（7）安全监察人员					
	（8）档案管理人员					
	（9）质量评价人员					
	3）施工组织总设计和专业设计经审批，并严格执行	主控				
	4）计量标准器具台账及检定证书在有效期内					
	5）施工单位应按规定编制节地、节水、节能、节材、环境保护措施，经审批后实施					
	6）施工质量管理及保证条件应符合《风力发电场项目建设工程验收规程》DL/T 5191的规定					
	7）编制工法、QC小组成果、科技成果等创新活动计划，效果显著					
	8）制定成品保护措施，并形成检查记录					
	9）移交生产时的主设备、主系统、辅助设备缺陷整改已闭环					
	10）编制工程总结					
9 调试管理	1）管理制度完善，组织机构健全、分工明确、责任落实					
	2）调试大纲、方案、措施齐全，经审批后实施	主控				
	3）调试项目符合调试大纲要求					
	4）试验仪器、设备检验合格，并在有效期内					
	5）调试报告完整、真实、有效	主控				
	6）编制工程总结					

检验项目	检验内容	性质	存在问题	验收结果		
				符合	基本符合	不符合
10　工程监理	1）组织机构健全，制度完善，责任明确	主控				
	2）各专业监理人员配备齐全，且具有相应资格，经建设单位确认后，正式通知被监理单位					
	3）按《电力建设工程监理规范》DL/T 5434 规定编制下列文件，并按程序审批后实施					
	（1）监理规划					
	（2）监理实施细则					
	（3）执行标准清单	主控				
	（4）监理达标投产计划					
	（5）强制性条文实施计划	主控				
	（6）关键工序和隐蔽工程旁站方案	主控				
	4）按建设单位总体质量、安全目标制定具体实施细则					
	5）审核、汇总各施工单位"施工质量验收范围划分表"					
	6）完善检验手段，使用的仪器、设备符合《电力建设工程监理规范》DL/T 5434 规定或满足合同要求					
	7）参加达标投产初验，并形成相关记录，对存在问题监督整改、闭环	主控				
	8）编制监理月报、总结、工程总体质量评估报告，符合《电力建设工程监理规范》DL/T 5434 规定					
	9）监理全过程质量控制符合《电力建设工程监理规范》DL/T 5434 规定，记录齐全					
	10）工程监理符合《电力建设工程质量监督检查典型大纲》规定					
	11）按合同签署工程计量、工程款支付，并符合《电力建设工程监理规范》DL/T 5434 规定					
	12）有创优目标的工程项目按合同约定完成工程质量评价工作					

检验项目	检验内容	性质	存在问题	验收结果		
				符合	基本符合	不符合
11 生产管理	1）生产运行机构设置和人员配备符合定编要求，人员经培训、考核合格上岗	主控				
	2）生产准备大纲经审批后实施	主控				
	3）编制管理制度、运行规程、检修规程、保护定值清单，绘制系统图等					
	4）编制生产期间成品保护管理制度，形成记录					
	5）劳动安全和职业病防护措施完善					
	6）操作票、工作票、运行日志、运行记录齐全	主控				
	7）接收设备的备品备件，出入库手续完善					
	8）制定机组运行反事故预案，演练、评价，并形成记录					
	9）事故分析、处理记录齐全	主控				
	10）启动到考核期的缺陷管理台账及消缺率统计齐全					
12 信息管理	1）建设单位应编制信息管理制度					
	2）建立基建 MIS 系统，形成局域网，覆盖主要参建单位	主控				
	3）信息系统软件功能模块设置应包含基建管理的主要工作内容和程序					
	4）机组试运前，完成生产管理数据系统的安装和调试工作	主控				
	5）投入生产前建立设备缺陷、工作票等信息管理系统					
13 档案管理	1）机构、人员、设施					
	（1）建设单位应成立负责档案工作的机构，配备专（兼）职档案管理人员					
	（2）工程档案管理人员，经培训，持证上岗	主控				
	（3）档案库房及设施符合国家有关防火、防潮、防光、防虫、防盗、防尘等安全保管、保护的要求	主控				
	（4）档案管理设施、设备的配置满足档案管理要求					

检验项目	检验内容	性质	存在问题	验收结果		
				符合	基本符合	不符合
13 档案管理	（5）档案管理软件具备档案整编、检索和利用的功能					
	2）管理职责					
	（1）建设、监理、设计（勘测）、施工、调试、生产运行单位档案管理体系健全，责任制执行有效					
	（2）建设单位按照《企业档案工作规范》DA/T 42制定企业档案管理制度					
	（3）按《风力发电企业科技文件归档与整理规范》NB/T 31021编制项目文件归档实施细则	主控				
	（4）建设单位将项目文件收集、整理和档案移交内容纳入合同管理，在合同中设立专门条款，明确各参建单位竣工档案的编制质量、移交时间、套数、归档及违约责任					
	（5）监理单位应按《电力建设工程监理规范》DL/T 5434规定，对设计、施工、调试等参建单位整理和移交的竣工档案进行审查，并签署意见					
	（6）监理单位应按项目档案管理要求和合同约定，将监理形成的文件进行收集、整理，向建设单位移交					
	（7）参建单位按合同约定，收集、整理各自承建范围内形成的项目文件，经监理审查后向建设单位移交	主控				
	（8）施工单位应对分包单位形成的项目文件进行审查确认，履行签章手续，并对移交归档的项目文件质量负责	主控				
	3）项目文件收集					
	（1）建设、监理、设计（勘测）、施工、调试、生产运行单位应收集具有保存价值的文字、图表以及音像等各种载体的文件					
	（2）项目文件应与工程建设同步收集	主控				
	（3）项目文件收集一般一式一份。归档需要增加份数，应在合同中约定					

检验项目	检验内容	性质	存在问题	验收结果		
				符合	基本符合	不符合
13 档案管理	4) 项目文件质量					
	(1) 项目文件应为原件。因故无原件的合法性、依据性、凭证性等永久保存的文件，提供单位应在复制件上加盖公章，便于追溯	主控				
	(2) 按《风力发电企业科技文件归档与整理规范》NB/T 31021 的规定编制项目文件					
	(3) 项目文件签字、印章、图文等应清晰，具有可追溯性					
	(4) 项目文件应按各专业规程规定的格式填写，内容真实、数据准确					
	(5) 竣工图与实物相符	主控				
	5) 项目文件整理					
	(1) 分类符合《风力发电企业科技文件归档与整理规范》NB/T 31021 规定					
	(2) 组卷应遵循文件形成的规律，保持文件内容的有机联系					
	(3) 案卷组合应保持工程建设项目的专业性、成套性和系统性，同事由的文件不得分散和重复组卷	主控				
	(4) 案卷排列顺序，应按前期、设计、施工、试运、竣工验收等阶段进行排列					
	(5) 卷内文件排列顺序，应按文件的形成规律、问题重要程度或结合时间进行排列					
	(6) 案卷题名应简明、准确揭示卷内文件内容					
	(7) 卷内目录题名应填写卷内文件全称					
	(8) 件号、页号编写应符合《风力发电企业科技文件归档与整理规范》NB/T 31021 规定					
	(9) 案卷目录、案卷封面、卷内目录、备考表填写符合《风力发电企业科技文件归档与整理规范》NB/T 31021 的规定					
	(10) 案卷内文件超出卷盒幅面的文件应叠装，少于 A4 幅面的宜粘贴，破损的文件应修复					
	(11) 案卷装订应整齐、结实，宜用线装，易于保管					

检验项目		检验内容	性质	存在问题	验收结果		
					符合	基本符合	不符合
13 档案管理		（12）应对永久保存且涉及项目立项、核准、重要合同（协议）、质量监督、质量评价（有创优目标的工程）、竣工验收、竣工图及利用频繁的纸质档案进行数字化管理					
		6）照片收集与整理					
		（1）照片档案应与纸质档案分类一致，并符合《照片档案管理规范》GB/T 11821 规定					
		（2）归档照片应影像清晰、画面完整，反映事件全貌，并突出主题					
		（3）编制照片档案检索目录、照片说明应完整					
		7）电子文件归档与整理					
		（1）电子档案应与纸质档案分类一致，并符合《电子文件归档与管理规范》GB/T 18894 规定					
		（2）光盘等载体应符合长期保管要求，并统一标注档号及存入日期等					
		8）实物档案收集与整理					
		（1）将与基建项目有关的证书、奖牌及奖杯，在基建中形成的地质矿样、探伤底片等实物形式的材料收集归档	主控				
		（2）实物档案应与纸质档案分类一致					
		（3）编制实物档案检索目录					
		9）项目档案移交					
		（1）项目文件移交份数一式一份，需增加份数的，按合同约定					
		（2）竣工图移交一式一套，需交城建档案馆或另有需要增加套数的，按合同约定					
		（3）电子档案移交一式三份，其中一份异地保管					
		（4）移交生产后 90 天内归档完毕					
		（5）档案交接应按归档要求审查其完整性、真实性、准确性、有效性和案卷整理质量，合格后办理交接手续	主控				
		（6）项目档案移交时，移交单位应编写归档说明，办理移交签证，并经项目负责人审查签字，与移交目录一并归档	主控				

检验项目	检验内容	性质	存在问题	验收结果		
				符合	基本符合	不符合
13 档案管理	(7) 建设单位各职能部门形成的项目文件，应由文件形成部门进行收集、整理，由部门负责人审查后移交档案部门归档					
	10) 档案专项验收与评价					
	(1) 档案专项验收申请应在完成项目档案的收集、整理、归档后提出，验收应在投产一年内完成	主控				
	(2) 项目档案专项验收应按《重大建设项目档案验收办法》(档发〔2006〕2号) 规定					
	(3) 档案专项验收后应出具专项验收文件	主控				
	(4) 工程档案管理应按相关规定进行评价					
主要归档文件						
14 建设项目合规性文件	1) 项目核准文件	主控				
	2) 规划许可证					
	3) 土地使用证或海域使用证	主控				
	4) 水土保持验收文件 (具备验收条件)	主控				
	5) 工程概算批复文件					
	6) 质量监督注册证书及规定阶段的监督报告	主控				
	7) 安全设施竣工验收文件	主控				
	8) 涉网安全性评价报告	主控				
	9) 环境保护验收文件 (具备验收条件)	主控				
	10) 消防验收文件	主控				
	11) 劳动保障验收文件					
	12) 职业卫生验收文件	主控				
	13) 档案验收文件 (具备验收条件)	主控				
	14) 工程移交生产签证书					
	15) 工程竣工决算书					
	16) 工程竣工决算审计报告 (具备验收条件)	主控				
	17) 工程竣工验收文件 (具备验收条件)	主控				
15 安全管理主要项目文件	1) 安全生产委员会成立文件	主控				
	2) 安全生产委员会、项目部、专业公司安全生产例会记录					
	3) 危险源、环境因素辨识与评价措施	主控				

检验项目	检验内容	性质	存在问题	验收结果		
				符合	基本符合	不符合
15 安全管理主要项目文件	4) 建设单位按高危行业企业安全生产费用财务管理的有关规定，设置安全费用专用台账	主控				
	5) 建设、监理和参建单位建立健全安全管理制度及相应的操作规程					
	6) 专业分包及劳务分包单位的安全资格审核	主控				
	7) 危险性较大的分部、分项工程安全方案、措施	主控				
	8) 安全专项施工方案	主控				
	9) 消防机构审查消防设计文件	主控				
	10) 爆破审批手续	主控				
	11) 特殊脚手架施工方案	主控				
	12) 特种设备管理制度、台账及准许使用证书	主控				
	13) 重大起重、运输作业，特殊高处作业，带电作业及易燃、易爆区域安全施工作业票					
	14) 高处、交叉作业安全防护设施验收记录					
	15) 施工用电方案					
	16) 高于20m的钢脚手架、提升装置等防雷接地记录	主控				
	17) 危险品运输、储存、使用、管理制度					
	18) 消防设施定期检验记录					
	19) 灾害预防与应急管理体系文件					
	20) 自然灾害及安全事故专项预案演练、评价	主控				
16 中控楼和升压站建筑工程主要项目文件	1) 地基基础工程					
	(1) 桩基检测、试验报告	主控				
	(2) 地基处理检测、试验报告	主控				
	(3) 天然地基验槽记录	主控				
	(4) 钎探记录					
	(5) 沉降观测报告					
	2) 主体结构工程					
	(1) 混凝土强度、抗渗、抗冻等试验报告	主控				

检验项目	检验内容	性质	存在问题	验收结果		
				符合	基本符合	不符合
16 中控楼和升压站建筑工程主要项目文件	（2）钢筋接头连接检验报告	主控				
	（3）结构实体钢筋保护层及现浇混凝土楼板厚度检测报告	主控				
	（4）确定混凝土同条件试块和钢筋保护层检测部位的技术文件	主控				
	（5）混凝土粗细骨料碱活性检测报告	主控				
	（6）水平灰缝砂浆饱满度检测记录					
	（7）钢构架、钢平台、钢梯、钢栏杆等制作、安装质量验收记录					
	3）屋面工程					
	（1）屋面隐蔽工程验收记录	主控				
	（2）淋水、蓄水试验记录及大雨后的检查记录	主控				
	4）装饰装修工程					
	（1）墙面、地面、顶棚饰面材料安装或粘贴施工二次设计和施工记录					
	（2）外墙饰面砖粘接强度检验报告	主控				
	（3）有防水要求的地面蓄水试验记录	主控				
	（4）中控室等长期有人值守房间有害气体检测报告	主控				
	（5）外墙门窗"三密性"检测报告					
	（6）门窗安装验收记录（垂直、平整、配件齐全、密封严密、启闭灵活）					
	5）建筑给水、排水及采暖工程					
	（1）建筑给水排水及采暖工程隐蔽验收记录	主控				
	（2）管道灌水、通水试验记录（排水、雨水、卫生器具）					
	（3）管道穿墙、穿楼板套管安装施工记录					
	（4）消防管道、暖气管道和散热器压力试验记录					
	（5）消火栓试射记录					
	6）建筑电气工程					
	（1）接地电阻测试记录					
	（2）照明全负荷试验记录					

检验项目	检验内容	性质	存在问题	验收结果		
				符合	基本符合	不符合
16 中控楼和升压站建筑工程主要项目文件	(3) 建筑电气安装隐蔽验收记录					
	(4) 室内外低于2.4m灯具绝缘性能检测					
	7) 通风与空调工程					
	(1) 工程设备、风管系统、管道系统安装及检验记录					
	(2) 制冷、空调、水管道强度试验严密性试验记录					
	(3) 通风管道严密性试验（透光、风压）					
	(4) 防火阀等安装记录					
	8) 智能建筑工程					
	(1) 隐蔽工程验收记录	主控				
	(2) 系统电源及接地检测报告					
	(3) 系统试运行记录					
	9) 建筑节能工程					
	(1) 墙体、屋面保温材料进场的复试报告及质量证明文件					
	(2) 外墙保温浆料同条件养护试件试验报告					
	(3) 屋面保温层厚度测试记录					
17 风电机组基础主要项目文件	1) 勘测、设计单位参加验槽和地基工程的施工质量验收签证	主控				
	2) 设计单位对地基处理检测报告、沉降观测报告签署意见					
	3) 监理单位对建筑材料、构件及设备进场检验签证					
	4) 监理单位检验试验见证取样签证及台账					
	5) 监理单位对工程地质报告、沉降观测报告、地基处理检测报告的签署意见	主控				
	6) 监理整改通知单及闭环签证					
	7) 出厂质量证明文件、检验报告					
	8) 钢筋（材）、水泥、砂石、外加剂等现场复试报告	主控				
	9) 钢筋、水泥、外加剂等重要原材料质量跟踪管理台账					
	10) 未使用国家技术公告中明令禁止和限制使用的技术（材料、产品）的检查记录	主控				

检验项目	检验内容	性质	存在问题	验收结果		
				符合	基本符合	不符合
17 风电机组基础主要项目文件	11）分部工程质量控制资料					
	12）设计变更台账					
	13）地基处理和桩基工程施工记录、检测报告	主控				
	14）回填土检测报告					
	15）混凝土强度、抗渗、抗冻等试验报告					
	16）钢筋接头连接检验报告					
	17）验槽、钢筋、基础环、地下混凝土、接地等隐蔽工程验收签证	主控				
	18）砂浆配合比及强度报告、混凝土配合比报告					
	19）沉降观测记录及报告					
	20）混凝土结构实体强度检测报告	主控				
18 风力发电机组安装主要项目文件	1）基础环水平度复验记录					
	2）高强螺栓连接副复检报告	主控				
	3）高强螺栓连接副扭矩记录					
	4）润滑油复检报告					
	5）轴系同轴度现场复检记录					
	6）风力发电机组安装记录					
	7）制动系统检查记录					
	8）冷却系统检查记录					
	9）变桨系统检查记录					
	10）偏航系统检查记录					
	11）扭矩扳手检定证书					
	12）设备缺陷及处理记录					
	13）机组变压器安装记录					
	14）气体继电器检验报告					
	15）绕组温度计检验报告					
	16）机组变压器试验记录					
	17）电缆试验报告					
	18）电缆隐蔽签证					
	19）35kV及以上电力电缆终端安装记录					
19 升压站设备安装工程主要项目文件	1）主变压器（电抗器）设备					
	（1）安装及试验方案					
	（2）本体及附件安装、真空注油、密封检查记录					

检验项目	检验内容	性质	存在问题	验收结果 符合	基本符合	不符合
19 升压站设备安装工程主要项目文件	（3）交接试验记录	主控				
	（4）冷却器、压力释放装置、测温装置调整试验、检查记录					
	（5）气体继电器安装调整试验记录					
	（6）绝缘油试验记录					
	（7）消防试验记录					
	2）电缆及防火封堵					
	（1）电缆敷设及电缆头制作记录					
	（2）绝缘、耐压试验记录	主控				
	（3）电缆防火涂料、防火封堵施工及验收签证记录					
	（4）电缆桥、支架安装及与接地连接施工记录					
	3）开关设备（包括GIS设备）					
	（1）安装及试验方案					
	（2）开关设备（GIS）安装、调整、充气及操作试验记录及验收签证					
	（3）开关设备（GIS）交接试验记录	主控				
	（4）SF₆气体检测报告	主控				
	（5）开关设备"五防"功能试验记录	主控				
	4）防雷、接地施工					
	（1）防雷设施安装、测试记录					
	（2）接地网间连接施工及接触电阻测量记录					
	（3）全厂接地电阻测量记录	主控				
	（4）接地电阻验收签证记录					
	（5）接地隐蔽工程验收、签证记录					
	5）监控与保护系统					
	（1）盘柜安装、接地检查记录					
	（2）仪器、仪表校验记录					
	（3）主变在线监测装置检查记录					
	（4）计算机监控系统调整试验记录	主控				
	（5）继电保护静态及联调试验记录	主控				
	（6）火灾自动报警系统调整试验记录	主控				
	（7）工业电视安装测试记录					
	（8）调度通信和消防通信施工、调试记录					

检验项目	检验内容	性质	存在问题	验收结果		
				符合	基本符合	不符合
19 升压站设备安装工程主要项目文件	（9）继电保护定值单					
	6）站用电系统					
	（1）设备安装及试验技术方案	主控				
	（2）主要工序的验收签证					
	（3）设备安装及交接试验记录					
	（4）油或SF$_6$气体绝缘设备密封检查记录	主控				
	（5）开关操作和试验记录					
	（6）开关"五防"功能试验记录					
	（7）互感器接线组别和极性检查记录					
	（8）硬母线加工、连接及焊接记录					
	（9）箱式母线安装调整记录					
	（10）母线绝缘及耐压试验记录					
	7）直流系统					
	（1）蓄电池及直流盘柜安装、调试记录					
	（2）蓄电池组充放电记录及验收签证	主控				
	8）交流电动机					
	（1）电动机试验记录					
	（2）电动机检查及验收签证					
	9）电气单体调试报告					
	（1）变压器、电抗器、断路器、隔离开关、互感器、避雷器、电容器、母线、电缆等试验报告	主控				
	（2）变压器、母线、线路保护及自动装置调试报告	主控				
	（3）故障录波、直流系统、保安电源、电网安全及自动装置调试报告	主控				
	（4）电气仪表校验报告	主控				
	（5）接地电阻（接地阻抗）测量报告	主控				
	10）其他测试、试验记录（报告）					
	（1）光缆熔接及测试记录					

检验项目	检验内容	性质	存在问题	验收结果		
				符合	基本符合	不符合
19 升压站设备安装工程主要项目文件	(2) 导线压接试验报告					
	11) 项目文件					
	(1) 技术标准清单					
	(2) 强制性条文执行检查记录	主控				
	(3) 施工质量验收范围划分表					
	(4) 专业施工组织设计					
	(5) 主要和特殊工程施工技术方案及编审批手续					
	(6) 绿色施工专项措施及编审批手续					
	(7) 方案措施实施记录					
	(8) 主要设备使用（维护）说明书、安装图纸、出厂试验记录（报告）、合格证件					
	(9) 隐蔽工程验收签证记录	主控				
	(10) 设计变更通知单、设计变更执行记录文件					
	(11) 设备安装单位相关资质证书、试验检验人员、特种作业人员等资质证明文件	主控				
	(12) 计量器具、检验、试验仪器设备台账					
	(13) 计量器具、检验、试验仪器设备等检定证书	主控				
20 场内集电线路工程主要项目文件	1) 杆塔组立及拉线安装记录	主控				
	2) 导线架设记录					
	3) 杆上电气设备安装、试验记录					
	4) 导线压接试验报告					
	5) 电缆敷设记录					
	6) 电缆隐蔽签证	主控				
	7) 电缆中间接头位置记录	主控				
	8) 电力电缆及其附件产品合格证、试验报告					
	9) 防火阻燃材料检验报告					
	10) 接地电阻测量签证记录					
	11) 光缆熔接及测试记录					

检验项目	检验内容	性质	存在问题	验收结果		
				符合	基本符合	不符合
21 调整试验、技术指标主要项目文件	1）调试方案及审查文件	主控				
	2）调试使用仪器台账、校验报告					
	3）风力发电机组接地电阻测试报告	主控				
	4）机组变压器交接试验报告					
	5）静态调试报告					
	6）动态调试报告	主控				
	7）整套启动调试报告	主控				
	8）预验收签证文件	主控				
	9）低电压穿越等涉网特殊试验报告	主控				
	10）并网安全性评价					
	11）设备台账、备品备件和专用工具清单					
	12）生产运行维护及检修记录					
22 交通工程主要项目文件	1）主要原材料（含构配件）检测资料	主控				
	2）主要质量控制资料					
	3）隐蔽工程验收记录					
	4）地基处理施工过程记录及地基检测报告					
	5）混凝土结构工程施工过程记录					
	6）混凝土实体检测报告					
	7）回填土、混凝土及砂浆检测试验报告					

主控检验个数： 基本符合个数： 基本符合率： %	一般检验个数： 基本符合个数： 基本符合率： %	监理单位专业技术负责人：（签字） 建设单位专业技术负责人：（签字） 年 月 日	现场复（初）验组成员：（签字） 组长：（签字） 年 月 日

（NB/T 32037）（摘录）
档案分类及使用说明

8.1 分类

8.1.1 分类原则

按照光伏项目特点、建设阶段、专业性质及项目文件的来源进行分类。其中：

电力生产类，按照生产运行、生产技术进行分类；

科研开发类，按照管理、基建、生产等环节进行分类；

项目建设类，按照建设阶段、专业内容等进行分类；

设备仪器类，按照专业、系统进行分类。

8.1.2 类目设置

8.1.2.1 一级类目为 6 大类为电力生产、7 大类为科研开发、8 大类为项目建设、9 大类为设备仪器。

8.1.2.2 各二级类目及以下类目设置的具体内容参见本标准附录 A.1。

8.1.2.3 分类中一些特殊问题的处理见本标准附录 A.2。

8.1.3 档号的组成

档号由项目代号、分类号和案卷顺序号三组代码构成，分别用 0～9 阿拉伯数字标识。三组代码之间用"—"分隔。

项目代号，一般由四位阿拉伯数字组成，用 0～9 标识。前三位数为项目建设顺序号，第四位数为工期号。新建工程工期号为"1"。扩建工程从"2"开始。也可第一位数由各单位自定义，第二、三位数为项目建设顺序号，第四位数为工期号。

分类号，由二至四位阿拉伯数字组成，用 0～9 标识，参见附录 A、附录 B。

案卷顺序号，是最低一级类目下的案卷排列流水号，用三位阿拉伯数字 001～999 标识。

档号组成见图 8.1.3-1。

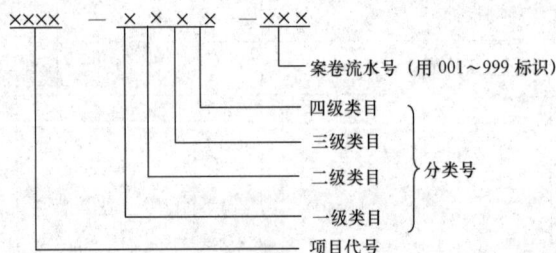

图 8.1.3-1 档号组成

8.1.4 档号的标识

以"83 施工"类中"光伏发电单元土建施工"为例，见图 8.1.4-1。

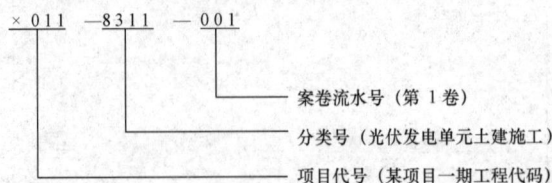

图 8.1.4-1 "光伏发电单元土建施工"档号标识

附 录 A
光伏发电项目档案分类表（6 类～9 类）及使用说明

光伏发电项目档案（6 类～9 类）分类表及使用说明见附录 A.1 和附录 A.2。

附录 A.1 光伏发电项目档案（6 类～9 类）分类表

6 电力生产

60 综合
    600 总的部分
    601 生产准备

61 生产运行
    610 综合
    611 运行记录
    612 观测与监测
    613 设备管理

62 生产技术
    620 综合
    621 指标分析
    622 系统图
    623 技术监督
    624 可靠性管理

63 物资管理
    630 综合
    631 设备和备品、备件采购
    632 物资管理台账

64 技改
    640 综合
    641 技改项目

69 其他

7 科研开发

70 综合
71 管理
72 基本建设
73 电力生产
79 其他

8 项目建设

80 准备
    800 前期管理
    801 可行性研究

915　数据采集

916　箱式变压器

919　其他

92　汇集站

920　汇集站变压器

921　汇集站配电装置

922　汇集站继电保护及二次设备

929　其他

93　集电线路（含厂用电源线路）

930　铁（杆）塔

931　导、地线

932　绝缘子、金具

933　光缆（含金具）

934　防雷接地

935　线路监测、检测

936　防坠落、攀爬梯

939　其他

94　升压站/开关站

940　变压器

941　高压设备及配电装置

942　低压配电设备

943　继电保护及二次设备

944　自动装置及直流系统

945　SF_6（六氟化硫）断路器

946　GIS 设备

947　特种设备

949　其他

95　消防工程

950　火灾自动探测及报警系统

951　灭火装置（灭火器）

952　防火材料（防火隔板、防火墙等）

953　通风排烟系统

954　应急灯

959　其他

96　交通工程

97　排洪工程

970　管道

971　排水泵

979　其他

98　电缆及电缆附件

980　电缆

981　电缆附件

989　其他

99　其他辅助工程

990　安防装置

999　其他

附录 A.2　光伏发电项目档案（分类表 6 类～9 类）使用说明

A.2.1　分类及保管期限

A.2.1.1　在分类时，若同一类目下形成的文件数量较少，可使用其上位类目号作为分类号；特小的项目，可直接采用二级类目号作为分类号；

A.2.1.2　在分类时，若附录 B 中"综合类"文件内容涉及两个以上类目（例：采用施工总承包模式的项目），可归入上级类目的"综合类"，并在备注中加以说明。

A.2.1.3　设备厂家提供的合格证、说明书、图纸、出厂调试报告等归入"9"大类。

A.2.1.4　竣工图专业划分与本分类表不一致时，用其相关的分类号，保持专业卷册间的联系，无需拆分并在其相关分类号"备注"栏内说明。竣工图文件数量较少时，可按上级类目，根据专业、顺序号进行排序。

A.2.1.5　根据需要将 8 大类中的"施工"，划分为四级类目。

⑧ 光伏发电工程达标投产验收规程

（NB/T 32036）（摘录）

工程综合管理与档案检查验收表

表 4.8.1　　　　　　　　　光伏发电工程综合管理与档案检查验收表

检验项目	检验内容	性质	存在问题	验收结果		
				符合	基本符合	不符合
一般规定						
1　项目管理体系	1）建设单位有健全的项目管理体系，能覆盖整个工程项目全员、全过程、全方位的工程管理和达标投产的目标管理	主控				
	2）监理、设计、施工、调试单位的质量管理体系、职业健康安全管理体系、环境管理体系应通过认证注册，按期监督审核，证书在有效期内					
	3）建立本工程有效的技术标准清单，实施动态管理					
	4）参建单位质量、职业健康安全环境管理目标明确，并层层分解落实					
	5）项目管理体系运行有效，现场生产过程可控	主控				
	6）项目管理体系持续改进，内部审核、管理评审、监督审核发现的不符合项整改闭环	主控				

检验项目	检验内容	性质	存在问题	验收结果		
				符合	基本符合	不符合
2 造价控制	1）竣工决算不得超出批准动态概算	主控				
	2）不得擅自扩大建设规模或提高建设标准	主控				
	3）不得违反审批程序选购进口材料、设备	主控				
	4）设计变更费用不应超过基本预备费30％					
	5）建筑装饰费不应超出审批文件控制标准					
3 进度管理	1）科学确定工期，建设单位应无明示或者暗示设计、监理、施工单位压缩合同工期、降低工程质量的行为	主控				
	2）严肃工期调整，网络进度定期滚动修正					
4 合同管理	1）建立完善的合同管理制度					
	2）工程、设备、物资采购符合《中华人民共和国招标投标法》《中华人民共和国招标投标法实施条例》的规定	主控				
	3）应按合同条款要求支付工程款、设备款					
5 设备物资管理	1）设备物资管理制度和工作标准完善					
	2）设备监造符合《电力设备监造技术导则》DL/T 586规定，设备监造报告、质量证明文件齐全					
	3）新材料、新设备的使用应有鉴定报告、使用报告、查新报告或允许使用证明文件	主控				
	4）原材料应有合格证及进场检验、复试报告	主控				
	5）构件、配件、高强螺栓连接附件等制成品应有出厂合格证及试验文件					
	6）设备、材料的检验、保管、发放管理制度完善，实施记录齐全					
6 强制性条文的执行	1）建设单位制定本工程执行强制性条文的实施计划，各参建单位应有针对性的实施细则，并对相关内容培训，应有记录	主控				
	2）对执行强制性条文有相应经费支撑					
	3）建立强制性条文执行情况监督检查制度，并有相应责任人					
	4）规划、勘测设计、施工、试运、验收符合强制性条文规定	主控				
	5）工程采用材料、设备符合强制性条文的规定	主控				

检验项目	检验内容	性质	存在问题	验收结果		
				符合	基本符合	不符合
6 强制性条文的执行	6）工程项目建筑、安装的质量符合强制性条文的规定	主控				
	7）工程中采用方案措施、指南、手册、计算机软件的内容符合强制性条文的规定					
7 勘测设计管理	1）编制提交本工程勘测、设计强制性条文清单					
	2）勘测、设计成品应符合强制性条文和国家现行有关标准的规定	主控				
	3）不得采用国家明令禁止使用的设备、材料和技术	主控				
	4）科技创新、技术进步形成的优化设计方案应经论证，并按规定程序审批					
	5）占地面积、工程投资等指标符合相关规定					
	6）施工图交付计划应满足施工进度计划需求，并经建设单位确认					
	7）勘测、设计单位不得向任何单位提供未经审查批准的草图、白图用于施工					
	8）施工图设计、会检、设计交底符合规定					
	9）设计更改管理制度完善；施工图设计符合可研或初步设计审查批复要求；重大设计变更按程序批准；改变原设计所确定的原则、方案或规模，应经原审批部门批准	主控				
	10）明确设计修改、变更、材料代用等签发人资格，向建设单位、监理单位备案，并书面告知施工、运行单位					
	11）现场设计代表服务到位，定期向建设单位提供设计服务报告					
	12）参加验收规程规定项目的质量验收					
	13）参加设备订货技术洽商及施工、试运重大技术方案的审查					
	14）按合同约定编制竣工图及竣工图总说明，并移交	主控				
	15）编制工程质量检查报告、工程总结					

341

检验项目	检验内容	性质	存在问题	验收结果		
				符合	基本符合	不符合
8 施工管理	1) 应编制以下管理制度，并严格执行					
	(1) 施工技术和施工质量管理责任制					
	(2) 施工组织设计					
	(3) 施工图会检					
	(4) 施工技术交底					
	(5) 物资管理					
	(6) 机械及特种设备管理					
	(7) 计量管理					
	(8) 技术检验					
	(9) 设计变更					
	(10) 施工技术文件					
	(11) 技术培训					
	(12) 信息管理及档案管理					
	2) 施工、检验单位资质及人员资格证件齐全、有效					
	(1) 承包商和分包商单位资质	主控				
	(2) 试验、检测单位资质	主控				
	(3) 项目经理					
	(4) 质量验收人员					
	(5) 试验检验人员					
	(6) 特种作业人员	主控				
	(7) 安全监察人员					
	(8) 档案管理人员					
	(9) 质量评价人员					
	3) 施工组织设计经审批，并严格执行	主控				
	4) 计量标准器具台账及检定证书在有效期内					
	5) 施工单位应按规定编制节地、节水、节能、节材、环境保护措施，经审批后实施					
	6) 施工质量管理及保证条件应符合《光伏发电工程验收规范》GB/T 50796 的规定					
	7) 编制工法、QC 小组成果、科技成果等创新活动计划，效果显著					
	8) 制定成品保护措施，并形成检查记录					
	9) 移交生产时的主设备、主系统、辅助设备缺陷整改已闭环					
	10) 编制工程总结					

检验项目	检验内容	性质	存在问题	验收结果		
				符合	基本符合	不符合
9 调试管理	1）管理制度完善，组织机构健全、分工明确、责任落实					
	2）调试大纲、方案、措施齐全，经审批后实施	主控				
	3）调试项目符合调试大纲要求					
	4）试验仪器、设备检验合格，并在有效期内					
	5）调试报告完整、真实、有效	主控				
	6）编制工程总结					
10 工程监理	1）组织机构健全，制度完善，责任明确	主控				
	2）各专业监理人员配备齐全，且具有相应资格，经建设单位确认后，正式通知被监理单位					
	3）按《电力建设工程监理规范》DL/T 5434规定编制下列文件，并按程序审批后实施					
	（1）监理规划					
	（2）监理实施细则					
	（3）执行标准清单	主控				
	（4）监理达标投产计划					
	（5）强制性条文实施计划	主控				
	（6）关键工序和隐蔽工程旁站方案	主控				
	4）按建设单位总体质量、安全目标制定具体实施细则					
	5）审核、汇总各施工单位"施工质量验收范围划分表"					
	6）完善检验手段，使用的仪器、设备符合《电力建设工程监理规范》DL/T 5434规定或满足合同要求					
	7）参加达标投产初验，并形成相关记录，对存在问题监督整改、闭环	主控				
	8）编制监理月报、总结、工程总体质量评估报告，并符合《电力建设工程监理规范》DL/T 5434规定					
	9）监理全过程质量控制符合《电力建设工程监理规范》DL/T 5434规定，记录齐全，					
	10）工程监理符合电力建设工程质量监督检查的有关规定					

检验项目	检验内容	性质	存在问题	验收结果		
				符合	基本符合	不符合
10 工程监理	11）按合同签署工程计量、工程款支付，并符合《电力建设工程监理规范》DL/T 5434 规定					
	12）有创优目标的工程项目，按合同约定完成工程质量预评价工作					
11 生产管理	1）生产运行机构设置和人员配备符合定编要求，人员经培训、考核合格上岗	主控				
	2）生产准备大纲经审批后实施	主控				
	3）编制管理制度、运行规程、检修规程、保护定值清单，绘制系统图等					
	4）劳动安全和职业病防护措施完善					
	5）操作票、工作票、运行日志、运行记录齐全	主控				
	6）接收设备的备品备件，出入库手续完善					
	7）制定反事故预案，演练、评价，并形成记录					
	8）制定三级安全管理网络图，建立应急管理物资台账					
	9）事故分析、处理记录齐全	主控				
	10）启动试运行期的缺陷管理台账及消缺率统计齐全					
12 信息管理	1）建设单位应编制信息管理制度					
	2）建立基建 MIS 系统，形成局域网，覆盖主要参建单位	主控				
	3）信息系统软件功能模块设置应包含基建管理的主要工作内容和程序					
	4）工程投运前，完成生产管理数据系统的安装和调试工作	主控				
	5）投入生产前，建立设备缺陷、工作票等信息管理系统					
13 档案管理	1）机构、人员、设施、设备					
	（1）建设单位应配备专/兼职档案人员					
	（2）工程档案管理人员，经培训，持证上岗	主控				
	（3）档案库房及设施符合国家有关防火、防潮、防尘、防鼠、防盗、防光、防虫、防水等安全保管、保护要求	主控				

检验项目	检验内容	性质	存在问题	验收结果		
				符合	基本符合	不符合
13 档案管理	（4）档案管理设施、设备的配置满足档案管理要求					
	（5）档案管理软件具备档案整编、检索和利用的功能					
	2）管理职责					
	（1）建设、监理、设计（勘测）、施工、调试、生产运行单位档案管理责任制执行有效					
	（2）建设单位按照《企业档案工作规范》DA/T 42 规定，制定项目文件归档制度					
	（3）参建单位按照建设单位项目文件归档制度，编制项目文件归档实施细则	主控				
	（4）建设单位将项目文件收集、整理和档案移交内容纳入合同管理。在合同中设立专门条款，明确各参建单位竣工档案的编制质量、移交时间、套数、归档及违约责任					
	（5）监理单位应按《电力建设工程监理规范》DL/T 5434 规定，对设计、施工、调试等参建单位整理和移交的竣工档案进行审查，并签署意见					
	（6）监理单位按项目文件归档要求要求和合同约定，将监理形成的文件进行收集、整理，向建设单位移交					
	（7）参建单位按照合同约定将整理完毕的档案，经监理审查后向建设单位移交	主控				
	（8）施工单位对分包单位形成的项目文件质量负责。将归档文件汇总整理后，经审查确认向建设单位移交	主控				
	3）项目文件质量					
	（1）项目文件应为原件。因故无原件的合法性、依据性、凭证性等永久保存的文件，提供单位应在复制件上加盖公章，便于追溯	主控				
	（2）按《国家重大建设项目文件归档要求与档案整理规范》DA/T 28 的规定编制项目文件					
	（3）项目文件签字、印章、图文等应清晰，具有可追溯性					

检验项目	检验内容	性质	存在问题	验收结果		
				符合	基本符合	不符合
13 档案管理	(4) 项目文件应按各专业规程规定的格式填写，内容真实、数据准确					
	(5) 竣工图与实物相符	主控				
	4) 项目文件收集					
	(1) 建设、监理、设计（勘测）、施工、调试、生产运行单位应收集具有保存价值的文字、图表以及音像等各种载体的文件					
	(2) 项目文件应与工程建设同步收集	主控				
	(3) 项目文件收集一式一份。归档需要增加份数的，应在合同中约定					
	5) 项目文件整理					
	(1) 分类符合分类表设置的类目					
	(2) 案卷组合应保持工程建设项目的专业性、成套性和系统性，同事由的文件不得分散和重复组卷；案卷排列顺序，应按前期、设计、施工、试运、竣工验收等阶段进行排列					
	(3) 卷内文件排列顺序，按文件的形成规律、问题重要程度或结合时间进行排列					
	(4) 案卷题名应简明、准确揭示卷内文件内容					
	(5) 卷内目录题名应填写卷内文件全称					
	(6) 件号、页号编写应符合《科学技术档案案卷构成的一般要求》GB/T 11822 的规定					
	(7) 案卷封面、卷内目录、备考表填写符合《科学技术档案案卷构成的一般要求》GB/T 11822 的规定					
	(8) 案卷装订应结实，宜用线装订，易于保护					
	(9) 按照《企业档案工作规范》DA/T 42 规定，对重要及利用频繁的纸质档案进行数字化管理					
	6) 照片收集与整理					
	(1) 照片档案应与纸质档案分类一致，并符合《照片档案管理规范》GB/T 11821 规定					
	(2) 归档照片反映工程质量、影像清晰、画面完整，并突出主题					

检验项目	检验内容	性质	存在问题	验收结果		
				符合	基本符合	不符合
	（3）编制照片档案检索目录，照片说明应完整					
	7）电子文件归档与整理					
	（1）电子档案应与纸质档案分类一致，并符合《电子文件归档与管理规范》GB/T 18894 规定					
	（2）光盘等载体应符合长期保管要求，并统一标注档号及存入日期等					
	8）实物档案收集与整理					
	（1）将与基建项目有关的证书、奖牌及奖杯，在基建中形成的地质矿样、探伤底片等记录载体收集归档	主控				
	（2）实物档案应与纸质档案分类一致					
	（3）编制实物档案检索目录					
13 档案管理	9）项目档案移交					
	（1）项目文件移交一式一份，需增加份数的，按合同约定					
	（2）竣工图移交一式一套，需交城建档案馆或另有需要增加套数的，按合同约定					
	（3）电子档案移交一式三份，其中一份异地保管					
	（4）整体工程投产后三个月内归档移交					
	（5）档案移交按归档要求审查其完整性和案卷整理质量经审查确认后办理移交手续	主控				
	（6）项目档案移交时，移交单位应编写归档说明，办理移交签证，并经项目负责人审查签字，与移交目录一并归档	主控				
	（7）建设单位各职能部门形成的项目文件，应由文件形成部门进行收集、整理，由部门负责人审查后移交档案部门归档					

347

检验项目	检验内容	性质	存在问题	验收结果		
				符合	基本符合	不符合
主要归档文件						
14 建设项目合规性文件	1）项目核准文件	主控				
	2）规划许可证					
	3）土地使用证					
	4）工程概算批复文件					
	5）质量监督注册及各阶段的监督报告					
	6）消防验收文件（具备验收条件）	主控				
	7）档案验收文件（具备验收条件）					
	8）水土保持验收文件（具备验收条件）					
	9）环境保护验收文件（具备验收条件）					
	10）安全设施竣工验收文件	主控				
	11）职业健康验收文件					
	12）移交生产签证书					
	13）工程竣工决算书					
	14）工程竣工决算审计报告（具备验收条件）					
	15）工程竣工验收文件（具备验收条件）					
15 安全管理主要项目文件	1）安全生产委员会成立文件	主控				
	2）安全生产委员会、项目部、专业公司安全生产例会记录					
	3）危险源、环境因素辨识与评价措施	主控				
	4）建设单位按高危行业企业安全生产费用财务管理的有关规定，设置安全费用专用台账					
	5）建设、监理和参建单位建立健全安全管理制度及相应的操作规程					
	6）专业分包及劳务分包单位的安全资格审核	主控				
	7）危险性较大的分部、分项工程安全方案、措施	主控				
	8）安全专项施工方案	主控				
	9）消防机构审查消防设计文件					
	10）特种设备管理制度、台账及准许使用证书	主控				
	11）特种作业人员操作资格证					
	12）起重作业，高处作业，带电作业及易燃、易爆区域安全施工作业票					

检验项目	检验内容	性质	存在问题	验收结果		
				符合	基本符合	不符合
15 安全管理主要项目文件	13）高处、交叉作业安全防护设施验收记录					
	14）施工用电方案					
	15）危险品运输、储存、使用、管理制度					
	16）消防设施定期检验记录					
	17）灾害预防与应急管理体系文件					
	18）自然灾害及安全事故专项预案演练、评价					
16 土建工程主要项目文件	1）地基基础工程					
	（1）桩基检测、试验报告	主控				
	（2）地基处理检测、试验报告	主控				
	（3）天然地基验槽记录	主控				
	（4）钎探记录					
	（5）沉降观测报告					
	2）主体结构工程					
	（1）混凝土强度、抗渗、抗冻等试验报告	主控				
	（2）钢筋接头连接检验报告	主控				
	（3）结构实体钢筋保护层及现浇混凝土楼板厚度检测报告	主控				
	（4）确定混凝土同条件试块和钢筋保护层检测部位的技术文件	主控				
	（5）混凝土粗细骨料碱活性检测报告	主控				
	（6）水平灰缝砂浆饱满度检测记录					
	（7）钢构架、钢平台、钢梯、钢栏杆等制作、安装质量验收记录					
	3）屋面工程					
	（1）屋面隐蔽工程验收记录	主控				
	（2）淋水、蓄水试验记录及大雨后的检查记录	主控				
	4）装饰装修工程					
	（1）墙面、地面、顶棚饰面材料安装或粘贴施工二次设计和施工记录					
	（2）外墙饰面砖粘接强度检验报告	主控				
	（3）有防水要求的地面蓄水试验记录	主控				
	（4）中控室等长期有人值守房间有害气体检测报告	主控				

349

检验项目	检验内容	性质	存在问题	验收结果		
				符合	基本符合	不符合
16 土建工程主要项目文件	(5)外墙门窗"三密性"检测报告					
	(6)门窗安装验收记录（垂直、平整、配件齐全、密封严密、启闭灵活）					
	5）建筑给水、排水及采暖工程					
	(1)建筑给水排水及采暖工程隐蔽验收记录	主控				
	(2)管道灌水、通水试验记录（排水、雨水、卫生器具）					
	(3)管道穿墙、穿楼板套管安装施工记录					
	(4)消防管道、暖气管道和散热器压力试验记录					
	(5)消火栓试射记录					
	6）建筑电气工程					
	(1)接地电阻测试记录					
	(2)照明全负荷试验记录					
	(3)建筑电气安装隐蔽验收记录					
	(4)室内外低于2.4m灯具绝缘性能检测					
	7）通风与空调工程					
	(1)工程设备、风管系统、管道系统安装及检验记录					
	(2)制冷、空调、水管道强度试验严密性试验记录					
	(3)通风管道严密性试验（透光、风压）					
	(4)防火阀等安装记录					
	8）智能建筑工程					
	(1)隐蔽工程验收记录	主控				
	(2)系统电源及接地检测报告					
	(3)系统试运行记录					
	9）建筑节能工程					
	(1)墙体、屋面保温材料进场的复试报告及质量证明文件					
	(2)外墙保温浆料同条件养护试件试验报告					
	(3)屋面保温层厚度测试记录					
	10）原材料出厂合格证、检验报告及进场试验报告					

检验项目	检验内容	性质	存在问题	验收结果		
				符合	基本符合	不符合
17 光伏发电单元安装工程主要项目文件	1）发电单元安装施工记录					
	2）组件串之间电压、电流测试记录					
	3）组串功率、I-U 特性曲线测试记录	主控				
	4）发电单元接地网电阻测试报告					
	5）汇流箱调试报告	主控				
	6）直流配电柜调试报告					
	7）逆变器调试报告					
	8）箱式变压器试验报告					
	9）电缆隐蔽工程验收签证					
	10）设备缺陷及处理记录					
18 场内集电线路工程主要项目文件	1）原材料出厂合格证、检验报告及进场试验报告	主控				
	2）集电线路工程施工记录					
	3）导线及金具压接试验报告					
	4）基础及敷设电缆隐蔽工程签证	主控				
	5）接地电阻测量记录					
	6）光缆熔接及测试记录					
19 升压站设备安装工程主要项目文件	1）主变压器（电抗器）设备					
	（1）安装及试验方案					
	（2）本体及附件安装、真空注油、密封检查记录					
	（3）交接试验记录	主控				
	（4）冷却器、压力释放装置、测温装置调整试验、检查记录					
	（5）气体继电器安装调整试验记录					
	（6）绝缘油试验记录					
	（7）消防试验记录					
	2）电缆及防火封堵					
	（1）电缆敷设、6kV 及以上电缆头制作记录					
	（2）绝缘、耐压试验记录	主控				
	（3）电缆防火涂料，防火封堵施工及验收签证记录					
	（4）电缆桥、支架安装及与接地连接施工记录					
	3）开关设备（包括 GIS 设备）					
	（1）安装及试验方案					

检验项目	检验内容	性质	存在问题	验收结果		
				符合	基本符合	不符合
19 升压站设备安装工程主要项目文件	(2) 开关设备（GIS）安装、调整、充气及操作试验记录及验收签证					
	(3) 开关设备（GIS）交接试验记录	主控				
	(4) SF$_6$气体检测报告	主控				
	(5) 开关设备"五防"功能试验记录	主控				
	4) 防雷、接地施工					
	(1) 防雷设施安装、测试记录					
	(2) 接地网间连接施工及接触电阻测量记录					
	(3) 全厂接地电阻测试记录	主控				
	(4) 接地电阻验收签证记录					
	(5) 接地隐蔽工程验收、签证记录					
	5) 监控与保护系统					
	(1) 盘柜安装、接地检查记录					
	(2) 仪器、仪表校验记录					
	(3) 主变压器在线监测装置检查记录	主控				
	(4) 计算机监控系统调整试验记录	主控				
	(5) 继电保护静态及联调试验记录	主控				
	(6) 火灾自动报警系统调整试验记录	主控				
	(7) 工业电视安装测试记录					
	(8) 调度通信和消防通信施工、调试记录					
	(9) 继电保护定值单					
	6) 站用电系统					
	(1) 设备安装及试验技术方案	主控				
	(2) 主要工序的验收签证					
	(3) 设备安装及交接试验记录					
	(4) 油或SF$_6$气体绝缘设备密封检查记录	主控				
	(5) 开关操作和试验记录					
	(6) 开关"五防"功能试验记录					
	(7) 互感器接线组别和极性检查记录					
	(8) 硬母线安装记录					
	(9) 箱式母线安装调整记录					
	(10) 母线绝缘及耐压试验记录					
	7) 直流系统					
	(1) 蓄电池及直流盘柜安装、调试记录					
	(2) 蓄电池组充放电记录及验收签证	主控				

检验项目	检验内容	性质	存在问题	验收结果		
				符合	基本符合	不符合
19 升压站设备安装工程主要项目文件	8）电气调试报告					
	（1）变压器、电抗器、断路器、隔离开关、互感器、避雷器、电容器、母线、电缆等试验报告	主控				
	（2）变压器、母线、线路保护及自动装置调试报告	主控				
	（3）故障录波、直流系统、保安电源、电网安全及自动装置调试报告	主控				
	（4）电气仪表校验报告	主控				
	（5）接地电阻（接地阻抗）测试报告	主控				
	9）其他测试、试验记录（报告）					
	（1）光缆熔接及测试记录					
	（2）导线压接试验报告					
20 调整试验、技术指标主要项目文件	1）调试试运行					
	（1）启动委员会成立文件	主控				
	（2）启动前建设、设计、监理、施工、生产等单位准备验收报告					
	（3）经报批的调试方案及措施	主控				
	（4）继电保护定值单及整定记录	主控				
	（5）电气设备交接试验报告					
	（6）控制、保护及测量装置调试报告					
	（7）启动试运行试验报告或调试报告	主控				
	（8）经审批的整套启动反事故措施					
	（9）调试用仪器、仪表台账及校验报告					
	（10）试运性能指标统计报表					
	（11）启动验收鉴定书	主控				
	（12）建筑物及主要设备移交书					
	2）性能试验					
	（1）逆变器功能和性能试验报告					
	（2）光伏电站整体效率测试试验报告					
	（3）计算机监控系统功能和性能试验报告					
	（4）组串功率、I-U 特性曲线性能试验报告					
	（5）无功补偿装置静、动态试验报告	主控				
	（6）合同约定的其他性能试验方案及报告					
	3）生产试运行记录					

⑨ 核电档案分类准则及编码规则

(NB/ T 20042—2011)
(摘　录)

1　范围

本标准适用于核电企业档案部门、职能部门以及全体工作人员对核电档案管理中的分类与编码。

与核电相关的企业所产生的核电档案亦可参照本标准进行分类与编码。

3　术语和定义

3.1　核电企业

从事核电项目选址、设计、建造（包括安装和调试）、运行（包括维修）、更新改造、退役等阶段的活动以及监理活动的企业。核电企业包括核电业主和（或）营运单位、核电项目的总包商和专业分包商等单位。

3.2　核电档案

核电建设、运营、退役及其管理活动中，形成的对国家、社会和企业具有保存价值，并经过整理、归档的文件。

3.3　档案类目

规定一类档案的性质和范围、构成档案分类表的基本单位。

类目又称类名，是一些在性质上或特征上具有共同属性的档案总称。类目规定了一类档案的性质和内容范围，以便区别于其他档案。类目是档案分类表的构成单元。一个类目一般包括一个档案主题，但有时也包括一个以上的档案主题，形成一个类组。

[GB/T 15418—1994，定义 3.7]

3.4　档号

档案馆（室）在整理和管理档案的过程中，以字符形式赋予档案的一组代码。档号是存取档案的标记，并具有统计监督作用。

[DA/T 13—1994，定义 2.1]

3.5　全宗

一个国家机构、社会组织、个人形成的有机联系的文件整体，是档案馆的第一层分类和管理单位。

[GB/T 13967—2008，定义 3.1]

3.6　全宗号

档案馆（室）给定每个全宗的代码。

[DA/T 13—1994，定义 2.2]

3.7　代码

表示特定事物或概念的一个或一组符号。

注：这些字符可以是阿拉伯数字、拉丁字母或易于计算机和人识别与处理的其他符号。

[GB/T 10113—2003，定义 2.2.5]

3.8 项目代码

产品、工程、课题、设备等档案的代字或代号。

[DA/T 13—1994，定义2.5]

3.9 分类号

类目的简明编码和标记符号。分类号可固定全部类目的先后次序和明确一个类目在分类体系中的特定位置，以便于标引、排列和进行检索、组织馆藏。

[GB/T 15418—1994，定义3.8]

3.10 特征码

反映某一类档案特性的代码。可将主表中同一类目与特征码组配起来，构成档案分类特征码适配表，供主表的类目进一步细分使用。

3.11 特种介质档案

非纸质载体档案和非纸质实物档案的总称。

4 一般原则

4.1 来源导向

坚持以来源为导向的原则，注重保持同一来源核电档案的有机联系。分类体系的确立和类目设置的排序都应体现核电档案形成的规律和特点，适应核电档案的科学管理和利用。

4.2 从总到分

核电档案分类体系应以核电企业从事的主管业务活动的职能分工为基础，密切结合核电企业主要业务活动的工作过程及管理方式，采取从总到分的逻辑体系。

4.3 层级优化

档案类目的设置应考虑档案归类的可操作性和检索的便利性，兼顾档案管理信息化的需要，优化分类层级设置，包括控制分类深度。

4.4 代码简明

代码应准确、简洁明了、不致引起歧义。

4.5 易于扩展

类目和代码应具有扩展性。类目设置不仅可以适应核电企业业务活动发展变化的需要，还可以通过档案分类代码中的特征码[如：机组、建、构筑物、系统、设备、燃料装卸（换料）、机组大修、组织机构、年度等]的变化，有效地维护各个项目档案的成套性。

5 类目设置

核电档案的类目设置分为三级（见6.4）。第一级类目包括党群行政、经营管理、人力资源、财务会计、商务管理、科技与信息、工程设计、基本建设、电力生产、设备管理、质量与安全、信函管理共十二个基本大类（见表1）。

表1　　　　　　　　　　　　　　　核电档案一级类目表

序号	类目代码	类目名称	说　　明
1	A	党群行政	党群行政同属管理性活动，将传统的党群工作和行政管理合并，统一设置类目以取得简化管理的实际效果
2	B	经营管理	经营管理充分体现企业从筹建、规划、决策、管理方法、管理体制等一套完整的现代企业管理理念和管理模式

序号	类目代码	类目名称	说　明
3	C	人力资源	现代人力资源管理不同于传统的人事劳资管理，从传统的行政管理中剥离出来形成一级类目的人力资源
4	D	财务会计	在现代企业管理中，财务管理和会计核算通常都由同一个机构承担，两项业务职能活动紧密相关，将财务管理从传统的经营管理类剥离出来，与会计档案合并成一级类目的财务会计
5	E	商务管理	商务管理已成为核电企业的一项重要职能活动，并贯穿于核电项目的全过程以及核电企业的各项活动执行的始终
6	F	科技与信息	科学技术研发与信息管理是两项具有密切关联性的企业活动，将两项职能活动中形成的档案作为一级类目集成管理，有助于保持档案之间的有机联系
7	G	工程设计	核电工程设计具有较强的独立性和成套性，单独设置类目可以体现该类档案的特点，并减少基本建设类档案分类的层次和数量，也方便查找和利用
8	H	基本建设	围绕工程项目建设阶段开展的各项活动产生的档案集中设立一级类目，可以有效地保持基本建设档案的有机联系和完整性；尤其是土建、安装、调试活动中形成的档案具有专业性和成套性的特点
9	J	电力生产	电力生产是核电企业的中心职能活动，直接关系到核电企业的生存与发展。围绕电力生产的运行、检查试验、维修、技术改造等职能活动形成的档案集中设立一级类目，可以使电力生产获得相对集中的档案信息支持
10	K	设备管理	围绕仪器设备的设计、制造、运输和管理等活动的全过程形成的档案，具有明显的成套性特征，可以提供充分的档案信息资源
11	L	质量与安全	核电行业的一切活动都应满足质量与核安全法规和标准的要求。有必要将不同阶段的质量与安全活动中产生的档案集中设置为一级类目
12	M	信函管理	信函是核电企业在业务活动中，与相关单位之间的联系事务，经双方同意建立通信渠道，确认授权人签发，传达双方意图的一种重要书面信息传递方式。此类文件内容复杂，有保存和查考价值，故另行设置类目，单独管理

第二级和第三级类目依次是第一级和第二级类目的细分，其设置见附录 A。

6　档号

6.1　概述

档案代码采用组合码结构，分为五组，依次为全宗号或公司（单位）代码、项目代码、分类号、特征码、顺序号。代码为阿拉伯数字（以下简称数字）和拉丁字母（以下简称字母）混合型，其代码结构见图 1。

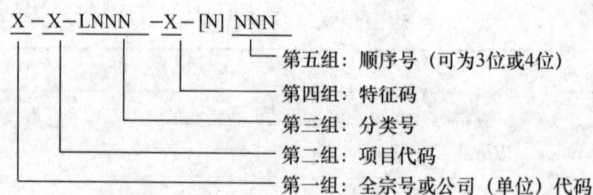

$$X-X-LNNN\ -X-[N]\ NNN$$

- 第五组：顺序号（可为3位或4位）
- 第四组：特征码
- 第三组：分类号
- 第二组：项目代码
- 第一组：全宗号或公司（单位）代码

注：X 为任意长度的数字和（或）字母，L 为一位字母，N 为一位数字，"-"仅起分隔作用，可以用其他分隔符代替。

图 1　代码结构

为避免混淆，档号不宜使用拉丁字母 I 和 O。

6.2 全宗号或公司（单位）代码

全宗号或公司（单位）代码为不定长数字或字母数字混合型代码。

对一个公司（单位）自己形成的核电档案，宜用该公司全宗号或该公司（单位）代码标示。

对多个公司（单位）共同形成的、难以区分而需要进行统一整理的核电档案，宜为保管档案实体的公司全宗号或公司（单位）代码标示。

对多个项目共同形成的、难以区分而需要进行统一整理的核电档案，宜用第一个建成项目公司的全宗号或公司（代码）标示。

6.3 项目代码

项目代码用字母或数字标示。

6.4 分类号

分类号由一位字母和三位数字组成，分为三级类目：

第一级类目用一位英文大写字母表示；

第二级类目用二位数字 11～99 表示，10，20，30 等带"0"的数字可根据需要设置为综合类；

第三级类目用一位数字 1～9 表示，也可以为空。

6.5 特征码

特征码为可选字段，用以实现和表示各类文件的关键属性。特征码为可不定长的数字或字母代码，可分别标示机组、建/构筑物、系统、设备等。特征码应采用国内核电厂通用的代码表示。本标准给出的特征码示例见表 2，各核电企业可结合本单位文件产生和利用的实际情况对表 2 的特征码进行调整和增补。

6.6 顺序号

顺序号用三位数字 001～999 或四位数字 0001～9999 表示。

6.7 核电档案代码的完整形式

核电档案代码的完整形式见示例。

示例：X-PH-H152-IASG-066

表 2 特征码的示例

特征码号码	结构	示例
机组号	N	1（1 号机组）、2（2 号机组）
建/构筑物代码	LL	RX（反应堆厂房）、MX（汽机厂房）
系统代码	LLL	RCP（反应堆冷却剂系统）、AHP（高压加热器系统）
设备类型标识代号	LL	PO（泵）、AP（发电机）
核燃料循环号	LNNN	C101（1 号机组第一次燃料循环）
机组大修号	LNNN	T101（1 号机组第一次大修）
年度	YYYY	2010（2010 年）、2014（2014 年）
组织机构代码	LLLL/LLL	IMC（信息中心）、WCNB（工程公司）
员工号	YYYYNNNN	20100001（2010 年第 0001 号员工）

注 结构中的 L 代表字母，N 代表数字，Y 代表年号。

其中：

X——某核电企业；

PH——某项目；

H152——安装竣工报告；

IASG——1号机组辅助给水系统；

066——第066卷档案编号。

上述整个代码表示为某核电企业某项目1号机组辅助给水系统第066卷安装竣工报告。

7 使用说明

7.1 交叉关系的处理

在分类中凡能归入具体专题案卷的文件材料，均应放在具体专题案卷内。

若文件材料的内容涉及两个及以上档案类目时，按照案卷内文件的主要问题或内容归类，对另一问题应在著录时注明参见的档号。

7.2 特种介质档案

特种介质档案形成和反映的内容、作用与纸质档案有着不可分割的联系，不单独设置类目，视其内容特征同纸质档案对应其类目和代码。因特种介质档案的载体和实物不同，保管要求不同，将分别单独编号排架。

常见特种介质的代码参见附录B。

附录 A
（规范性附录）
档案类目表

A.1 档案类目表

档案类目表见表A.1。

表 A.1　　　　　　　　　　　　档案类目表

序号	类目名称	特征码	基 本 范 围
A	党群行政		
A11	党务工作	年度	党务公文管理、党委的综合工作及其他事务工作等，党代会或党委其他有关会议、宣传教育等
A12	组织工作	年度	党员和党员干部管理、党费管理，组织的设立、撤销、换届选举等
A13	统战工作	年度	民主党派、无党派、港澳台、华侨工作、民族、宗教事务等
A14	纪检监察	年度	法纪监察、效能监察、党风廉政建设、信访办案、违纪案件处理等
A15	工会协会	年度	职工代表大会、职工民主管理、劳动竞赛、劳保福利、女工工作、文化艺术和体育活动等，协会工作、各群众团体活动等
A16	共青团工作	年度	组织建设、政治思想教育、团员大会、团员管理、团费管理、青年工作等
A17	行政管理	年度	行政公文管理、行政事务、社会治安等

序号	类目名称	特征码	基 本 范 围
A18	公共关系	年度	公共接待、公关宣传、外事管理等
A19	后勤管理	年度	后勤规划、生活后勤、行政后勤、交通运输、公共医疗卫生等
B	经营管理		
B11	企划管理	年度	公司筹建、公司决策、企业规划、投资管理、综合计划统计、验资证明、产权登记等
B12	标准化管理	功能代码/年度	管理体系文件、管理大纲、管理制度、管理规程、企业标准、操作规程、程序文件等
B13	部门管理	年度+组织机构	以部门名义履行相关职能活动中产生的需要归档的文件材料等
B14	审计工作	年度	审计管理、专项审计等
B15	法律事务	年度	经营管理活动中的法律咨询、诉讼等
B16	产品营销	年度	产品销售计划、市场分析和客户调查、产品宣传、售后服务等
C	人力资源		
C11	岗位管理	年度/员工号	定岗、定编、定级、组织机构、岗位授权、岗位规范、岗位聘任、技能评定，岗位考核、职业发展规划、个人劳动合同等
C12	人事调配	年度	人事调整变动、招聘、离职、返聘等
C13	绩效薪酬	年度	绩效考核、工资、奖金、补贴、企业年金、住房公积金、社会养老、企业补充争工伤、医疗保险等
C14	考勤休假	年度	员工出勤、值班、加班、休假、事假、病假等
C15	培训管理	年度	培训计划、总结、培训需求调查与分析、培训大纲、课程开发、专项培训、培训记录、考核记录、等效认可、培训授权等
C16	员工人事档案	员工号	履历材料、自传材料、鉴定/考核/考察材料，学历和评聘专业技术职务材料、政审材料、参加党派材料、奖励/处分材料、录用/任免/聘用/专业/工资/待遇/出国/退休/退职材料及各种代表会代表登记表等
D	财务会计		
D11	财会管理	年度	财务指标、财会稽查、风险管理等
D12	预算决算	年度	预算管理、税务管理、成本管理等
D13	资金债务	年度	融资管理、信贷管理、资金业务、投资交易等
D14	固定资产	年度	固定资产清册、材料核算管理、投资经济分析、资产变动、固定资产报废清册等
D15	会计凭证	年度	银行收款凭证、银行付款凭证、现金收款凭证、现金付款凭证、转账凭证等
D16	财务账簿	年度	总账、日记账、明细账、辅助账簿等
D17	财务报表	年度	月/季/年度财务报表等
D18	保险	年度	企业财产保险、核保险、个人保险等

序号	类目名称	特征码	基　本　范　围
E	商务管理		
E11	供应商管理	年度	合格供应商清单、潜在供应商推荐表、潜在供应商资格调查、供应商资格评定/评审等文件
E12	合同管理	合同（包）号/年度	立项申请、招投标、合同谈判、合同执行、验收支付等过程中形成的文件
E13	采购管理	订单号/年度	申请采购单、供应商选择、询价单、报价单、技术澄清、推荐书、订单文本、订单回执等
E14	进出口管理	年度	报关单、许可证、批文、通关单、进出口货物申请表等
F	科技与信息		
F11	课题研究	课题	开题、审批、调研、研究方案、实施计划、执行文件、实验总结报告等
F12	项目开发		策划、审批、实施、总结鉴定等
F13	成果管理	课题	科技成果鉴定、报批、奖励等
F14	科技交流	年度	学术交流、技术建议书、技术咨询等
F15	知识产权	年度	知识产权战略研究、专利、商标、著作权申请、委托、登记、许可、转让（含转让成果）等
F16	信息技术	年度	计算机系统及其硬件和软件、通信系统、信息安全、设施管理等
F17	信息资源	年度	信息资源规划、各类数据管理、档案工作、图书情报管理、翻译出版管理等
F18	国际合作	课题/年度	
G	工程设计		
G11	设计管理	年度	设计进展计划、设计工作报告、设计审查、设计协调、设计接口管理、设计进度控制、设计质量控制、设计投资控制等
G12	项目前期工作	机组	初步可行性研究、可行性研究等
G13	初步设计	机组	方案设计、初步设计文件、工程初步审计/审批等
G14	施工图设计		总平面布置图、设计说明书、技术规格书、土建施工图、总布置图、设计说明书、技术规范书、安装布置详图等
G15	设计修改/变更	变更文件类型	设计修改/变更申请、设计修改/变更通知、系统设计手册修改/变更通知等
H	基本建设		
H11	工程前期		
H111	项目报批		项目建议书、项目建议书的申请、项目审批等
H112	征地移民		红线图、蓝线图、行政区域图、征用土地审批、移民搬迁、安置、补偿等
H113	厂址勘察		地形、地质、水文、气象、生化、人口等

序号	类目名称	特征码	基 本 范 围
H12	工程控制	年度	工程总体进度计划、总体进度报告、进度协调会议、接口控制与管理、投资控制报告等
H13	工程测量	建筑物/区域	测量控制网文件、工程测量报告、沉降监测、厂房变形监测等
H14	土建		
H141	施工管理	年度	施工进度计划、施工进度报告、施工协调与接口、施工文件等
H142	竣工报告	建筑物/区域	土建竣工报告（交工验收文件、施工质量文件、质量控制文件、施工变更）等
H143	竣工图	建筑物/区域	土建竣工图等
H15	安装		
H151	施工管理	年度	安装进度计划、安装进度报告、安装工作协调与接口、安装文件等
H152	竣工报告	机组＋系统	安装施工竣工报告（交工验收文件、施工质量文件、质量控制文件、施工变更文件）等
H153	竣工图	机组＋系统	安装竣工图等
H16	调试		
H161	调试管理	年度	调试进度计划、调试进度报告、调试工作协调与接口等
H162	调试规程	系统	试验总说明、调试的标准与导则、调试大纲、调试程序等
H163	调试记录	机组＋系统	系统调试记录与报告等
H164	移交接产	移交活动类型	隔离移交、临时运行移交、维修移交、厂房移交、遗留项管理等
H165	调试变更	变更文件类型	调试期间产生变更及其处理措施记录等
H17	竣工验收		
H171	验收管理		计划、预验收/验收会议纪要、验收记录及相关资料等
H172	专项验收		工艺设备和建筑安装、消防、环境、职业安全、职业卫生和档案等专项验收活动所形成的材料
H173	整体验收		验收申请、验收报告、验收证书等
H18	工程监理		
H181	监理管理	年度	工作计划、实施细则、监理通知、监理工程情况报告等
H182	监理记录	年度	工程开工/停工/复工令、工程管理整改通知、监理日志、监理协调会议材料等
H19	附属工程	建/构筑物	除主体工程以外的宿舍、餐厅、办公楼、活动中心等建/构筑物的设计、施工、安装、调试、竣工验收等材料
J	电力生产		
J11	生产计划与联网	年度	电网管理、统计报表、发电计划和总结等
J12	运行管理		
J121	运行规程		正常运行规程、异常运行规程、事故运行规程等

序号	类目名称	特征码	基　本　范　围
J122	运行记录报告	年度	值长日志、隔离日志、操纵员日志、巡视日志、三废控制日志、化水日志，运行日报、月报、年报等
J123	系统运行记录	年度(大修号)+机组+系统	系统打印记录、记录仪纸卷记录、系统在线文件包、大修在线文件包等
J124	许可证与指令	年度+许可证类型	隔离许可证、介入许可证、试验许可证、使用外源许可证、特殊作业许可证、临时运行指令、临时/专项操作单等
J125	化学监督	年度	水质、气质、油质、防化检测分析记录及报告等
J126	运行支持		钥匙管理记录、值班人员考勤登记等
J13	维修管理		
J131	维修规程		维修导则、维修大纲、维修程序等
J132	日常维修管理	年度	日常维修计划、维修技术报告、维修活动统计分析报告、维修承包商管理记录（承包商月报/季报/年报、工作计划、维修承包商会议记录）等
J133	日常维修记录	年度+专业+机组+系统	对系统、设备、建/构筑物等进行的日常维修工作记录
J134	大修管理	大修号	大修计划、大修日报、大修准备/协调会议记录、换料大修初始/最终/再启动报告，大修指南、大修总结、大修记录等
J135	工（器）具管理	年度	通用工具、专用工具、吊具、个人工具、计量器具的管理，专用工具研制与改造的报告和记录等
J136	设备防腐	年度	设备防腐技术规范要求、施工方案、施工风险防范、施工进度计划、进展报告、质量进度、控制、缺陷处理、施工中重要材料使用审批与验收、施工竣工文件和图纸、防腐项目竣工验收等
J14	技术改造		
J141	技改实施	年度/大修号/机组+系统	改进申请与评价、初步设计与审查、详细设计与变更、施工与鉴定、完工与可用性检查等
J142	物项替代	年度	物项替代申请与审批、等效论证、采购规范与制造、物项替代最终评价等
J15	检查试验		
J151	役检管理	年度	役前/在役检查的大纲、程序、记录、报告、总结等
J152	定期试验	年度/大修号/机组+系统	定期试验监督大纲、定期试验程序、定期试验记录（含运行、维修、辐射防护、保安系统等）
J153	性能试验	年度	性能试验大纲、性能试验程序、性能试验记录（含振动测量、特性试验、机组效率测量）等
J154	金属监督	年度	金属监督的大纲、程序、记录、报告、总结等
J16	核燃料管理		
J161	堆芯换料设计与监测	核燃料循环号	堆芯装料方案、燃料管理报告、安全评价报告、燃料性能评价报告、核设计报告、热工水力设计报告、换料堆芯设计审查、堆芯硼数据跟踪记录、换料大纲，堆芯监测记录/报告等

序号	类目名称	特征码	基 本 范 围
J162	核燃料组件制造	核燃料循环号	燃料组件制造综合进度表、燃料组件质量控制计划、燃料组件检查与试验项目清单、月监督与见证计划、趋势分析报告、燃料组件制造完工报告等
J163	换料	核燃料循环号	新燃料组件原始签字文件、新燃料接收和移交文件、燃料组件检查文件、装料档案、卸料档案、相关组件倒换档案、燃料组件历史卡、燃料贮存记录等
J164	堆芯物理试验	核燃料循环号	启动物理试验记录、周期性物理试验报告、启动物理试验报告、堆芯运行数据跟踪记录等
J165	乏燃料管理	年度/大修号	乏燃料贮存、运输及后处理记录/报告等
J166	核燃料衡算	核燃料循环号	核材料许可证、核燃料衡算报告、破损元件探测与评价报告等
J21	寿期管理		电站延寿、老化管理等
J31	退役管理		
K	设备管理		
K11	设备设计	系统设备代码	设备规范书、设计文件和图纸、设备标牌清单、设备运行维修手册、产品使用说明/手册、计算书、设备鉴定规格书、鉴定大纲、鉴定报告等
K12	设备制造	系统设备代码	制造记录、完工报告、设备竣工图等
K13	设备运输	年度	装箱、返运、开箱、验收与支付记录等
K14	设备监管	年度＋系统设备代码	在役设备的系统分析、设备健康评估、设备趋势分析、机组设备状态监督与跟踪记录/报告等
K15	物资管理		
K151	生产物资	年度	移交清单、物料登记、维修保养、仓库检查、库存盘点、物料领用、退料、调整、报废记录等
K152	行政物资	年度	非生产性物资记录等
K16	计量检定	年度	仪器仪表的标定、参数设定记录等
L	质量与安全		
L11	执照申请	年度	核电厂的建造、首次装料、运行、退役等阶段许可证以及操纵员执照的申请报告、批复文件、评审结果和相关证照，核电厂安全分析报告（包括初步、最终和修订的安全分析报告）、安全评价报告、环境影响报告等
L12	运行核安全		
L121	核安全管理	年度	运行许可证日常管理、技术规格书管理、违反技术规格书事件管理等
L122	核安全评审	年度	IAEA/Pre-OSART（［核电厂］运行前安全评审组）/OSART（［核电厂］运行安全评审组）/WANO（世界核电厂运营者联合会）评审报告、十年安全评审报告、换料大修安全评审报告等

序号	类目名称	特征码	基 本 范 围
L123	核安全监督	年度	安全技术顾问记录、安全技术顾问周报、NNSA（国家核安全局）专项/例行检查记录、安全相关物资的改造和修改记录、特许申请等
L13	工业安全	年度	工业安全计划/大纲，作业风险分析报告，劳动防护用品管理、工业器具安全管理、危险品管理、特殊工种和特殊作业管理、厂房管理、安全检查/巡视与监督、个人与承包商安全管理、许可证管理等记录、工业安全事件等
L14	消防	年度	消防工作计划/大纲，可燃物/火源控制、防火屏障完整性控制、火灾风险分析与防范报告、许可证管理、消防演习记录等
L15	辐射安全		
L151	辐射安全管理	年度	辐射防护工作计划、辐射防护工作大纲、辐射防护状态分析与评价报告、辐射防护用品管理、许可证管理记录等
L152	辐射安全控制	年度	外照射防护、内照射控制、放射性污染控制、对放射性和放射物质的控制等记录
L16	应急响应	年度	应急准备、预案、计划与总结、单项演习方案与总结、综合演习方案与总结、联合演习方案与总结、应急演习和响应报告等
L17	职业健康安全		
L171	职业病危害防治	年度	噪声监测、高温监测、电磁辐射监测、粉尘监测、窒息性气体监测、监测结果分析与评价报告等
L172	职业健康记录	员工号	职业健康检查记录、个人照射剂量记录、有害物质接触量记录、异常照射的医学干预记录、过量照射人员的医学随访记录、职业病诊治记录等
L18	安全保卫	年度	出入管理（个人通行证、车辆通行证、物品携运证、厂区摄影证）记录、治安管理（厂区巡逻、岗哨执勤、突发治安事件处理、安全保卫有效性评估、反入侵演习）记录、核材料保卫记录、交通安全记录等
L19	环境保护		
L191	放射性废物管理	年度	废气/液排放申请、取样分析报告、排放审批与实施记录、放射性流出物监测月/年报、固体放射性废物处理跟踪记录等
L192	非放废物管理	年度	非放污水管理记录、工业固体废物管理记录等
L193	环境监测与测量	年度	气象数据监测与测量报告、环境监测与测量报告等
L21	经验反馈		
L211	内部经验反馈	年度	公司内工程项目建设记录、运营活动中产生的经验反馈记录等

序号	类目名称	特征码	基 本 范 围
L212	外部经验反馈	年度	与核电管理活动直接相关的核安全报告,以及有借鉴教育意义的工业安全和消防安全在内的外部单位的经验反馈记录等
L213	事件管理	年度	事件报告、重大事件专题报告、事件调查与分析报告、事件事故统计报告、人因管理记录等
L22	质量保证		
L221	质保管理	年度	质量统计/质量趋势分析/有效性评估报告、管理部门审查记录等
L222	质保监查	年度	监查计划、监查会议记录、监查清单、监查内容记录、监查适用性文件、监查记录、监查报告、纠正行动及行动跟踪记录等
L223	质保监督	年度	监督大纲、监督计划、监督记录、监督报告、纠正措施及措施跟踪记录等
M	信函管理		
M11	来函	年度/来文方通信代码	公司收到的与项目直接相关的函件
M12	发函	年度/收文方通信代码	公司发出的与项目直接相关的函件

附录 B
(资料性附录)
常见特种介质代码

B.1 常见特种介质代码

常见的特种介质代码见表 B.1。

表 B.1 　　　　　　　　　常见特种介质代码

序号	代码	介质名称
1	SA	照片、底片
2	SB	光盘
3	SC	录像录音带、硬盘、磁盘、磁带
4	SD	射线胶片
5	SE	缩微胶片
6	SF	紧要凭证
7	SG	题词、字画
8	SH	奖杯、奖状、锦旗、匾额、荣誉证书等
9	SJ	岩芯、试样、试块等

⑩ 电网建设项目文件归档与档案整理规范

(DL/T 1363—2014)(摘录)
档案分类及使用说明(8～9类)

8 项目文件整理

8.1 分类

8.1.1 分类原则

项目文件按照来源、建设阶段、专业性质和特点等进行分类。

8.1.2 类目设置

8.1.2.1 一级类目设置

项目档案设"8 基本建设""9 设备仪器"两个一级类目。

8.1.2.2 二级类目设置

二级类目的设置是对一级类目的细分,按项目类别划分。设置方法如下:

"80""90"表示综合

"81""91"表示调度自动化、通信工程、设备

"82""92"表示交流输电线路工程、设备

"83""93"表示电力电缆线路工程、设备

"84""94"表示变电站工程、设备

"85""95"表示直流输电线路工程、设备

"86""96"表示换流站工程、设备

"87""97"表示小型基建工程、设备

"88""98"表示信息化建设工程、设备

"89""99"表示其他工程、设备

8.1.2.3 三级类目设置

三级类目的设置是对二级类目的细分。

a) 8 类三级类目设置

81类～88类的三级类目按阶段或流程设置,类目名称相对固定;89类的三级类目按工程类别设置。设置方法如下("×"代表"1～8"):

"8×0"表示"项目准备"

"8×1"表示"项目设计"

"8×2"表示"项目管理"或"项目建设管理"

"8×3"表示"土建施工"。用"8×3"表示"项目施工"时,"8×4"空置

"8×4"表示"安装施工"

"8×5"表示"项目测试或调试"

"8×6"表示"监理"

"8×7"表示"启动及竣工验收"

"8×8"表示"竣工图"

"8×9"表示"其他"

b) 9 类三级类目设置

91类～98类的三级类目按系统、设备台件设置,99类的三级类目按工程类别设置。

8.1.2.4 四级类目设置

8类四级类目按专业内容、特点设置,9类按设备台件设置,参见附录A、附录B。

8.1.3 档号组成

档号由项目代号、分类号、案卷顺序号三组代号构成,一般用阿拉伯数字标识。各组代号之间用"一"分隔。档号组成见图8。

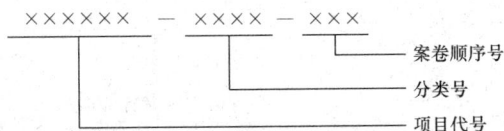

图8　档号组成

8.1.4 档号各组成部分结构

8.1.4.1 项目代号

根据不同工程类别,项目代号分别由电压等级代码、项目顺序号、工期号、项目竣工年度中的二至三个要素组成,用六位阿拉伯数字标识,中间无分隔符号。电压等级代码标识见表1。

表1　　　　　　　　　　　电压等级代码标识

电压等级代码	表示的电压等级
0	30kV 以下
1	100kV 及以上～200kV 以下
2	200kV 及以上～300kV 以下
3	30kV 及以上～100kV 以下
4	300kV 及以上～500kV 以下
5	500kV 及以上～600kV 以下
6	600kV 及以上～700kV 以下
7	700kV 及以上～800kV 以下
8	800kV 及以上

项目代号标识方法如下:

a) 区分工期的项目,用电压等级代码、项目顺序号、工期号标识。项目代号标识见图9。如84变电站工程、86换流站工程。

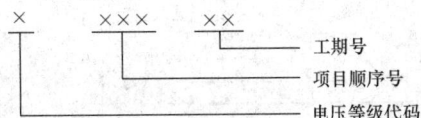

说明:项目代号第一位表示电压等级代码,第二至第四位表示项目顺序号,第五至第六位表示建设工期,一期工程用"01"表示。

图9　区分工期的项目代号

b) 不区分工期的项目,用电压等级代码、项目顺序号标识。项目代号标识见图10。如82交流输电线路、83电力电缆线路、85直流输电线路、890配电网工程等。

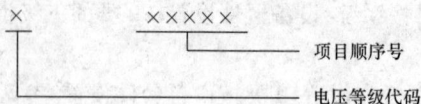

说明:项目代号第一位表示电压等级代码,第二至第六位表示项目顺序号。

图 10　不区分工期的项目代号

　　c)采用项目竣工年度、项目顺序号标识。项目代号标识见图 11。如 81 调度自动化、通信工程,87 小型基建工程,88 信息化建设工程等。

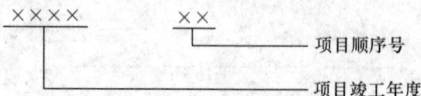

说明:项目代号第一位至第四位表示竣工年度,第五至第六位表示该年度下的项目顺序号。

图 11　用竣工年度标识的项目代号

8.1.4.2　分类号

　　分类号,由 2～4 位阿拉伯数字组成,用 0～9 标识,参见附录 A、附录 B。

8.1.4.3　案卷顺序号

　　案卷顺序号,是最低一级类目下的案卷排列流水编号,用三位阿拉伯数字 001～999 标识。

8.1.5　档号编制方法

　　根据 8.1.3、8.1.4,以 8 类为例,档号编制方法及示例如下:

　　a)82 交流输电线路、83 电力电缆线路、85 直流输电线路、890 配电网等工程

　　以 82 交流输电线路工程为例:

　　某 500kV 交流输电线路工程,电压等级代码是 5,项目顺序为第 33 个,分类号为 8211,第 10 个案卷。档号 500033－8211－010,见图 12。

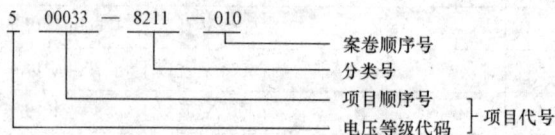

图 12　交流输电线路工程档号

　　b)84 变电站、86 换流站工程

　　以 84 变电站工程为例:

　　110kV 变电站工程,电压等级代码是 1,项目顺序第 99 个,为二期扩建工程,分类号为 8431,第 26 个案卷。档号 109902－8431－026,见图 13。

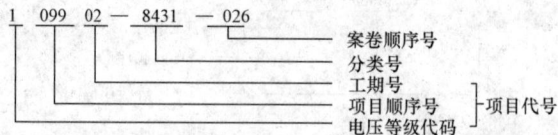

图 13　变电站工程档号

　　c)81 调度自动化、通信工程,87 小型基建工程,88 信息化建设工程

　　以 81 调度自动化工程为例:

某级电网调度自动化工程,竣工年度为2011年,为2011年第一个调度自动化工程,类目号为814,第2个案卷。档号201101－814－002,见图14。

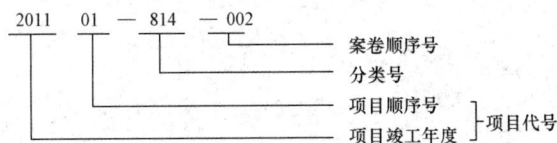

图14　调度自动化工程档号

d)87 小型基建工程

小型基建工程的项目代号除了按照图14编号外,可采用不分年度的项目大流水号或采用区域、用房性质、建筑物序号编号等。

附　录　A
（资料性附录）
电网建设项目档案分类(8类～9类)及使用说明

A.1　电网建设项目的档案分类(8类～9类)

8　**基本建设**

80　**综合**

81　**调度自动化、通信工程**
　　调度自动化主站、通信网建设等

　810　项目准备

　811　项目设计

　812　项目管理

　813　土建施工
　　　通信机房、微波塔、中继站、载波塔及机房二次装修工程入此

　814　电气施工

　815　调试

　816　监理

　817　启动及竣工验收

　818　竣工图

　819　其他

82　**交流输电线路**

　820　项目准备

　　8200　综合

　　8201　前期管理

　　8202　可行性研究

　　8203　非物资类招投标文件、合同、协议

　　8204　物资类招投标文件、合同、协议

　　8209　其他

　821　项目设计

829　其他

83　电力电缆线路

830　项目准备

831　项目设计

832　项目建设管理

833　陆地(含架空、地下)电缆施工

834　水下(含海底)电缆施工

835　电缆、光缆测试

836　监理

837　投运及竣工验收

838　竣工图

839　其他

84　变电站

840　项目准备

　　8400　综合

　　8401　前期管理

　　8402　可行性研究

　　8403　非物资类招投标文件、合同、协议

　　8404　物资类招投标文件、合同、协议

　　8409　其他

841　项目设计

　　8410　综合

　　8411　设计基础

　　8412　初步设计

　　8413　施工图设计

　　8414　设计服务

　　8419　其他

842　项目建设管理

　　8420　综合

　　8421　工程管理

　　8422　质量监督

　　8429　其他

843　项目土建施工

　　8430　综合

　　8431　土建施工

　　8439　其他

844　项目安装施工

　　8440　综合

　　8441　电气设备安装

　　8449　其他

845　项目调试

8450　综合

8451　元件调试

8452　系统调试

846　监理

8460　综合

8461　设计监理

8462　施工监理

8463　设备监理

8464　环保、水保监理

8469　其他

　　　大件运输监理入此

847　启动及竣工验收

8470　综合

8471　启动验收、竣工验收

8472　结算、决算、审计

8473　达标投产、质量评价、工程创优

8474　科技创新、奖项

8479　其他

848　竣工图

8480　综合(总交)

8481　土建

8482　电气一次

8483　电气二次(含继电保护)

8484　通信、自动化、远动、监控

8485　水工、暖通

8489　其他

849　其他

85　直流输电线路(含接地极线路)

850　项目准备

8500　综合

8501　前期管理

8502　可行性研究

8503　非物资类招投标文件、合同、协议

8504　物资类招投标文件、合同、协议

8509　其他

851　项目设计

8510　综合

8511　设计基础

8512　初步设计

8513　施工图设计

8514　设计服务

86　换流站(含接地极极址)

8601　前期管理

8602　可行性研究

8603　非物资类招投标文件、合同、协议

8604　物资类招投标文件、合同、协议

8609　其他

861　项目设计

8610　综合

8611　设计基础

8612　初步设计

8613　施工图设计

8614　设计服务

8619　其他

862　项目建设管理

8620　综合

8621　工程管理

8622　质量监督

8629　其他

863　项目土建施工

8630　综合

8631　土建施工

8639　其他

864　项目安装施工

8640　综合

8641　电气设备安装

8649　其他

865　项目调试

8650　综合

8651　元件调试

8652　系统调试

866　监理

8660　综合

8661　设计监理

8662　施工监理

8663　设备监理

8664　环保、水保监理

8669　其他

867　启动及竣工验收

8670　综合

8671　启动验收、竣工验收

8672　结算、决算、审计

8673　达标投产、质量评价、工程创优

91　调度自动化、通信

　　910　调度设备

　　911　通信设备

　　912　检测、试验等

　　919　其他

92　交流输电线路

　　920　综合

　　　　9201　铁(杆)塔

　　　　9202　导线、地线

　　　　9203　绝缘子、金具

　　　　9204　光缆(含金具)

　　　　9205　防雷接地

　　　　9206　线路监测、检测

　　　　9207　防坠落、攀爬机、航空障碍灯

　　　　9209　其他

93　电力电缆线路

　　930　综合

　　931　电缆及附件

　　　　9310　100千伏及以上电缆、附件

　　　　9311　100千伏以下电缆、附件

　　939　其他

94　变电站

　　940　综合

　　941　一次设备

　　　　9410　综合

　　　　9411　变压器、互感器

　　　　9412　组合电器、开关柜

　　　　9413　断路器、隔离开关、接地开关、熔断器

　　　　9414　防雷接地

　　　　9415　电抗器、电容器
　　　　　　　消弧线圈等其他补偿装置可入此

　　　　9419　其他

　　942　二次设备

　　　　9420　继电保护

　　　　9421　自动装置

　　　　9422　电气仪表

　　　　9423　直流设备、备用电源、绝缘监测

　　　　9429　其他

　　943　弱电设备

　　　　9430　通信

　　　　9431　远动、自动化

9432　监控

9439　其他

944　建(构)筑物及辅助系统

9440　串补平台

9441　给排水、消防

　　　阀冷却系统可入此

9442　通风空调

9443　电梯

9449　其他

949　其他

95　直流输电线路(含接地极线路)

950　综合

9501　铁(杆)塔

9502　导线、地线

9503　绝缘子、金具

9504　光缆(含金具)

9505　防雷接地

9506　线路监测、检测

9507　防坠落、攀爬机、航空障碍灯

9509　其他

959　其他

　　　接地极线路设备可入此

96　换流站(含接地极极址)

960　阀厅设备

9600　换流阀

9601　互感器

9602　阀冷却系统

9603　接地开关

9604　避雷器

9605　电抗器、电容器

9606　直流测量装置

9609　其他

961　换流变压器

9610　换流变压器本体、互感器

9611　继电器、压力释放阀、储油柜

9612　套管、升高座

9613　有(无)载开关设备

9614　避雷器

9615　电抗器、电容器、阻波器

9616　温控装置、冷却装置

9617　充氮灭火装置、在线监测装置

9619　其他

962　交流开关场、交流滤波器场

9620　综合

9621　互感器

9622　组合电器、开关柜

9623　断路器、隔离开关、接地开关

9624　避雷器、放电在线监测仪、计数器

9625　交流滤波器组、并联电容器组、电抗器、阻波器

9629　其他

963　直流开关场

9630　综合

9631　互感器

9632　组合电器、开关柜

9633　断路器、隔离开关、接地开关

9634　避雷器

9635　直流滤波器、平波电抗器、电容器、阻波器

9636　直流测量装置

9639　其他

964　控制及保护

9640　综合

9641　交流控制及保护装置

9642　直流控制及保护装置

9643　通信装置

9644　调度自动化、远动、监控装置

9645　安全自动装置

9646　在线监测装置

9649　其他

965　建(构)筑物及辅助系统

9650　站用电源

9651　给排水、消防

9652　通风空调

9653　电梯、行车

9654　全站电缆

9655　全站防雷接地

9656　火灾报警、安防监视

9659　其他

969　其他

　　接地极极址设备可入此

97　小型基建

970　综合

971　暖通、锅炉

972 电梯

973 监控、门禁、弱电

974 给排水、消防

975 信息设备

979 其他

98 信息化建设

980 综合

981 网络设备

982 服务器

983 存储设备

984 软件

989 其他

99 其他工程

990 配电网工程

991 微电网工程

992 低压、路灯工程

993 电动汽车充电站(桩)工程

999 其他

⑪输变电工程达标投产验收规程

(DL 5279—2012)(摘录)

工程综合管理与档案检查验收表

表 4.8.1　　　　　　　　　　工程综合管理与档案检查验收表

检验项目	检验内容	性质	存在问题	验收结果		
				符合	基本符合	不符合
一般规定						
1　项目管理体系	1) 建设单位有健全的项目管理体系,能覆盖整个工程项目全员、全过程、全方位的工程管理和达标投产的目标管理	主控				
	2) 监理、设计、施工、调试单位的质量管理体系、职业健康安全管理体系、环境管理体系应通过认证注册,按期监督审核,证书在有效期内					
	3) 建立本工程有效的技术标准清单,实施动态管理					
	4) 参建单位质量、职业健康安全环境管理目标明确,并层层分解落实					

检验项目	检验内容	性质	存在问题	验收结果		
				符合	基本符合	不符合
1 项目管理体系	5) 项目管理体系运行有效,现场生产场所生产过程可控	主控				
	6) 项目管理体系持续改进,内部审核、管理评审、监督审核发现的不符合项整改闭环	主控				
2 造价控制	1) 竣工决算不得超出批准动态概算	主控				
	2) 不得擅自扩大建设规模或提高建设标准	主控				
	3) 不得违反审批程序选购进口材料、设备	主控				
	4) 设计变更费用不应超过基本预备费30%					
	5) 建筑装饰费用不应超出审批文件控制标准					
3 进度管理	1) 科学确定工期,建设单位应无明示或者暗示设计、监理、施工单位压缩合同工期、降低工程质量的行为	主控				
	2) 严肃工期调整,网络进度定期滚动修正					
4 合同管理	1) 建立完善的合同管理制度					
	2) 工程、设备、物资采购符合《中华人民共和国招标投标法》的规定	主控				
	3) 应按合同条款要求支付工程款、设备款					
5 设备物资管理	1) 设备物资管理制度和工作标准完善					
	2) 设备监造符合《电力设备监造技术导则》DL/T 586规定,设备监造报告、质量证明文件齐全					
	3) 新材料、新设备的使用应有鉴定报告、使用报告、查新报告或允许使用证明文件	主控				
	4) 原材料应有合格证及进场检验、复试报告	主控				
	5) 构件、配件、高强螺栓连接副等制成品应有出厂合格证及试验文件					
	6) 设备、材料的检验、保管、发放管理制度完善,实施记录齐全					

检验项目	检验内容	性质	存在问题	验收结果		
				符合	基本符合	不符合
6 强制性条文的执行	1) 建设单位制定本工程执行强制性条文的实施计划,各参建单位应有针对性的实施细则,并对相关内容培训,应有记录	主控				
	2) 对执行强制性条文有相应经费支撑					
	3) 建立强制性条文执行情况监督检查制度,并有相应责任人					
	4) 规划、勘测设计、施工、试运、验收符合强制性条文规定	主控				
	5) 工程采用材料、设备符合强制性条文的规定	主控				
	6) 工程项目建筑、安装的质量符合强制性条文的规定	主控				
	7) 工程中采用方案措施、指南、手册、计算机软件的内容符合强制性条文的规定					
7 勘测设计管理	1) 编制提交本工程勘测、设计强制性条文清单	主控				
	2) 勘测、设计成品应符合强制性条文和国家现行有关标准的规定	主控				
	3) 不得采用国家明令禁止使用的设备、材料和技术	主控				
	4) 科技创新、技术进步形成的优化设计方案应经论证,并按规定程序审批	主控				
	5) 占地面积、工程投资等指标符合相关规定					
	6) 施工图交付计划应满足施工进度计划需求,并经建设单位确认					
	7) 勘测、设计单位不得向任何单位提供未经审查批准的草图、白图用于施工					
	8) 施工图设计、会检、设计交底符合规定					
	9) 设计更改管理制度完善;施工图设计符合初步设计审查批复要求;重大设计变更按程序批准;改变原设计所确定的原则、方案或规模,应经原审批部门批准	主控				
	10) 明确设计修改、变更、材料代用等签发人资格,向建设单位、监理单位备案,并书面告知施工、运行单位					
	11) 现场设计代表服务到位,定期向建设单位提供设计服务报告					
	12) 参加验收规程规定项目的质量验收					
	13) 参加设备订货技术洽商及施工、试运重大技术方案的审查					
	14) 按合同约定编制竣工图及竣工图总说明,并移交	主控				
	15) 编制工程质量检查报告、工程总结					

381

检验项目	检验内容	性质	存在问题	验收结果		
				符合	基本符合	不符合
8　施工管理	1) 应编制以下管理制度,并严格执行					
	(1) 施工技术和施工质量管理责任制					
	(2) 施工组织设计					
	(3) 施工图会检					
	(4) 施工技术交底					
	(5) 物资管理					
	(6) 机械及特种设备管理					
	(7) 计量管理					
	(8) 技术检验					
	(9) 设计变更					
	(10) 施工技术文件					
	(11) 技术培训					
	(12) 信息管理					
	2) 施工、检验单位资质及人员资格证件齐全、有效					
	(1) 承包商和分包商单位资质	主控				
	(2) 试验、检测单位资质	主控				
	(3) 项目经理					
	(4) 质量验收人员					
	(5) 试验检验人员					
	(6) 特种作业人员	主控				
	(7) 安全监察人员					
	(8) 档案管理人员					
	(9) 质量评价人员					
	3) 施工组织总设计和专业设计经审批,并严格执行	主控				
	4) 计量标准器具台账及检定证书在有效期内					
	5) 施工单位应按规定编制节地、节水、节能、节材、环境保护措施,经审批后实施					
	6) 施工质量管理及保证条件应符合《电气装置安装工程质量检验及评价规程》DL/T 5161的规定					
	7) 编制工法、QC小组成果、科技成果等创新活动计划,效果显著					
	8) 制定成品保护措施,并形成检查记录					
	9) 移交生产时的主设备、主系统、辅助设备缺陷整改已闭环					
	10) 编制工程总结					

检验项目	检验内容	性质	存在问题	验收结果		
				符合	基本符合	不符合
9 调试管理	1) 管理制度完善,组织机构健全、分工明确、责任落实					
	2) 调试大纲、方案、措施齐全,经审批后实施	主控				
	3) 调试项目符合调试大纲要求					
	4) 试验仪器、设备检验合格,并在有效期内					
	5) 调试报告完整、真实、有效	主控				
	6) 编制工程总结					
10 工程监理	1) 组织机构健全、制度完善,责任明确	主控				
	2) 各专业监理人员配备齐全,且具有相应资格,经建设单位确认后,正式通知被监理单位					
	3) 按《电力建设工程监理规范》DL/T 5434规定编制下列文件,并按程序审批后实施					
	(1) 监理规划					
	(2) 监理实施细则					
	(3) 执行标准清单	主控				
	(4) 监理达标投产计划					
	(5) 强制性条文实施计划	主控				
	(6) 关键工序和隐蔽工程旁站方案	主控				
	4) 按建设单位总体质量、安全目标制定具体实施细则					
	5) 审核、汇总各施工单位"施工质量验收范围划分表"					
	6) 完善检验手段,使用的仪器、设备符合《电力建设工程监理规范》DL/T 5434规定或满足合同要求					
	7) 参加达标投产初验,并形成相关记录,对存在问题监督整改、闭环	主控				
	8) 编制监理月报、总结、工程总体质量评估报告,并符合《电力建设工程监理规范》DL/T 5434规定					
	9) 监理全过程质量控制符合《电力建设工程监理规范》DL/T 5434规定,记录齐全					
	10) 工程监理符合电力建设工程质量监督检查的有关规定					
	11) 按合同签署工程计量、工程款支付,并符合《电力建设工程监理规范》DL/T 5434规定					
	12) 有创优目标的工程项目,按合同约定完成工程质量评价工作					

检验项目		检验内容	性质	存在问题	验收结果		
					符合	基本符合	不符合
11	生产管理	1）生产运行机构设置和人员配备符合定编要求，人员经培训、考核合格上岗	主控				
		2）生产准备大纲经审批后实施	主控				
		3）编制管理制度、运行规程、检修规程、保护定值清单，绘制系统图等					
		4）编制生产期间成品保护管理制度，形成记录					
		5）劳动安全和职业病防护措施完善					
		6）操作票、工作票、运行日志、运行记录齐全	主控				
		7）接收设备的备品备件，出入库手续完善					
		8）制定反事故预案，演练、评价，并形成记录					
		9）事故分析、处理记录齐全	主控				
		10）启动到考核期的缺陷管理台账及消缺率统计齐全					
12	信息管理	1）建设单位应编制信息管理制度					
		2）建立基建 MIS 系统，形成局域网，覆盖主要参建单位	主控				
		3）信息系统软件功能模块设置应包含基建管理的主要工作内容和程序					
		4）工程投运前，完成生产管理数据系统的安装和调试工作	主控				
		5）投入生产前，建立设备缺陷、工作票等信息管理系统					
13	档案管理	1）机构、人员、设施、设备					
		（1）建设单位应成立负责档案工作的机构，配备专职档案管理人员					
		（2）工程档案管理人员，经培训，持证上岗	主控				
		（3）档案库房及设施符合国家有关防火、防潮、防光、防虫、防盗、防尘等安全保管、保护要求	主控				
		（4）档案管理设施、设备的配置满足档案管理要求					
		（5）档案管理软件具备档案整编、检索和利用的功能					

检验项目	检验内容	性质	存在问题	验收结果		
				符合	基本符合	不符合
13 档案管理	2）管理职责					
	（1）建设、监理、设计（勘测）、施工、调试、生产运行单位档案管理体系健全，责任制执行有效					
	（2）建设单位按照《企业档案工作规范》DA/T 42制定企业档案管理制度					
	（3）参建单位按相关要求编制项目文件归档实施细则	主控				
	（4）建设单位将项目文件收集、整理和档案移交内容纳入合同管理。在合同中设立专门条款，明确各参建单位竣工档案的编制质量、移交时间、套数、归档及违约责任					
	（5）监理单位应按《电力建设工程监理规范》DL/T 5434规定，对设计、施工、调试等参建单位整理和移交的竣工档案进行审查，并签署意见					
	（6）监理单位应按项目档案管理要求和合同约定，将监理形成的文件进行收集、整理，向建设单位移交					
	（7）参建单位按合同约定，收集、整理各自承建范围内形成的项目文件，经监理审查后向建设单位移交	主控				
	（8）施工单位应对分包单位形成的项目文件进行审查确认，履行签章手续，对移交归档的项目文件质量负责	主控				
	3）项目文件收集					
	（1）建设、监理、设计（勘测）、施工、调试、生产运行单位应收集具有保存价值的文字、图表以及音像等各种载体的文件					
	（2）项目文件应与工程建设同步收集	主控				
	（3）项目文件收集一式一份。归档需要增加份数的，应在合同中约定					
	4）项目文件质量					
	（1）项目文件应为原件。因故无原件的合法性、依据性、凭证性等永久保存的文件，提供单位应在复制件上加盖公章，便于追溯	主控				

检验项目	检验内容	性质	存在问题	验收结果		
				符合	基本符合	不符合
13 档案管理	(2) 按《国家重大建设项目文件归档要求与档案整理规范》DA/T 28 的规定编制项目文件					
	(3) 项目文件签字、印章、图文等应清晰,具有可追溯性					
	(4) 项目文件应按各专业规程规定的格式填写,内容真实、数据准确					
	(5) 竣工图与实物相符	主控				
	5) 项目文件整理					
	(1) 分类符合输变电分类表设置的类目					
	(2) 组卷应遵循文件形成的规律,保持文件内容的有机联系					
	(3) 案卷组合应保持工程建设项目的专业性、成套性和系统性,同事由的文件不得分散和重复组卷	主控				
	(4) 案卷排列顺序,应按前期、设计、施工、试运、竣工验收等阶段进行排列					
	(5) 卷内文件排列顺序,应按文件的形成规律、问题重要程度或结合时间进行排列					
	(6) 案卷题名应简明、准确揭示卷内文件内容					
	(7) 卷内目录题名应填写卷内文件全称					
	(8) 件号、页号编写应符合《科学技术档案案卷构成的一般要求》GB/T 11822 的规定					
	(9) 案卷目录、案卷封面、卷内目录、备考表填写符合《科学技术档案案卷构成的一般要求》GB/T 11822 的规定					
	(10) 案卷内文件超出卷盒幅面的文件应叠装,小于 A4 幅面的宜粘贴,破损的文件应修复					
	(11) 案卷装订应整齐、结实,宜用线装,易于保管					
	(12) 应对永久保存且涉及项目立项、核准、重要合同(协议)、质量监督、质量评价(有创优目标的工程)、竣工验收、竣工图及利用频繁的纸质档案进行数字化管理					
	6) 照片收集与整理					
	(1) 照片档案应与纸质档案分类一致,并符合《照片档案管理规范》GB/T 11821 规定					

检验项目		检验内容	性质	存在问题	验收结果		
					符合	基本符合	不符合
13 档案管理		（2）归档照片应影像清晰、画面完整，反映事件全貌，并突出主题					
		（3）编制照片档案检索目录，照片说明应完整					
		7）电子文件归档与整理					
		（1）电子档案应与纸质档案分类一致，并符合《电子文件归档与管理规范》GB/T 18894 规定					
		（2）光盘等载体应符合长期保管要求，并统一标注档号及存入日期等					
		8）实物档案收集与整理					
		（1）将与基建项目有关的证书、奖牌及奖杯，在基建中形成的地质矿样、探伤底片等实物形式的材料收集归档	主控				
		（2）实物档案应与纸质档案分类一致					
		（3）编制实物档案检索目录					
		9）项目档案移交					
		（1）项目文件移交一式一份，需增加份数的，按合同约定					
		（2）竣工图移交一式一套，需交城建档案馆或另有需要增加套数的，按合同约定					
		（3）电子档案移交一式三份，其中一份异地保管					
		（4）移交生产后 90 天内归档完毕					
		（5）档案移交应按归档要求审查其完整性、真实性、准确性、有效性和案卷整理质量，合格后办理移交手续	主控				
		（6）项目档案移交时，移交单位应编写归档说明，办理移交签证，并经项目负责人审查签字，与移交目录一并归档	主控				
		（7）建设单位各职能部门形成的项目文件，应由文件形成部门进行收集、整理，由部门负责人审查后移交档案部门归档					
		10）档案专项验收与评价					
		（1）档案专项验收申请应在完成项目档案的收集、整理、归档后提出，验收应在投产后一年内完成	主控				
		（2）档案专项验收应符合国家重大建设项目档案验收的有关规定					
		（3）档案专项验收后应出具专项验收文件	主控				
		（4）工程档案管理应按相关规定进行评价					

检验项目	检验内容	性质	存在问题	验收结果		
				符合	基本符合	不符合
主要项目文件						
14 建设项目合规性文件	1）项目核准文件	主控				
	2）规划许可证					
	3）土地使用证（变电站、开关站、换流站）	主控				
	4）水土保持验收文件（具备验收条件）	主控				
	5）工程概算批复文件					
	6）质量监督注册证书及规定阶段的监督报告	主控				
	7）安全设施竣工验收文件	主控				
	8）涉网安全性评价报告	主控				
	9）环境保护验收文件（具备验收条件）	主控				
	10）消防验收文件（变电站、开关站、换流站）	主控				
	11）劳动保障验收文件					
	12）职业卫生验收文件	主控				
	13）档案验收文件（具备验收条件）	主控				
	14）移交生产签证书					
	15）工程竣工决算书					
	16）工程竣工决算审计报告（具备验收条件）	主控				
	17）工程竣工验收文件（具备验收条件）	主控				
15 安全管理主要项目文件	1）安全生产委员会成立文件	主控				
	2）安全生产委员会、项目部、专业公司安全生产例会记录					
	3）危险源、环境因素辨识与评价措施	主控				
	4）建设单位按高危行业企业安全生产费用财务管理的有关规定，设置安全费用专用台账	主控				
	5）建设、监理和参建单位建立健全安全管理制度及相应的操作规程					
	6）专业分包及劳务分包单位的安全资格审核	主控				
	7）危险性较大的分部、分项工程安全方案、措施	主控				

388

检验项目	检验内容	性质	存在问题	验收结果		
				符合	基本符合	不符合
15 安全管理主要项目文件	8）安全专项施工方案	主控				
	9）消防机构审查消防设计文件	主控				
	10）爆破审批手续	主控				
	11）特殊脚手架施工方案	主控				
	12）特种设备管理制度、台账及准许使用证书	主控				
	13）重大起重、运输作业，特殊高处作业，带电作业及易燃、易爆区域安全施工作业票					
	14）高处、交叉作业安全防护设施验收记录					
	15）施工用电方案					
	16）高于 20m 的钢脚手架、提升装置等防雷接地记录	主控				
	17）危险品运输、储存、使用、管理制度					
	18）消防设施定期检验记录					
	19）灾害预防与应急管理体系文件					
	20）自然灾害及安全事故专项预案演练、评价	主控				
16 变电站(开关站、换流站)建筑工程主要项目文件	1）地基基础工程					
	（1）单位、分部、分项及检验批质量验收记录					
	（2）工程定位测量记录					
	（3）沉降观测记录	主控				
	（4）建筑物垂直度、标高、全高测量记录					
	（5）桩基（灌注桩、混凝土桩、灰土挤密桩等）施工记录、施工汇总表及检测报告					
	（6）强夯等地基处理试夯记录、施工记录及检测报告					
	（7）土壤击实试验报告、回填土试验报告					
	（8）地（桩）基承载力检测报告	主控				
	（9）地基验槽记录	主控				
	（10）钢筋工程隐蔽验收记录	主控				
	（11）地下混凝土、地下防水防腐隐蔽工程验收记录					
	2）主体结构工程					
	（1）单位、分部、分项及检验批质量验收记录					

检验项目	检验内容	性质	存在问题	验收结果		
				符合	基本符合	不符合
16 变电站(开关站、换流站)建筑工程主要项目文件	(2) 混凝土浇筑通知单及开盘鉴定记录					
	(3) 混凝土搅拌记录					
	(4) 混凝土工程浇筑施工记录					
	(5) 混凝土养护记录					
	(6) 冬期施工混凝土测温记录及养护记录					
	(7) 混凝土试块（含同条件养护）试验报告、汇总及评定表	主控				
	(8) 砌筑砂浆试块试验报告、汇总表及评定表					
	(9) 钢筋焊接试验报告					
	(10) 钢筋工程隐蔽验收记录	主控				
	(11) 钢结构吊装记录					
	(12) 高强度螺栓连接试验报告及报审					
	(13) 结构实体钢筋保护层厚度检验报告					
	(14) 屋面工程隐蔽验收记录；屋面淋（蓄）水试验记录					
	3) 装饰及其他工程					
	(1) 单位、分部、分项及检验批质量验收记录					
	(2) 有防水要求的地面蓄水试验记录					
	(3) 排水管道通球、灌水试验记录					
	(4) 给排水系统、卫生器具通水试验记录					
	(5) 给水系统清洗、消毒记录					
	(6) 幕墙及外窗气密性、水密性、抗风压性能检测报告及报审					
	(7) 建筑电气接地、绝缘电阻测试记录					
	(8) 建筑通风及空调系统调试记录					
	(9) 消防系统验收记录					
	(10) 全站图像安全监视系统验收记录					
	4) 物资材料出厂文件及复试报告					
	(1) 构配件、成品、半成品（含构支架等）出厂质量证明文件、检验报告	主控				
	(2) 钢筋、水泥、商品混凝土及外加剂出厂质量证明文件、复试报告、跟踪记录	主控				
	(3) 混凝土、砂浆用砂检验报告、混凝土用碎（卵）石检验报告及跟踪记录	主控				

检验项目	检验内容	性质	存在问题	验收结果		
				符合	基本符合	不符合
16 变电站(开关站、换流站)建筑工程主要项目文件	(4) 混凝土、砂浆配合比试验报告					
	(5) 防水、防火、保温材料出厂质量证明文件、检验报告					
	(6) 其他施工物资（含玻璃、石材、饰面砖、涂料、焊接材料等）出厂证明文件、复试报告					
	(7) 试验见证取样单，材料跟踪记录					
17 变电站(开关站、换流站)电气安装主要项目文件	1) 变压器瓦斯继电器检验报告					
	2) 变压器温度计检验报告					
	3) 变压器油样检验报告					
	4) 变压器压力释放阀检验报告					
	5) 变压器运输冲击记录					
	6) 导线拉力试验报告					
	7) 管母焊接试验报告					
	8) SF$_6$气体检验报告					
	9) 压力表、密度继电器检验报告					
	10) 站内接地网电阻测试报告					
	11) 全站电气设备与接地网的导通报告					
	12) 软化水质检测报告					
	13) 图纸会检记录					
	14) 设计变更单、材料代用通知单、工程联系单					
	15) 施工组织设计、主要施工方案、施工技术措施和作业指导书					
	16) 主要施工技术记录（施工过程质量控制记录）					
	17) 质量验收记录（施工产品验收控制），分项、分部、单位工程质量验收记录，隐蔽工程验收记录，检验记录	主控				
18 变电站(开关站、换流站)电气调整试验主要项目文件	1) 调试大纲	主控				
	2) 调试方案、措施					
	3) 调试工程联系单					
	4) 继电保护定值单及整定记录					
	5) 试运条件检查签证记录					
	6) 变压器交接试验报告					

检验项目	检验内容	性质	存在问题	验收结果		
				符合	基本符合	不符合
18 变电站（开关站、换流站）电气调整试验主要项目文件	7）互感器交接试验报告					
	8）隔离开关交接试验报告					
	9）断路器交接试验报告					
	10）母线交接试验报告					
	11）避雷器交接试验报告					
	12）接地装置交接试验报告					
	13）电容器组交接试验报告					
	14）电抗器及消弧线圈交接试验报告					
	15）套管交接试验报告					
	16）SF_6封闭式组合电器交接试验报告					
	17）悬式绝缘子和支柱绝缘子交接试验报告					
	18）变送器调试报告					
	19）信号、测量、控制、逻辑联合传动试验签证					
	20）继电保护调试报告					
	21）站用电系统调试报告					
	22）监控系统调试报告					
	23）试运性能指标统计报表					
	24）系统调试报告					
	25）晶闸管阀及其水冷系统交接试验报告					
	26）平波电抗器（油浸式）交接试验报告					
	27）直流电压分压器交接试验报告					
	28）仪表、变送器、传感器调试报告					
	29）交、直流滤波器调试报告					
	30）载波装置及噪音滤波器交接试验报告					
	31）换流站之间的端对端系统调试报告					
	32）换流站试运性能指标统计报表					
19 架空电力线路（接地极）工程主要项目文件	1）试验报告					
	（1）砂、石试验报告，添加剂、水泥出厂合格证和试验报告（含混凝土粗细骨料碱活性检测报告）	主控				
	（2）钢筋出厂合格证、质量证明书、复检和焊接试验报告	主控				
	（3）混凝土配合比试验报告	主控				

检验项目	检验内容	性质	存在问题	验收结果		
				符合	基本符合	不符合
	（4）混凝土试块同条件试验报告					
	（5）锚杆、桩基础检测报告	主控				
	（6）铁塔、螺栓、地脚螺栓、接地引下线等产品合格证和出厂质量证明书					
	（7）导、地线、OPGW光缆、金具、绝缘子出厂质量证明书、合格证					
	（8）导、地线连接试验报告	主控				
	（9）试验见证取样单、台账					
	（10）材料跟踪记录					
	2）土石方工程					
	（1）路经复测记录及报审表					
	（2）基础分坑及开挖检查记录					
	3）基础工程					
	（1）基础分部工程开工报告					
	（2）基础隐蔽工程验收签证					
19 架空电力线路（接地极）工程主要项目文件	（3）现浇铁塔基础检查及评级记录					
	（4）混凝土电杆基础检查及评级记录					
	（5）岩石、掏挖、挖孔桩铁塔基础检查及评级记录					
	（6）灌注桩基础检查及评级记录					
	（7）贯入桩基础检查及评级记录					
	（8）基础质量中间验收记录及闭环记录					
	4）杆塔工程					
	（1）杆塔分部工程开工报告					
	（2）自立式铁塔组立检查及评级记录					
	（3）拉线铁塔组立检查及评级记录					
	（4）混凝土电杆组立检查及评级记录					
	（5）杆塔拉线压接管施工检查及评级记录					
	（6）杆塔质量中间验收记录及闭环记录					
	5）架线工程					
	（1）架线分部工程开工报告					
	（2）导、地线展放施工检查及评级记录					
	（3）导、地线爆压管施工检查及评级记录					
	（4）导、地线耐张爆压管施工检查及评级记录					

检验项目	检验内容	性质	存在问题	验收结果		
				符合	基本符合	不符合
19 架空电力线路（接地极）工程主要项目文件	（5）导、地线直线液压管施工检查及评级记录					
	（6）导、地线耐张液管压施工检查及评级记录					
	（7）紧线施工检查及评级记录（耐张段）					
	（8）附件安装施工检查及评级记录					
	（9）对地、风偏开方对地距离检查及评级记录					
	（10）交叉跨越检查及评级记录					
	（11）导、地线压接隐蔽工程验收签证	主控				
	（12）架线工程验收记录及闭环记录					
	6）接地工程					
	（1）接地装置施工检查及评级记录					
	（2）接地装置隐蔽工程验收签证	主控				
	7）接地极工程					
	（1）绝缘基础施工检查记录					
	（2）接地极隐蔽工程签证记录	主控				
	（3）接地极焊接试件试验记录					
	（4）接地极焊接检查记录					
	（5）接地极开挖施工检查记录					
	（6）接地极碳床铺设签证记录					
	（7）接地极电极安装检查记录					
	（8）接地极电缆检测记录					
	（9）接地极直埋电缆签证记录					
	（10）接地极电缆井、渗水井和监测井施工签证记录					
	（11）接地极接地电阻测试报告	主控				
	（12）接地极跨步电压测试记录	主控				
	（13）放热熔接施工试验件检验记录					
	8）防护工程					
	线路防护设施检查及评级记录					
	9）评级记录					
	（1）分部工程质量评级统计表					
	（2）单位工程质量评级统计表					
	10）线路调试					
	（1）调试方案及措施					
	（2）参数测试记录及调试报告					

检验项目	检验内容	性质	存在问题	验收结果		
				符合	基本符合	不符合
20 电缆线路工程主要项目文件	1) 电缆隧道、沟道试验报告及施工记录					
	(1) 砂、石、水试验报告，添加剂、水泥出厂合格证和试验报告（含混凝土粗细骨料碱活性检测报告）	主控				
	(2) 钢筋出厂合格证、质量证明书、复检和焊接试验报告	主控				
	(3) 混凝土配合比试验报告	主控				
	(4) 混凝土试块同条件试验报告					
	(5) 材料跟踪记录					
	(6) 电缆隧道、沟道施工及评级记录					
	2) 试验报告					
	(1) 电缆及电缆附件产品合格证和试验报告					
	(2) 护层保护器试验报告					
	(3) 电缆外护套交接试验报告					
	(4) 电缆主绝缘耐压试验报告	主控				
	(5) 电缆线路参数测试报告	主控				
	(6) 充油电缆及附件内和压力箱中的绝缘油击穿电压试验报告					
	(7) 充油电缆及附件内和压力箱中的绝缘油介质损耗试验报告					
	3) 电缆敷设工程					
	(1) 电缆线路敷设记录					
	(2) 电力电缆线路直埋、管道敷设签证记录					
	(3) 电缆线路敷设质量检验评定表					
	4) 电缆附件安装工程					
	(1) 电缆终端安装记录	主控				
	(2) 电缆中间接头安装记录	主控				
	(3) 电缆终端质量检验评定表					
	(4) 电缆中间接头质量检验评定表					
	(5) 接地箱安装记录					
	(6) 接地保护箱安装记录					
	(7) 交叉互联箱安装记录					
	(8) 接地箱质量检验评定表					
	(9) 接地保护箱质量检验评定表					

检验项目	检验内容	性质	存在问题	验收结果		
				符合	基本符合	不符合
20 电缆线路工程主要项目文件	（10）交叉互联箱质量检验评定表					
	5）评级记录					
	（1）分部工程质量验收评定表					
	（2）单位工程质量验收综合评定表					
	6）线路调试					
	（1）调试方案及措施					
	（2）参数测试记录及调试报告					
21 运行准备和运行管理	1）生产准备计划					
	2）生产运行管理制度、运行、检修、安全操作规程					
	3）图纸资料					
	4）设备验收、试运行、维护记录	主控				
	5）运行可靠性统计报表					
	6）运行技术参数报表					
	7）事故分析报告					

主控检验个数： 基本符合个数： 基本符合率：　　%	一般检验个数： 基本符合个数： 基本符合率：　　%	监理单位专业技术负责人： （签字） 建设单位专业技术负责人： （签字） 　年　月　日	现场复（初）验组成员： （签字） 组长：（签字） 　年　月　日

⑫ 国家电网公司供电企业档案分类表(6～9大类)

（国家电网　办文档〔2010〕56号）（摘录）

4. 分类规则

4.1　分类原则

遵循文件的自然形成规律，保持文件之间的有机联系，便于科学管理和工程建设文件开发利用。

4.2　类目设置原则

准确、简明，具有较强的概括性、包容性、稳定性和足够的容量。

4.3　类目层次

遵循一定的逻辑规则，设置1～4级类目，各级类目上、下位类存在隶属关系。

4.4 类目设置

4.4.1 本分类表共设四个一级类目，即：

6 电力系统生产、调度

7 科学技术研究

8 基本建设

9 设备仪器

4.4.2 二级及以下类目设置

二级及以下类目设置详见本分类表简表、主表。

4.5 分类方法

4.5.1 "6 电力系统生产、调度"按专业分类。

4.5.2 "7 科学技术研究"按专业和项目（课题）研发阶段分类。

4.5.3 "8 基本建设"按建设阶段和专业分类。

4.5.4 "9 设备仪器"按建设专业、用途分类。

4.6 类目标识

识别与区分档案类别的符号。本分类表各级类目统一用阿拉伯数字 0～9 标识，不同级类号之间直接连接。

5. 使用说明

5.1 电压等级的标识

"0"表示 20 千伏及以下电压等级

"1"表示 110～154 千伏电压等级

"2"表示 220 千伏电压等级

"3"表示 35 或 66 千伏电压等级

"4"表示 330～400 千伏电压等级

"5"表示 500 千伏电压等级

"6"表示 660 千伏电压等级

"7"表示 750 千伏及以上电压等级

5.2 档号

档号由目录代号、分类号和案卷号三组代码组成，各号之间用"—"分隔。

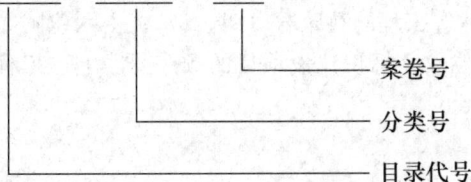

例：×××××× — ×××× — ×××
案卷号
分类号
目录代号

5.2.1 目录代号

由四位或六位阿拉伯数字组成，依下列规则编制：

5.2.1.1 "6 电力系统生产、调度"类，由四位阿拉伯数字组成，标识生产、运行、调度（含试运期）管理过程中档案的形成年度。

例： 2004 — ×××—×××

- 案卷号
- 分类号
- 年度（目录代号）

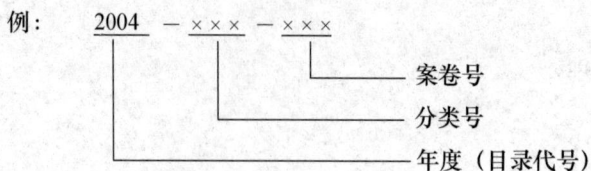

5.2.1.2 "7科学技术研究"类，由四位阿拉伯数字组成，标识科研项目完成年度。

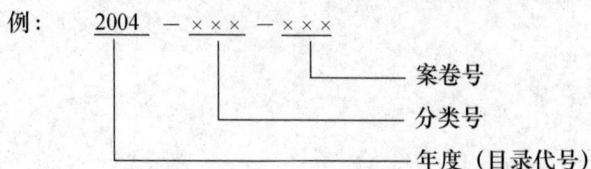

例： 2004 — ×××—×××

- 案卷号
- 分类号
- 年度（目录代号）

5.2.1.3 "8基本建设"类中的线路工程（82、83、85），由六位阿拉伯数字组成。第一位数标识电压等级，后五位数标识同一电压等级下建设项目的顺序号；或第二至四位数字标识同一电压等级下建设项目的顺序号，第五至六位数字标识工期（"01"表示新建工程，"02—99"表示扩建工程）、单位代号或标段。

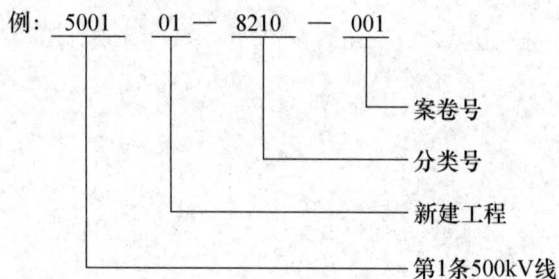

例： 5001 01 — 8210 — 001

- 案卷号
- 分类号
- 新建工程
- 第1条500kV线

5.2.1.4 "8基本建设"类中的变电、换流站（所）工程（84、86），由六位阿拉伯数字组成。第一位数字标识电压等级；第二至四位数字标识同一电压等级下建设项目的顺序号；第五至六位数字标识工期号，"01"表示新建工程，"02～99"表示扩建工程。

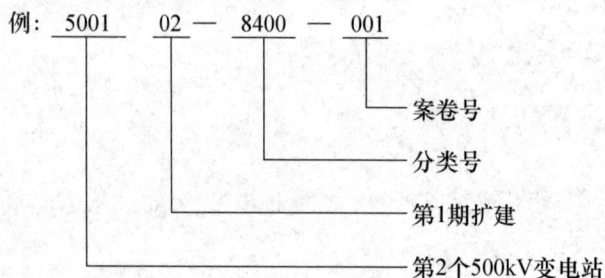

例： 5001 02 — 8400 — 001

- 案卷号
- 分类号
- 第1期扩建
- 第2个500kV变电站

5.2.1.5 调度自动化、通信，自身基建等工程的目录号（81、87），由六位阿拉伯数字组成，前两位数字分别用81、87标识，后四位数字标识建设项目的顺序号。上述工程设备类（91、97）的目录代号，与建设项目基建类一致。

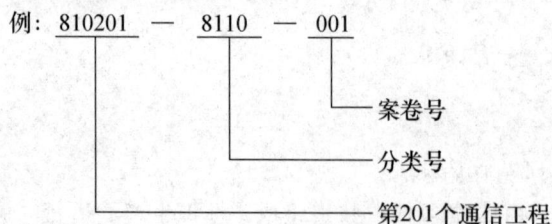

例： 810201 — 8110 — 001

- 案卷号
- 分类号
- 第201个通信工程

5.2.2 分类号

由一至四位阿拉伯数字组成四级类目，各级类目均用0～9标识。

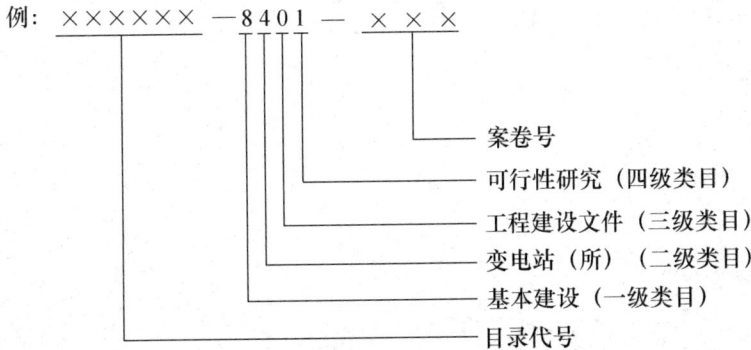

例：××××××—8401—×××

- 案卷号
- 可行性研究（四级类目）
- 工程建设文件（三级类目）
- 变电站（所）（二级类目）
- 基本建设（一级类目）
- 目录代号

5.2.3 案卷号

由三位阿拉伯数字组成，为同一分类号下的案卷顺序号。

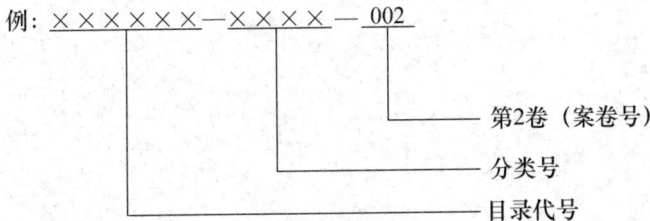

例：××××××—××××—002

- 第2卷（案卷号）
- 分类号
- 目录代号

5.3 几个具体问题的处理

5.3.1 凡针对具体工程项目、科研课题、设备仪器的文件材料入7～9大类，不是针对具体项目、科研课题的技术管理性文件材料入"生产技术管理"类等各相应类目。

5.3.2 涉及两个及以上建设项目的工程建设文件性文件，按其主要内容确定归属项目或归文书档案，并在案卷编制说明中加以说明。

5.3.3 文件材料内容涉及两个及以上类目的，按其内容归入其同位类目的"工程建设文件"类，或其反映主要问题的类目。

5.3.4 文件材料无法归入合适的类目时，可归入相近的上位类目。

5.3.5 接地极线路文件材料归入"85"类，接地极极址文件材料归入"86"类。

5.3.6 设备开箱材料，即设备制造厂家提供的产品合格证、说明书、图纸、调试记录等归入"9"大类。

5.3.7 设备制造厂家、设计院移交的成套技术文件材料原则上不拆分，其内容涉及两个以上类目时，按5.3.3执行。

5.3.8 设计单位编制竣工图的专业划分与本分类表不一致时，用其相近的分类号，保持竣工图专业卷册的联系，无需拆分。

5.3.9 音像等不同载体的档案，按其形成的主要内容，可随项目统一分类编目、分库保管。

5.3.10 各单位可根据实际自行决定类目使用的层级。

5.4 为保持分类表的延续性，本表保留了原分类表删除或调整后产生的空类目号，各单位未经同意不得擅自使用。

本分类表自颁发之日起，凡新建项目的档案（除对原有档案的修改、补充部分外）统一执行本分类表。

本分类表由国家电网公司办公厅负责解释。

简　　表

6　电力系统生产、调度

60　综合

61　电力系统运行

610　综合

611　运行数据

612　运行计算

613　运行方式

614　生产记录

615　重要系统调度记录

619　统计报表、简报

62　电力系统图表

620　综合

621　电网系统接线图

622　电网地理接线图表

623　电力电缆地理分布图表

624　配电网络分布图表

625　系统内各变电站（所）主接线图

63　继电保护、自动装置

630　综合

631　线路保护

632　元件保护

633　系统保护及安全自动装置

634　继电保护运行、分析、统计

64　调度通信

640　综合

641　载波

642　微波

643　超短波

644　光缆

645　邮电

646　卫星

65　调度自动化

650　综合

651　远动

652　计算机应用系统

653　电子计算机技术

7　科学技术研究

70　综合
71　调度自动化、通信
710　科研准备
711　研究试验
712　鉴定验收
713　推广应用
72　架空线路、配电网、路灯工程
720　科研准备
721　研究试验
722　鉴定验收
723　推广应用
73　电力电缆线路
730　科研准备
731　研究试验
732　鉴定验收
733　推广应用
74　变电站（所）
740　科研准备
741　研究试验
742　鉴定验收
743　推广应用
75　直流输电线路
750　科研准备
751　研究试验
752　鉴定验收
753　推广应用
76　换流（逆变）站
760　科研准备
761　研究试验
762　鉴定验收
763　推广应用
78　信息化建设
780　科研准备
781　研究试验
782　鉴定验收
783　推广应用
79　其他
790　科研准备
791　研究试验

981　服务器

982　存储设备

983　软件

987　技改

988　设备维护、检修

99　其他

990　运输设备

991　医疗等设备

主　表

6　电力系统生产、调度

60　综合

61　电力系统运行

610　综合

　　电力系统运行、计划、调度关系确定、频率、电压、经济安全、稳定运行

611　运行数据

　　有关电力系统设备命名、编号、典型调度、接线图、系统阻抗图、输电线路输电限额表等

612　运行计算

　　系统内各点短路容量计算、稳定计算、潮流计算和为提高系统经济与稳定的技术措施、潮流预测

613　运行方式

　　系统运行接线方式，运行分析、总结，无功电压分析、事故拉闸顺序、低频减荷方案

614　生产记录

　　负荷、电量曲线记录，运行潮流实测记录，电压、无功记录，故障录波器照片

615　重要系统调度记录

　　典型日和重大系统事故前后的有关记录

619　统计报表、简报

62　电力系统图表

620　综合

　　与电力系统有关的地形图和其他图表

621　电网系统接线图

622　电网地理接线图表

　　35 千伏及以上电网地理分布图、线路设备技术参数表

623　电力电缆地理分布图表

　　10 千伏及以上电力电缆地理分布图、电缆技术参数表

624　配电网络分布图表

　　10 千伏配电网分布图、线路开关位置图、基本技术参数表

625　系统内各变电站（所）主接线图

　　35 千伏及以上各变电站（所）电气主接线图、变电设备技术参数表

63 继电保护、自动装置

630 综合

计划、总结、整定、计算

631 线路保护

输电线路继电保护设计（高频、闭锁、相差、距离、零序）、调试、运行装置说明书

632 元件保护

发电机（调相机）、变压器、母线、高低压电抗器、电容器等设备保护装置的设计、调试、运行装置说明书

633 系统保护及安全自动装置

电力系统保护（振荡解列、远方切机、频率保护、无功电源自动投切、故障录波、小电流接地选线、消弧线圈等）的设计、调试、运行装置说明书

634 继电保护运行、分析、统计

运行月报、季报、年报和运行分析、统计

64 调度通信

640 综合

计划、总结、通知、图表、通信系统资源统计

641 载波

系统图、频率配置、技术参数、安装图表

642 微波

技术参数、安装图表

643 超短波

特高频、无线电通信、对讲机

644 光缆

系统技术参数、安装图表

645 邮电

行政总机、调度总机、站（所）内通信、电缆通信

646 卫星

系统技术参数、安装图表

65 调度自动化

650 综合

计划、总结、报表

651 远动

计划、总结、图表，遥信、遥测、遥感及遥控系统技术参数、安装图表

652 计算机应用系统

653 电子计算机技术

7 科学技术研究

70 综合

非专指具体科研项目的入此

71 调度自动化、通信

710 科研准备

开题报告、任务书、批准书、委托书、合同、协议

711 研究试验

研究方案、计划、调查研究报告、试验记录、图表、照片、试验分析、计算、整理数据（试验装置及特殊设备图纸、工艺技术规范说明书、试验装置操作规程、安全措施、事故分析）

712 鉴定验收

科研报告（阶段报告）、成果申报、鉴定、审批

713 推广应用

应用方案、设计、工艺、生产定型、合同转让、用户反馈意见

72 架空线路、配电网、路灯工程

720 科研准备

开题报告、任务书、批准书、委托书、合同、协议

721 研究试验

研究方案、计划、调查研究报告、试验记录、图表、照片、试验分析、计算、整理数据（试验装置及特殊设备图纸、工艺技术规范说明书、试验装置操作规程、安全措施、事故分析）

722 鉴定验收

科研报告（阶段报告）、成果申报、鉴定、审批

723 推广应用

应用方案、设计、工艺、生产定型、合同转让、用户反馈意见

73 电力电缆线路

730 科研准备

开题报告、任务书、批准书、委托书、合同、协议

731 研究试验

研究方案、计划、调查研究报告、试验记录、图表、照片、试验分析、计算、整理数据（试验装置及特殊设备图纸、工艺技术规范说明书、试验装置操作规程、安全措施、事故分析）

732 鉴定验收

科研报告（阶段报告）、成果申报、鉴定、审批

733 推广应用

应用方案、设计、工艺、生产定型、合同转让、用户反馈意见

74 变电站（所）

740 科研准备

开题报告、任务书、批准书、委托书、合同、协议

741 研究试验

研究方案、计划、调查研究报告、试验记录、图表、照片、试验分析、计算、整理数据（试验装置及特殊设备图纸、工艺技术规范说明书、试验装置操作规程、安全措施、事故分析）

742 鉴定验收

科研报告（阶段报告）、成果申报、鉴定、审批

743 推广应用

应用方案、设计、工艺、生产定型、合同转让、用户反馈意见

75 直流输电线路

750 科研准备

开题报告、任务书、批准书、委托书、合同、协议

751　研究试验

研究方案、计划、调查研究报告、试验记录、图表、照片、试验分析、计算、整理数据（试验装置及特殊设备图纸、工艺技术规范说明书、试验装置操作规程、安全措施、事故分析）

752　鉴定验收

科研报告（阶段报告）、成果申报、鉴定、审批

753　推广应用

应用方案、设计、工艺、生产定型、合同转让、用户反馈意见

76　换流（逆变）站

760　科研准备

开题报告、任务书、批准书、委托书、合同、协议

761　研究试验

研究方案、计划、调查研究报告、试验记录、图表、照片、试验分析、计算、整理数据（试验装置及特殊设备图纸、工艺技术规范说明书、试验装置操作规程、安全措施、事故分析）

762　鉴定验收

科研报告（阶段报告）、成果申报、鉴定、审批

763　推广应用

应用方案、设计、工艺、生产定型、合同转让、用户反馈意见

78　信息化建设

780　科研准备

开题报告、任务书、批准书、委托书、招投标、合同、协议

781　研究试验

研究方案、计划、调查研究报告、访谈记录，业务需求、功能规范说明书，设计方案及评审，测试，试运行

782　鉴定验收

科研报告、成果申报、鉴定、审批

783　推广应用

实施方案、项目管控、培训、合同转让

79　其他

790　科研准备

开题报告、任务书、批准书、委托书、合同、协议

791　研究试验

研究方案、计划、调查研究报告、试验记录、图表、照片、试验分析、计算、整理数据（试验装置及特殊设备图纸、工艺技术规范说明书、试验装置操作规程、安全措施、事故分析）

792　鉴定验收

科研报告（阶段报告）、成果申报、鉴定、审批

793　推广应用

应用方案、设计、工艺、生产定型、合同转让

8　基本建设

80　综合

81　调度自动化、通信

810　工程建设文件

8100 前期管理

立项、投资管理、往来文件、工程建设许可、用地、补偿协议、招投标、报关、合同、协议

8101 可行性研究

可研、预初步设计、路径、环境保护、水土保持、地质灾害、地震安全、压覆矿产、河道防洪、文物勘探、对外咨询、科研论证

8102 初步设计、技术设计

初步设计、联合设计

8103 施工图设计、施工技术管理

施工图（竣工草图）、施工图设计交底、施工图会检、施工管理、设计变更、报审（验）

8104 土建施工

开（复）工、质量验评划分、施工记录（含隐蔽验收签证记录）、施工质量验评记录、材料出厂文件、复试报告、开箱记录、报审（验）

8105 电气施工

开（复）工、施工记录（含隐蔽验收签证记录）、施工质量验评记录、试验（测试）报告、开箱记录、报审（验）

8106 竣工验收、启动

竣工验收、启动、移交、专项验收、结算、决算、审计

8107 工程管理

建设管理、强条执行、信息管理、达标投产、工程创优、报审

8108 工程监理、质量监督、设备监造

工程监理、质量监督、设备监造及报审（验）

8109 统计报表、简报

811 竣工图

8110 综合

8111 土建

8112 机电

82 架空线路、配电网、路灯工程

820 工程建设文件

8200 前期管理

立项、投资管理、往来文件、工程建设许可、用地、补偿协议、招投标、报关、合同、协议

8201 可行性研究

可研、预初步设计、路径、环境保护、水土保持、地质灾害、地震安全、压覆矿产、河道防洪、文物勘探、对外咨询、科研论证

8202 初步设计

初步设计、联合设计

8203 施工图设计、施工技术管理

施工图（竣工草图）、施工图设计交底、施工图会检、施工管理、设计变更、报审（验）

8204 杆塔及基础

开（复）工、质量验评划分、施工记录（含隐蔽验收签证记录）、施工质量验评记录、材

料出厂文件、复试报告、开箱记录、报审（验）

8205　机电安装

开（复）工、施工记录（含隐蔽验收签证记录）、施工质量验评记录、试验（测试）报告、开箱记录、报审（验）

8206　竣工验收、启动

竣工验收、启动、移交、专项验收、结算、决算、审计

8207　工程管理

建设管理、强条执行、信息管理、达标投产、工程创优、报审

8208　工程监理、质量监督、设备监造

工程监理、质量监督、设备监造及报审（验）

8209　统计报表、简报

821　竣工图

8210　综合

8211　杆塔、基础

8212　机电安装

824　配电网

10千伏及以下电网线路、设备

8240　工程建设文件

6～10千伏配电网及低压网络、配电所、小区开关站

8241　配电网工程管理

设计、施工、竣工、投产、资产移交等

8242　配电线路

开（复）工、施工记录、调试记录（报告）、质量检查评定、报验单等

8243　配电变压器

开（复）工、施工记录、调试记录（报告）、质量检查评定、报验单等

8244　公用配电所、开闭所

8245　充电站（桩）

8249　统计

825　路灯工程

8250　规划、计划

8251　设计安装

灯型、灯具、灯杆设计、安装、光照度计算、测试报告、图纸

8252　新光源

应用、测试报告，使用总结

8253　系统图

开关、引线系统接线

8254　路径图

架空线路、电缆路径及安装

8259　统计年报及分析报告

83 电力电缆线路

830 工程建设文件

8300 前期管理

立项、投资管理、往来文件、工程建设许可、用地、补偿协议、招投标、报关、合同、协议

8301 可行性研究

可研、预初步设计、路径、环境保护、水土保持、地质灾害、地震安全、压覆矿产、河道防洪、文物勘探、对外咨询、科研论证

8302 初步设计

初步设计、联合设计

8303 施工图设计、施工技术管理

施工图（竣工草图）、施工图设计交底、施工图会检、施工管理、设计变更、报审（验）

8304 电缆沟、管、隧道施工

开（复）工、质量验评划分、施工记录（含隐蔽验收签证记录）、施工质量验评记录、材料出厂文件、复试报告、开箱记录、报审（验）

8305 电缆敷设（含接头）施工

开（复）工、施工记录（含隐蔽验收签证记录）、施工质量验评记录、试验（测试）报告、开箱记录、报审（验）

8306 竣工验收、启动

竣工验收、启动、移交、专项验收、结算、决算、审计

8307 工程管理

建设管理、强条执行、信息管理、达标投产、工程创优、报审

8308 工程监理、质量监督、设备监造

工程监理、质量监督、设备监造及报审（验）

8309 统计报表、简报

831 竣工图

8310 综合

8311 电缆沟管（隧道、工井、沟、管）

8312 路径及平断面图

8313 电缆敷设及终端安装图

832 进、出、过线电缆

（非独立的电缆工程）

8320 建设、施工

8321 6～10 千伏进、出、过线电缆

8322 35～66 千伏进、出、过线电缆

8323 110 千伏及以上进、出、过线电缆

84 变电站（所）

840 工程建设文件

8400 前期管理

立项、投资管理、往来文件、工程建设许可、用地、补偿协议、招投标、报关、大件运输、合同、协议

410

8401 可行性研究

可研、选址、预初步设计、环境保护、水土保持、地质灾害、地震安全、压覆矿产、河道防洪、文物勘探、接入系统设计、对外咨询、科研论证

8402 初步设计

初步设计、联合设计

8403 施工图设计、施工技术管理

施工图（竣工草图）、施工图设计交底、施工图会检、施工管理、设计变更、报审（验）

8404 土建施工

开（复）工、质量验评划分、材料出厂文件、复试报告、施工记录（含隐蔽验收签证记录）、施工质量验评记录、报审（验）

8405 电气设备安装

开（复）工、质量验评划分、材料出厂文件、复试报告、施工记录（含隐蔽验收签证记录）、开箱记录、施工质量验评记录、试验报告、调试记录（报告）、报审（验）

8406 竣工验收、启动

竣工验收、启动、移交、专项验收、结算、决算、审计

8407 工程管理

建设管理、强条执行、信息管理、达标投产、工程创优、报审

8408 工程监理、质量监督、设备监造

工程监理、质量监督、设备监造及报审（验）

8409 统计报表、简报

841 竣工图

8410 综合（总交）

8411 土建

8412 水工

8413 暖通

8414 电气一次

8415 电气二次

8416 继电保护

8417 通信

8418 远动

8419 其他

85 直流输电线路

850 工程建设文件

8500 前期管理

立项、投资管理、往来文件、工程建设许可、用地、补偿协议、招投标、报关、合同、协议

8501 可行性研究

可研、预初步设计、路径、环境保护、水土保持、地质灾害、地震安全、压覆矿产、河道防洪、文物勘探、对外咨询、科研论证

8502 初步设计

初步设计、联合设计

8503 施工图设计、施工技术管理

施工图（竣工草图）、施工图设计交底、施工图会检、施工管理、设计变更、报审（验）

8504 杆塔及基础

开（复）工、质量验评划分、施工记录（含隐蔽验收签证记录）、施工质量验评记录、材料出厂文件、复试报告、开箱记录、报审（验）

8505 机电安装

开（复）工、施工记录（含隐蔽验收签证记录）、施工质量验评记录、试验（测试）报告、开箱记录、报审（验）

8506 竣工验收、启动

竣工验收、启动、移交、专项验收、结算、决算、审计

8507 工程管理

建设管理、强条执行、信息管理、达标投产、工程创优、报审

8508 工程监理、质量监督、设备监造

工程监理、质量监督、设备监造及报审（验）

8509 统计报表、简报

851 竣工图

8510 综合

8511 杆塔基础、结构

8512 机电安装

86 换流站

860 工程建设文件

8600 前期管理

立项、投资管理、往来文件、工程建设许可、用地、补偿协议、招投标、咨询、报关、大件运输、合同、协议

8601 可行性研究

可研、选址、预初步设计、环境保护、水土保持、地质灾害、地震安全、压覆矿产、河道防洪、文物勘探、接入系统设计、对外咨询、科研论证

8602 初步设计

初步设计、联合设计

8603 施工图设计、施工技术管理

施工图（竣工草图）、施工图设计交底、施工图会检、施工管理、设计变更、报审（验）

8604 土建施工

开（复）工、质量验评划分、材料出厂文件、复试报告、施工记录（含隐蔽验收签证记录）、施工质量验评记录、报审（验）

8605 电气设备安装

开（复）工、质量验评划分、材料出厂文件、复试报告、施工记录（含隐蔽验收签证记录）、开箱记录、施工质量验评记录、试验报告、调试记录（报告）、报审（验）

8606 竣工验收、启动

竣工验收、启动、移交、专项验收、结算、决算、审计

8607 工程管理

建设管理、强条执行、信息管理、达标投产、工程创优、报审

8608 工程监理、质量监督、设备监造

　　工程监理、质量监督、设备监造及报审（验）

8609 统计报表、简报

861 竣工图

8610 综合（总交）

8611 土建

8612 水工

8613 暖通

8614 电气一次

8615 电气二次

8616 继电保护

8617 通信

8618 远动

8619 接地极及其他

87　自身基建

870 工程建设文件

8700 前期管理

　　立项、投资管理、往来文件、工程建设许可、用地、补偿协议、招投标、报关、合同、协议

8701 可行性研究

　　可研、选址、预初步设计、环境保护、水土保持、地质灾害、地震安全、压覆矿产、文物勘探、对外咨询、科研论证

8702 初步设计

　　初步设计、联合设计

8703 施工图设计、施工技术管理

　　施工图、施工图设计交底、施工图会检、施工管理、设计变更，报审（验）

8704 土建施工及房屋装饰

　　开（复）工、质量验评划分、施工记录（含隐蔽验收签证记录）、施工质量验评记录、材料出厂文件、复试报告、开箱记录、报审（验）

8705 设备安装

　　开（复）工、材料出厂文件、复试报告、施工记录（含隐蔽验收签证记录）、开箱记录、施工质量验评记录、试验报告，调试记录（报告）、报审（验）

8706 竣工验收、启动

　　竣工验收、启动、移交、专项验收、结算、决算、审计

8707 工程管理

　　建设管理、强条执行、信息管理、工程创优

8708 工程监理、质量监督、设备监造

8709 统计报表、简报

871 竣工图

8710 主建筑

　　建筑图、结构图

8711 辅助建筑

道路、围墙、大门、锅炉房

8712 给排水、暖通、照明、燃气

8713 消防、弱电、监控

8714 装饰工程

88 信息化建设

880 前期管理

凭证、可行性研究、原始调查材料、工程建设报告及审批、建设许可、招投标、往来文件、合同、协议、建设规划、概念设计

881 初步设计

初步设计、概算及批复文件

882 项目施工、管理

施工过程中形成管理文件、技术文件及记录

883 竣工、验收

竣工报告，竣工验收证明书，结算、决算、审计

884 竣工图

9 设备仪器

90 工程建设文件

91 调度自动化、通信

910 电力系统检测、试验

9100 高压试验

9101 电气计量、检测

9102 继电保护、自动装置

9103 调度通信

9104 调度自动化

9105 信息设备

911 供用电检测

9110 供电检测

9111 用电检测

917 技改

918 运行维护、检修

92 架空线路、配电网

920 架空线路

9200 铁（杆）塔

9201 导线、地线

9202 绝缘子、金具

9203 光缆及金具

9204 防坠落、攀爬机

9205 监测、检测

9206 航空障碍灯

9429 其他

943 辅助系统

947 技改

948 运行维护、检修

95 直流输电线路

950 架空线路

9500 铁（杆）塔

9501 导线、地线

9502 绝缘子、金具

9503 光缆及金具

9504 防坠落、攀爬机

9505 监测、检测

9506 航空障碍灯

9509 其他（驱鸟器、施工设备）

957 技改

958 运行维护、检修

96 换流（逆变）站

960 主系统及站（所）用电系统

9600 换流阀

9601 换流变压器、变压器

9602 组合电器

9603 断路器

9604 开关柜

9605 隔离开关、接地开关

9606 电抗器、互感器、电容器、阻波器、滤波器、熔断器

9607 避雷器

9608 直流设备、备用电源、绝缘监测

9609 电补偿

961 二次系统

9610 继电保护

9611 自动装置

9612 电气仪表

9619 其他

962 通信、自动化及监控

9620 通信

9621 远动、自动化

9622 监控

9629 其他

963 辅助系统

967 技改

968 运行维护、检修

97 自身基建

970 采暖、制冷、通风、锅炉

971 升降设备

972 监控设备

973 消防设备

974 信息设备

977 技改

978 运行维护、检修

98 信息化设备

980 网络设备

981 服务器

982 存储设备

983 软件

987 技改

988 设备维护、检修

99 其他

990 运输设备

991 医疗等设备

⑬ 施工企业档案分类及使用(6～9大类)

使 用 说 明

1 本表所列类目为三级（6大类部分类目为四级）类目，各级类目一般用0～9标识，9大类三级类目用01～99标识，组成三级或四级数字构成分类号。使用时需加目录号或代号和案卷顺序号一并组成档号，各段之间用"一"号分隔。

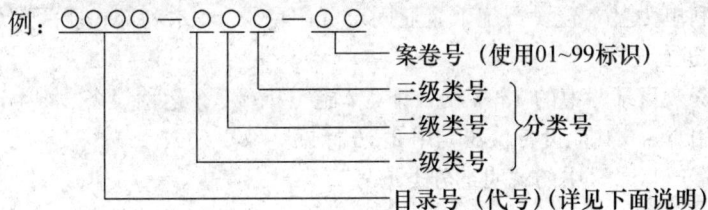

例：○○○○—○○○—○○
案卷号（使用01～99标识）
三级类号
二级类号 ⎫分类号
一级类号 ⎭
目录号（代号）（详见下面说明）

2 目录号（代号）的标识方法

6～9大类的目录号（代号）一律采用四位阿拉伯数字标识。未编制目录号的单位，暂可使用代号。编制代号依照下列规则：

2.1 6大类的代号，用以表示工程号、机组号。

2.2 7大类的代号，可用7001标识，或用四位数的首位为7，后三位数为课题顺序号，用001～999标识。

2.3 8大类的代号，可用8001标识，或用四位数的首位为8，后三位数为项目顺序号，用001～999标识。

2.4 9 大类的代号，可用 9001 标识，或用四位数的首位为 9，后三位数为设备仪器顺序号，用 001～999 标识。

2.5 送变电施工企业 6 大类的目录号（代号），用以表示电压等级、工程性质、工程顺序号。

2.5.1 电压等级代号，采用 0～7 标识，其含义为：

　　0　表示 6～10kV 电压等级

　　1　表示 110～154kV 电压等级

　　2　表示 220kV 电压等级

　　3　表示 35kV 电压等级

　　4　表示 330kV 电压等级

　　5　表示 500kV 电压等级

　　6　表示 66kV 电压等级

　　7　表示 750kV 电压等级

2.5.2 工程性质代号，用 2～6 标识，其含义为：

　　2　表示架空输电线路

　　3　表示电缆输电线路

　　4　表示交流变电站

　　5　表示直流输电线路

　　6　表示直流变电站

　　例：××送变电施工企业第 12 个 220kV 架空输电线路工程，其目录号（代号）的表示方式如下：

```
2  2  1  2
         └── 第12个工程
      └────── 架空输电线路
   └───────── 220kV
```

3 "6 产品（工程）"类，其范围是施工企业承建的工程项目形成的档案；"8 基本建设（自身建设）"类的范围是施工企业自身基建形成的档案。

4 "9 设备仪器"类按《水利电力基本建设、施工企业固定资产目录》〔水利部、能源部、水财（1988）30 号文附件二〕进行分类。

4.1 二级类目采用"固定资产目录"中的 2～6 项，即：2 施工机械、3 运输设备、4 生产动力设备、5 工具仪器及生产用具、6 其他设备仪器，用 2～6 标识。

4.2 三级类目采用"固定资产目录"中的"明细分类编号"。

<h2 align="center">主　　表</h2>

6　产品（工程）

60　工程建设综合

600　与设计、制造等单位来往文件

601　会议纪要

　　工程前期、施工会议纪要入此

602　工程阶段性汇报、考核

609　简报

61　**工程管理**

610　工程合同、协议、招投标文件

含租赁文件

611　工程概算决算

612　工程定额

62　**工程施工**

620　开工文件材料

开工报告、施工图会审、技术交底记录等

621　施工组织设计

含施工工艺卡片

622　施工技术措施

623　施工记录

含工程测试、原材料检验，工程质检评定，质量问题处理

仿622分

624　设计变更

含工程洽商单、材料代用核定审批

625　工程日志、大事记

626　施工总结

含工程总结

627　竣工报告

含单位工程竣工报告

63　**工程竣工**

630　工程（机组）竣工验收文件

含整套试运行文件、工程竣工验收会议纪要

631　竣工技术资料（施工技术记录）汇编

各专业按卷、册编制

632　工程创优评定

申报材料、评定通知、结论、证书等

7　**科学技术研究**

70　**综合**

71　**土建专业**

710　科研准备

含项目申请、审批文件、招投标材料、开题报告、试验计划

711　研究试验

原始记录、设计文件材料

712　总结鉴定、验收

科研报告、鉴定材料

713　成果和奖励

含成果申报、登记

419

714   推广应用
含成果评价、转让合同、定型生产及反馈文件

72   **锅炉、燃料、除灰**
含保温
仿 71 分

73   **汽机、管道、供水**
含化水
仿 71 分

74   **电气专业**
仿 71 分

75   **热控专业**
仿 71 分

76   **焊接、金属专业**
仿 71 分

77   **机械专业**
仿 71 分

78   **送电线路**
仿 71 分

79   **管理软科学**
仿 71 分

8   **基本建设（自身基建）**

80   **综合**
800   可行性研究报告
801   报告、批示、合同、协议、执照、有关文件、征地等前期管理性文件入此
81   **基建工程设计**
810   水文、水质、地形、地质、地震等原始材料
含土工试验资料
811   设计招标、投标、设计委托书
812   初步设计
813   施工图设计
含施工图设计
82   **工程管理**
820   招标、投标、承发包合同、开工报告
821   工程概算、预算、决算
822   施工组织设计
823   施工措施、方案
含安全技术措施
824   施工技术记录
含设计变更单
825   施工技术总结

83　工程竣工

830　竣工验收报告

　　　　含竣工会议纪要

831　全部竣工图

832　项目质量评审材料

9　设备仪器

本类各项均含随机文件、使用、保养维修、大修等材料

90　**综合**

901　综合性技术文件材料

92　**施工机械**

9201　土石方机械

9202　混凝土设备

9203　泵类设备

9204　起重设备

9205　连续输送设备

9206　钻灌设备

9207　架线设备

93　**运输设备**

9301　有轨运输设备

9302　无轨运输设备

9303　水上交运设备

94　**生产动力设备**

9401　动力设备

9402　金属切削设备

9403　维修设备

9404　锻压铸造设备

9405　电气设备

9406　焊接设备

9407　土木建筑设备

9408　专用设备

9409　水泥生产设备

9410　风机

95　**工具仪器及生产用具**

9501　工业自动化仪表

9502　电工仪器

9503　成分分析仪器

9504　光学仪器

9505　材料试验设备

9506　无损探伤仪

9507　实验室仪器

附录

电力建设优秀质量管理 QC 成果奖评审办法

（2017 版）

第一章 总 则

第一条 为指导电力建设企业员工遵循科学的活动程序，运用质量管理理论和统计方法，有效开展质量管理小组（以下简称"QC 小组"）活动，依据中国质量协会《质量管理小组活动准则》及相关 QC 小组活动管理办法，制定本办法。

第二条 本办法适用于电力工程建设实践中形成的 QC 成果的申报、发表、评审及表彰。

第三条 电力建设优秀质量管理 QC 成果奖（以下简称"QC 成果奖"）由中国电力建设企业协会（以下简称"中电建协"）组织评审。

第四条 电力建设 QC 小组活动应以工程实际为依据，遵循 PDCA 循环，基于数据、信息等客观事实进行调查、分析、评价与决策，正确、恰当的应用统计方法，对收集的数据和信息进行整理、分析、验证，并作出结论。

第五条 QC 小组课题分为问题解决型课题和创新型课题两种。

1. 问题解决型课题是针对已经发生不合格或不满意的生产、服务或管理现场存在的问题进行质量改进，所选择的 QC 小组课题。包括现场型、服务型、攻关型、管理型四种类型。

2. 创新型课题是针对现有的技术、工艺、技能和方法等不能满足实际需求，运用新的思维研制新产品、服务、项目、方法，所选择的 QC 小组课题。

第六条 QC 小组活动应按本企业质量管理有关规定进行，QC 小组及课题应注册登记，活动过程应有 QC 诊断师的参与指导和评价，并有完整的活动记录，QC 成果应体现"小、实、活、新"的特点。

第七条 申报的 QC 成果应符合国家现行法律、法规和标准的规定。

第八条 QC 成果奖的评审，坚持公正、公平及保护知识产权的原则。

第九条 QC 成果奖每年评审一次，获奖等级分为一等奖、二等奖和三等奖。

第二章 申 报

第十条 QC 成果奖采取网络申报的方式，申报单位登录"电力建设 QC 成果奖网络申报评审系统"（以下简称"网络申报评审系统"），自主注册申报用户，进行成果申报。

第十一条 申报成果应为火力发电（含核电常规岛）、水电水利、输变电、风力发电、光伏发电、储能等电力工程的建设、总承包、设计、监理、施工及调试等单位在工程建设实践中形成的 QC 成果。

第十二条 申报范围不包括以下成果：

1. 产品和材料研发过程形成的成果。

2. 不符合"遵循 PDCA 循环、基于客观事实、应用统计技术"QC 活动基本理念的成果。

3. 已发表过或与已发表成果雷同，且无重大改进的成果。

4. 电力建设企业申报的非电力建设成果。

5. 不符合本奖项评审范围或其他相关条件的成果。

第十三条 已经获得省（部）级及以上 QC 成果奖的成果，或申报 QC 成果奖未获奖或获奖等级较低的成果，不予受理。

第十四条　申报的成果必须无知识产权争议。有争议的成果应在申报前解决，否则不予受理。

第十五条　QC 成果申报遵循企业自愿的原则，每项成果应由一家电力建设企业或中电建协会员单位申报，主要研制人的名额不应大于 12 人。

第十六条　QC 小组及 QC 课题均应在企业内部注册登记，申报成果应是通过本企业内部发表评审的优秀成果。

第十七条　申报成果应是在电力工程建设中研制的，相对成熟且具有较高的科技含量和推广运用价值，创造了良好的经济效益和社会效益的 QC 成果。

第十八条　直接涉及"安健环"的 QC 成果，其关键技术应通过相关省部（行业）级主管部门组织的技术委员会的关键技术评审，且评审时间不超过三年。

第十九条　申报应提交下列资料：

1. 电力建设优秀质量管理 QC 成果奖申报表（见附件 1）

2. 成果文本

3. 企业内部成果评审文件

4. QC 成果发表 PPT（成果文本重点内容，图文并茂，时长 5～8 分钟）。

第三章　评　审

第二十条　QC 成果奖的评审分为网络预审、会议发表评审和批准表彰三个阶段。

第二十一条　中电建协负责组建电力建设 QC 成果奖评审委员会（以下简称"评审委员会"），评审委员会由 19～21 人组成，设主任委员 1 名，副主任委员 2 名。

第二十二条　评审委员会委员从中国电力建设专家委员会中遴选，专业应涵盖申报成果的各相关专业，具备高级及以上技术职称，且高级 QC 诊断师不少于 3 人。主任委员应由中国电力建设专家委员会常委担任。

第二十三条　评审委员会根据申报成果专业覆盖情况，组织专家对申报成果进行资料预审。通过预审的成果，进入会议发表评审阶段。

第二十四条　评审委员会组织召开评审委员会预备会议。审议通过 QC 成果奖评审规则，根据成果专业覆盖情况组织若干专业评审组，每组评审专家不少于 5 人，其中 QC 诊断师不少于 2 人。

第二十五条　分别召开 QC 成果专业组发表评审会。QC 成果发表人按规定的顺序采用 PPT 进行发表，并回答评委质疑。QC 成果发表人应是成果主要研制人。

第二十六条　专业评审组按"问题解决型 QC 成果发表评审表"（见附件 2）、"创新型 QC 成果发表评审表"（见附件 3）进行现场评分。

第二十七条　各专业评审组分别召开专业评审组内部会议。着重对成果的"选题、原因分析（确定最佳方案）、对策与实施、效果、发表及特点"等六项内容进行集中评议、综合评审，达成共识，形成"专业评审组评审结果排序表"。专业评审组组长应对评审结论的正确性负责。

第二十八条　召开评审委员会全体评审会议

1. 对各专业评审组形成的"专业评审组评审结果排序表"等相关内容进行集中审查、综合评议。

2. 对有争议的成果进行讨论、达成共识，形成"电力建设 QC 成果奖评审结果汇总表"。

3. 以投票的方式，对"电力建设 QC 成果奖评审结果汇总表"的相关内容进行表决，形成评审委员会评审结论及会议纪要。

第二十九条 评审过程实行专家回避原则，且应保护企业知识产权。

第三十条 QC成果版权执行国家相关法律、法规的规定。不同单位申报的题目或内容雷同的成果，评审委员会将不出具评审结论，申报单位自主协商后，可在下一年度重新申报。

第四章 批 准 表 彰

第三十一条 评审委员会评审结论提交中电建协审定，公示10天。公示无异议，由中电建协批准表彰，对获奖成果的研制单位和主要研制人颁发证书。

第三十二条 未参加发表评审的QC成果，无获奖资格。

第三十三条 批准表彰的QC成果奖，中电建协择优推荐申报国家级相关奖项。

第三十四条 建议企业按有关规定对获奖成果的主要研制人予以表彰和奖励。

第三十五条 批准表彰的QC成果奖，如发现有版权争议、剽窃、作假等重大问题，经查实后，撤销其QC成果奖称号。

第七章 附 则

第三十六条 本办法由中电建协负责解释。

第三十七条 本办法自2017年1月1日起实施。

附件：1. 电力建设优秀质量管理QC成果奖申报表

    2. 问题解决型QC成果发表评审表

    3. 创新型QC成果发表评审表

电力建设优秀质量管理 QC 成果奖申报表

（　　　年度）

申报成果名称＿＿＿＿＿＿＿＿＿＿＿＿＿＿＿＿＿＿＿＿

QC 小组名称＿＿＿＿＿＿＿＿＿＿＿＿＿＿＿＿＿＿＿＿＿

申报单位（公章）＿＿＿＿＿＿＿＿＿＿＿＿＿＿＿＿＿＿

申报时间＿＿＿＿＿＿＿＿＿＿＿＿＿＿＿＿＿＿＿＿＿＿

中国电力建设企业协会　制

成果名称 （15 字以内）			
申报奖项等级			
成果应用 工程类型		成果申报单位类型	
所属专业		所属工种	
课题类型	□问题型　□创新型	注册小组人数	
联系人		手机	
邮　箱		电话	
地　址		邮编	
主要研制人 （最多 12 人）			

小组简介（500 字以内）：

选题理由（200 字以内）：

主要活动过程（200 字以内）：

取得成果（200 字以内）：

诊断师意见（200 字以内）：

诊断师：

年　　月　　日

申报单位内部评审结论意见：

申报单位（公章）

年　　月　　日

注　1. 申报单位登录"电力建设优秀质量管理 QC 成果奖网络申报评审系统"，自主注册申报用户，填写申报表。
　　2. 申报表内容将作为评审表及获奖证书编制依据，请认真核查、填写，不得变更。

问题解决型 QC 成果发表评审表

小组名称：＿＿＿＿＿＿＿＿＿　　　　课题名称：＿＿＿＿＿＿＿＿＿　　　　编号：＿＿＿＿＿

序号	评审项目	评 审 内 容	分值	得分
1	选题	(1) 所选课题与上级方针目标相结合，或是本小组现场急需解决的问题； (2) 课题名称简洁明确，直接针对所存在的问题； (3) 现状调查数据充分，并通过分析明确问题或问题症结； (4) 现状调查为制定目标提供依据； (5) 目标设定有依据、可测量； (6) 工具运用正确、适宜	8～15 分	
2	原因分析	(1) 针对问题或问题症结分析原因，因果关系要明确、清楚； (2) 原因分析到可直接采取对策的程度； (3) 主要原因要从末端因素中选取； (4) 对所有末端因素逐一确认，将末端因素对问题或问题症结的影响程度作为判定主要原因的依据； (5) 工具运用正确、适宜	13～20 分	
3	对策与实施	(1) 针对所确定的主要原因，逐条提出不同对策，必要时进行对策多方案选择； (2) 对策按"5W1H"原则制定； (3) 每条对策在实施后检查对策目标是否完成； (4) 工具运用正确、适宜	13～20 分	
4	效果	(1) 将取得效果与实施前现状比较，确认改进的有效性，与所制订的目标比较，检查是否已达到； (2) 取得经济效益的计算实事求是； (3) 必要时，对无形效果进行评价； (4) 实施中的有效措施已纳入有关标准，并按新标准实施； (5) 改进后的效果能维持、巩固在良好的水准，并有数据依据； (6) 工具运用正确、适宜	13～20 分	
5	发表	(1) 成果报告真实，有逻辑性； (2) 成果报告通俗易懂，以图表、数据为主	5～10 分	
6	特点	(1) 小组课题体现"小、实、活、新"特色，即选题小、活动实、活动形式灵活、活动方式新颖； (2) 统计方法应用有创新和效果	8～15 分	
总得分				

专业评审组综合评价意见（200 字以内）：

评审结论：

□ 推荐一等奖

□ 推荐二等奖

□ 推荐三等奖

□ 建议淘汰，简述理由（此项必填，100 字以内）：

专业评审组成员：

专业评审组组长：

年　月　日

创新型 QC 成果发表评审表

小组名称：＿＿＿＿＿＿＿＿　　课题名称：＿＿＿＿＿　　编号：＿＿＿＿

序号	评审项目	评审内容	分值	得分
1	选题	(1) 题目选定有创新； (2) 选题借鉴已有的知识、经验等； (3) 目标具挑战性、有量化的目标和可行性分析	13～20 分	
2	提出方案并确定最佳方案	(1) 提出的总体方案具有独立性，分级方案具有可比性； (2) 方案分解应逐层展开到可以实施的具体方案； (3) 用事实和数据对经过整理的方案进行逐一分析、论证和评价； (4) 用现场测量、试验和调查分析的方式确定最佳方案； (5) 工具运用正确、适宜	20～30 分	
3	对策与实施	(1) 按"5W1H"原则制定对策表，对策明确、对策目标可测量、措施具体； (2) 针对在最佳方案分解中确定的可实施的具体方案，逐项制定对策； (3) 按照制定的对策表逐条实施方案； (4) 每条方案措施实施后，检查相应方案目标的实施效果及其有效性，必要时应调整、修正措施； (5) 工具运用正确、适宜	13～20 分	
4	效果	(1) 检查小组设定的目标，确认课题目标的完成情况； (2) 必要时，确认小组创新成果的经济效益和社会效益； (3) 将有推广价值的创新成果进行标准化，形成相应的技术标准、图纸、工艺文件、作业指导书或管理制度等； (4) 对专项或一次性的创新成果，将创新过程相关材料存档备案	8～15 分	
5	发表	(1) 成果报告真实，有逻辑性； (2) 成果报告通俗易懂，以图表、数据为主	6～10 分	
6	特点	充分体现小组成员的创造性，成果有启发和借鉴意义	0～5 分	
总得分				

专业评审组综合评价意见（200 字以内）：

评审结论：

☐ 推荐一等奖

☐ 推荐二等奖

☐ 推荐三等奖

☐ 建议淘汰，简述理由（此项必填，100 字以内）：

专业评审组成员：

专业评审组组长：

年　月　日